Wera Aretz, Christian Dries (Hrsg.)
Zukunft denken – Gegenwart gestalten

Wera Aretz, Christian Dries (Hrsg.)

Zukunft denken – Gegenwart gestalten

Beiträge der Wirtschaftspsychologie zur Gestaltung des 21. Jahrhunderts

Tagungsband zur 18. Fachtagung der Gesellschaft für Wirtschaftspsychologie am 07. und 08.02.2014

 PABST SCIENCE PUBLISHERS · Lengerich

Prof. Dr. Wera Aretz
Hochschule Fresenius
Im MediaPark 4c
D-50670 Köln
aretz@hs-fresenius.de

Bibliografische Information der Deutschen Nationalbibliothek
Die Deutsche Nationalbibliothek verzeichnet diese Publikation in der Deutschen Nationalbibliografie; detaillierte bibliografische Daten sind im Internet über <http://dnb.ddb.de> abrufbar.

Geschützte Warennamen (Warenzeichen) werden nicht besonders kenntlich gemacht. Aus dem Fehlen eines solchen Hinweises kann also nicht geschlossen werden, dass es sich um einen freien Warennamen handelt.
Das Werk, einschließlich aller seiner Teile, ist urheberrechtlich geschützt. Jede Verwertung außerhalb der engen Grenzen des Urheberrechtsgesetzes ist ohne Zustimmung des Verlages unzulässig und strafbar. Das gilt insbesondere für Vervielfältigungen, Übersetzungen, Mikroverfilmungen und die Einspeicherung und Verarbeitung in elektronischen Systemen.

© 2015 Pabst Science Publishers, D-49525 Lengerich, Germany
       Formatierung: Armin Vahrenhorst

Bildnachweis Titelseite: © kras99 - Fotolia.com

Druck: booksfactory.de

Print: ISBN 978-3-95853-035-5
eBook: ISBN 978-3-95853-036-2 (www.ciando.com)

Inhaltsverzeichnis

Vorwort der Herausgeber zum GWPs Tagungsband 2014 9

1　Personalauswahl

Über die Validität biographischer Daten in Bewerbungsunterlagen
Uwe Peter Kanning..12

Gemeinnütziges Engagement im Lebenslauf:
Gibt es einen Zusammenhang zur Führungskompetenz
Joana Wensing, Andre Findeisen, Christian Dries..21

2　Werbe- und Medienpsychologie

Nachhaltiger Konsum I: Nachhaltigkeitsinformationen im Kaufprozess –
Überlegungen zur Gestaltung eines Webshops
*Michael Schleusener, Adam Blaszk, Monika Eigenstetter,
Julia Gehrmann, Nadine Langhorst, Mirja Lutz, Caroline Sell,
Milena Valeva, Rudolph Voller, Martin Wenke*..34

Nachhaltiger Konsum II: Käufertypologien und nachhaltiger Konsum in der
Bekleidungsbranche
*Adam Blaszk, Monika Eigenstetter, Julia Gehrmann,
Nadine Langhorst, Mirja Lutz, Michael Schleusener, Caroline Sell,
Milena Valeva, Rudolph Voller, Martin Wenke*..44

Behavioral Pricing – der Preis als hoch entscheidungsrelevantes Konstrukt
in der wirtschaftspsychologischen Forschung
Petra Arenberg..53

Informelles Lernen im Social Web – Eine Vergleichsstudie mit deutschen
und amerikanischen Studierenden
Birgit Spies...61

3　Führung und Personalentwicklung 71

Die richtige Kommunikation? – Einfluss der Mergerkommunikation auf die
Unsicherheit und das Commitment
Petia Genkova, Christine Gehr..72

Der Einfluss von Persönlichkeit und Stereotypen auf die Karrierebarrieren
von Frauen – Eine empirische Untersuchung unter Anwendung des Bochumer
Inventars zur berufsbezogenen Persönlichkeitsbeschreibung (BIP)
Julia Frohne, Alexandra Frot 82

Weiterbildungs- und Qualifizierungsbedarf von Kulturmanagern in
Deutschland –Personalentwicklung im Kultursektor
Julia Frohne, Svenya Müller 92

Frauen und Führung in den bayerischen Sparkassen – Ermittlung des
Bedarfs für Führungskompetenzen und Bewältigungsstrategien zur
Überwindung von Aufstiegsbarrieren bei weiblichen Nachwuchskräften
Dorina Kleinlein 102

Transformational in Führung gehen – von der Umsetzung
werteorientierter Führung
Thomas Bittner 110

Junge Führungskräfte – Erfahrene Angestellte. Führungskompetenzen
im Spannungsfeld der Generationen
Jörg Dammeier 116

Der „Talent Management Profiler" – Ein interaktives Instrument zur
Bestimmung des TM-Reifegrades von Unternehmen
*Klaus P. Stulle, Svea Steinweg, Nils Cornelissen,
Claudia Braun, Joana Wensing* 125

Der ethische Unternehmer:
Überlegungen zu einer CSR-Unternehmertypologie
Milena Valeva, Caroline Sell 132

Auszubildende im gewerblich-technischen Bereich professionell trainieren
Thea Stäudel 139

4 Interkulturelle Aspekte der Arbeits- und Organisationspsychologie

Wie wirken sich kulturelle Besonderheiten auf das Führungsverhalten aus?
Ein deutsch-spanischer Vergleich
Susanne Geister, Mandy Isabell Hornig 150

Einflussfaktoren für die interkulturelle Zusammenarbeit zwischen
Kollegen eines internationalen Unternehmens
Annekathrin Richter, Petia Genkova 162

Recruiting in mongolischen Unternehmen zwischen Loyalitätssicherung
und Leistungsorientierung
Ullrich Günther, Sina Heers 174

Erfolg bei Auslandsentsendungen – eine Frage der Persönlichkeit?
Katharina Kaune, Petia Genkova..183

Diversity-Sensibilisierung für Personalverantwortliche zur Schaffung
interkultureller Synergien
Doris Schuster, Petia Genkova 193

Kritische Ereignisse bei Tätigkeiten deutscher Manager im Ausland und
ausländischer Führungs- und Fachkräfte in Deutschland – Erste Ergebnisse
aus Interviewstudien in 27 Ländern
Suzan Reibold, Ronald Franke, Ullrich Günther 203

5 Mensch-System-Interaktion und Nachhaltigkeit

Programmierbare Heizungsthermostate – ein unklarer Nutzen
Verena Jähn, Sarah Hinz, Julia Malinka,
Michael Stolle, Monika Eigenstetter..212

Entwicklung eines Fragebogens zu Wissen und Einstellungen zum
energieeffizienten Verhalten an Hochschulen
Verena Jähn, Anno Herder, Carsten Küpper,
Stephan Pesch, Monika Eigenstetter...217

6 Stress, Gesundheit und Wohlbefinden

Arbeitsfähig und Motivation trotz psychischer Belastungen – Prävention
von Burnout und Depression bei organisationalen Änderungen und im
Vertrieb in Banken
Norman Castendyck, Gregor Wittke 226

Eine empirische Studie zur Identifizierung von Burnout-Prophylaxe-
Maßnahmen im Betätigungsfeld Coaching
Mirijam Lorch 235

Time is Honey – Eine empirische Studie zum Wunsch nach Entschleunigung
und seinen Bedingungsfaktoren
Laura Roschewitz, Claudia Gerhardt 245

Stressbelastungen – ein Engpass für die Unternehmensentwicklung
in der Landwirtschaft
Gregor Wittke, Thomas Sindelar 255

7 Lage der Wirtschaftspsychologie in Studium und Beruf

Perfect(ly) fit? – Eine empirische Analyse der aktuellen Anforderungen des
Arbeitsmarktes an Wirtschaftspsychologen
Wera Aretz, Katja Mierke 264

Perfect(ly) fit! Eine empirische Analyse der akademischen und beruflichen
Werdegänge von Absolventen der Wirtschaftspsychologie
Wera Aretz, Katja Mierke 281

Vorwort der Herausgeber zum GWPs Tagungsband 2014

Als Gastgeber der 18. Fachtagung der Gesellschaft für angewandte Wirtschaftspsychologie (GWPs), die am 07. und 08. Februar 2014 an der Hochschule Fresenius in Köln stattgefunden hat, freuen wir uns sehr über die Veröffentlichung des vorliegenden Tagungsbands. Unter dem Motto „Zukunft denken – Gegenwart gestalten, Beiträge der Wirtschaftspsychologie zur Gestaltung des 21. Jahrhunderts" platzierten wir unser Anliegen, die Spannweite wirtschaftspsychologischer Themenstellungen abzubilden. Zudem lag es uns am Herzen gegenwärtige Debatten und Trends aus den Teildisziplinen der Markt-, Werbe- und Medienpsychologie sowie der Arbeits-, Personal- und Organisationspsychologie aufzugreifen. Mit über 50 Beiträgen in bis zu vier unterschiedlichen Sessions und über 150 Teilnehmern war der Kongress ein voller Erfolg und spiegelt die wichtige Rolle der Wirtschaftspsychologie in der heutigen Berufswelt wider.

Das Gelingen der Tagung wäre ohne die wertvolle Unterstützung einzelner Kolleginnen und Kollegen nicht möglich gewesen. An dieser Stelle möchten wir zunächst unserem Keynote-Speaker Herrn Prof. Dr. Lorenz Fischer für seinen interessanten und kenntnisreichen Vortrag zum Begriff der Wirtschaftspsychologie danken. Wir bedanken uns ebenfalls sehr herzlich bei allen Referentinnen und Referenten für die eingereichten Beiträge und Präsentationen. Ohne Sie wäre diese interessante Tagung nicht möglich gewesen. Namentlich möchten wir uns ebenfalls bei Frau Annika Musiol und Frau Michaela Hastrich für die Planung und organisatorische Unterstützung vor, während und nach der Tagung bedanken. Ebenfalls gilt unser ausdrücklicher und herzlicher Dank Frau Prof. Dr. Katja Mierke und Herrn Prof. Dr. Fabian Christandl für die Erstellung des Tagungsprogramms und die inhaltliche Unterstützung.

Der vorliegende Tagungsband stellt einen Auszug der Beiträge dar, die zu den Themenbereichen Personalauswahl, Werbe- und Marktpsychologie, Führung und Personalentwicklung, Interkulturelle Aspekte, Mensch-Maschine-Interaktion, Gesundheit und Wohlbefinden sowie Lage der Wirtschaftspsychologie in Form eines schriftlichen Artikels eingereicht wurden. Die inhaltliche Heterogenität zwischen den einzelnen Beiträgen ist somit Ausdruck der Vielfältigkeit und Multiperspektivität unseres Faches.

Wir hoffen, mit diesem Herausgeberwerk nicht nur den Teilnehmern der GWPs Tagung eine interessante Lektüre zu bieten, sondern ebenfalls Studierenden und Praktikern aktuelle Einblicke in das Themenfeld der Wirtschaftspsychologie zu gewähren. Abschließend möchten wir dem Papst-Verlag für die Veröffentlichung danken und wünschen Ihnen nun viel Spaß beim Lesen oder auch Nachschlagen.

Ihre Wera Aretz & Christian Dries
Köln, im September 2014

1 Personalauswahl

Über die Validität biographischer Daten in Bewerbungsunterlagen

Uwe Peter Kanning

In drei Studien wird die Validität von drei spezifischen Informationen der Bewerbungsunterlagen überprüft: Lücken im Lebenslauf, ehrenamtliches Engagement und Führungserfahrung. Die Ergebnisse zeigen, dass die Kriterien entweder keine oder nur eine sehr eingeschränkte Validität besitzen.

Keywords: Bewerbungsmappe, Lücken im Lebenslauf, Führungserfahrung

1   Einleitung

In nahezu 100% aller Personalauswahlverfahren stellt die Sichtung der Bewerbungsunterlagen den ersten Schritt des Auswahlprozesses dar (Schuler, Hell, Trapmann, Schaar & Boramir, 2007). Studien, die sich mit der Validität dieser offenkundig wichtigen Methode beschäftigen, sind allerdings vergleichsweise selten (vgl. Cole, Feild, Giles & Harris, 2009; Schuler 2014) und nicht selten ernüchternd. Am ehesten lässt sich der berufliche Erfolg noch aus schulischen und akademischen Leistungen (Cole, Feild & Giles, 2003a, 2003b; Görlich & Schuler, 2007) sowie der Vielfalt der Berufserfahrungen prognostizieren (Quinones, Ford & Teachout, 1995). Kriterien wie etwa sportliche Aktivitäten, die in der Praxis gern herangezogen werden, um sich ein Urteil über die Persönlichkeit der Bewerber zu bilden, erweisen sich nicht selten als ungeeignet (Kanning & Kappelhoff, 2012). Andere, wie das Lichtbild, lösen einen Halo-Effekt aus (Marlowe, Schneider & Nelson, 1996; Schuler & Berger, 1979). Grundsätzlich neigen die Verantwortlichen dazu, globale Eignungseinschätzungen vorzunehmen, die sie aus nicht-berufsbezogenen Informationen ziehen (Cole, Rubin, Feild und Giles, 2007) und bevorzugen insbesondere bei der Negativauswahl formale Kriterien, wie z. B. die Qualität der Unterlagen oder die Länge im Anschreiben, ohne dass sie explizit sagen könnten, woran sie ihre Entscheidung festmachen (Machwirth, Schuler & Moser, 1996). Dabei erweisen sich ihre Globaleinschätzungen z. B. im Hinblick auf die Ausprägung der Big Five als nicht valide (Cole et al., 2009).

Im Folgenden wird von drei Studien berichtet, die jeweils spezifische Auswahlkriterien der Bewerbungsunterlagen auf ihre Validität hin untersuchen. Dabei handelt es sich jeweils um Kriterien, die – folgt man den Beteuerungen der Ratgeberliteratur (Hesse & Schrader, 2012) – eine weite Verbreitung in der

Auswahlpraxis haben: Lücken im Lebenslauf, ehrenamtliches Engagement und Führungserfahrung.

2   Studie 1 – Lücken im Lebenslauf

Personalverantwortliche, die mit der Sichtung von Bewerbungsunterlagen betraut werden, scheinen ein besonderes Augenmerk auf etwaige Lücken im Lebenslauf zu werfen (vgl. Hesse & Schrader, 2012; Weuster, 2008). Lücken im Lebenslauf erscheinen dabei als Indikator für mangelnde Zielstrebigkeit, geringe Leistungsorientierung und dergleichen, nimmt man doch an, dass Menschen, für die das Gegenteil gilt, Lücken in der Berufsbiographie erst gar nicht entstehen lassen bzw. sie sogleich schließen. Eine gewisse Plausibilität kann dieser Interpretation kaum abgesprochen werden, doch lässt sich tatsächlich eine nennenswerte Validität für dieses Kriterium belegen? Bislang existiert nur eine einzige Studie, die dies überprüft: Frank und Kanning (in Druck) baten im Rahmen einer Online-Befragung 1423 Personen (76.3% weiblich; 23.7% männlich) im erwerbstätigen Alter (18-60 Jahre; M = 25.03, SD = 6.3), einen Fragebogen auszufüllen, in dem sie neben Angaben zur Demographie und Fragen zu acht relevanten Persönlichkeitsmerkmalen (Selbstkontrolle und Zielorientierung, Big Five sowie Leistungsmotivation; Hossiep & Paschen, 2003; Lang, Lüdtke & Asendorpf, 2001; Schuler & Prochaska, 2001) die Summe ihrer Lebenslauflücken einzuschätzen hatten (sechsstufige Skala: 0, 1-3, 4-6, 7-12, 13-24, > 24 Monate). Als Lücke gilt jede Zeit nach dem Erwerb eines schulischen Abschlusszeugnisses, die nicht mit Ausbildung und beruflicher Tätigkeit gefüllt ist. Zusätzlich machten die Probanden Angaben zu den Gründen für die entstandenen Lücken (vgl. Tabelle 2).

In einem ersten Schritt wurde die Summe der Lücken mit der Ausprägung der acht Persönlichkeitsmerkmale korreliert. Hierbei ergaben sich weder für die Korrelationen nach Spearman noch für die partiellen Korrelationen, die etwaige Effekte der Demographie kontrollieren, nennenswerten Zusammenhänge (vgl. Tabelle 1). Die maximale Varianzaufklärung pro Persönlichkeitsmerkmal lag knapp oberhalb von 2%. Erst wenn man die Gründe für das Zustandekommen der Lücken berücksichtigte, zeigten sich sehr vereinzelt nennenswerte Zusammenhänge, die einen Einsatz des Kriteriums zur Vorauswahl der Bewerber sinnvoll erscheinen lassen (vgl. Tabelle 2). So ergab sich beispielsweise für die Gewissenhaftigkeit eine Varianzaufklärung von 14.4%, sofern die Lebenslauflücken durch eine abgebrochene Ausbildung verursacht wurden. Je größer die Lücke ausfällt, die einer abgebrochenen Ausbildung folgt, desto geringer ist die Gewissenhaftigkeit der betroffenen Personen ausgeprägt. Gleiches gilt für die Verträglichkeit. Hier beträgt die gemeinsame Varianzaufklärung 9.6%. Größere Lücken, die durch Schwangerschaft und Kindererziehung entstanden sind, sprechen eher für eine geringere Extraversion der betroffenen Menschen. Hier beträgt die gemeinsame Varianz knapp 13%.

Tab. 1: Zusammenhänge zwischen dem Ausmaß der Lücken im Lebenslauf und den Persönlichkeitsmaßen

Persönlichkeitsmaße	einfache Korrelation nach Spearman	Partielle Korrelation
Neurotizismus	.053*	.051
Extraversion	-.089**	-.094***
Offenheit	.007	.001
Gewissenhaftigkeit	-.127***	-.133***
Verträglichkeit	-.022	-.022
Leistungsmotivation	-.113***	-.09**
Selbstkontrolle	-.148***	-.148***
Zielorientierung	-.144***	-.118***

Anmerkungen. Bei den partiellen Korrelationen wurden die Effekte von Geschlecht, Alter, Bildung und dem Ausmaß des sozial erwünschten Antwortverhaltens herauspartialisiert; * p < .05 ** p < .01 *** p < .001

Tab. 2: Zusammenhänge zwischen dem Ausmaß der Lücken im Lebenslauf und den Persönlichkeitsmaßen getrennt nach Gründen für die Lücken (partielle Korrelationen)

Persönlichkeitsmaße	Gründe für Lücken im Lebenslauf					
	1	2	3	4	5	6
Neurotizismus	.02	.09	.05	-.13	.07	.15
Extraversion	-.05	-.36*	-.01	-.11	-.18	-.08
Offenheit	.04	-.20	-.03	-.08	.01	-.05
Gewissenhaftigkeit	-.12	.03	-.09*	-.09	-.13	-.38***
Verträglichkeit	-.11	.06	-.06	-.05	-.02	-.31**
Leistungsmotivation	.04	.17	-.05	-.14	-.09	-.05
Selbstkontrolle	-.19*	.04	-.10*	-.22**	-.16	-.09
Zielorientierung	-.03	.09	-.07	-.15	-.20*	-.08

Anmerkungen. Bei den partiellen Korrelationen wurden die Effekte von Geschlecht, Alter, Bildung und dem Ausmaß des sozial erwünschten Antwortverhaltens herauspartialisiert; * p < .05 ** p < .01 *** p < .001 Gruppe: 1 = Krankheit (Krankheit, Krankenhausaufenthalt, Burnout, private Probleme, Antriebsschwäche); 2 = Kinder (Schwangerschaft & Kindererziehung); 3 = Wartezeit (z. B. nach Schulabschluss); 4 = Reise; 5 = Arbeitslosigkeit; 6 = Ausbildung abgebrochen

3 Studie 2 – Ehrenamtliches Engagement

Vergleichbar zu den Lücken im Lebenslauf gehört auch die Interpretation des ehrenamtlichen Engagements der Bewerber zu den weit verbreiteten Kriterien der Bewerbungsmappensichtung (vgl. Hesse & Schrader, 2012). Der oft wohl impliziten Annahme zufolge weisen Bewerber, die sich ehrenamtlich engagieren, höhere soziale Kompetenzen auf. Dies kann zwei Ursachen haben. Zum einen ist es denkbar, dass sich Menschen, die über ausgeprägte soziale Kompetenzen verfügen, in stärkerem Maße ehrenamtlich engagieren. Zum anderen mögen sie durch das ehrenamtliche Engagement in ihren sozialen Kompetenzen gefördert werden. Da soziale Kompetenzen heute in vielen Berufen von Bedeutung sind (vgl. Kanning, 2005), ergibt sich daraus eine Präferenz für sozial engagierte Bewerber. Ob und inwieweit ehrenamtliches Engagement tatsächlich mit höheren sozialen Kompetenzen einhergeht, ist bislang nicht eindeutig belegt. Studien, die sich mit der ehrenamtlichen Tätigkeit von Jugendlichen beschäftigen, zeigen zwar positive Effekte im Hinblick auf Variablen wie „soziales Bewusstsein", „soziale Orientierung" und „soziales Engagement im Erwachsenenalter" (Düx, Prein, Sass & Tully, 2009; Johnson, Beebe, Mortimer & Snyder, 1998; Metz, McLellan & Youniss, 2003). All dies reflektiert jedoch eine sehr enge Betrachtungsweise ohne explizite Beziehung zum Berufsleben. Eine breit angelegte Untersuchung, in der zahlreiche berufsrelevante soziale Kompetenzen berücksichtigt werden, liegt bislang nicht vor.

An dieser Stelle setzt die Studie von Kanning und Woike (in Vorb.) an. In Form einer Online-Studie wurden 249 Probanden gebeten, einen umfangreichen Fragebogen zur Messung von 17 sozialen Kompetenzen auszufüllen (Kanning, 2009). Der Anteil der Frauen lag bei 67.1%, der Anteil der Männer bei 32.9% (Durchschnittsalter 31.3; Range 18 bis 65 Jahre). Zusätzlich mussten die Probanden angeben, inwieweit sie ehrenamtlich tätig waren (= „Tätigkeit die Sie unentgeltlich bzw. gegen eine geringe Aufwandsentschädigung und freiwillig für die Gesellschaft bzw. andere Menschen jenseits Ihrer Familie erbringen."). Dies traf auf 188 Personen zu. Neben der Art ehrenamtlicher Tätigkeiten wurde deren Intensität erfragt, wobei die Intensität über zwei Aspekte operationalisiert wurde: die Anzahl den Lebensjahre, über die hinweg man ehrenamtlich engagiert war, sowie die Anzahl der Stunden pro Monat, die diese Tätigkeit einnimmt.

In den Abbildungen 1 und 2 werden die Ergebnisse des direkten Vergleichs zwischen sozial engagierten und sozial nicht engagierten Personen dargestellt. Nur in vier Fällen erwiesen sich sozial engagierte Probanden als sozial kompetenter (p <. 05). Sie verfügten über eine geringfügig höhere soziale Orientierung, konnten besser zuhören und waren im sozialen Kontext entscheidungsfreudiger sowie handlungsflexibler. Alle Effekte fielen durchweg sehr gering aus.

Die Intensität des sozialen Engagements stand nur in vier Fällen in einem Zusammenhang zum Ausmaß sozialer Kompetenzen. Dies galt ausschließlich für die Anzahl der Stunden pro Monat, in denen man sich sozial engagiert, nicht aber für die Anzahl der Jahre, in denen dies geschah. Demnach ging soziales Engagement in unserer Studie mit höherer Durchsetzungsfähigkeit, Konfliktbereitschaft und Internalität einher. Die Varianzaufklärungen fielen erneut sehr gering aus (2.6%, 3.6%, 2.9%; Partialkorrelationen kontrolliert für Alter und Geschlecht).

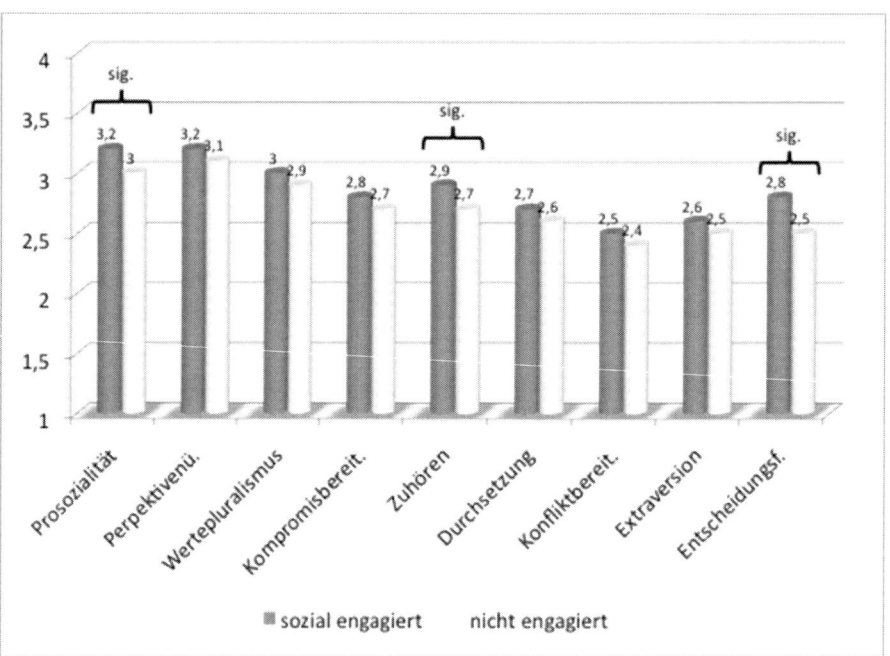

Abb. 1: Vergleich sozial engagierter und sozial nicht engagierter Personen

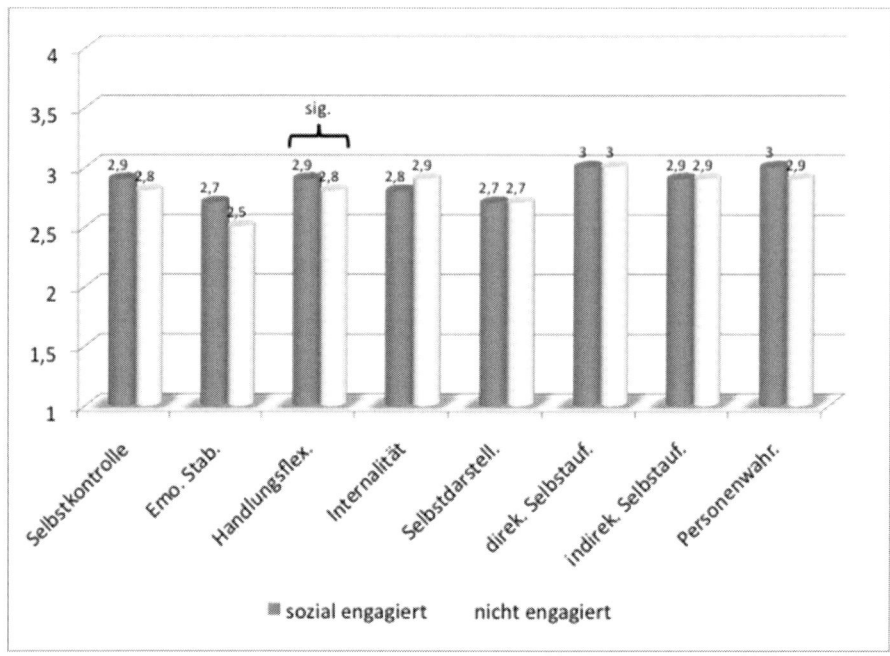

Abb. 2: Vergleich sozial engagierter und sozial nicht engagierter Personen

Alles in allem sprechen die Befunde mithin für eine sehr geringfügige Bedeutung des sozialen Engagements, wenn es im Rahmen der Sichtung von Bewerbungsunterlagen um die Einschätzung sozialer Kompetenzen geht.

4 Studie 3 – Führungserfahrung

Ein letztes Kriterium der Bewerbungsmappensichtung, das hier in Frage gestellt werden soll ist die Berufserfahrung von Führungskräften. Kaum eine Stellenausschreibung, in der es um die Besetzung einer Führungsposition geht, verzichtet auf den Hinweis, dass Bewerber über entsprechende Erfahrung verfügen sollten. Studien, die sich generell mit dem Zusammenhang zwischen Berufserfahrung und beruflicher Leistung beschäftigen, belegen für die bloße Dauer der Berufserfahrung eine geringe Validität, die jedoch deutlich ansteigt, wenn man statt der Dauer die Vielfalt der Erfahrungen berücksichtigt (.27 bzw. .43; Quinones, Ford & Teachout, 1995).

Kanning und Fricke (2013) gingen der Frage nach, inwieweit Führungserfahrung zu einem besseren Abschneiden in einer Potentialanalyse führt, die sich mit verschiedenen Facetten der Leistungsfähigkeit von Führungskräften beschäftigt. Die Stichprobe umfasste 814 Personen (85.6% männlich; 14.4%

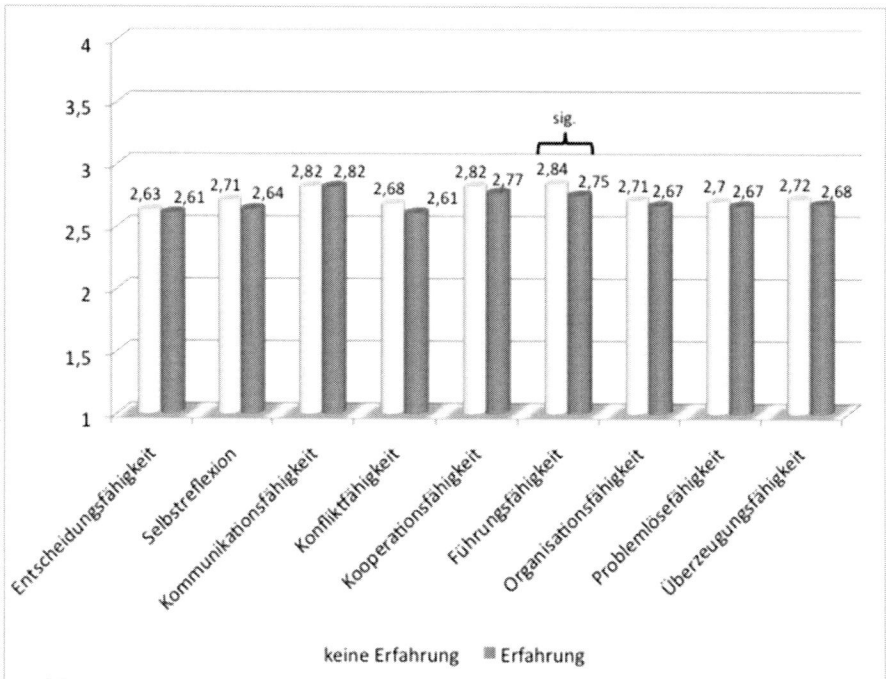

Abb. 3: Vergleich erfahrener Führungskräfte mit nicht erfahrenen Personen

Tab. 3: Zusammenhang zwischen der Anzahl geführter Mitarbeiter bzw. dem Alter der Probanden und ihrem Abschneiden in der Potenzialanalyse

Kompetenzdimension	Anzahl der geführten Mitarbeiter	Lebensalter der Teilnehmer
Entscheidungsfähigkeit	-.03	-.20*
Selbstreflexion	-.01	-.15*
Kommunikationsfähigkeit	-.04	-.20*
Konfliktfähigkeit	.00	-.09*
Kooperationsfähigkeit	.01	-.12*
Führungsfähigkeit	-.04	-.23*
Organisationsfähigkeit	-.03	-.19*
Problemlösefähigkeit	-.03	-.23*
Überzeugungsfähigkeit	.03	-.10*

Anmerkungen. * $p < .05$

weiblich), von denen 306 über keinerlei Führungserfahrung verfügten. Das Durchschnittsalter betrug 40.3 Jahre (Range: 25 bis 56 Jahre). 508 trugen zum Zeitpunkt der Untersuchung bereits Führungsverantwortung.

Der Vergleich zwischen beiden Gruppen erbrachte nur für eine von neun Kompetenzdimensionen einen signifikanten Effekt ($p < .05$). Unerfahrene Probanden erzielten demnach auf der Dimension „Führungsfähigkeit" geringfügig höhere Werte als erfahrene Führungskräfte (vgl. Abb. 3). Die Befunde sprechen mithin eindeutig gegen die Annahme, dass Führungserfahrung mit gesteigerten Kompetenzen, die für die erfolgreiche Bewältigung von Führungs- bzw. Managementaufgaben von Bedeutung sind, einhergeht.

Weitergehende Analysen, bei denen die etwaige Relevanz der Berufserfahrung tiefergehend exploriert wurde, kamen ebenfalls zu ernüchternden Ergebnissen: Die Menge der geführten Mitarbeiter korrelierte in keinem einzigen Fall signifikant mit der Ausprägung der untersuchten Merkmale (vgl. Tabelle 3). Das Alter der Führungskräfte korrelierte signifikant negativ mit den Kompetenzmerkmalen ($r = -.09$ bis $-.23$).

Auch diese Ergebnisse sprechen gegen die Annahme, dass die Führungserfahrung ein sinnvolles Kriterium bei der Sichtung der Bewerbungsunterlagen sei.

5 Fazit

Die drei hier vorgestellten Studien bestätigen den Eindruck, dass es sich bei der Bewerbungsmappensichtung um ein besonders stumpfes Schwert der Personalauswahl handelt. Weder Lücken im Lebenslauf noch das soziale Engagement der Bewerber oder ihre Führungserfahrung erweisen sich als besonders valide

Kriterien, wobei Lebenslauflücken durchaus valide gedeutet werden könnten. Dies setzt allerdings voraus, dass die Bewerber die Gründe für ihre Lebenslauflücken preisgäben. Das wiederum dürfte allerdings eher die Ausnahme sein, da die Ratgeberliteratur den Bewerbern dringend dazu rät, keine Lebenslauflücken zuzugeben (vgl. Hesse & Schrader, 2012). Insgesamt finden sich in den Bewerbungsunterlagen nur wenige diagnostisch aussagekräftige Informationen. Da beim Vorliegen einer großen Bewerberstichprobe aber dennoch eine Vorauswahl erfolgen muss, empfiehlt sich der Einsatz einer internetgestützten Vorauswahl (E-Recruitment), bei der valide Leistungstests und Persönlichkeitsfragebögen im Zentrum der Methodik stehen. Demnach würde man die Bewerber nur sehr grob nach grundlegendsten Anforderungskriterien (Schulbildung, Berufsausbildung etc.) vorauswählen, ehe in einem zweiten Schritt onlinegestützte Testverfahren zum Einsatz kommen. Mit diesem Vorgehen würde man die relevanten Kompetenzen (Gewissenhaftigkeit, Zielstrebigkeit, soziale Kompetenzen, Führungskompetenzen etc.) direkt valide erfassen und nicht aus biographischen Daten erschließen. Aufgrund der unklaren Identität der Bewerber bei onlinegestützten Verfahren empfiehlt es sich, die Testungen später in vivo nachzuholen bzw. die Ergebnisse der ersten Messung zu überprüfen. Die höheren Kosten der Testdiagnostik dürften sich durch treffsicherere Auswahlentscheidungen schnell amortisieren.

Literatur

Cole, M. S., Feild, H. S. & Giles, W. F. (2003b). What can we uncover about applicants based on their resumes? A field study. *Applied HMR Research, 8*, 51-62.

Cole, M. S., Feild, H. S., Giles, W. F. & Harris, S. G. (2009). Recruiters' inferences of applicant personality based and resume screening: Do paper people have a personality? *Journal of Business Psychology, 24*, 5-18.

Cole, M. S., Rubin, R. S., Feild, H. S. & Giles, W. F. (2007). Recruiters' perception and use of applicant résumé Information: Screening the recent graduate. *Applied Psychology: An International Review, 56*, 319-343.

Düx, P., Prein, G., Sass, E. & Tully, C. J. (2009). *Kompetenzerwerb im freiwilligen Engagement. Eine empirische Studie zum informellen Lernen im Jugendalter* (2. Aufl.). Wiesbaden: VS Verlag für Sozialwissenschaften.

Görlich, Y. & Schuler, H. (2007). *Arbeitsprobe zur berufsbezogenen Intelligenz. Technische und handwerkliche Tätigkeiten* (AZUBI-TH). Göttingen: Hogrefe.

Frank, F. & Kanning, U. P. (in Druck). *Lücken im Lebenslauf – Ein valides Kriterium der Personalauswahl?* Zeitschrift für Arbeits- und Organisationspsychologie.

Hesse, J. & Schrader, H. C. (2012). *Das große Hesse/Schrader Bewerbungshandbuch: Alles, was Sie für ein erfolgreiches Berufsleben wissen müssen.* Hallbergmoos: Stark.

Hossiep, R. & Paschen, M. (2003). *Bochumer Inventar zur berufsbezogenen Persönlichkeitsbeschreibung* (BIP). Göttingen: Hogrefe.

Johnson, M. K., Beebe, T., Mortimer, J. T. & Snyder, M. (1989). Volunteerism in adolescence. A process perspective. *Journal of Research Adolescence, 3,* 309-332.

Kanning, U. P. (2005). *Soziale Kompetenzen: Entstehung, Diagnose und Förderung.* Göttingen: Hogrefe.

Kanning, U. P. (2009). *Inventar sozialer Kompetenzen* (ISK/ISK-K). Göttingen: Hogrefe.

Kanning, U. P. & Fricke, P. (2013). Führungserfahrung – Wie nützlich ist sie wirklich? *Personalführung, 1,* 48-53.

Kanning, U. P. & Kappelhoff, J. (2012). Sichtung von Bewerbungsunterlagen – Sind sportliche Aktivitäten ein Indikator für die soziale Kompetenz der Bewerber? *Wirtschaftspsychologie, 14*(4), 72-81.

Kanning, U. P. & Woike, J. (in Vorb.). Ist das soziale Engagement der Bewerber ein sinnvolles Kriterium zur Identifizierung sozialer Kompetenzen bei der Sichtung von Bewerbungsunterlagen?

Lang, F. R., Lüdtke, O. & Asendorpf, J. B. (2001). Testgüte und psychometrische Äquivalenz der deutschen Version des Big Five Inventory (BFI) bei jungen, mittelalten und alten Erwachsenen. *Diagnostica, 47,* 111-121.

Machwirth, U., Schuler, H. & Moser, K. (1996). Entscheidungsprozesse bei der Analyse von Bewerbungsunterlagen. *Diagnostica, 42,* 220-241.

Marlowe, C. M., Schneider, S. L. & Nelson, C. E. (1996). Gender and attractiveness biases in hiring decisions: Are more experienced managers less biased? *Journal of Applied Psychology, 81,* 11-21.

Metz, E., McLellan, J. & Yourniss, J. (2003). Types of voluntary service and adolescents' civic development. *Journal of Adolescent Research, 2,* 188-203.

Quinones, M. A., Ford, J. K. & Teachout, M. S. (1995). The relationship between work experience and job performance: A conceptual and meta-analytic review. *Personnel Psychology, 48,* 887-910.

Schuler, H., Hell, B., Trapmann, S., Schaar, H. & Boramir, I. (2007). Die Nutzung psychologischer Verfahren der externen Personalauswahl in deutschen Unternehmen. *Zeitschrift für Personalpsychologie, 6,* 60-70.

Schuler, H. (2014). Biografieorientierte Verfahren der Personalauswahl. In H. Schuler & U. P. Kanning (Hrsg.), *Lehrbuch der Personalpsychologie* (3. Aufl.). Göttingen: Hogrefe.

Schuler, H. & Berger, W. (1979). Physische Attraktivität als Determinante von Beurteilung und Einstellungsempfehlung. *Psychologie und Praxis, 23,* 59-70.

Schuler, H. & Prochaska, M. (2001). *Leistungsmotivationsinventar* (LMI). Göttingen: Hogrefe.

Weuster, A. (2008). *Personalauswahl* (2. Aufl.). Wiesbaden: Gabler.

Gemeinnütziges Engagement im Lebenslauf: Gibt es einen Zusammenhang zur Führungskompetenz

Joana Wensing, Andre Findeisen, Christian Dries

Dieser Beitrag beschäftigt sich mit der Frage, ob im gemeinnützigen Engagement die Entwicklung von Führungskompetenz gefördert wird. Ziel ist es, eine Empfehlung für die Praxis abzuleiten, inwieweit das gemeinnützige Engagement in der Personalauswahl als Kriterium verwendet werden kann, um Aussagen über die Führungskompetenz des Bewerbers treffen zu können.

Keywords: Gemeinnütziges Engagement, Kompetenzentwicklung, Führungskompetenz, Selbstorganisiertes Lernen

1 Einleitung

Ohne die freiwillige und unbezahlte Mitarbeit der Bürger könnten viele gemeinnützige Organisationen nicht bestehen (BMFSFJ, 2013). Doch nicht nur für die Organisationen ist die Mitarbeit der Engagierten von Vorteil. Am 30.06.2013 lautete eine Überschrift in den Salzburger Nachrichten „Das Ehrenamt ist ein Karriereturbo" (Schreglmann, 2013). Doch warum sollte zum Beispiel die Arbeit in der Suppenküche die Karriere fördern? Diese Frage wird im weiteren Verlauf des Beitrags beantwortet.

2 Gemeinnütziges Engagement als Auswahlkriterium

Für diesen Beitrag wird der Begriff des „gemeinnützigen Engagements" definiert als „unentgeltliche, freiwillige und gemeinwohlorientierte Tätigkeiten außerhalb der privaten Haushalte" (Effinger & Pfau-Effinger, 2002, S. 307). In ihrer Studie haben Gaugler, Martin und Schneider (1995) Ergebnisse von 364 Unternehmen in Deutschland ausgewertet, um die Relevanz des gemeinnützigen Engagements als Kriterium in Bewerbungsverfahren einschätzen zu können. Dabei stimmten knapp über 40% der befragten Personaler zu, dass gemeinnützige Tätigkeiten wichtig für die Auswahlentscheidung sind. Bei weiterer Differenzierung wird außerdem deutlich, dass den freiwilligen Tätigkeiten eine weitaus größere Bedeutung zugeschrieben wird, wenn sie relevant für die jeweiligen beruflichen Anforderungen sind. Schließlich sind diese Tätigkeiten mit ca. 54% bei mehr als der Hälfte der Unternehmen ein Prüfkriterium mit sehr großer bzw. großer Bedeutung (Gaugler et al., 1995). Die Ursache dafür, dass Unternehmen gemeinnütziges Engagement derart positiv bewerten, liegt in der Erwartung, dass bei freiwillig Engagierten die sozialen Kompetenzen höher ausgeprägt sind als bei sonstigen Bewerbern (Schmidt, 2012). Diese Kompetenzen können auch auf das berufliche Umfeld übertragen werden und dort von Vorteil sein (Hansen, 2008). Gaugler und Kollegen (1995) fanden heraus, dass ungefähr 90% der Unternehmen gemeinnützig Engagierte für kontaktfähiger halten als andere Bewerber und über 80% bewerten auch ihre Organisations- und Teamfähigkeit höher. Weiterhin werden besonders für die Leistungsbereitschaft, das Verantwortungsgefühl, die Konflikt- und Konsensfähigkeit sowie die Präsentationsfähigkeit von freiwillig Engagierten stärkere Ausprägungen angenommen. Ca. 58% der Unternehmen gehen außerdem davon aus, dass gemeinnützig Arbeitende eine höhere Führungskompetenz aufweisen als andere Bewerber (Gaugler et al., 1995).

3 Kompetenzentwicklung im gemeinnützigen Engagement

Für die Praxis der Personalauswahl ist es nun interessant, ob gemeinnütziges Engagement tatsächlich zur Entwicklung von ausgewählten Kompetenzen beitragen kann.

3.1 Selbstorganisiertes Lernen

Die Kompetenzentwicklung im gemeinnützigen Engagement wird durch selbstorganisiertes Lernen erklärt. Im Gegensatz zu klassischen Lehr-Lern-Situationen steht bei selbstorganisiertem Lernen der Lernende im Mittelpunkt, da er selbst die Initiative ergreift, um seine Defizite zu erkennen und den darauf folgenden Lernprozess zu organisieren. Lernende sind im Zuge dessen motivierter ihr Ziel zu erreichen und können mehr von dem Gelernten behalten (Stauche & Sachse, 2004). Dies hängt damit zusammen, dass selbstorganisiertes Lernen häufig intrinsisch motiviert ist (Deci & Ryan, 1993). Viele Studien haben bisher belegt, dass eine intrinsische Motivation zu besseren Lernergebnissen führt als eine extrinsische Motivation. Dies liegt auch daran, dass sie durch den Lernerfolg selbst und nicht durch äußere Faktoren, wie zum Beispiel durch Noten oder Anerkennung belohnt werden (Deci & Ryan, 1993).Vor allem tiefergehende Formen des Lernens wie zum Beispiel die Entwicklung von Kompetenzen werden durch intrinsisches Lernen begünstigt, da eine aktive Beteiligung des Lernenden erforderlich ist, um situationsadäquate Verhaltensweisen zu erlernen (Kauffeld, 2006; Schiefele & Schreyer, 1994). Selbstorganisiertes Lernen wird vor allem in informellen Lernumgebungen wie z.B. dem Freundeskreis, der Familie oder dem gemeinnützigen Engagement gefördert, da dort die Lernenden in natürlichen Umgebungen eigene Lerndefizite erkennen und daraufhin ausbessern möchten. In formalen Umgebungen wie beispielsweise der Schule, wo das Lernen zielgerichtet stattfindet, werden hingegen künstliche Probleme konstruiert, die für den Lernenden schlechter zugänglich sind (Terhart, 1989). Da das gemeinnützige Engagement meistens in der Gruppe stattfindet, werden dort vor allem die sozial-kommunikativen Kompetenzen gefördert. Es zählt nach aktuellen Forschungen zu den informellen Lernbereichen, in „denen Lern- und Bildungsprozesse, insbesondere sozialer Art, sowie das Hineinwachsen in demokratische Spielregeln gefördert werden" (Düx & Sass, 2005, S.397).

3.2 Stand der Forschung

Es gibt bereits einige Studien zu der Entwicklung von Kompetenzen im Rahmen des gemeinnützigen Engagements. Düx und Sass (2005) führten im Jahr 2003 eine qualitative Interviewstudie durch, in der sie 60 Jugendliche zu ihren erlernten Kompetenzen im freiwilligen Engagement befragten. Bei Auswertung der Interviews stellte sich heraus, dass durch gemeinnütziges Engagement sowohl soziale Kompetenzen als auch fachliche und organisatorische Fähigkeiten erworben werden können. Auch Hansen (2008) fand heraus, dass gemeinnützig Engagierte in Vereinen Fachwissen, Gesellschaftswissen, personenbezogene Eigenschaften, soziale Kompetenzen sowie Organisationsfähigkeiten erlangen bzw. ausbauen. Speziell zu dem Zusammenhang zwischen gemeinnützigem Engagement und Führungskompetenz gibt es allerdings erst wenige Forschungsarbeiten. Die Studien, die sich auf sportlich Engagierte fokussieren, kommen zu kontroversen Ergebnissen (Merker, 2009). Für andere Bereiche des Engagements wurden innerhalb von qualitativen Untersuchungen Hinweise auf die Entwicklung von Führungskompetenz gefunden. Nach Merker (2009) sind vor allem Tätigkeiten mit der Möglichkeit Verantwortung zu übernehmen eine Plattform zur Entwicklung einer ausgeprägten Führungskompetenz. Um dies akkurater zu erforschen, führten Horstmeier und Ricketts (2009) eine qualitative Studie durch, in der Jugendliche selbst verantwortlich für den Erfolg eines Projekts waren. In dieser Studie wurde eine Entwicklung von Führungskompetenz sowie der Kommunikations- und Teamfähigkeit beobachtet (Horstmeier & Ricketts, 2009). Insgesamt gibt es allerdings noch keine quantitativen Studien, die diesen Effekt statistisch untermauern.

4 Methode

4.1 Hypothesen und Forschungsfrage

Für diese Arbeit ergibt sich in erster Linie die Frage, ob gemeinnützig Engagierte eine höher ausgeprägte Führungskompetenz aufweisen als Nicht-Engagierte. Da Engagierte im Rahmen ihrer Tätigkeit durch selbstorganisiertes Lernen in der Entwicklung von Kompetenzen gefördert werden (Horstmeier & Ricketts, 2009; Stauche & Sachse, 2004), wird bei Engagierten eine höhere Führungskompetenz angenommen.

H1: *Gemeinnützig Engagierte weisen eine höhere Führungskompetenz auf als Nicht-Gemeinnützig Engagierte.*

Die Führungskompetenz wird im SJT innerhalb von sechs Kriterien gemessen. Vier dieser Kriterien, „Veränderungsorientiert handeln", „Mitarbeiter fördern", „Kooperationen fördern/ Konflikte lösen" sowie „Kritik annehmen und umsetzen", gehören zu den sozial-kommunikativen und personalen Kompetenzen. Da die Entwicklung von sozial-kommunikativen und personalen Kompetenzen im gemeinnützigen Engagement bereits nachgewiesen wurde (Düx & Sass, 2005; Hansen, 2008), wird hier von einer höheren Ausprägung bei den Engagierten in den vier genannten Kriterien ausgegangen.

H2: a) *Engagierte erreichen eine **höhere** Ausprägung in dem Kriterium „Veränderungsorientiert handeln" als Nicht-Engagierte.*
b) *Engagierte erreichen eine **höhere** Ausprägung in dem Kriterium „Mitarbeiter fördern" als Nicht-Engagierte.*
c) *Engagierte erreichen eine **höhere** Ausprägung in dem Kriterium „Kooperation fördern/ Konflikte lösen" als Nicht-Engagierte.*
d) *Engagierte erreichen eine **höhere** Ausprägung in dem Kriterium „Kritik annehmen und umsetzen" als Nicht-Engagierte.*

Eine weitere Forschungsfrage ergibt sich in dieser Arbeit bezüglich der Motivation, die hinter dem gemeinnützigen Engagement steht. In Studien wurde bereits belegt, dass eine intrinsische Motivation den Lernerfolg steigert und vor allem bei der Entwicklung von Kompetenzen förderlich ist (Kauffeld, 2006; Schiefele & Schreyer, 1994). Möglicherweise lässt sich dieser Effekt auch auf die altruistische Motivation zu gemeinnützigem Engagement übertragen. Da es zu einem Zusammenhang zwischen der Motivation der Engagierten und der Entwicklung von Führungskompetenz bisher allerdings noch keine Studien gibt, soll dieser überprüft werden.

F1: *Ist die Ausprägung der Führungskompetenz abhängig von der Motivation, aufgrund der das Engagement stattfindet?*

4.2 Fragebogendesign

Zur Überprüfung der vorangegangenen Hypothesen wird in dieser Arbeit eine empirische Fragebogenstudie durchgeführt. Innerhalb des Fragebogens wird zur Messung der Führungskompetenz ein Situational Judgement Test (SJT) des kölner instituts für managementberatung genutzt. Im Rahmen des SJTs werden den Teilnehmern textbasierte und zum Teil videobasierte kritische Situationen präsentiert, die im entsprechenden Führungsalltag auftreten können. Anschließend werden sie dazu aufgefordert, ihr Verhalten in dieser Situation einzuschätzen. Der SJT erfasst die Führungskompetenz anhand von sechs Kriterien: Veränderungsorientiert handeln und motivieren, Ziele und Richtung vorgeben, Mitarbeiter fördern und entwickeln, Kooperationen fördern und Konflikte lösen, integer und unternehmerisch handeln sowie Kritik annehmen und umsetzen (Findeisen, Kim & Dietz, 2012). Darüber hinaus wurden zur Messung der Motive der Engagierten die Skalen der Einstellungsstruktur ehrenamtlicher Helfer (SEEH) von Bierhoff, Schlken und Hoof (2007) verwendet. Der Fragebogen besteht aus insgesamt 23 Items, die acht verschiedenen Unterdimensionen zugeordnet werden. Zu der selbstdienlichen Einstellung zählen die Motive zur sozialen Bindung, Selbstwert/Anerkennung, soziale Beeinflussung, Karriere und Berufsausgleich, währende der altruistischen Motivation die soziale und politische Verantwortung zugeordnet werden (Bierhoff et al., 2007). Weiterhin wird eine Kurzversion des Big-Five-Inventory zur Messung der Persönlichkeit nach dem Big-Five Modell mit den Dimensionen Extraversion, Neurotizismus, Gewissenhaftigkeit, Verträglichkeit und Offenheit verwendet (Rammstedt, Kemper, Klein, Beierlein & Kovaleva, 2012). Zusätzlich wurden noch Fragen zum gemeinnützigen Engagement und zu den soziodemographischen Daten der Probanden hinzugefügt.

4.3 Stichprobenbeschreibung

Die Fragebogenstudie wurde mithilfe der Online-Plattform SoSci Survey durchgeführt. Es ergab sich eine Stichprobe von 236 Probanden ($N = 236$). Darunter sind 50,8% männliche ($n = 120$) und 49,2% weibliche ($n = 116$) Teilnehmer. Der Altersdurchschnitt der Stichprobe liegt bei ca. 27 Jahren ($N = 234$, $M = 27.17$, $SD = 9.05$), wobei zwei Altersangaben fehlen. Von den 236 Teilnehmern haben sich 28,4% noch nie gemeinnützig engagiert ($n = 67$). Weitere 8,1% waren einmalig für einen intensiven Zeitraum ($n = 19$) und 22,9% unregelmäßig engagiert ($n = 54$), während der Großteil der Teilnehmer mit 40,7% sich regelmäßig gemeinnützig engagiert ($n = 96$).

5 Ergebnisse

5.1 Hypothesenüberprüfung und explorative Auswertung

Bezüglich der Hypothese 1 zeigt sich deskriptiv für die gemeinnützig Engagierten ein höherer Mittelwert in der Führungskompetenz ($M = 3.04$, $SD = .22$) als für die Nicht-Engagierten ($M = 2.95$, $SD = .26$) (Abb.1). Dieser Unterschied ist laut t-Test signifikant ($t(234) = 2.67$, $p < .01$). Demnach wird die Hypothese „*Gemeinnützig Engagierte weisen eine höhere Führungskompetenz auf als Nicht-Gemeinnützig Engagierte*" bestätigt.

Die Mittelwerte der Engagierten sind auch im Kriterium „Kritik annehmen und umsetzen" höher (M = 3.23, SD = .40) als bei den Nicht-Engagierten (M = 3.09, SD = .53). Der Unterschied der Mittelwerte ist außerdem signifikant (t(234) = 2.15, p < .05). Die Hypothese H2 d) „*Engagierte erreichen eine höhere Ausprägung in dem Kriterium 'Kritik annehmen und umsetzen' als Nicht-Engagierte*" wird demnach bestätigt (s. Abb. 2).

Im Kriterium „Kooperationen fördern/Konflikte lösen" sind die Mittelwerte von gemeinnützig Tätigen ebenfalls höher ($M = 3.12$, $SD = .39$) als von Nicht-Gemeinnützig-Tätigen ($M = 3.07$, $SD = .40$). Dieser Unterschied ist jedoch nicht signifikant ($t(234) = .88$, $p > .05$). Demnach muss die Hypothese H2 c) „*Engagierte erreichen eine **höhere** Ausprägung in dem Kriterium 'Kooperation fördern/Konflikte lösen' als Nicht-Engagierte*" verworfen werden. Gemeinnützig Engagierte erreichen auch in dem Kriterium „Mitarbeiter fördern" einen höheren Mittelwert ($M = 3.23$, $SD = .42$) als die Nicht-Engagierten ($M = 3.05$, $SD = .42$). Dieser Mittelwertunterschied ist zudem signifikant ($t(234) = 2.90$, $p < .01$). Die Hypothese H2 b) „*Engagierte erreichen eine **höhere** Ausprägung in dem Kriterium 'Mitarbeiter fördern' als Nicht-Engagierte*" wird bestätigt. Die Mittelwerte der gemeinnützig Engagierten sind im Kriterium „Veränderungsorientiert handeln" höher ($M = 3.01$, $SD = .45$) als bei den Nicht-Engagierten ($M = 2.96$, $SD = .46$). Allerdings ist dieser Unterschied der Mittelwerte nicht signifikant ($t(234) = .79$, $p > .05$). Somit muss die Hypothese H2 a) „*Engagierte erreichen eine **höhere** Ausprägung in dem Kriterium 'Veränderungsorientiert handeln' als Nicht-Engagierte*" verworfen werden.

Weiterhin werden die Ergebnisse zu der aufgestellten Forschungsfrage vorgestellt. Da es sich hierbei um eine explorative Analyse handelt, werden die Ergebnisse bereits bei einem Signifikanzniveau von $p < .10$ als bedeutsam angesehen. Es wurde der Frage nachgegangen, ob die Ausprägung der Führungskompetenz der gemeinnützig Engagierten von der Motivation abhängt, aufgrund der das Engagement stattfindet. Hinsichtlich des Zusammenhangs einer selbstdienlichen Motivation mit gemeinnützigem Engagement wurde zwar eine negative Korrelation mit der Führungskompetenz gefunden, die allerdings nicht signifikant ist, $r(169) = -.114$, $p > .10$. Auch der Zusammenhang zwischen einer altruistischen Motivation und der Führungskompetenz wurde nicht signifikant, $r(169) = -.062$, $p > .10$. Die Korrelationen der Motive, die als Unterdimensio-

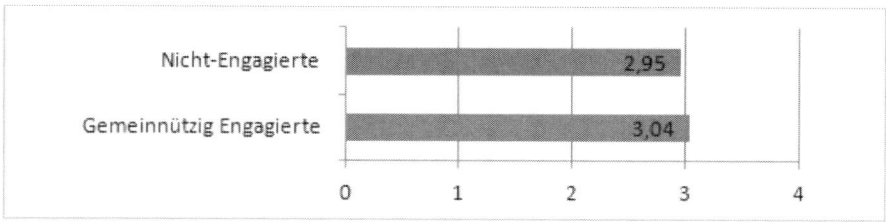

Abb. 1: Darstellung der Mittelwerte in der Führungskompetenz von Engagierten und Nicht-Engagierten

Anmerkungen: N = 236, p < .01

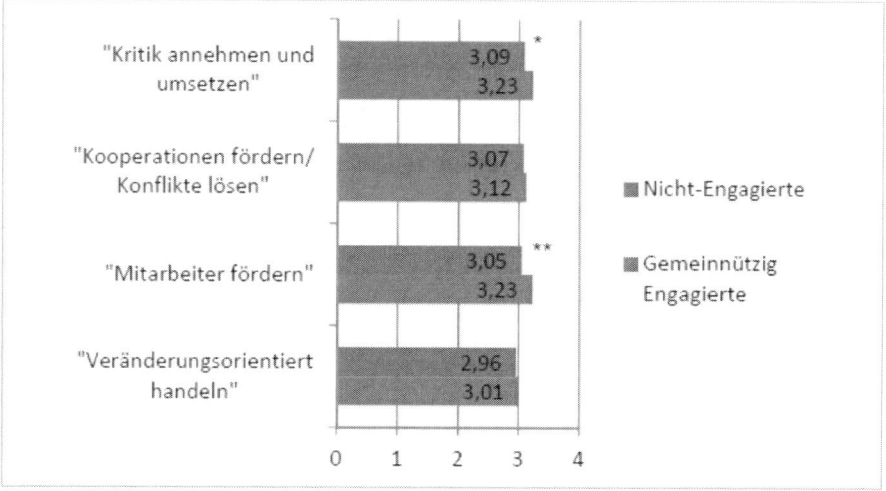

Abb. 2: Darstellung der Mittelwerte in Unterkompetenzen der Führungskompetenz von Engagierten/ Nicht-Engagierten

Anmerkungen: N = 236, * p < .05 ** p < .01

Tab. 1: Korrelationen zwischen den Motiven des Engagements und der Führungskompetenz

Motive	Korrelation mit der Führungskompetenz
Politische Verantwortung	-.074
Soziale Verantwortung	-.032
Karriere	-.170**
Berufsausgleich	.003
Soziale Beeinflussung	-.144*
Selbstwert/ Anerkennung	-.025
Selbsterfahrung	-.015

Anmerkungen: N = 169; *p < .05 **p < .10

nen unter dem altruistischen und selbstdienlichen Motiv zusammengefasst wurden, werden in Tabelle 1 dargestellt.

Es zeigen sich nur hinsichtlich der Karrieremotivation ($r(169) = -.170\ p < .05$) und der Motivation durch soziale Beeinflussung ($r(169) = -.144,\ p < .10$) signifikante Korrelationen, die auf einen negativen Zusammenhang hinweisen.

5.2 Interpretation der Ergebnisse

Das Ziel dieser Studie war es in erster Linie herauszufinden, ob gemeinnützig Engagierte eine höhere Führungskompetenz aufweisen als Nicht-Engagierte. Diese Annahme konnte durch einen statistisch signifikanten Unterschied zwischen den beiden Gruppen bestätigt werden. Auf einer Skala von 0 bis 4, auf der Führungskompetenz gemessen wurde, ist der Mittelwertunterschied mit .09 Punkten zwar nur sehr gering, dies könnte allerdings auf die Zusammensetzung der Stichprobe zurückzuführen sein. Ein Mittelwert von 3.02 in der Führungskompetenz weist darauf hin, dass die Stichprobe insgesamt eine gute Leistung im *Situational Judgement Test* zur Messung der Führungskompetenz gezeigt hat. Darüber hinaus ist auch die Streuung innerhalb der Stichprobe sehr gering ($SD = .24$). Lievens und Sackett (2006) fanden in einer Studie heraus, dass SJTs mit hohen Leseanteilen mit kognitiven Fähigkeiten korrelieren. Auch der in dieser Studie verwendete Test hat hohe Leseanteile und fordert daher vermutlich kognitive Fähigkeiten von den Testteilnehmern. Da ca. 93% der Probanden entweder ein Fach- oder ein Abitur als höchsten Schulabschluss angegeben haben, kann bei dem Großteil der Stichprobe von einer hoch ausgeprägten kognitiven Fähigkeit ausgegangen werden. Insgesamt könnte die ausgeprägte Führungskompetenz innerhalb der Stichprobe damit auf deren hoch ausgeprägte kognitiven Fähigkeiten zurückzuführen sein. Eine breiter gefächerte Stichprobe würde möglicherweise einen größeren Unterschied in der Führungskompetenz zwischen gemeinnützig Engagierten und Nicht-Engagierten finden. Hinsichtlich der Sub-Kompetenzen „Mitarbeiter fördern und entwickeln" sowie „Kritik annehmen und umsetzen" wurde wie erwartet eine höhere Ausprägung der gemeinnützig Engagierten im Vergleich zu den Nicht-Engagierten bestätigt. Bei den Kriterien „Veränderungsorientiert handeln und motivieren" sowie „Kooperationen fördern und Konflikte lösen" wurde die Annahme eines Unterschieds hingegen statistisch verworfen. Möglicherweise sind die Konflikte, die in gemeinnützigen Organisationen gelöst werden müssen, andere als die in Unternehmen. Im SJT wurden typische Situationen dargestellt, in denen Interessenkonflikte zwischen einem Mitarbeiter und dem Vorgesetzten bestanden. Solche Verhältnisse bestehen im Rahmen des gemeinnützigen Engagements nicht, da die Beschäftigung dort auf Freiwilligkeit basiert. Veränderungsorientiertes Handeln wird vermutlich ebenfalls nicht im gemeinnützigen Engagement gefördert. Dies könnte an der unterschiedlichen Ausgangssituation von gemeinnützigen Organisationen und wirtschaftlichen Unternehmen liegen. Gemeinnützige

Organisationen haben keinen Konkurrenzdruck und müssen daher nicht kontinuierlich innovativ arbeiten, um wettbewerbsfähig zu bleiben. Vermutlich ist die Veränderungsorientierung daher keine Kompetenz, die gemeinnützig Engagierte im Rahmen ihrer Tätigkeit explizit erwerben. Darüber hinaus konnten interessante Ergebnisse zum Zusammenhang zwischen den Motiven, aufgrund derer das Engagement stattfindet, und dem Ausmaß an Führungskompetenz gefunden werden. Zwar konnte kein Zusammenhang zwischen einer altruistischen oder selbstdienlichen Einstellung und der Führungskompetenz nachgewiesen werden, dafür allerdings eine negative Korrelation hinsichtlich des Karrieremotivs und der Motivation, sich aus sozialer Beeinflussung heraus zu engagieren. Um diese Ergebnisse zu erklären, wird auf die Theorie der intrinsischen und extrinsischen Lernmotivation zurückgegriffen. Viele Studien haben bisher belegt, dass eine intrinsische Motivation zu besseren Lernergebnissen führt als eine extrinsische Motivation (Schiefele & Schreyer, 1994). Deci und Ryan (1993) erklären den Erfolg durch intrinsische Motivation anhand des Zusammenhangs mit selbstorganisiertem Lernen. Die Motivation aus Karrieregründen und aufgrund von sozialer Beeinflussung sind sehr stark selbstdienlich bzw. extrinsisch geprägt (Bierhoff et al., 2007). Wenn Engagierte sich nur wegen einer Beeinflussung durch Freunde oder Familie engagieren, dann ist die Tätigkeit nicht aus eigenem Interesse gewählt. Während des Engagements werden daraufhin möglicherweise auch keine selbstorganisierten Lernprozesse stattfinden, um Führungskompetenz zu entwickeln. Gemeinnütziges Engagement aus dem Karrieremotiv heraus bedeutet, dass die Engagierten ihre Tätigkeit nur wählen, um beruflich voranzukommen, indem z.B. förderliche Kontakte geknüpft werden. Auch dann ist das Engagement extrinsisch motiviert und somit keine Lernumgebung, in der Kompetenzen selbstorganisiert entwickelt werden können.

6 Ausblick

6.1 Implikationen für die weitere Forschung

Zentrale Erkenntnis dieser Studie ist ein signifikanter Unterschied zwischen den gemeinnützig Engagierten und Nicht-Engagierten in ihrer Ausprägung der Führungskompetenz. Vermutlich fällt dieser Effekt allerdings bei einer Stichprobe, die hinsichtlich der aktuellen Tätigkeit und dem höchsten Schulabschluss breiter gefächert ist, noch stärker aus. Dies sollte durch weitere Forschungen, die sich gezielt um eine heterogene Stichprobe bemühen, überprüft werden. Darüber hinaus sollte überprüft werden, ob sich die Führungskompetenz tatsächlich während des Engagements entwickelt oder ob die Kompetenz bei den Engagierten bereits vorher schon hoch ausgeprägt war. Dies könnte zum Beispiel im Rahmen einer Langzeitstudie überprüft werden. Vor allem die explorative Analyse des Zusammenhangs der Motive, aufgrund derer das gemeinnützige Engagement stattfindet, und der Führungskompetenz bringt interessante neue Erkenntnisse. Je stärker sich gemeinnützig Engagierte aufgrund von sozialer Beeinflussung oder aus dem Karrieremotiv heraus engagieren, desto geringer ist ihre Führungskompetenz ausgeprägt. Wenn man diese Erkenntnis nun auf den Fakt überträgt, dass einige Unternehmen das gemeinnützige Engagement als Instrument zur Führungskräfteentwicklung nutzen, wirft dies weitere Forschungsfragen auf. Mitarbeiter, die an solchen Entwicklungsmaßnahmen teilnehmen, werden durch ihre Vorgesetzten oder den zuständigen Personalentwickler aus der HR-Abteilung zu einem gemeinnützigen Engagement bewegt, obwohl es möglicherweise nicht im Interesse der Mitarbeiter liegt sich zu engagieren. Genau dann wird mit der gemeinnützigen Tätigkeit auch ein Karrieremotiv verfolgt. Diese beiden Effekte erweisen sich als kontraproduktiv für die Entwicklung von Führungskompetenz. Weitere Forschungen sollten daher die Entwicklung von Führungskompetenz unter diesen Bedingungen ausführlicher erforschen. Es sollte darüber hinaus erforscht werden, welche Motive tatsächlich förderlich für eine Entwicklung von Führungskompetenz sind, sodass damit in der Praxis gearbeitet werden kann.

6.2 Implikationen für die Praxis

Aufgrund der Ergebnisse dieser Arbeit kann Unternehmen empfohlen werden, die Leistung gemeinnütziger Arbeit als Kriterium bei der Personalauswahl mit aufzunehmen. Vor allem wenn es Unternehmen wichtig ist, dass ihre Mitarbeiter fähig sind Kritik anzunehmen und umzusetzen sowie Mitarbeiter zu fördern, ist das gemeinnützige Engagement ein aussagekräftiges Kriterium bei der Personalauswahl. Dennoch sollte im Rahmen von Bewerbungsgesprächen die Motivation, aufgrund der das Engagement stattfindet, hinterfragt werden. Wenn sich erkennen lässt, dass sich der Bewerber lediglich aufgrund der Motivation seine Karriere zu fördern engagiert oder von Freunden oder Familie dazu beeinflusst wurde, sollte das Engagement als Auswahlkriterium verworfen werden. Die Ergebnisse dieser Studie zeigen, dass sich diese beiden Motive kontraproduktiv auf die Entwicklung von Führungskompetenz auswirken. Dieser Aspekt ist auch interessant für die Personalentwicklung in Unternehmen, da dort die gemeinnützige Arbeit teilweise als Entwicklungsmaßnahme für Führungskräfte genutzt wird. Daher sollten die Unternehmen das Engagement als Personalentwicklungsmaßnahme auf ihren Erfolg überprüfen.

Literatur

Bierhoff, H.-W., Schülken, T. & Hoof, M. (2007). Skalen der Einstellungsstruktur ehrenamtlicher Helfer. *Zeitschrift für Sozialpsychologie*, 6 (1), 12-27.

BMFSFJ (2010). *Hauptbericht des Freiwilligensurveys 2009*. Verfügbar unter: http://www.bmfsfj.de/BMFSFJ/Service/Publikationen/publikationen,did=165004.html (17.06.13).

Deci, E. L. & Ryan, R. M. (1993). Die Selbstbestimmungstheorie der Motivation und ihre Bedeutung für die Pädagogik. *Zeitschrift für Pädagogik*, 39, 223-238.

Düx, W. & Sass, E. (2005). Lernen in informellen Kontexten. *Zeitschrift für Erziehungswissenschaft*, 3, 394-411.

Effinger, H. & Pfau-Effinger, B. (2001). Freiwilliges Engagement im Sozialwesen. In E. Kistler, H.-H. Noll & E. Priller (Hrsg.), *Perspektiven gesellschaftlichen Zusammenhalts* (S. 307-323). Scheßlitz: Rosch-Buch.

Findeisen, A., Kim, C. & Dietz, F. (2012). Führungspotenziale messen – Simulation ohne Assessment Center. *Wirtschaftspsychologie aktuell*, 1, 32-39.

Gaugler, E., Martin, C. & Schneider, B. (1995). *Zusatzkriterien bei der Rekrutierung von Hochschulabsolventen - insbesondere ehrenamtliche Tätigkeiten während des Studiums. Ergebnisse einer empirischen Studie*. Mannheim: FBS.

Hansen, S. (2008). *Lernen durch freiwilliges Engagement*. Wiesbaden: Verlag für Sozialwissenschaften.

Horstmeier, R. P. & Ricketts, K. G. (2009). Youth Leadership Development Through School-Based Civic Engagement Activities: A Case Study. *Journal of Leadership Education*, 8, 238-253.

Kauffeld, S. (2006). *Kompetenzen messen, bewerten, entwickeln*. Stuttgart: Schäffer-Poeschel.

Lievens, F. & Sackett, P. R. (2006). Video-Based Versus Written Situational Judgment Tests: A Comparison in Terms of Predictive Validity. *Journal of Applied Psychology*, 91(5), 1181-1188.

Merker, L. (2009). *Engagement, Studienerfolg und Berufserfolg*. Unveröffentlichte Dissertation. Bayreuth: Universität Bayreuth.

Rammstedt, B., Kemper, C. J., Klein, M. C., Beierlein, C. & Kovaleva, A. (2012). *Eine kurze Skala zur Messung der fünf Dimensionen der Persönlichkeit: Big-Five-Inventory-10 (BFI-10)*. Köln: Leibniz Institut für Sozialwissenschaften.

Schiefele, U. & Schreyer, I. (1994). Intrinsische Lernmotivation und Lernen: ein Überblick zu Ergebnissen der Forschung. *Zeitschrift für Pädagogische Psychologie*, 8, 1-13.

Schmidt, K. (2012). *Ehrenamt: Mit guten Werken Karriere machen*. Verfügbar unter: http://www.zeit.de/karriere/beruf/2012-08/ehrenamt-vorteil-karriere (10.06.2013).

Schreglmann, B. (2013). *Das Ehrenamt ist ein Karriereturbo*. Verfügbar unter: http://www.salzburg.com/nachrichten/rubriken/bestestellen/karriere-nachrichten/sn/artikel/das-ehrenamt-ist-ein-karriereturbo-64586/ (01.07.2013).

Stauche, H. & Sachse, I. (2004). *Selbstgesteuertes Lernen als mögliche Alternative zu traditionellen Bildungswegen?* Unveröffentlichte Arbeit. Jena: Universität Jena.

Terhart, E. (1989). *Lehr-Lern-Methoden. Eine Einführung in Probleme der methodischen Organisation von Lehren und Lernen*. Weinheim: Juventa

2 Werbe- und Medienpsychologie

Nachhaltiger Konsum I: Nachhaltigkeitsinformationen im Kaufprozess – Überlegungen zur Gestaltung eines Webshops

Michael Schleusener, Adam Blaszk, Monika Eigenstetter, Julia Gehrmann, Nadine Langhorst, Mirja Lutz, Caroline Sell, Milena Valeva, Rudolph Voller, Martin Wenke

Gütesiegel überfordern und verwirren die Käufer oft. Ziel war daher zu untersuchen, ob und wie Siegel Kaufentscheidungen beeinflussen. Anhand eines Onlineshops wurde die Wahrnehmung von Güte- und Nachhaltigkeitssiegeln mit Eye-Tracking untersucht. Erste Ergebnisse scheinen zu zeigen, dass die Siegel kaum wahrgenommen werden.

Keywords: Gütesiegel, Wahrnehmung, Kaufentscheidung, Bekleidung

1 Einleitung

Verbraucherinformationen zu Lieferkette und Produktion der Ware sind wichtig, um informierte Kaufentscheidungen treffen zu können und nachhaltig konsumieren zu können. Mittels einer Vielzahl von Labels, Zertifikaten und Siegel soll dem Konsumenten die Möglichkeit gegeben werden, ethische und nachhaltige Produktionsweisen durch seinen Kauf zu fördern. Jedoch gibt es mittlerweile eine sehr große Anzahl solcher Label, Verunsicherung beim Verbraucher ist die Folge (Hermes, 2007). Noch wenig erforscht ist allerdings die Frage, welche konkreten Auswirkungen auf das Kaufverhalten derartige Nachhaltigkeitsinformationen überhaupt haben. Daher sind die zentralen Untersuchungsfragen dieses Experiments: *Werden die Siegel wahrgenommen? Und wenn ja, besteht dann eine positive Beeinflussung der Kaufentscheidung?*

Diese Forschung wird im Rahmen des vom Ministerium für Innovation, Wissenschaft und Forschung des Landes Nordrhein-Westfallen geförderten Projekts „Ethisches Unternehmerhandeln im Spannungsfeld zwischen Kundenerwartungen und Lieferkettenmanagement" an der Hochschule Niederrhein gefördert.

2 Nachhaltiger Konsum im Online-Handel

Der Konsument verlangt nicht mehr nur nach preiswerter und modischer Bekleidung, sondern zusätzlich nach sozial gerechter und ökologisch verträglicher Mode. Laut Gesellschaft für Konsumforschung (GfK) ist es 14 Mio. Deutschen wichtig, dass Mode sozial gerecht produziert und ökologisch verträglich ist. 8 Mio. Deutsche sind sogar bereit dafür mehr zu bezahlen (Kern & Metzner, 2008). 18% der deutschen Bevölkerung achten beim Kauf von Textilien auf Siegel, 57% schenken den Siegeln keine Beachtung. Frauen achten beim Einkauf von Kleidung mehr auf Siegel als Männer (GfK Gruppe, 2006). Aufgrund öffentlichen Drucks steigt für Unternehmen seit Mitte der 90er Jahre die Herausforderung ihre unternehmerischen Tätigkeiten, d.h. Produkte und Produktionsbedingungen, nachhaltiger zu gestalten und dieses auch zu kommunizieren (Schönborn & Steinert, 2001). Auf Nachhaltigkeitskommunikation zu verzichten bedeutet für Unternehmen ein Risiko (Mast & Fiedler, 2007ized), insbesondere dann, wenn Unternehmen vor allem online verkaufen. Ob ein Konsument einen Kauf bei einem bestimmten Händler online tätigt, hängt vor allem von den Informationen auf der Internetseite ab (Xia & Sudharshan, 2002). Wichtig hierbei sind die folgenden Faktoren: Informationsgestaltung, grafische Aufbereitung und sprachlicher Stil der Produktdarstellung (Alba et al., 1997).

Für Nachfrager nachhaltig produzierter Produkte sind Gütesiegel eine wichtige Informationsquelle. Als Information Chunks sind sie verdichtete Informationen. Für die Glaubwürdigkeit der Siegel spielen Medien eine große Rolle, da sie ausschlaggebend für die Verbreitung der den Siegeln zugrunde liegenden Informationen sind (Schäfer, 2003).

Es werden mehrere Gütesiegel unterschieden: Ökologische Siegel sind meist staatlich organisiert. Diese Siegel können für Produkte und Dienstleistungen ausgestellt werden, wobei für jede Produktgruppe eigene Kriterien vorhanden sind. Die Anforderungen dieser staatlichen Umweltzeichen sind meistens sehr hoch und gehen über die gesetzlichen Bestimmungen hinaus (Schäfer, 2003). Sozialsiegel sollen den Konsumenten über die sozialen Produktionsbedingungen gemäß sozialer Mindeststandards informieren (Greven, 2004). Diese Siegel haben den Vorteil durch den Konsumenten eher wahrgenommen zu werden als Unternehmenskampagnen oder Nachhaltigkeitsberichte. Eine weitere Möglichkeit dieser Siegel ist, soziale Forderungen über das gesetzliche Mindestmaß hinaus durchzusetzen, wenn das Siegel angestrebt wird. (Piepel, 2001).

Obwohl die Zahl der Gütesiegel steigt, gibt es nur wenige Untersuchungen, inwieweit Gütesiegel wahrgenommen werden und wie sie auf die Kaufentscheidung wirken (Ahlert & Rohlfing, 2009). Empirische Untersuchungen zur Gestaltung der Nachhaltigkeitsinformationen im Kaufprozess sind eher die Ausnahme (Levitt & List, 2007) .

Daraus leiten sich zwei Forschungsfragen ab:
1. *Werden die Gütesiegel während des Kaufprozesses wahrgenommen?*
   Um den vertrauensbildenden Prozess im Online-Shopping näher zu untersuchen, ist es wichtig, herauszufinden, was der Konsument überhaupt wahrnimmt, während er einen Onlineshop nutzt. Die Feststellung, welche Bildschirmbereiche und welche Informationen während eines Kaufes wahrgenommen werden, ermöglicht einen Einblick in das tatsächliche Informationsverhalten des Konsumenten.
2. *Besteht ein Zusammenhang von wahrgenommenen Gütesiegel und der Kaufentscheidung?*
   Wenn Siegel dem Konsumenten die Nachhaltigkeit eines Produktes kommunizieren sollen, sollten sie auch – zumindest bei potenziell interessierten Kunden – in einem Zusammenhang mit der Kaufentscheidung stehen.

3 Methodik

3.1 Versuchspersonen

Um potenzielle Versuchspersonen zu finden, wurde vor dem Experiment ein Screening durchgeführt. Die Versuchspersonen müssen bestimmte Kenntnisse in dem Bereich Internet und Online-Shopping aufweisen. Dies ist erforderlich, um die Aufgabe beim Eye-Tracking-Versuch erfolgreich abschließen zu können. Aus diesem Grund ist als erstes die Frage „Haben Sie in den letzten sechs Monaten einen Online-Kauf getätigt?" gestellt worden. Es sind ausschließlich Personen, mit einer positiven Antwort, zur Teilnahme an dem Experiment eingeladen worden.

Als nächstes musste sich die Versuchsperson einem bestimmten Modetypen (Outfit 7.0, 2011) zuordnen. Dies wurde anhand von jeweils fünf Karten für Frauen und Männer durchgeführt. Auf diesen Karten waren jeweils für einen Modetypen typische Aussagen aufgedruckt, mit denen sich die Versuchsperson identifizieren sollte.

Die Studie wurde mit 20 Versuchspersonen im Human Engineering Labor der Hochschule Niederrhein durchgeführt. Jeweils zehn weibliche und männliche Versuchspersonen mit einem Alter zwischen 23 und 39 Jahren wurden ausgewählt. Die Verteilung des Bildungsniveaus weist überdurchschnittlich mit 12 Versuchspersonen den Schulabschluss Abitur auf. Jede Versuchsperson ordnete sich selbst einem Modetypen zu, die Stichprobe beinhaltete alle Modetypen zu gleichen Teilen. Bei dieser Stichprobe handelt es sich um eine Ad-hoc-Stichprobe, da vorzugsweise Studenten auf dem Universitätsgelände akquiriert worden sind. Diese Stichprobe ist aus diesem Grund nicht repräsentativ (Raab-Steiner & Benesch, 2010).

3.2 Versuchsaufbau

In einem für das Experiment aufgesetzten Online-Shop wurden unter experimentellen Bedingungen Kaufentscheidungen simuliert. Das Sortiment des Online-Shops bestand aus eigens designten T-Shirts mit Druckmotiven, welche in ihrer Diversität vorhandenen Modetypen entsprechen (Outfit 7.0, 2011).

Der Online-Shop beinhaltete acht verschiedene T-Shirt-Typen: konventionell hergestellt, sozial verträglich hergestellt, ökologisch verträglich hergestellt, sozial und ökologisch verträglich hergestellt.

Die zugehörigen Nachhaltigkeitsinformationen wurden durch neu entwickelte Siegel für Qualität, Ökologisch, Sozial, Limited Edition, New Collection und Herbst 2013 dargestellt (vgl. Abb.1). Zudem wurden die jeweiligen Produkte mittel- und niedrigpreisig angeboten. In dem Experiment wurde getestet, ob ein Käufer beim Kauf von Kleidung auf Informationen zu den Herstellungsbedingungen achtet. Die Entscheidung für ein T-Shirt, die vom Probanden aufgrund der individuellen Präferenzen getroffen wird, muss, um das Ergebnis nicht zu verfälschen, von der Entscheidung für oder gegen ein ökologisch oder sozial produziertes Produkt getrennt werden. Das heißt, jede Versuchsperson muss ein T-Shirt ihres Geschmacks im Online-Shop finden können, Farbe und Aufdruck dürfen jedoch nicht in Zusammenhang mit den Informationen zur nachhaltigen Herstellungsweise stehen. Diese Informationen müssen wiederum eindeutig kommuniziert werden, ohne jedoch zu aufdringlich zu sein. Die Siegel wurden also aus diesem Grund bewusst in schwarz-weiß gestaltet, um auch Assoziationen von z.B. Grün zu ökologischer Herstellung als Reiz ausschließen zu können. Die bildliche Erscheinung der Siegel ähnelt gewohnten Symbolen

Hersteller	Preissegment	Preis	Unterscheidungsmerkmale		
			Siegel 1	Siegel 2	Siegel 3
Crown & Co.	Basic	19,95 €	Q	Limited Edition	Herbst 2013
	Deluxe	24,95 €			
Space Shirts	Basic	19,95 €	Q	New Collection	🌱
	Deluxe	24,95 €			
Red Row	Basic	19,95 €	Q	Herbst 2013	🖐
	Deluxe	24,95 €			
Square Inc.	Basic	19,95 €	Q	🌱	🖐
	Deluxe	24,95 €			

Abb. 1: Hersteller mit zugehöriger Siegelkombination

für Ökologie, soziales Miteinander und Qualität. Zusätzlich gibt es drei weitere Siegel ohne Bedeutung, welche als Platzhalter fungieren, um das Layout der Seite bei jeder Siegelkombination gleich darstellen zu können. Die Siegel stehen für: Qualität, Ökologisch, Sozial, Herbst 2013, Limited Edition und New Collection

Die Herausforderung bei der Darstellung des Sortiments war, dass es zwei Preisstufen gibt, die aber vom Produkt her nicht unterscheidbar sind, da sowohl Schnitte, Farben und T-Shirt-Drucke in beiden Preisstufen gleich sind. Folglich lassen sich die Preisstufen nur über Qualitätsunterschiede begründen, die über das Pop-up Siegel „Qualität" zu finden sind. Bei der Kombination der Preisstufen mit den unterschiedlichen Siegeln entstanden acht Angebots-Varianten. Um den Versuchspersonen die Auswahl zu erleichtern, wurden imaginäre Firmenlogos platziert, die jeweils ein Basic- und ein Qualitäts-T-Shirt zum Preis von 19,95 bzw. 24,95 anbieten.

Die unterschiedlichen Kombinationen des Qualitätssiegels mit den anderen Siegeln macht die Eigenart jeder Firma aus. Die Firmenlogos haben keinerlei Ähnlichkeit zu existierenden Bekleidungsmarken und beeinflussen dadurch nicht die Kaufentscheidung. Auch sind sie so gestaltet, dass sie keine direkte Zugehörigkeit zu einer bestimmten „Stil-Welt" suggerieren (bspw. Sportliche Streetwear, klassische Oberbekleidung etc.). Deswegen sind die Basis der Logos geometrische Grundformen. Die vier Logos unterscheiden sich farblich in vier Grundfarben Gelb, Dunkelblau, Rot, Grün (v.o.n.u.).

3.3 Ablauf der Untersuchung

Der Untersuchungsablauf umfasste drei Schritte: ein Fragebogen mit Fragen zu Online-Käufen, gefolgt von einem Online-Kauf mittels eines Geschenke-Gutscheins, der mit Eye-Tracking aufgezeichnet wurde und einer sich daran anschließenden kognitiven Nachbearbeitung mit Hilfe eines weiteren Fragebogens.

Mittels Eye-Tracking wurden die Augenbewegungen der Versuchspersonen beim simulierten Einkauf aufgenommen. Beim Eye-Tracking werden mit einer Infrarotkamera die Blickdaten erfasst (SMI RED Eye-Tracking-System). Das System nutzt die Methode Video based eye tracking. Dabei werden die Augen und die Korona Reflektionen erfasst. Eine Kalibrierung des Systems wurde anhand der 9-Punkt-Methode ausgeführt. Das zugehörige Softwarepaket beinhaltet drei Programme. Das Programm SMI iView X™ ist für die Steuerung der Infrarotkamera zuständig. Das Programm SMI Experiment Center™ wird genutzt, um den Ablauf des Eye-Tracking-Versuchs festzulegen. Innerhalb des Programmes können verschiedene Experimente angelegt werden.

Bei der kognitiven Nachbearbeitung wurde den Versuchspersonen ein weiterer Fragebogen vorgelegt. Dieser enthielt Fragen zum Verhalten während der Einkaufssituation und zur persönlichen Einstellung zum Thema Nachhaltigkeit.

Der Eye-Tracking-Versuch ist ohne jeglichen Bezug zum Thema Nachhaltigkeit durchgeführt worden, um eine Verzerrung der Eye-Tracking-Daten zu vermeiden. Dieses Thema wurde erst im Fragebogen zur kognitiven Nachbearbeitung erwähnt. Dieser Fragebogen soll das Kaufverhalten in dem Online-Shop reflektieren. Die Versuchsperson sollte die Kriterien, die zur Entscheidung des T-Shirt Kaufs geführt haben, anhand der Merkmale Qualität, Preis, ökologische Kriterien, soziale Kriterien, Design, Material, Marke und Passform in eine persönliche Rangfolge setzen. Weiterhin sollten menschenunwürdige Arbeitsbedingungen in der Bekleidungsproduktion und der Kauf von T-Shirts aus Bio-Baumwolle anhand von vorgegebenen Aussagen beurteilt werden. Schließlich wurde erfragt, ob die Versuchspersonen Siegel in dem Online-Shop gesehen haben. Anschließend wurden die Versuchspersonen gebeten, die Eigenschaften und Produktionsbedingungen des T-Shirts wiederzugeben, welches sie gekauft haben.

4   Ergebnisse

4.1   Was nehmen Konsumenten beim Online-Shopping wahr?

Die Auswertung der Eye-Tracking-Daten erfolgt mittels der Auswertungssoftware SMI BeGaze™. Durch die Festlegung von Areas of Interest, kurz AIO genannt, ist es möglich die Auswertung auf die für den Versuch relevanten Ausschnitte zu beschränken. Als relevante AOI's werden *White Space* (Bereich der nicht von anderen AOI umschlossen ist), *Preis* und die *Siegel* definiert. Die AOI's bieten die Möglichkeit, die Parameter Fixationsdauer, Fixationshäufigkeit und die Verweildauer für die einzelnen Elemente zu berechnen. Der Parameter Fixationsdauer wird benötigt, um die Verweildauer der Augen auf jede einzelne AOI festzustellen. Je länger die Fixationsdauer desto stärker die Wahrnehmung und das Interesse. Die Fixationshäufigkeit beschreibt, wie häufig auf einer AOI fixiert worden ist. Die Dwell-Time erfasst die Zeit, welche die Versuchsperson in dem Bereich der AOI verweilt. Je länger die Dwell-Time desto höher ist in der Regel die kognitive Verarbeitung (Link et al. 2008).

Mithilfe der Auswertungssoftware können die Blickdaten kumuliert oder individuell von jeder einzelnen Versuchsperson in Scanpath, Heat- und Focusmaps dargestellt werden. Durch diese Darstellungsformen werden Flächen eines Stimulus gekennzeichnet. Die Auswertung der deskriptiven Daten erfolgte mit SPSS.

Die Auswertung berücksichtigt zunächst, ob ein Bereich durch die Versuchsperson fixiert wurde. Die Blickdaten der Versuchspersonen werden dabei kumuliert auf den Focus- und Heatmaps (vgl. Abb. 2) dargestellt. Dadurch wirkt vereinzeltes abweichendes Blickverhalten von Versuchspersonen nicht verzerrend. Die nach Geschlechtern getrennten Focus- und Heatmaps ergeben sich aus dem getrennten Sortiment von Frauen und Männer T-Shirts.

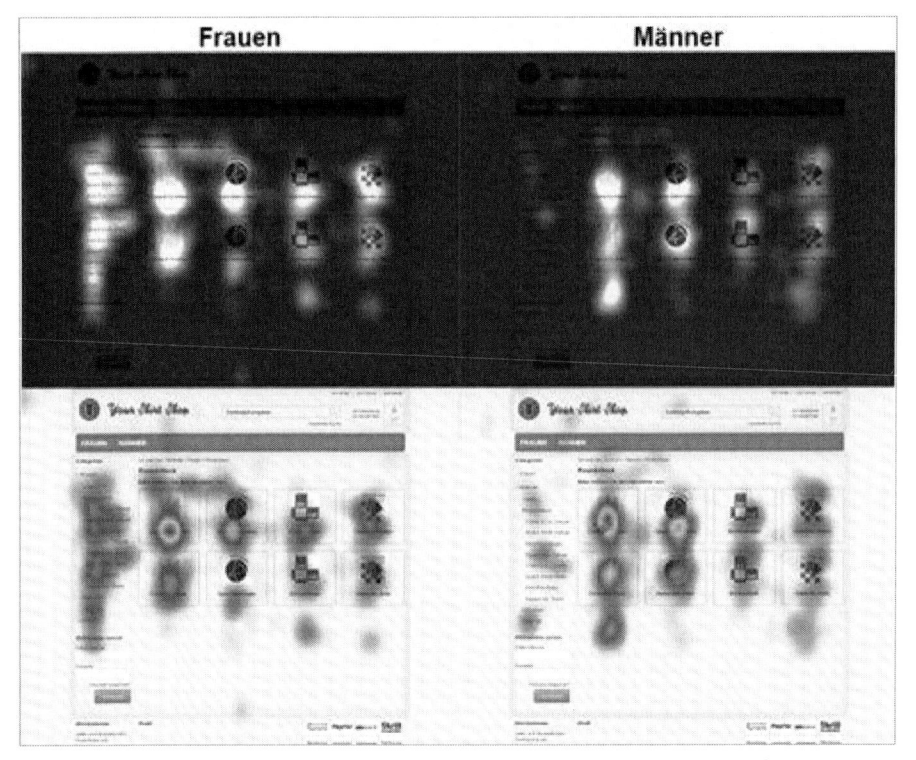

Abb. 2: Focus- und Heatmaps der Darstellung der T-Shirt Hersteller im Online-Shop

Startseite: hier zeigte sich, dass das Seitenmenü ebenso wie das obere Menü von den Versuchspersonen wahrgenommen wird. Die Grafiken der T-Shirts in der Mitte wurden ebenfalls wahrgenommen. Die Informationen in Textform sind nur wenig betrachtet worden, ebenso wenig auch die vertrauensbildenden Informationen zu Datenschutzbestimmungen, AGB's und Zahlungsmöglichkeiten.

T-Shirt-Arten-Kategorie: Es wurden nur die Kategoriebilder und das Seitenmenü wahrgenommen. Auffällig ist, dass Frauen sich die verschiedenen Arten von T-Shirts genauer ansahen als Männer.

Herstellerkategorie: Die Focus- und Heatmaps der Herstellerkategorie weisen Abweichungen zwischen den Geschlechtern auf. Bei den Frauen wird das Seitenmenü eher wahrgenommen und genutzt, die Männer nutzen das Seitenmenü nicht. Feststellen lässt sich außerdem, dass die beiden Hersteller auf der linken Seite eher wahrgenommen werden als die beiden Hersteller auf der rechten Seite.

Printkategorie: hier werden vor allem die T-Shirt-Drucke und die Seitenmenüs von den Blickbewegungen der Versuchspersonen erfasst. Die Wahrnehmung der Prints wird schwächer je näher der Blick an das untere Ende der Seite gelangt. Der letzte Print wird von den Versuchspersonen wieder stärker wahrgenommen als der Rest der sich unten befindenden Prints.

Produktseite: Die Auswertung der Produktseiten gestaltet sich schwieriger. Die Versuchspersonen entscheiden sich in der Printkategorie für einen Print und gelangen dann zur Produktseite. Da die Vorlieben der Versuchspersonen unterschiedlich sind, können die Blickdaten nicht kumuliert werden.

Area of Interest (AOI) Siegel umfasst den Bereich der Siegel zur Überprüfung der Verweildauer, um dadurch Rückschlüsse auf die nachhaltige Informationssuche und die daraus resultierende Kaufentscheidung zu ziehen. Die AOI Siegel Bereich umfasst ca. 2,5% der gesamten Seitenfläche. AOI Preis umschließt den Preis. Dieser Bereich wird erfasst, um einen Vergleich zwischen Preissensibilität und nachhaltiger Informationssuche zu ermöglichen. AOI Preis Bereich erfasst ca. 0,9% der gesamten Seitenfläche. AOI White Space umschließt die Restfläche, ca. 96,6% der gesamten Seitenfläche. Die Verweildauer auf AOI Preis ist mit ca. 2,7% in allen beiden Gruppen (weiblich, männlich) sehr ähnlich. Damit wird der Preis kaum wahrgenommen. Die AOI Siegel wird mit 8,5 dem Geschlecht und der Verweildauer besteht, wird das Zusammenhangsmaß eta ( ) verwendet. Die Ergebnisse der Auswertungen liegen alle unter dem Wert von = 0,2, was einen schwachen Zusammenhang zwischen Geschlecht und Verweildauer (auf AOI „Siegel", AOI „White-Space", AOI „Preis" und die gesamte Betrachtungszeit) beschreibt. Männer sahen geringfügig länger als die Frauen auf die AOIs.

Für die Beantwortung der Forschungsfrage sind die Mouse Klicks auf die AOI Bereiche ein weiterer Auswertungsfaktor. Obwohl der Bereich der Siegel anklickbar war, wurden sie von keiner Versuchsperson angeklickt. Ein erhöhtes Interesse was die Siegel bedeuten mögen ist damit nicht erkennbar.

4.2 Werden Siegel für die Kaufentscheidung genutzt?

Die Auswertung der Blickdaten konnte einige Erkenntnisse für die Beantwortung der Forschungsfrage liefern. Die durchschnittliche Verweildauer auf der AOI Siegel beträgt eine Sekunde, auf dem Preis sogar nur 0,3 Sekunden.

Auf der Produktseite: Gemessen an der Gesamtzeit beläuft sich die durchschnittliche Verweilzeit 1018 msec auf AOI Siegel. Die AOI Preis mit einer durchschnittliche Verweilzeit 325 msec Sekunden betrachtet. Das Zusammenhangsmaß für Kaufentscheidung und Verweildauer auf AOI Siegel beträgt nach Spearman = -0,281 (p=0,355).

Anhand der Häufigkeitsverteilung lässt sich feststellen, dass sechs Frauen Kleidung ausgewählt haben, die sowohl ökologisch als auch sozial produziert wurde. Drei Frauen wählten T-Shirts, die entweder ökologisch oder sozial hergestellt wurden. Lediglich eine Frau hat sich für ein nicht nachhaltig produziertes Kleidungsstück entschieden. Bei den Männern verteilt es sich anders. Drei kauften T-Shirts, die ökologisch und sozial produziert wurden, fünf kauften Kleidung, die entweder ökologisch oder sozial hergestellt worden sind und zwei kauften nicht nachhaltig produzierte Shirts.

5   Fazit

Die Focusmaps liefern eine gute Vorstellung über die wahrgenommenen Bereiche eines Online-Shops. Obwohl 20 Versuchspersonen viele Seiten mehrmals besucht haben, sind die Focusmaps doch sehr dunkel geblieben. Daraus lässt sich vermuten, dass ein Onlinekauf für viele ein routiniertes und bereits stark verinnerlichtes Ereignis darstellt. Viele Bereiche werden nur gescannt und die Elemente dieser Bereiche werden schlichtweg nicht wahrgenommen.

Die Elemente, die für die Bedienung des Shops relevant sind, wurden schnell und präzise gefunden und genutzt. Es ist auffällig, dass der Bereich mit den Produktinformationen eher überflogen wurde und eine kognitive Wahrnehmung wahrscheinlich nicht stattgefunden haben kann, was die Wahrnehmung von Nachhaltigkeitsinformationen erschwert. Viele Unternehmen präsentieren die Nachhaltigkeit ihrer Produkte innerhalb der Produktinformationen. Anhand der Ergebnisse dieser Studie stellt sich die Frage, ob sich die Investition in diesen Bereich lohnt. Viele Konsumenten scannen nur Teile eines Online-Shops und in vielen Bereichen scheint eine vertiefte kognitive Verarbeitung kaum statt zu finden.

Die Versuchspersonen haben sich bei ihrem Einkauf zwar überwiegend für nachhaltige Produkte entschieden, aber durch die geringen Zeiten, die auf der AOI Siegel verbracht wurden, lässt sich nicht bestimmen, ob die Siegel tatsächlich einen Grund für die Kaufentscheidung geliefert haben.

Literatur

Ahlert, D. & Rohlfing, M. (2009). Ökologische Bekleidung – Eine Status quo Analyse, Arbeitspapier Nr.39. FATM, Münster.
Alba, J., Lynch, J., Weitz, B., Janiszewski, C., Lutz, R., Sawyer, A. & Wood, S. (1997). Interactive home shopping: Consumer, retailer, and manufacturer incentives to participate in election marketplaces. *Journal of Marketing, 61*, 38-53
BITKOM: Vertrauen und Sicherheit im Netz (2012). Bundesverband Informationswirtschaft, Telekommunikation und neue Medien e. V., Berlin.
GfK Gruppe (2006). *Kundenbefragung Textilsiegel 2006*. Nürnberg.
Greven, T. (2004). Private, Staatliche und überstaatliche Interventionen zur Verankerung von Arbeitnehmerrechten. In H. H. Bass & S. Melchers (Hrsg.), *Neue Instrumente zur sozia-*

len und ökologischen Gestaltung der Globalisierung: Codes of Conduct, Sozialklauseln, nachhaltige Investmentfonds (S. 139-171). Münster: Lit Verlag.

Hermes, V. (2007). "Grips nicht in neue Siegel stecken". *Absatzwirtschaft Sonderausgabe zum Deutschen Marketing Tag,* 160-165.

Kern, J. & Metzner, M. (2008). Fair goes Fashion. *TextilWirtschaft, 14,* 78-79.

Levitt, S. & List, J. (2007). What Do Laboratory Experiments Measuring Social Preferences Reveal About the Real World? *Journal of Economic Perspectives, 21*(2), 153-174.

Link, D., Tietze, H., Schmidt, L., Sievert, A., Gorges, W. & Leyk, D. (2008). Berührungslose Augen- und Blickbewegungsmessungen. In L. Schmidt, C. M. Schlick & J. Grosche (Hrsg.), *Ergonomie und Mensch-Maschine-System* (S. 371-391). Springer: Heidelberg.

Mast, C. & Fiedler, K. (2007). Nachhaltige Unternehmenskommunikation. In G. Michelsen & J. Godemann (Hrsg.), *Handbuch Nachhaltigkeitskommunikation – Grundlagen und Praxis.* 2. Auflage (S. 567-578). München: oekom Verlag.

SPIEGEL-Verlag (Hrsg.). Outfit 7.0, 2011.

Piepel, K. (2001). Politisch Einfluss nehmen. In B. Pilz (Hrsg.), *Zum Beispiel Fairer Handel.* 2. Auflage (S. 132-136). Göttingen: Lamuv Verlag.

Raab-Steiner, E. & Benesch, M. (2010). *Der Fragebogen. Von der Forschungsidee zur SPSS-Auswertung.* 2. Auflage. Wien: Facultas.wuv Universitätsverlag.

Reichheld, F. & Scheftrer, P. (2000). E-Loyalty – Your Secret Weapon on the Web. *Harvard Business Review, 22,* 105-114.

Schäfer, M. (2003). *Label im Zusammenhang mit der nachhaltigen Entwicklung.* Eidgenössisches Büro für Konsumentenfragen, Bern.

Schönborn, G. (Hrsg.) & Steinert, A. (2001). *Sustainability Agenda. Nachhaltigkeitskommunikation von Unternehmen und Institutionen.* Neuwied: Luchterhand.

Schwartz, S. H. (1992). Universal in the content and structure of values: theoretical advances and empirical tests in 20 countries. In M. P. Zanna (Ed.), *Advances in Experimental social Psychology* (Vol. 25, pp. 1-65). Orlando: Academic Press.

Xia, L. & Sudharshan, D. (2002). Effects of Interruptions on Consumer Online Decision Processes. *Journal of Consumer Psychology, 12,* 265-280.

Nachhaltiger Konsum II: Käufertypologien und nachhaltiger Konsum in der Bekleidungsbranche

Adam Blaszk, Monika Eigenstetter, Julia Gehrmann, Nadine Langhorst, Mirja Lutz, Michael Schleusener, Caroline Sell, Milena Valeva, Rudolph Voller, Martin Wenke

Die Zielgruppen des Modemarktes werden laufend typologisiert. Forschungsfragen waren: Welche Modetypen kaufen welche Bekleidung? Welchen Zusammenhang gibt es mit der Wertetypologie nach Schwartz? Erste Resultate zeigen, dass es kaum Zusammenhänge zwischen Werten, Modetyp und Kaufverhalten gibt.

Keywords: Nachhaltiger Konsum, Mode, Typologien, Werte

1 Einleitung

Empirische Untersuchungen, in denen Konsumenten nach ihrer Breitschaft befragt werden nachhaltige Produkte zu kaufen, belegen eine positive Einstellung zum Kauf von Produkten, die nach sozialen und ökologischen Kriterien hergestellt wurden. Auf der Verhaltensebene spiegelt sich die Kaufbereitschaft eher nicht - der Kauf von nachhaltigen Produkten bleibt aus (Eckardt et al., 2010). Dies trifft im Speziellen auf die Bekleidungsbranche zu. Die Bekleidungsindustrie produziert für unterschiedliche Käufertypen bzw. Modetypen (Outfit 7.0; SPIEGEL-Verlag, 2011). Insofern wird in dieser Studie der Frage nachgegangen, wie der Zusammenhang zwischen Werten, Modetypen und Kaufverhalten aussieht.

Diese Forschung wird im Rahmen des vom Ministerium für Innovation, Wissenschaft und Forschung des Landes Nordrhein-Westfallen geförderten Projekts „Ethisches Unternehmerhandeln im Spannungsfeld zwischen Kundenerwartungen und Lieferkettenmanagement" an der Hochschule Niederrhein gefördert.

2 Modetypen im Bekleidungssektor

Mode dient dem Selbstausdruck und spiegelt einen Lebensstil wider. Modeunternehmen kennen ihre Kunden gut, nicht zuletzt aufgrund aufwendiger Zielgruppenanalysen. Noch genauer analysieren Modetypologien den Kunden. Sie kennen die Einstellungen zu Kleidung, Mode und Marke, das Kaufverhalten und soziodemographische Daten. Diese Erkenntnisse bieten wichtige Rahmenpunkte für die Kollektionsentwicklung und Sortimentsgestaltung im Hinblick auf den eigenen Kunden. Eine große Studie zu Modetypologie ist die Outfit 7.0 Studie des SPIEGEL-Verlags (2011) auf dem die folgende Kategorisierung von Modetypen beruht (Typ A-E: Frauen, Typ F-J: Männer). Die Typen wurden nicht nur aufgrund von soziodemographischen Daten, sondern auf Basis von Interessen, Markenpräferenzen, Kaufverhalten etc. (Outfit 7.0; SPIEGEL-Verlag, 2011, S. 14) ermittelt:

- Typ A: Die konformistische Mainstreamerin: *„Ich warte in der Regel ab, bis sich eine neue Mode durchgesetzt hat, bevor ich sie auch trage."*
- Typ B: Die Mode- und Marken-begeisterte Hedonistin: *„In der Mode bin ich anderen oft um einen Schritt voraus."*
- Typ C: Die Pragmatisch-Preisbewusste: *„Auch bei Discount-Ware gibt es heutzutage modisch attraktive Angebote."*
- Typ D: Die vielseitig-souveräne Individualistin: *„Ich finde es spannend, mit unterschiedlicher Kleidung immer wieder in neue Rollen zu schlüpfen."*
- Typ E: Die zweckorientierte Gewohnheitskäuferin: *„Bei meiner Kleidung mag ich keine Veränderungen, ich halte mich lieber an meine alten Gewohnheiten."*
- Typ F: Der preisorientierte Gewohnheitskäufer: *„Was heute bei Kleidung Mode ist, ist meist so übertrieben, dass ein normaler Mensch so etwas nicht tragen kann."*
- Typ G: Der angepasste Mainstreamer: *„Markenkleidung kaufe ich nur, wenn ich sie besonders günstig bekomme."*
- Typ H: Der markenorientierte Trendsetter: *„In der Mode bin ich anderen oft einen Schritt voraus."*
- Typ I: Der selbstsichere Mode-Hedonist: *„Beim Kleiderkauf möchte ich immer wieder überrascht werden und Neues entdecken.."*
- Typ J: Der Klassisch-Elegante: *„Ich habe meinen eigenen Stil und suche mir aus der jeweiligen Mode das aus, was zu mir passt."*

Die Modetypen sind nicht gleichmäßig über die deutsche Gesellschaft verteilt, sondern kommen in der Reihenfolge A-F bzw. G-J in absteigender Anzahl vor. 2,15 Mio. von 20,35 Mio. Frauen und 3,18 Mio. von 22,89 Mio. Männer sind ohne Typenzuordnung (Outfit 7.0,SPIEGEL-Verlag, 2011). Es ist naheliegend, dass Modetypen mit Lebensstilen korrespondieren und sich damit auch mit unterschiedlichen Werteorientierungen in Verbindung bringen lassen.

3 Wertetypologien

Spranger (1914) unterscheidet z.B. sechs Lebensformen von Individuen, die sich nach Werten klassifizieren lassen: theoretisch, ökonomisch, ästhetisch, sozial, politisch und religiös. Werte sind nach Schwartz & Bilsky, 1987 (zitiert nach Bilsky 2009, S. 43):

(a) Konzepte oder Überzeugungen, die sich (b) auf wünschenswerte Zielzustände oder Verhaltensweisen beziehen, (c) situationsübergreifend sind, (d) die Wahl und Bewertung von Verhalten und Ereignissen leiten und (e) im Hinblick auf ihre relative Bedeutung geordnet sind. Sie sind kognitive Repräsentationen individueller (biologischer) Bedürfnisse (Motive), interaktiver Erfordernisse für die Abstimmung interpersonalen Verhaltens und gesellschaftlicher Erfordernisse für die Sicherung sozialen Wohlergehens und Überlebens.

Das bekannte Wertemodell nach Schwartz (1992) kommt bei Marketingstudien eher nicht zum Einsatz. Doch als Circumplex-Modell bietet es sich an, da universale Vergleichbarkeit ermöglicht: Basierend auf früheren Wertetheorien ordnet dieses Modell die Vielfalt individueller Werte nach zehn Hauptwerten auf zwei orthogonalen Wertedimensionen. Die erste Wertdimension wird als „Selbsttranszendenz" vs. „Selbsterhöhung" bezeichnet, die andere als „Offenheit für Neues" vs. „Wahrung des Bestehenden". Innerhalb dieses, durch die zwei Dimensionen aufgespannten Raumes, können die zehn Werte geordnet werden: Universalismus, Wohlwollen (Dimension: Selbsttranszendenz), Tradition, Konformität, Sicherheit, Macht, Leistung, Stimulation und Selbstbestimmung (vergleiche Tabelle 1).

Tab. 1: Werte nach Schwartz, 1992

Wohlwollen (Benevolence) Universalismus	Leistung Macht
Selbstbestimmung Stimulation Hedonismus	Tradition Konformität Sicherheit

4 Untersuchungsziele

Untersucht werden soll, welche Bekleidungsprodukte von welchen Modetypen in einem simulierten Kaufprozess tatsächlich bevorzugt werden. Zum anderen wird untersucht, welche Modetypen welche Werteorientierungen als zentral für sich erachten und ob die Kaufentscheidungen mit anderen Aspekten der Lebensführung (ableitbar von den Charakteristiken der Modetypen) in Zusammenhang stehen. Vor allem die oftmals abweichenden Verhaltensmuster, zwischen Befragung und tatsächlichem Verhalten, sollen dabei analysiert werden(Sedlmeier & Renkewitz, 2013). Für einen nachhaltigen Konsum ist zu vermuten, dass eher Werte wie Universalismus und Wohlwollen für die Person leitend sind.

1) Besteht ein Zusammenhang zwischen den Werten Universalismus und Wohlwollen mit einer nachhaltigen Kaufentscheidung? Die Nachhaltigkeit hat sich in den Lebensstilen immer mehr integriert. In dem Werte-Model nach Schwartz (1992) repräsentieren die Werte Universalismus und Humanismus das Thema Nachhaltigkeit ganz besonders. Deswegen stellt sich die Frage ob Menschen, die diese Werte als wichtig erachten, diese auch in ihrer Kaufentscheidung berücksichtigen.

2) Kaufen die Versuchspersonen die Mode, die ihrem Modetypen entspricht? Damit der gesamte Modemarkt bedient werden kann, werden unterschiedliche Kollektionen für die unterschiedlichen Modetypen entworfen. Die Mode unterscheidet sich zum Beispiel mittels Schnitt, Stil, Farben, Prints, Materialien und Preis. Aus diesem Grund stellt sich die Frage ob die Konsumenten auch die ihrem Modetypen entsprechende Kleidung wählen.

5   Methodik

5.1   Erstellung und Testung der Prints zu Modetypen nach Outfit 7

Die erstellten Druckmotive (im Folgenden Prints) decken das gesamte Spektrum von Modetypen ab. Grundlage für die Flächenabdeckung ist die „Outfit 7.0"-Studie (SPIEGEL-Verlag, 2011), die sich auf folgende Kriterien beruft, um Modetypen zu bilden: Einstellung zu Kleidung, Einstellung zu Mode, Einstellung zu Kleidungskauf und Markenorientierung

In der Studie gibt es je fünf Modetypen für Männer und Frauen. Anhand typischer Aussagen dieser Modetypen wurden Typenkarten erstellt. Die Versuchspersonen müssen eine, den eigenen Aussagen am ehesten entsprechende Karte auswählen und ordnen sich damit selbst einem Modetypen zu.

Da das Medium Print alleine nicht alle Kriterien zur Typenbildung abdeckt, kann es zu einem systematischen Auseinanderfallen bei der Bewertung kommen. Dies führt dazu, dass manche Prints geeignet sind von Testpersonen unterschiedlicher Zielgruppen ausgewählt zu werden. Bei den Zielgruppen kommt es daher im Rahmen dieses Experiments zu Gruppen, welche ähnliche Präferenzen in Bezug auf die Prints haben.

Gruppe 1 bei den Frauen stellen die Typen A und C dar. Die Pragmatisch-Preisbewusste hat selbst kein ausgeprägtes Modebewusstsein, weshalb sie sich am Mainstream orientiert (Outfit 7.0, SPIEGEL-Verlag, 2011). Wenn also ein Print geeignet ist, das Gruppenzugehörigkeitsbedürfnis von Typ A zu befriedigen, kann es gleichzeitig vorkommen, dass bei entsprechend niedrigem Preis der Print auch von Typ C ausgewählt wird.

Gruppe 2 der Frauen umfasst die Typen C und E. Sowohl für Typ C als auch für Typ E stellen Marken, wenn auch aus unterschiedlichen Motivationen heraus, kein Kaufkriterium dar. Weiterhin orientieren sich beide an ihren bisherigen Kaufgewohnheiten. Der geringe modische Grad der Kleidung ergibt sich bei Typ C aus Unsicherheit, bei Typ E aus Desinteresse (Outfit 7.0, SPIEGEL-Verlag, 2011). Folglich ist es denkbar, dass ein Print von Mitgliedern beider Typen ausgesucht wird.

Gruppe 3 der Frauen wird durch die Typen B und D gebildet. Beide Typen haben ein ausgeprägtes Bewusstsein für Mode und wollen sich durch ihre Kleidung von der Masse abheben. Zu unterscheiden sind die beiden Zielgruppen darüber, dass Typ B eher als dynamische Trendsetterin zu verstehen ist, während Typ D eher statisch ist und nicht jeden Trend mitmacht (Outfit 7.0, SPIEGEL-Verlag, 2011). Eine Überschneidung bei der Wahl der Prints ist denkbar, da sich beide Gruppen für außergewöhnliche Motive interessieren.

Fallweise kann es zudem vorkommen, dass sich Typ E und D überschneiden. Dies kann durch die ihnen gemeine Ablehnung des Mainstreams und von exklusiven Marken entstehen (Outfit 7.0, SPIEGEL-Verlag, 2011). Sie bilden die Gruppe 4.

Bei den Männern wird die erste Gruppe durch die Typen F und G gebildet. Ähnlich wie bei Gruppe 1 der Frauen haben beide Typen kein ausgeprägtes Modebewusstsein (Outfit 7.0, SPIEGEL-Verlag, 2011), was abhängig vom Preis zur Präferenz der gleichen T-Shirt-Motive führen kann.

Gruppe 2 der Männer setzt sich aus den Typen H und I zusammen. Beide Typen sind extrem modeinteressiert und nehmen eine Art Trendsetter-Rolle ein. Unterscheiden lassen sich die Typen dadurch, dass Typ H sehr von der Meinung anderer beeinflusst wird – sei es durch ein Beratungsgespräch oder die Meinung anderer (Outfit 7.0, SPIEGEL-Verlag, 2011). Die Grenzen zwischen beiden Typen sind jedoch fließend und nicht allein durch das Medium Print zu ziehen.

Eine dritte Gruppe stellen die Typen G und H dar. Anhängig von der Bewertung des Modegrades eines Prints kann es auch hier zu Überschneidungen kommen, wenn ein Vertreter von Typ G ein Motiv als modisch etabliert ansieht und dadurch beim Kauf kein modisches Risiko eingeht.

Eine Sonderstellung bei den Männern nimmt Typ J ein. Bei diesem Typ wird es aufgrund seines exklusiven und klassischen Modeempfindens eher unwahrscheinlich sein, dass er die gleichen Prints wie die anderen Zielgruppen auswählt. Andersherum ist es aber möglich, dass Typ G bei entsprechenden Sonderangeboten aus einem Zugehörigkeitsgefühl heraus den gleichen Print wie J wählt. Sie stellen Gruppe 4 der Männer dar.

Eine Expertenevaluation hat die Zuordnung der Druck- Motive zu den Modetypen bzw. mindestens zu einer Obergruppierung bestätigt. Dafür wurden drei Modedesignerinnen unabhängig voneinander die Prints und die Typenkarten vorgelegt. Diese ordneten sie dann zu (vgl. Tabelle 2 und 3). Auffällig bei der Evaluation der Frauen T-Shirts ist die hohe Anzahl an Zuordnungen des Typen

C (15), gleichzeitig wurde denselben Motiven zehn mal der Typ E zugeordnent. Dies bestätigt die starke Überschneidung der Typen C und E.

Generell war festzustellen, dass die Männerprints schwieriger zuzuordnen waren als die Frauenprints. Dies liegt zum einen daran, dass die Grenzen hier fließender sind, zum anderen an modischen Trends. Hier ist aktuell ein Trend zu sehr ironischen und kitschigen Motiven zu verzeichnen (WGSN, 2013), welche von manchen Testpersonen genau gegenteilig als Prints mit geringem modischen Grad eingeordnet werden könnten.

Tab. 2: Expertenevaluation Frauen T-Shirts

Männer T-Shirts	Original Typ	Motiv	Expertin 1 Typ		Expertin 2 Typ		Expertin 3 Typ		Überein-stimmung	Final Typ	Ideal Typ	Erläuterung
16	J	Rad	F,G	0	J	1	J,G	1	2	J	J	
17	G	Bärte	G,H,I	1	G	1	H	0	2	G	G	
18	G	Escher-Cube	F,G	1	G	1	I	0	2	G	G	
19	J	Zylinder	H,J	1	J	1	F,I	0	2	J	J	
20	I	Fliege	H,I,J	1	G	0	H	1	2	H	I	Gruppe H&I
21	I	Foucault	I,J	1	I	1	I	1	3	I	I	
22	H	Peace	H,I,J	1	H	1	H,I	1	3	H	H	
23	G	Kraniche	F,G(H-J)	1	I	0	G	1	2	G	G	
24	F	Maori	F,G	1	F	1	G,F	1	3	F	F	
25	H	Palmen	H,I	1	H	1	G,H	1	3	H	H	
26	H	Papagei	H,I	1	H	1	H	1	3	H	H	
27	J	Siegel	I,J	1	J	1	J,F	1	3	J	J	
28	F	Route66	F,G	1	F	1	F	1	3	F	F	
29	I	That's life	H,I,J	1	I	1	E	0	2	I	I	
30	F	USA	(F),I	1	F	1	E	0	2	F	F	
									82%	3F,3G,4H, 2I,3J	3A,3B,3C, 3D,3E	

Tab. 3: Expertenevaluation Männer T-Shirts

Frauen T-Shirts	Original Typ	Motiv	Expertin 1 Typ		Expertin 2 Typ		Expertin 3 Typ		Überein-stimmung	Final Typ	Ideal Typ	Erläuterung
1	A	College	A,C	1	A	1	A	1	3	A	A	
2	D	Amelie	D	1	D	1	D	1	3	D	D	
3	C	Blumen	C,E	1	C,E	1	C	1	3	C	C	
4	D	Foucault	B,D	1	D	1	B	0	2	D	D	
5	A	Fische	B	1	A	0	B	1	2	B	B	
6	C	Katze	C,D	1	C,E	1	A	0	2	C	A	Gruppe A&C
7	E	Leo	A,C	1	B	0	C	1	2	C	C	
8	D	Nietzsche	D	1	D	1	B	0	2	D	D	
9	E	Palme	C,E	1	C,E	1	A	0	2	E	E	
10	B	Papagei	B,D	1	B	1	D	0	2	B	B	
11	A	Polo	A,B	1	A	1	A	1	3	A	A	
12	E	Schmetterlinge	C,E	1	C,E	1	C	1	3	C	E	Gruppe C&E
13	C	Smile	C,D,E	1	C,E	1	C	1	3	C	C	
14	E	Vogel	C,D	1	C,E	1	A	0	2	C	E	Gruppe C&E
15	B	Zebra	A,B,C	1	B	1	B	1	3	B	B	
									82%	2A,3B,6C, 3D,1E	3A,3B,3C, 3D,3E	

Historisch betrachtet hat die Männermode im Vergleich zur Damenmode erst seit kurzem? Bedeutung erhalten. Lange Zeit war Männermode sehr viel uniformierter als die der Damen. Damit lassen sich die weniger ausgeprägten Modetypen erklären die eine Zuordnung über mehrere Typen hinweg zur Folge hat (siehe Tabelle 3, Evaluation Expertin 1).

Mit der Expertenevaluation konnte, in Kombination mit der Farbenvielfalt, sichergestellt werden, dass im laufenden Experiment jede Probandin und jeder Proband ein für seinen Geschmack passendes T-Shirt finden kann.

5.2 Ablauf der Untersuchung zu Werteorientierungen und Modetypen

Versuchspersonen und gesamte Erhebung sind im Beitrag Nachhaltiger Konsum I zum Eye-Tracking-Experiment im Wesentlichen beschrieben (vergleiche dazu Schleusener et al. in diesem Band). Für die Beantwortung der Untersuchungsziele werden nur die hierfür wesentlichen Untersuchungsmethoden dargestellt.

Die Versuchsperson musste sich vor dem Versuch einem bestimmten Modetypen (Outfit 7.0, SPIEGEL-Verlag, 2011) zuordnen. Dies wurde anhand von jeweils fünf Karten für Frauen und Männer durchgeführt. Auf diesen Karten waren jeweils für einen Modetypen typische Aussagen aufgedruckt, anhand derer sich die Versuchsperson einordnen sollte.

Der Untersuchungsablauf umfasste drei Schritte: zuerst wurde der Fragebogen zu demographischen Daten vergeben, dann folgte Der Einkauf im Online-Shop unter Beobachtung (Eye-Tracking), daran anschließend erfolgte eine kognitive Nachbearbeitung des Versuchs anhand eines weiteren Fragebogens, zudem wurden die persönlichen Werteorientierung nach Schwartz in einer auf Wertehierarchisierung basierten Kurzform verwendet (Maes, Schmitt, Schmal, 1995, S. 9).

6 Ergebnisse

a) Kaufen die Versuchspersonen die Mode, die ihrem Modetyp entspricht?

6 von 20 Versuchspersonen (4 Frauen und 2 Männer) haben sich für ein T-Shirt ihres Modetypen entsprechend entschieden. Eine Überprüfung mittels Chi-Quadrat-Test beträgt Chi = 0,9524 (p=0,33), womit sich keine Abweichung von einer zufälligen Verteilung belegen lässt. So kann also festgestellt werden, dass die Käufer bei den T-Shirts nicht nach ihrer selbst vorgenommenen Selbsteinstufung in die Modetypen ihre Wahl getroffen haben.

b) *Besteht ein Zusammenhang zwischen den Werten Universalismus und Wohlwollen mit einer nachhaltigen Kaufentscheidung?*

Die Werte nach Schwartz wurden mittels einer Rangfolge abgefragt. Für Auswertung wurden den Rängen Werte zugeteilt; Rang 1 erhielt den höchsten Wert von 10, Rang 2 den Wert 9, usw. bis Rang 10, der den Wert 1 erhält. Auch den vier Hersteller wurden anhand der Nachhaltigkeit Ränge zugeteilt. Die höchste Nachhaltigkeitsstufe erhielt den höchsten Zahlenwert.
- Hersteller: Crown & Co: nicht nachhaltig mit Zahlenwert: 0
- Hersteller: Space Shirts, Red Row: entweder ökologisch oder sozial mit Zahlenwert: 1
- Hersteller: Square Inc: ökologisch und sozial mit Zahlenwert: 2

Es wurden die Daten von 19 Versuchspersonen ausgewertet, eine weibliche Person wurde nicht berücksichtig. Der Korrelationskoeffizient nach Spearmans Rho weist zwischen Universalismus und nachhaltigem Einkauf mit $r_{SP} = =0,486$ einen positiven, mittelstarken Zusammenhang auf (p = 0,035).

Wohlwollen weist durch den Korrelationskoeffizient mit $r_{SP} = 0,145$ einen positiven, aber sehr geringen, Zusammenhang zu nachhaltigen Einkaufen auf (p = 0,555).

7 Diskussion

Die Kaufentscheidungen wurden nicht entsprechend der eigenen Zuordnung zu den Modetypen getroffen. Aus den Beobachtungen der Versuchsleitungen lässt sich vermuten, dass Effekte der sozialen Erwünschtheit dazu führten, dass die Käufer sich selbst in den falschen Modetyp klassifizierten. Keine der Käuferinnen hatte sich z.B. selbst in dem pragmatisch-preisbewussten Typen zugeordnet. Hierzu müssen andere Verfahren der Einstufung vorgenommen werden. Versuchspersonen sollten sich zukünftig nicht selbst einem Modetypen zuordnen. Die Modekarten reichen nicht aus um einen Modetyp exakt bestimmen zu können. Hier ist eine andere Form der Befragung sinnvoller, möglicherweise sollte ein Fragebogen nach der Klassischen Testtheorie entwickelt werden, oder man könnte die Personen nach dem Aussehen mittels Expertenrating einordnen. Sollten die Modetypen Bestandteil der weiteren Forschung sein, ist die Klassifikation mit großem Aufwand und Zeit verbunden.

Es kann zudem aus den bisherigen Ergebnissen geschlossen werden, dass humanistische (Wohlwollen) und universalistische Werteorientierung keinen Zusammenhang mit der Kaufentscheidung aufweisen. Vergleichbares hat auch die Otto Group Trendstudie 2013 herausgefunden. Vor allem auch die jüngere Generation steht dem ethischen Konsum mit Skepsis gegenüber (Voigt 2013, S.14). Zudem kann davon ausgegangen werden, dass die Stichprobe zu klein ist. Möglicherweise würden in anderen Altersklassen andere Ergebnisse erzielt werden können.

Literatur

Bilsky, W. (2009). Werte. In V. Brandstätter & H. J. Otto (Hrsg.), *Handbuch der Allgemeinen Psychologie - Motivation und Emotion* (S. 42-44). Göttingen: Hogrefe.

Bilsky, W. & Schwartz, S. H. (2008). Measuring Motivations: Integrating Content and Method. *Personality and Individual Differences, 44,* 1738-1751.

Eckhart, G. M., Belk, R. & Devinney, T. M.(2010). Why don't consumers consume ethically? *Journal of Consumer behavior, 9,* 426-436.

Maes, J., Schmitt, M. & Schmal, A. (1995). *Gerechtigkeit als innerdeutsches Problem: Werthaltungen, Kontrollüberzeugungen, Freiheitsüberzeugungen, Drakonität, Soziale Einstellungen, Empathie und Protestantische Arbeitsethik als Kovariate.* (Berichte aus der Arbeitsgruppe „Verantwortung, Gerechtigkeit, Moral" Nr.85). Trier: Universität Trier, Fachbereich I - Psychologie.

Raab-Steiner, E. &Benesch, M. (2010). *Der Fragebogen. Von der Forschungsidee zur SPSS-Auswertung* (2. Aufl.). Wien: Facultas.wuv Universitätsverlag.

SPIEGEL-Verlag (2011).Outfit 7.0.

Sedlmeier, P. & Renkewitz, F. (2013). *Forschungsmethoden und Statistik – Ein Lehrbuch für Psychologen und Sozialwissenschaftler* (2., aktual. Aufl.). München: Pearson.

Schwartz, S. H. (1992). Universal in the content and structure of values: theoretical advances and empirical tests in 20 countries. In M. P. Zanna (Ed.), *Advances in Experimental social Psychology* (Vol. 25, pp. 1-65). Orlando: Academic Press.

Spranger (1925). *Lebensformen.* Halle: Niemeyer.

Voigt, T. (2013). *Lebensqualität-Konsumethik zwischen persönlichen Vorteil und sozialer Verantwortung. Otto Group Trendstudie 2013, 4. Studie zum ethischen Konsum, (2013).* Hamburg: Otto GmbH & Co. KG.

WGSN-Worth Global Style Network www.wgsn.com (August 2013).

Behavioral Pricing – der Preis als hoch entscheidungsrelevantes Konstrukt in der wirtschaftspsychologischen Forschung

Petra Arenberg

Der Preis ist für Konsumenten ein hoch entscheidungsrelevantes Konstrukt. Deshalb ist es von besonderem Interesse, wie Preise wahrgenommen und beurteilt werden. In diesem Artikel werden sowohl psychologische als auch wirtschaftswissenschaftliche Ansätze und darauf basierende Befunde diskutiert.

Keywords: Behavioral Pricing, Psychologische Preisbildung

1   Bedeutung und aktuelles Umfeld des Behavioral Pricing

Wenn Menschen Entscheidungen treffen, welches Produkt Sie kaufen, welche Dienstleistung sie in Anspruch nehmen oder welchen Bildungsweg sie wählen, ist der Preis ein entscheidendes Kriterium. In den Wirtschaftswissenschaften, speziell im Marketing und der Konsumentenforschung, ist der Preis eines der wesentlichen Konstrukte. In der wirtschaftspsychologischen Forschung wird er dagegen wenig beachtet.

Mit Blick auf Veröffentlichungen und empirische Forschungsarbeiten zum Themenbereich Behavioral Pricing wird folgendes evident: Es gibt wenige, durchaus ältere Überblicksartikel, einige grundlegenden Arbeiten zu Methoden im Bereich Präferenz- und Zahlungsbereitschaften und angewandte Studien, die breit gestreut sind über Branchen, Produkte oder Dienstleistungen. Der größte Teil davon ist vorwiegend im Bereich der Wirtschaftswissenschaften, speziell in der Verhaltensökonomie und Konsumentenforschung, verortet. Da die Psychologische Preisbildung genuin interdisziplinär ist, wird in diesem Artikel eine Perspektive sowohl psychologischer als auch wirtschaftswissenschaftlicher Ansätze und darauf basierender Befunde diskutiert.

2 Verhaltenstheoretische Modelle und Konstrukte im Kontext des Behavioral Pricing

2.1 Involvement

Als zentrales Konstrukt für die Erklärung preisbezogenen Verhaltens gilt das *Involvement*. Im Bereich der Konsumentenforschung beschreibt es das Ausmaß bzw. die Stärke der Motivation, mit der Individuen Informationen suchen, aufnehmen, verarbeiten oder speichern (vgl. Trommsdorff & Teichert, 2011, S. 48).

Die bekannte eindimensionale Unterscheidung in *High- und Low-Involvement* geht auf Krugmann (1965, S. 355) zurück. Determiniert wird dieser Grad von der Person, der Situation und dem Produkt bzw. der Dienstleistung (vgl. Solomon, 2013, S. 147; Trommdorf & Teichert, 2011, 52-53). Produktbezogenes Involvement ist stark kulturell determiniert. Insbesondere in zielgruppenspezifischen Analysen zeigen sich ähnliche Involvementgrade innerhalb von Gruppen. Die Situation scheint starke Einflüsse auf das Involvement zu haben, beispielsweise ist die Zeit, die ein Konsument zur Verfügung bei der Suche nach einem passenden Produkt hat, ebenso von hoher Bedeutung wie Einflüsse der Umwelt. Personenbezogene Determinanten wie Persönlichkeitsmerkmale, Werte oder Einstellungen werden tendenziell weniger diskutiert, da signifikante Einflüsse in Studien kaum nachgewiesen werden konnten.

2.2 Preisbeurteilung

Bisher erhielt nur ein einziger Psychologe den Nobelpreis für Wirtschaft: Daniel Kahneman. Kahneman und Tversky untersuchten jahrelang, wie reale Entscheidungen unter Unsicherheit getroffen werden. Der experimentelle, mathematisch modellierte Forschungsansatz erklärt Verhaltensanomalien. Dies steht im Gegensatz zur neoklassischen Theorie, die im Zusammenhang mit dem Menschenbild des homo oeconomicus, ein rationales Verhalten der Entscheider annimmt. Auf der Grundlage ihrer Forschungsergebnisse entwickelten sie hieraus die Prospect Theory (Kahneman & Tversky, 1979), die sich zu einer der zentralen Theorien in der Verhaltensökonomie entwickelte. Der Wirtschaftsnobelpreis im Jahr 2002 für die Übertragung von psychologischen Kenntnissen in die Wirtschaftswissenschaften zeigt die Bedeutung dieses Ansatzes.

Über die Prospect Theory lassen sich Preisurteile erklären. Ein Käufer verknüpft mit einem Produkt, das er erwirbt oder mit einer Dienstleistung, die er in Anspruch nimmt, Erwartungen (prospects). Diese Erwartungen betreffen die Folgen, die sich aus seiner Entscheidung ergeben, und bewegen sich in einem bipolaren Feld von positiv bis negativ. Besondere Bedeutung hierfür nimmt die Abwägung der Kaufalternativen ein. Erwartet der Konsument einen günstigeren Preis, interpretiert er diesen als Gewinn. Ist der Preis höher als angenommen, empfindet er dies als einen Verlust (vgl. Diller, 2008, S. 141). Käufer interpretieren Gewinne und Verluste in gleicher Höhe asymmetrisch. Mögliche Verluste werden als stärker empfunden, hieraus erfolgt eine Verlustaversion (loss aversion).

2.3 Preislernen

Im Kontext des Erlernens von Preisen werden lerntheoretische Modelle aus der Psychologie herangezogen.

Erlernt werden können beispielsweise *Preisimages*. Werden Preise immer wieder als teurer oder günstiger bei vergleichbaren Produkten wahrgenommen, können sich hieraus Preisimages bilden, die dann auf andere Produkte, schließlich auf Sortimentsgruppen oder auf die komplette Geschäftsebene eines Herstellers oder Anbieters übertragen werden. Hierbei kann es zur *Reizgeneralisierung* kommen. Der Konsument macht die Erfahrung, dass ein bestimmtes Produkt eines Anbieters immer teurer ist, deshalb nimmt er an, dass andere Produkte der gleichen Marke/des gleichen Herstellers auch teurer sind. Denkbar sind auch *Reizdiskriminierungen*, wenn ein Kunde auf ähnliche Preise unterschiedlich reagiert. Dadurch bilden sich Preisimages, die differenziert oder pauschal sein können. Effekte auf die Wahrnehmung sind anzunehmen, insbesondere konsonante Informationen werden wahrgenommen und gespeichert, wodurch sich *Einstellungen* verfestigen können (vgl. Diller, 2008, S. 136).

Gemäß dem Effektgesetz nach Thorndike (1970), einem grundlegenden Prinzip des operanten Konditionierens, werden Verhaltensweisen, die belohnt werden, öfter gezeigt als Verhaltensweisen, die bestraft werden. Preiserfahrungen können nach Diller (2008, S. 137) als Folgen eines Kaufes im Sinne einer Bestrafung und Belohnung interpretiert werden.

2.4 Preise als Qualitätsindikator

Preise haben für Konsumenten unterschiedliche Funktionen. Zum einen haben Sie eine monetäre Funktion, d.h. wir vergleichen den Preis mit den uns zur Verfügung stehenden Mitteln, zum anderen dient er uns zur Einschätzung der Qualität (vgl. Völckner, 2006; Völckner & Hofmann, 2007).

Preise stellen einen der wenigen *Qualitätsindikatoren* dar, der uns zur Verfügung steht. Sprichwörter wie „Was nichts kostet, ist nichts!", „Billig zahlt man immer zweimal." oder „Qualität hat eben ihren Preis." sind kulturell verankert und werden wahrscheinlich während der Sozialisation in der Kindheit oder durch Kauferfahrungen erlernt. Verfestigt in Heuristiken werden sie in Kaufsituationen, in denen Vergleiche erforderlich sind, schnell aktiviert.

Produkte und Dienstleistungen lassen sich über den Preis vergleichen. Er stellt eine gut messbare und bekannte Variable dar. Oft eines der wenigen klaren, leicht zugänglichen und festen Merkmale, die sich zum Vergleich eignen. Im Gegensatz zu sonstigen Werbemaßnahmen der Anbieter besitzen Preise eine hohe Glaubwürdigkeit. Implizit nehmen Kunden eine Beziehung zwischen Kosten und Preisen an (vgl. Simon & Fassnacht, 2009, S. 172). Beispielsweise wird geglaubt, dass höhere Preise durch eine bessere Verarbeitung, wertvollere Rohstoffe oder höhere Kompetenzen im Dienstleistungsbereich zustande kommen.

Dass Kunden von der Höhe des Preises auf die Qualität des Produktes schließen, wies Scitovsky (1945) bereits in den vierziger Jahren des letzten Jahrhunderts nach. Studien zur Preis-Qualitätswahrnehmung sind, verglichen mit der grundlegenden Bedeutung für das Marketing, seither wenig publiziert worden (z.B. Lichtenstein, Ridgway & Netemeyer, 1993; Monroe, 1973; Rao und Monroe, 1989; Johnson und Kellaris, 1988; Yan & Sengupta, 2011).

Diskutiert wird in diesem Zusammenhang nicht nur die Information des Preises über die Produktmerkmale, sondern auch die Annahme der Information über das Sozialprestige, das Image und den Status, den der Besitz des Produktes oder die Inanspruchnahme der Dienstleistung nach sich ziehen. Völckner (2006, S. 478) verdeutlicht dies mit der Aussage, dass ein Preis, der Exklusivität und Prestige signalisiert, auch einen sozialpsychologisch determinierten Nutzen für Konsumenten haben kann. In ihren Studien konnte sie einen segmentspezifischen Zusammenhang nachweisen zwischen der Beurteilung von Qualität über den Preis und dem Streben nach Exklusivität oder dem Bedürfnis nach Prestige. Moderierende Variablen des Zusammenhangs zwischen Preis und Qualität sind u.a. das Haushaltseinkommen (Ofir, 2004) und das Produktwissen (Adaval & Monroe, 1995; Rao & Sieben, 1992). Exklusivität anzustreben, wird im Marketing-Kontext als *Snob-Effekt* bezeichnet. Bereits 1899 beschrieb Thorstein Veblen in „Theorie der feinen Leute" den nach ihm benannten *Veblen-Effekt*; Kunden, die ein Gut bevorzugen, weil der Preis höher ist als der vergleichbarer Güter. Dies beschreibt einen asymmetrischen Verlauf der Preis-Absatzfunktion: je höher der Preis, desto höher die Nachfrage.

Der Preis gewinnt an Bedeutung, wenn der Markt intransparent ist, d.h. den Konsumenten wenige Informationen zum Vergleich zur Verfügung stehen, wenn das Produktwissen des einzelnen Konsumenten niedrig ist oder bei Zielgruppen, die nach Exklusivität oder Prestige streben.

3 Methoden zur Messung der Entscheidungsrelevanz von Preisen

3.1 Conjoint-Analysen

Wie wichtig ist der Preis für die Kaufentscheidung? Entscheiden heißt üblicherweise, zwischen Alternativen zu wählen. Die Alternativenwahl erfolgt über *Präferenzen*, die Bevorzugung einer Möglichkeit vor einer anderen. Grundsätzlich ist es möglich, Präferenzen direkt oder indirekt zu erfragen.

Präferenzen sind differenziert betrachtet Merkmale des Produktes, Merkmale der Qualität oder der Preis. *Direkte Befragungen* sind, wegen der bekannten Nachteile dieser Methode hinsichtlich der Reaktivität, für die Messung von Präferenzen weniger geeignet. Insbesondere, wenn Effekte des Preises auf andere Variablen untersucht werden sollen, kann es hier zu starken Verzerrungen kommen.

Um Präferenzen und Zahlungsbereitschaften indirekt zu erheben, werden meist *Conjoint-Analysen* durchgeführt. Das Conjoint-Measurement hat sich in den letzten Jahren zu dem herausragenden Instrument in der Analyse von Kundenpräferenzen und Zahlungsbereitschaften entwickelt. In früheren, traditionellen Verfahren wurden Rangfolgen gebildet oder über die Verteilung von Punkten ein Rating dargestellt. Durch die Entwicklung der *Choice-Based Conjoint-Analyse* gelang ein bedeutender methodischer Fortschritt. Die Probanden beurteilen Produktmerkmale und Preise dabei nicht einzeln, sondern wählen zwischen mehreren kompletten Produkten oder Dienstleistungen dasjenige aus, das ihren Vorstellungen am ehesten entspricht. Somit werden entscheidungsrelevante Produktmerkmale ermittelt. Diese ganzheitliche Beurteilung entspricht realen Kaufsituationen wesentlich mehr und beeinflusst dadurch die externe Validität des Instrumentes positiv. In der Praxis erfreuen sich solche Verfahren einer hohen Beliebtheit, da Sie valide Daten als Entscheidungsgrundlage für das Management zur Verfügung stellen. Um die Messgüte zu verbessert, wird die Kombination von wahlbasierten Conjoint-Analysen mit einer Hierarchischen Bayes Schätzung empfohlen (vgl. Heidbrink, 2008).

Zielsetzung von Conjoint-Analysen ist es, den subjektiven Nutzen bzw. Wert zu ermitteln, den Konsumenten einzelnen Produkt- oder Dienstleistungsmerkmalen zuschreiben (vgl. Backhaus, Erichson, Plinke et al. 2011, S. 460).

Aufgrund des dekompositionellen Vorgehens der Messung wird zuerst der Gesamtnutzen ermittelt und anschließend über statistische Verfahren Teilnutzenwerte errechnet (vgl. Green & Srinivasan, 1978, S. 104). Dadurch sind innerhalb wahlbasierter Conjoint-Analysen *Interaktionseffekte* zwischen verschiedenen Merkmalen messbar. Konkret bedeutet dies, es sind einzelne Effekte der Abhängigkeit von Variablen ableitbar, beispielsweise können Interaktionseffekte zwischen Preis und Qualität, zwischen Preis und Marke oder zwischen Qualität und Marke usw. bestehen. Ist der Preis das wichtigste Entscheidungskriterium der Probanden, würde sich dies als höchster Teilnutzenwert beim Merkmal Preis zeigen.

Werden die ermittelten Teilnutzenwerte z.B. mit einer Clusteranalyse verknüpft, kann die Preissensibilität, das Qualitätsbewusstsein oder die Markenaffinität einer Zielgruppe identifiziert werden.

3.2 Neuropricing

Erkenntnisse aus der Hirnforschung gelangen zunehmend in den Bereich des Behavioral Pricing. Zurzeit bilden die bekannten psychologischen und verhaltensökonomischen Modellen und Theorien im Kontext der Preisforschung die Grundlage der meisten Forschungsarbeiten, um bereits erkannte Zusammenhänge hierzu, neurologisch zu verifizieren.

Knutson et al. (2007) konnten beispielsweise zeigen, dass bei Probanden, die erwarteten, mit einem Preis einen Verlust oder Gewinn zu realisieren, unterschiedliche neuronale Schaltkreise aktiviert wurden. Interpretierten sie den Preis als zu hoch, wurde vor dem Kauf der mesiale präfrontale Cortex deaktiviert und es zeigten sich Aktivitäten in der Insula, die ansonsten bei Schmerzen involviert ist. Verluste durch einen subjektiv empfundenen hohen Preis tun folglich „weh".

Eine positive Korrelation zwischen der Wahrnehmung von Qualität und Preis konnten Plassmann, O Doherty, Shiv und Rangel (2008) mittels funktioneller Magnetresonanztomographie nachweisen. Sie teilten in einem experimentellen Design Probanden unterschiedliche Preise mit; für Weine, die identisch waren. Welche Hirnstrukturen bei der Ermittlung der Zahlungsbereitschaft beteiligt sind, untersuchten Plassmann, O Doherty und Rangel (2007) in einfachen alltäglichen Entscheidungssituationen, hier war es die Wahl zwischen verschiedenen Speisen. Der Besitztumseffekt wurde neuronal von Knutson et al. (2008) nachgewiesen, ebenso von Weber et al. (2008), hier in Verbindung mit dem externen Referenzpreis.

Zu Recht weist Taverna (2013, S. 154) auf die Begrenzung solcher Erkenntnisse aus bildgebenden Verfahren hin, die funktionale Zusammenhänge nicht erklären können und methodisch durch die Netzwerkforschung einer Ergänzung bedürfen.

Insbesondere der Aspekt der Veränderung des Gehirns im Alter ist vor dem Hintergrund des demographischen Wandels der Gesellschaft und einer damit verbundenen veränderten Altersstruktur von Zielgruppen für die angewandte wirtschaftspsychologische Forschung von Bedeutung.

Wenn auch Ergebnisse des Neuromarketings auf den ersten Blick spektakulär wirken und in populärwissenschaftlichen Schriften gerne daraus zitiert wird, so ist der praktische Nutzen für die Marktforschung noch begrenzt, nicht zuletzt aus der künstlichen, dem realen Kaufprozess fernen Versuchsanordnung und der methodisch bedingten geringen Stichprobenumfänge.

4 Ausblick

Im Management wird die Preissetzung vorwiegend auf oberster Ebene entschieden, da Preise der höchste Gewinntreiber sind. Auch die Konsumenten empfinden den Preis als eines der wichtigsten Kriterien für ihre Auswahlentscheidungen. Dies ist originär ein Feld der angewandten Wirtschaftspsychologie, sie kann und muss hierzu entscheidende Erkenntnisse und Datengrundlagen aus der Forschung bereitstellen.

Die nahe Zukunft der wirtschaftspsychologischen Behavioral Pricing Forschung ist methodisch betrachtet, im Bereich der wahlbasierten Conjoint-Analysen in einer Verbindung mit Methoden der Neuroforschung zu vermuten und lässt auf spannende Ergebnisse hoffen.

Literatur

Adaval, R. & Monroe, K. B. (1995). The moderating effects of learning goals and the acquisition of product information on the limits of price acceptability. *Advances in Consumer Research, 22,* 225-235.

Backhaus, K., Erichson, B., Plinke, W. & Weiber, R. (2011). *Multivariate Analysemethoden: Eine anwendungsorientierte Einführung* (13. Aufl.). Berlin: Springer.

Diller, H. (2008). *Preispolitik* (4., vollst. neu bearb. und erw. Aufl.). Stuttgart: Kohlhammer.

Green, P. E. & Srinivasan, V. (1978). Conjoint Analysis in Consumer Research: Issues and Outlook. *Journal of Consumer Research, 5* (2), 103-123.

Heidbrink, M. (2008). *Reliabilität und Validität von Verfahren der Präferenzmessung: Ein meta-analytischer Vergleich verschiedener Verfahren der Conjoint-Analyse.* Saarbrücken: Verlag Dr. Müller.

Johnson, R. L. & Kellaris J. J. (1988). An exploratory study of price/perceived–quality relationships among consumer services. *Advances in Consumer Research, 15,* 316-322.

Lichtenstein, D. R., Ridgway, N. M. & Netemeyer, R. G. (1993). Price perceptions and consumer shopping behavior: A field study. *Journal of Marketing Research, 30,* 234-245.

Kahneman, D. & Tversky, A. (1979). Prospect Theory: An Analysis of Decision under Risk. *Econometrica, 47* (2), 263-291.

Knutson, B., Rick, S., Wimmer, G. E., Prelec, D. & Loewenstein, G. (2007). Neural predictors of purchases. *Neuron, 53,* 147-156.

Knutson, B., Wimmer, G. E., Rick, S., Hollon, N. G., Prelec, D. & Loewenstein, G. (2008). Neural antecedents of the endowment effect. *Neuron, 58* (5), 814-822.

Krugman, H. E. (1965). The Impact of Television Advertising: Learning Without Involvement. *Public Opinion Quarterly, 29* (3), 349-356.

Monroe, K. B. (1973). Buyers' Subjective Perceptions of Price. *Journal of Marketing Research, 10,* 70-80.

Ofir, C. (2004). Reexamining latitude of price acceptability and price thresholds: Predicting basic consumer reaction to price. *Journal of Consumer Research, 30* (4), 612-621.

Plassmann, H., O Doherty, J. & Rangel, A. (2007). Orbitofrontal cortex encodes willingness to pay in everyday economic transactions. *The Journal of Neuroscience, 27 (37),* 9984-9988.

Plassmann, H., O Doherty, J., Shiv, B. & Rangel, A. (2008). Marketing actions can modulate neural representations of experienced pleasantness. *Proceedings of the National Academy of Sciences of the United States of America, 105* (3), 1050-1054.

Rao, A. R. & Monroe, K. B. (1989). The effect of price, brand name, and store name on buyers' perceptions of product quality: An integrative review. *Journal of Marketing Research, 26* (3), 351-357.

Rao, A. R. & Sieben, W. (1992). The effect of prior knowledge on price acceptability and the type of information examined. *Journal of Consumer Research, 19*, 256-270.

Scitovsky, T. (1945). Some consequences of the habit of judging quality by price. *Review of economic studies, 12* (2), 100-105.

Simon, H. & Fassnacht, M. (2009). *Preismanagement: Strategie - Analyse - Entscheidung - Umsetzung* (3., vollst. überarb. und erweiterte Aufl.). Wiesbaden: Gabler.

Solomon, M. R. (2013). *Konsumentenverhalten*. München: Pearson.

Taverna, N. (2013). *Die Erforschung des Konsumentenverhaltens mittels neurowissenschaftlicher Methoden: Eine Analyse der Möglichkeiten und Limitationen des Neuromarketings als innovativer Ansatz*. Dissertation Universität St. Gallen.

Thorndike, E. L. (1970). *Psychologie der Erziehung* (1970, 3., unveränd. Aufl., Unveränd. reprograf. Nachdr. d. 2. Aufl. Jena 1930). Darmstadt: Wissenschaftliche Buchgesellschaft.

Trommsdorff, V. & Teichert, T. (2011). *Konsumentenverhalten* (8. vollst. überarb. und erw. Aufl.). Stuttgart: Kohlhammer.

Veblen, T. (1899). *The theory of the leisure class. An economic study in the evolution of institutions*. New York: Macmillan.

Völckner, F. (2006). Determinanten der Informationsfunktion des Preises - Eine empirische Analyse. *ZfB - Zeitschrift für Betriebswirtschaft, 76* (5), 473-498.

Völckner, F. & Hofmann, H. (2007). Perceived price–quality relationship. A meta analytic review and assessment of its determinants. *Marketing Letters, 18* (3), 181-196.

Weber, B., Aholt, A., Neuhaus, C., Trautner, P., Elger, C. E. & Teichert, T. (2007). Neural evidence for reference-dependence in real-market-transactions. *NeuroImage, 35* (1), 441-447.

Yan, D. & Sengupta, J. (2011). Effects of construal level on the price-quality relationship. *Journal of Consumer Research, 38*(2), 376-389.

Informelles Lernen im Social Web – Eine Vergleichsstudie mit deutschen und amerikanischen Studierenden

Birgit Spies

Vorliegend wird diskutiert, welchen Einfluss vernetzte Welten auf Lernprozesse haben. Mittels Mehrmethodenansatz konnte gezeigt werden, dass sich Studierende sowohl hinsichtlich ihres Verständnisses von Lernen als auch Vernetzen unterscheiden und sie Netzwerke in ihrer jeweils eigenen Art eher weniger bewusst zur Unterstützung von Lernprozessen einsetzen.

Keywords: Informell, Lernen, Online, Medien, Social Web

1 Einleitung

Medien scheinen allgegenwärtig: Sie lassen Grenzen verschwimmen zwischen Beruflichem und Privatem. Sie nehmen Einfluss darauf, wie wir unsere Lebenswelt und das Handeln in ihr gestalten. Sie verändern unsere Art und Weise zu kommunizieren, mit anderen Menschen in Kontakt zu treten und – sich zu vernetzen (Krotz, 2010). Davon kann das Lernen nicht unberührt bleiben, wenn es denn als sozialer Prozess verstanden wird.

Als soziales Wesen strebt der Mensch nach Austausch mit und Anerkennung in der Gemeinschaft. Soziale Online Netzwerke bieten ihm nun, in Bezug auf den Lernprozess, erweiterte Möglichkeiten zu kommunizieren, zu interagieren und – vor allem – zu partizipieren: Betrachtet der Lernende das Netzwerk als persönliche Lernressource, so ist dieses nicht länger nur Informationsspeicher, sondern kann motivationale und emotionale Unterstützung bieten, kann zum Ausgangspunkt von Wissenskonstruktion werden und das Netzwerk selbst wiederum mit Neuem bereichern. Denn: *„Wissen entsteht und vermehrt sich vor allem durch und im sozialen Austausch und damit rücken die Bedingungen und Möglichkeiten des Austauschs und der Kommunikation in den Mittelpunkt."* (Döbler 2010, S. 389). Diese Bedingungen näher zu untersuchen war Anliegen der nachfolgend beschriebenen Studie: Lassen sich Anhaltspunkte für informel-

---

Anmerkung: Dieser Beitrag basiert auf der Publikation „Informelles Lernen in Sozialen Online Netzwerken – Eine Vergleichsstudie mit deutschen und amerikanischen Studierenden" (Spies, 2013). Hieraus sind Teile entnommen, verkürzt dargestellt oder verändert worden.

les Lernen in Sozialen Online Netzwerken finden? Wird das Netzwerk als Lernressource überhaupt erkannt und genutzt? Wie kann vernetztes Lernen beschrieben werden?

2 Theoretischer Hintergrund

2.1 Begriffliche Einordnung

Lernen

Lernen kann aus verschiedenen Perspektiven betrachtet werden und jede trägt aus ihrer Sicht zur Beschreibung – und damit zur möglichen Untersuchung – von Lernen bei. Sind jedoch sowohl der Kontext, in dem Lernen stattfindet, als auch der soziale Aspekt des Lernens zu berücksichtigen, so wird ein umfassender Lernbegriff erforderlich, um auch Teile des Lernprozesses beschreiben zu können.

Für die beschriebene Studie wurde der Lernbegriff nach Straka (2000, S. 17) herangezogen. Hiernach ist Lernen definiert durch die (1) Umgebungsbedingungen (Gegebenheiten, Vorgänge, Ereignisse, Personen) – die soziale Komponente, (2) die Lernepisode selbst (Informationen, Verhalten, Motivation, Emotion) und (3) die inneren Bedingungen, unter denen Lernen stattfindet (Wissen, Fähigkeiten, Motive, emotionale Disposition). Lernen ist somit eine Folge des Zusammenspiels von Information, Verhalten, Motivation und Emotion und führt zu einer überdauernden Veränderung der inneren Bedingungen.

Informelles Lernen

Informelles Lernen wird hier als Kontinuum zwischen formalem und informellem Lernen verstanden. Formales Lernen beschreibt i. d. R. zielgerichtetes und strukturiertes Lernen in Bezug auf Lernziel und Lernzeit. Es findet in festgeschriebenem Rahmen mit vorgegebenen Curricula statt. Informelles Lernen hingegen beschreibt herkömmlich eher das Lernen im Alltag, von Familie und Freunden und in der Freizeit. Es führt i. d. R. nicht zu einer Zertifizierung (vgl. u. a. Europäische Kommission 2002, S. 57f). Eine Abgrenzung von formalem und informellem Lernen fällt schwer, denn die Übergänge sind fließend. Informelles Lernen als *„eine ‚natürliche' Grundform menschliches Lernens"* (Dohmen 1998, S. 19) kann in jeder Situation, in jedem Kontext und an jedem Ort stattfinden, gleich ob geplant oder nicht geplant. Informelles Lernen kann folglich aus formalem Kontext heraus entstehen oder auf diesen zurückwirken, denn der Lernende wird stets mit Ereignissen und Personen seiner Umwelt konfrontiert, muss sich mit diesen auseinandersetzen sowie Probleme und Geschehnisse einordnen. Dabei verbleibt jedoch *„der Lernprozess selbst [...] im Einflussbereich des Individuums."* (Straka 2000, S. 29 nach Cseh, Watkins, Marsick 2000), was zu einer stärkeren Verantwortung des Lernenden für den eigenen Lernprozess und auch Lernerfolg führt. Der Lernende ist nach Rohs & Schmidt (2009, S. 8) im informellen Lernen aufgefordert, *„[die] eigenen Fähigkeiten [anzupassen], um [den] veränderten Anforderungen der Umwelt gerecht zu werden"*.

Unseren mobilen Lebenswelten geschuldet, können sich Lernende nun in Eigeninitiative – in einer Erweiterung bisheriger (formaler) Lernszenarien – örtlich verteilt und doch gemeinsam in virtuellen Räumen treffen, zu unterschiedlichen Zeiten und doch gemeinsam arbeiten und lernen und die Schritte und Ergebnisse zugleich auch virtuell/online abbilden. Künstlich geschaffene Rahmenbedingungen sind nicht mehr vordergründig, um Lernprozesse anzustoßen. Damit rückt das informelle Lernen in seiner Bedeutung in den Vordergrund und kann nicht mehr getrennt von formalem Lernen betrachtet werden. Die Konvergenz der Medien unterstützt dieses Lernen in einem *„Prozess der zunehmenden Entgrenzung und Vermischung der vorher vorhandenen Einzelmedien, die von den begrenzten und relativ erwartungsstabilen sozialen Zwecken entkoppelt werden:"* (Krotz 2010, S. 108).

Social Web – Soziales Online Netzwerk

Nach Boyd & Ellison (2007) ist ein Soziales Online Netzwerk definiert als ein durch Interaktion von Personen entstehendes webbasiertes Netzwerk. Die Akteure im Netzwerk sind Teil des Systems, welches wiederum zu anderen Netzwerken in Beziehung steht und diese dadurch beeinflusst. Das Netzwerk ist definiert durch Umfang und Dichte, die Qualität der Beziehungen und das Ziel der Vernetzung. Weitere Merkmale sind das Erstellen von Profilen, Durchsuchen von Kontaktlisten, Erstellen, Teilen und Kommentieren von Inhalten.

2.2 Handeln in vernetzten Welten

Um Lernen in Sozialen Online Netzwerken umfassend zu beschreiben, ist es erforderlich zu untersuchen, wie der Lernende im Netzwerk kommuniziert und interagiert, welche Erwartungen er damit verknüpft, welche Strategien er anwendet und welche Motive ihn zum Handeln bewegen.

Hier lassen sich nach Schmidt (2006, 2009) drei teils ineinander übergehende Komponenten des Handelns festhalten: (1) das Identitätsmanagement – das Zugänglichmachen von Aspekten der eigenen Personen wie bspw. das Ausfüllen einer Profilseite und Hochladen eines eigenen Videos; (2) das Beziehungsmanagement – die Pflege bestehender und das Knüpfen neuer Kontakte wie bspw. Posten auf der Pinnwand und Verlinken von Blogbeiträgen; und (3) das Informationsmanagement – das Selektieren, Bewerten und Verwalten von Informationen wie bswp. das Taggen einer Webseite oder Bewerten eines Videos.

2.3 Modell vernetzten Lernens

Wenn nun Lernen in Sozialen Online Netzwerken untersucht werden soll, ist es demnach nicht ausreichend, sich auf die inneren Bedingungen und das Verhalten des Lernenden zu beschränken. Betrachtet man den Lernen als sozialen Prozess, so ist es unabdingbar, ebenfalls zu untersuchen, welche Einschränkungen sich aus dem Handeln im Sozialen Online Netzwerk ergeben.

Um dieses „vernetzte Lernen" näher zu beschreiben, wurde – basierend auf dem Lernbegriff von Straka (2000) und dem Handeln im Social Web von Schmidt (2006, 2009) – das „Modell vernetzten Lernens" entwickelt. Aus der Verknüpfung von Wissens-, Handlungs- und Beziehungsebenen aus dem Lernprozess mit dem Managen von Informationen, Beziehungen und Identitäten im Social Web, lassen sich vernetzte Lern- und Handlungsfelder identifizieren, die einander beeinflussen und bedingen. Dieses Modell bildet den Ausgangspunkt für die Entwicklung des Forschungsdesigns (s. Abb. 1).

3 Methode

Die Studie wurde von März 2012 bis Februar 2013 durchgeführt. Es wurde ein Mehr-Methoden-Design verwendet: (1) eine Selbstbeobachtung mittels Tagebuch, (2) ein problemzentriertes qualitatives Interview und (3) eine Online-Befragung.

Für die Stufen 1 und 2 konnten per Profilsampling 17 Studierende (8 US-amerikanische und 9 deutsche Studierende) gewonnen werden. Da die Studie zwischen Geschlecht und Studienrichtung weiter differenziert, wurde u. a. das Prin-

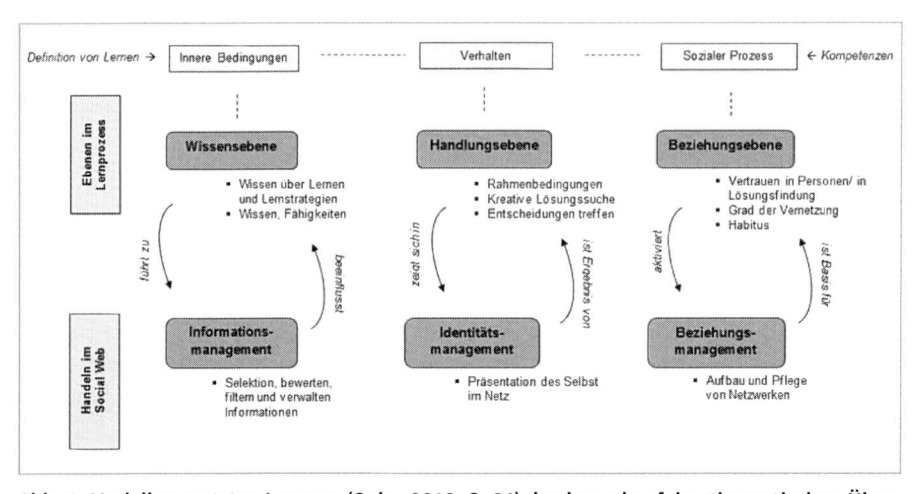

Abb. 1: Modell vernetzten Lernens (Spies 2013, S. 64), basierend auf den theoretischen Überlegungen von Straka (2000) und Schmidt (2006, 2009)

zip der Varianzmaximierung zugrunde gelegt. Per Tagebuch wurde aufgezeichnet, welche tatsächlichen (studienbezogenen) Ereignisse während des Erfassungszeitraumes auftraten, mit welchen Aktivitäten die Studierenden nach einer Lösung gesucht haben und wie erfolgreich sie sich dabei einschätzten. Weiter diente das Tagebuch als Impulsgeber für das anschließende qualitative Interview, um Handlungen hinterfragen und verstehen zu können.

Aus den Daten von Tagebuch und qualitativem Interview konnten nun erste Muster und Zusammenhänge und darauf aufbauend Hypothesen formuliert werden, welche in der Online-Befragung auf zulässige Verallgemeinerungen hin untersucht wurden.

Für die Stufe 3, der Online-Befragung, flossen am Ende die Daten von 448 deutschen und 340 US-amerikanischen Studierenden in die Auswertung mit ein. Die Online-Befragung wurde über alle erdenklichen webbasierten Kanäle (Webseite, XING, LinkedIn, Twitter, facebook) sowie mündlich, telefonisch und persönlich verteilt. Hierfür wurden insbesondere Personen in Schlüsselpositionen an den Hochschulen um Verteilung gebeten.

Um die sprachliche und inhaltliche Übereinstimmung der Erhebungsinstrumente sicherzustellen, wurden diese jeweils im Expertenkreis diskutiert und Native Speaker hinzugezogen.

4 Ergebnisse

Die Studie weist zahlreiche Einzelergebnisse auf und differenziert jeweils zwischen Geschlecht und Studienrichtung. An dieser Stelle sollen vier bedeutende Ergebnisse herausgehoben werden.

4.1 Verständnis von Lernen

Der Lernbegriff wird von deutschen und amerikanischen Studierenden sowohl unterschiedlich assoziiert als auch mit anderen Emotionen belegt. Auffällig war bspw., dass im Interview die befragten amerikanischen Studierenden Lernen ausschließlich mit positiven Emotionen belegten, während für deutsche Studierende Lernen durchweg mit Anstrengung und Verzicht einhergeht. Letztere verbinden lt. Online-Befragung Lernen eher mit der Auseinandersetzung mit unbekannten Themen (de: 63,9% | us: 44,9%) und der Bearbeitung von Skripten (de 61,1% | us: 25,2%; was amerikanische Studierende übrigens ähnlich häufig wie ihre deutschen Kommilitonen durchführen). Amerikanische Studierende assoziieren zudem eher das Gewinnen von neuen Ein- bzw. Ansichten (de: 65,8% | us: 80,7%) und die Erweiterung von Lebenserfahrung (de: 36,6% | us: 65,4%). Die genannten Unterschiede sind signifikant für $p<0,05$.

Insgesamt scheint Lernen bei den amerikanischen Studierenden stärker mit dem Bildungsbegriff verknüpft zu sein, wie nachfolgende Zitate illustrieren:

„Lernen" ist für mich einfach ein Thema, was mir selbst in dem Moment noch unbekannt ist zu erarbeiten und mir greifbar zu machen, sodass ich es verstehe und auch vernünftig wiedergeben kann, sodass ich's anderen Leuten erklären könnte und dass sie es verstehen, wenn ich es in meinen eigenen Worten ausdrücke" [3D,26d]

"I mean, to learn would be, to me, like just to gain knowledge and experience and to like, gain an understanding of things that you don't understand, you know and people are constantly seeking to better themselves and have more knowledge about the world and I think that, that is [...] Because I think it's important to learn to understand the world that we live in and to make yourself reach higher and want to learn more and gain more knowledge and you can be more productive and more useful in society if you have knowledge" [4A,26d].

4.2 Studienbezogene Aktivitäten und Interaktionen

Die Studie konnte zumeist nur sehr schwache bis schwache Zusammenhänge zwischen der Art der studienbezogenen Aufgabe und der gewählten Möglichkeit diese zu lösen feststellen. Ausnahmen sind mittlere Zusammenhänge bei der Informationsrecherche (hier unter Nutzung des Internets) und der Motivationsunterstützung von Kommilitonen (hier im persönlichen Kontakt).

Es konnte vielmehr gezeigt werden, dass sich Studierende eher „an situativen Gegebenheiten und persönlichen Präferenzen [...] als an einem bestimmten Medium oder einer Technologie" (Spies 2013, S. 252) orientieren.

Als häufigste studienbezogene Aufgaben, die im Untersuchungszeitraum zu bewältigen waren, wurden Informationsrecherche, Organisation und Absprache genannt. Als meistgenutzte Lernressourcen wurden übereinstimmend das Internet, das Buch und die Arbeit mit dem Skript genannt, wobei sich die Studierenden beider Länder einig sind, dass der persönliche Kontakt ihre bevorzugte Kommunikationsart darstellt.

4.3 Vernetztes Lernen

In Sozialen Online Netzwerken lassen sich zahlreiche Anhaltspunkte für informelles Lernen finden, auch wenn dieses zu unterschiedlichen Zwecken genutzt wird. Für die deutschen Studierenden stehen eher die Organisation und die Absprache im Vordergrund (mind. 1x i. d. Woche oder mehrmals täglich: de: 46,6% | us: 16,1%; signifikant für $p<0,05$). Die häufigste Tätigkeit im Social Web ist für die amerikanischen Studierenden die Weitergabe von Wissen (mind. 1x i. d. Woche oder mehrmals täglich: de: 25,4% | us: 24,3%; nicht signifikanter Unterschied). Eine besonders starke Funktion scheint die emotionale und motivationale Unterstützung von Kommilitonen zu sein, wie nachfolgende Zitate belegen:

"Universitär klar. Also ich habe jetzt schon des Öfteren mal hier [Name] angeschrieben. [...] Ich habe gesagt „Du, ich komme damit gar nicht klar, das sind 12 Seiten auf Englisch und ich verstehe die Hälfte nicht", dann sagte [Name] „Ja, ich habe das gelesen und du kriegst das schon hin[...]und irgendwie schaffst du das schon." und dann fühlt man sich schon wieder so ein bisschen aufgebaut. Da ist schon was dran." [8D,18]

"Yeah, I suppose you can [...] Like someone will put like a problem that they are having in their life on there and people, you know, because your their friend, you try to encourage them and give them hope and stuff like that. So, I/ Yeah, I'd say it's important emotionally, that's." [6A,18]

4.4 Verständnis von Netzwerk

Hier zeigen sich wieder deutliche Unterschiede zwischen den befragten Studierenden beider Länder. Amerikanische Studierende geben häufiger als deutsche Studierende an, sich im Social Web als Teil einer großen Gemeinschaft zu fühlen, Unterstützung zu geben und auch zu erhalten, falls erforderlich. Dies zeigt sich nicht nur in den Angaben der Online-Befragung (s. Tab. 1), sondern auch darin, für welche Aufgaben das Netzwerk genutzt wird (s. o.), wie stark die Beziehungen zu den Kontakten im Netzwerk sind und wie diese gepflegt werden.

Tab. 1: Verständnis von Netzwerk (Spies 2013, S. 206)

Inwiefern treffen folgende Aussagen in Bezug auf Soziale Online Netzwerke auf Sie zu?	de (N = 34)		us (N = 235)	
	M	SD	M	SD
Hier fühle ich mich als Teil einer großen Gemeinschaft	1,85	0,86	2,46	1,00
Ich unterstütze mein Netzwerk, wenn Hilfe gebraucht wird	2,14	0,93	2,65	0,97
Ich erhalte selbst Unterstützung, wenn ich sie brauche	2,23	0,90	2,65	0,95

Online-Befragung Frage 41a,b,c; 4-stufige Antwort-Skala: trifft nicht zu – trifft eher nicht zu – trifft eher zu – trifft vollständig zu; alle Unterschiede der Mittelwerte signifikant für p<0,05

5 Zusammenfassung

Für deutsche Studierende scheint der Lernbegriff eher in formalem Kontext verortet, für amerikanische Studierende stärker am Bildungsbegriff orientiert. Wird der eingangs diskutierte Lernbegriff nach Straka (2000) zugrunde gelegt, so kann festgehalten werden, dass deutsche Studierende Lernen eher auf Informationsaufnahme und -wiedergabe und die bloße Auseinandersetzung mit Inhalten verengen. Eine Anknüpfung an eigene Lebenswelten bzw. die Herstellung von Sinnbezügen von Informationen scheint nicht zu erfolgen – oder erfolgen zu können, was aber notwendig wäre, um die Studierenden durch partizipatives und antizipatives Lernen zu befähigen, die komplexer werdenden Probleme der Welt zu begreifen und sich Handlungsoptionen zu erarbeiten.

Die Studierenden haben zudem eher Aufgaben zu bearbeiten, die ein geringeres Maß an Kommunikation und Interaktion erfordern, d. h. das eine Wissenskonstruktion im sozialen Austausch, durch Reflexion und Diskussion, eher weniger stattfindet bzw. erforderlich ist. Damit jedoch bleibt eine wichtige Ressource im Lernprozess ungenutzt.

Für die Studierenden beider Länder lassen sich Anhaltspunkte für informelles Lernen im Social Web festhalten. Das Netzwerk wird jedoch überwiegend nicht bewusst als Lernressource erkannt und zudem stark unterschiedlich genutzt. Während die deutschen Studierenden die Möglichkeit zu Organisation und Absprache schätzen, nutzen die amerikanischen Studierenden das Netzwerk eher als Wissensressource, partizipieren hier auch stärker und bringen sich eher ein.

Es bleibt offen, was den jeweils anderen davon abhält, das Social Web im konnektivistischen Sinne Siemens' (2005a, 2005b) zu nutzen, nämlich Verbindungen zwischen Informationen und Personen zu sehen, bestehende Wissensbestände zu nutzen und neues Wissen in das Netzwerk zurückzugeben.

6 Implikationen für Unternehmen

Informelles Lernen im Social Web zeigt auf vielfältige Weise Potential und Chancen auf und ist bei einem Großteil der Studierenden bereits etabliert. Es sollte bewusst als Lernressource eingesetzt bzw. die Voraussetzungen dafür geschaffen werden.

Allein das Vorhandensein eines solchen Netzwerkes impliziert jedoch nicht dessen Nutzung als Ressource im Lern- oder (mit Blick auf Unternehmen) Aus- und Weiterbildungsprozess. Vernetzung – und damit der Aufbau vernetzten Wissens – sollte unterstützt und gefördert werden. Denn: *„Knowing is no longer a destination. Knowing is a process of walking in varying degrees of alignment with a dynamic environment."* (Siemens, 2005b).

Im Social Web kann in Unternehmen der Fachexperte sichtbar werden, Unternehmenswissen über Hierarchien hinweg transparent gemacht und Bekanntes hinterfragt werden, um letztlich neue Denkmuster und Lösungswege zu finden und innovative Produkte zu entwickeln.

Dies wird unweigerlich Veränderungen in der Unternehmenskultur nach sich ziehen, denn offenes Arbeiten und Kommunizieren macht nicht an Abteilungsgrenzen halt. Die Entstehung einer „Kultur des Teiles" jedoch führt in den Unternehmen zudem zu einer Steigerung kollektiven Denkens (vgl. Bingham und Conner, 2010) und wird damit direkt wertschöpfend (Overwien, 2009).

Die jetzige Studentengeneration wird absehbar in den Unternehmen zu finden sein und sich nicht mit überkommenen Arbeits- und Kommunikationsstrukturen zufrieden geben. Sie hat es gelernt, medial vernetzt zu handeln, zu lernen und zu leben. Und – sie ist bereit, Verantwortung zu übernehmen und wird dies auch einfordern. Ein anderes Umgehen mit Lernen und Medien ist längst überfällig und wir sind aufgefordert, dieses Umgehen mitzugestalten, denn: "*Wohin die Reise geht, hängt [...] nicht von den Medien ab, sondern davon, wie sie in sozialen und kulturellen Zusammenhängen verwendet und in welche Richtung sie entwickelt werden und organsiert werden.*" (Krotz 2010, S. 112).

Literatur

[letzter Zugriff auf Online-Dokumente: 13.01.2014]

Bingham, T. & Conner, M. (2010). *The New Social Learning: A Guide to Transforming Organizations Through Social Media*. San Francisco: Berrett-Koehler Publisher.

Boyd, D. M. & Ellison, N. B. (2007). Social network sites: Definition, history, and scholarship. *Journal of Computer-Mediated Communication, 13*(1), article 11. Online Verfügbar unter: http://jcmc.indiana.edu/vol13/issue1/boyd.ellison.html

Cseh, M., Watkins, K. E. & Marsick, V. J. (2000). Informal and incidental learning in the workplace. In G. A. Straka (Ed.), *Conceptions of self-directed learning: Theoretical and conceptual considerations* (pp. 59-74). New York, NY: Waxmann.

Döbler, T. (2010). Wissensmanagement. In W. Schweiger & K. Beck (Hrsg.), Handbuch Online-Kommunikation (S. 385-408). 1. Auflage. Wiesbaden: Springer.

Dohmen, G. (1998). *Zur Zukunft der Weiterbildung in Europa. Lebenslanges Lernen für Alle in veränderten Lernumwelten*. Bonn: Bundesministerium für Bildung und Forschung.

Europäische Kommission (2002). *Ein europäischer Raum des Lebenslangen Lernens*. Luxemburg: Amt für amtliche Veröffentlichungen der Europäischen Gemeinschaften. Online verfügbar unter: http://ec.europa.eu/dgs/education_culture/publ/pdf/ll-learning/area_de.pdf

Krotz, F. (2010). Leben in mediatisierten Gesellschaften. Kommunikation als anthropologische Konstante und ihre Ausdifferenzierung heute. In M. Pietraß & R. Funiok (Hrsg.), *Mensch und Medien. Philosophische und sozialwissenschaftliche Perspektiven* (S. 91-113). 1. Auflage. Wiesbaden: VS-Verlag für Sozialwissenschaften.

Overwien, B. (2005). Stichwort: Informelles Lernen. *Zeitschrift für Erziehungswissenschaft*, 3 (2005), 339-359. Online verfügbar unter: http://www.uni-graz.at/overwien_informelles_lernen-2.doc

Rohs, M. & Schmidt, B. (2009). *Warum informell lernen? Argumente und Motive*. Bildungsforschung 2009, Ausgabe 1. Online verfügbar unter: http://www.bildungsforschung.org/index.php/bildungsforschung/article/viewFile/83/85

Schmidt, J. (2006). Social Software: Onlinegestütztes Informations-, Identitäts- und Beziehungsmanagement. *Forschungsjournal Neue Soziale Bewegungen, 2,* 37-46.

Schmidt, J. (2009). *Das neue Netz: Merkmale, Praktiken und Folgen des Web 2.0.* Konstanz: UVK Verlagsgesellschaft mbH.

Siemens, G. (2005a). Connectivism: A Learning Theory for the Digital Age. International *Journal of Instructional Technology and Distance Learning, 2* (1), Jan 2005. Online verfügbar unter: http://www.elearnspace.org/Articles/connectivism.htm

Siemens, G. (2005b): *Connectivism: Learning as Network-Creation.* Online verfügbar unter: http://www.elearnspace.org/Articles/networks.htm

Spies, B. (2013). *Informelles Lernen in Sozialen Online Netzwerken – Eine Vergleichsstudie mit deutschen und amerikanischen Studierenden.* München: Ludwig-Maximilians-Universität, Fakultät für Psychologie und Pädagogik.

Straka, G. (2000). Lernen unter informellen Bedingungen. Begriffsbestimmung, Diskussion in Deutschland, Evaluation und Desiderate. Arbeitsgemeinschaft Qualifikations-Entwicklungs-Management (Hrsg.), *Kompetenzentwicklung 2000. Lernen im Wandel – Wandel im Lernen.* Münster: Waxmann. 1. Auflage.

3 Führung und Personalentwicklung

Die richtige Kommunikation? – Einfluss der Mergerkommunikation auf die Unsicherheit und das Commitment

Petia Genkova, Christine Gehr

In der Studie wird der Einfluss von Mergerkommunikation untersucht. Im Vergleich zu Mitarbeitern ohne Führungsverantwortung beurteilen Führungskräfte die zeitgerechte Einbindung, die Einbeziehung durch die Geschäftsleitung und den Informationsstand als wichtiger. Die Kommunikationsbeurteilung sagt die Unsicherheit der Mitarbeiter voraus.

Keywords: Mergers & Acquisitions, Hierarchie, Kommunikationskultur, Commitment

1 Theoretischer Hintergrund

Seit Jahrzehnten beherrschen Mergers und Akquisitionen (M&A) regelmäßig die Schlagzeilen der Wirtschaftsmagazine. Allein im Jahre 2008 überprüfte das Bundeskartellamt mehr als 1.600 Zusammenschlüsse auf ihre Zulässigkeit (Bundeskartellamt, 2008). Hauptmotiv sind meist ökonomische Ziele, wie z.B. erwartete Synergievorteile, höhere Marktmacht oder erhoffte Risikovorteile (Gut-Villa, 1997). Statt die erhofften Ziele zu erreichen, wird jedoch mehr als die Hälfte aller Mergers zum finanziellen Desaster (Salecker & Müller-Stewens, 1991). Die Schuld dafür liegt oft nicht in einer schlechten Auswahl des Partnerunternehmens oder einer grundsätzlich falschen Strategiefestlegung (Salecker & Müller-Stewens, 1991). Praktiker und Wissenschaftler sind sich stattdessen darin einig, dass eine große Zahl der missglückten Mergers aufgrund der Reaktion der Mitarbeiter auf die Veränderung scheitert. Davy, Kinicki, Kilroy und Scheck (1988) führen sogar bis zu 50% aller gescheiterten Mergers auf mitarbeiterbezogene Probleme zurück.

Ein Überblick über die bestehende Forschungsliteratur zeigt, dass für den Erfolg eines Mergers die sogenannten „weichen" Faktoren von großer Bedeutung sind. Obwohl die Mergerkommunikation ein weicher Faktor ist, sind empirische Studien über das Thema nach wie vor selten (Cornett-DeVito & Friedman, 1995). Auch aktuelle empirische Studien zu Faktoren bezüglich der Erfolgswirkung im Rahmen der Post Merger Integration legen den Schwerpunkt nicht direkt auf die Mergerkommunikation, sondern auf strategische

Überlegungen, Human Resource Management, Beeinflussung des Verhaltens der Mitarbeiter, Wissensmanagement, Aspekte der Zusammenführung der Unternehmenskulturen, andere Aspekte der Integrationsstrategie oder Eigenschaften der betroffenen Unternehmen (Kaltenbacher, 2011).

Der Begriff „Mergers and Acquisitions" stammt aus dem angloamerikanischen Sprachraum, und findet seit den 80er Jahren in der deutschen wissenschaftlichen Forschung Anwendung (Jansen, 2008; Wirtz, 2003). Der vorliegenden Untersuchung wird folgende Definition für Mergers zugrunde gelegt: jeder Unternehmenszusammenschluss, der mit einer wirtschaftlichen und/ oder rechtlichen Verschmelzung der beteiligten Unternehmen unter einheitlicher Leitung einhergeht, unabhängig von ihrer ursprünglichen Größe oder ihren Machtverhältnissen.

Das Hauptziel unternehmerischer Übernahmen besteht darin, mithilfe einer erfolgreichen strategischen Unternehmensführung eine nachhaltige Realisierung von Wertsteigerungspotentialen zu schaffen (Unger, 2007). Die Geschäftsleitung erhofft sich, durch M&A-Transaktionen Wertsteigerungen zu erzielen (Gut-Villa, 1997; Lindstädt, 2006)

Der prototypische Verlauf eines Mergers lässt sich in verschiedene Prozessschritte unterteilen. Je nach betrachteter Prozesstiefe finden sich in der Literatur unterschiedliche Phasenmodelle (Schott, 2007). Sehr häufig wird auf ein abstraktes dreistufiges Prozessmodell zurückgegriffen, wobei die Bezeichnung der drei Phasen uneinheitlich erfolgt. So spricht z.B. Clever (1993) von der Vorplanungsphase, Akquisitionsphase und Integrationsphase. Aufgrund der skizzierten drei Phasen eines Mergers und ihren inhaltlichen Herausforderungen lässt sich bereits erahnen, dass ein Merger ein organisationaler Veränderungsprozess ist, der die normalen Organisationsentwicklungsmaßnahmen noch an Komplexität überbietet (Cornett-DeVito & Friedman, 1995).

Da Mergers positive und negative Implikationen für die Mitarbeiter mit sich bringen können, liegt es auf der Hand, dass auch die Gefühlswelt der Mitarbeiter ambivalent sein kann, sich also sowohl durch positive als auch durch negative Reaktionen kennzeichnen lässt. Im Laufe eines Mergers finden nacheinander oder gleichzeitig auf verschiedenen Ebenen vielfältige Ereignisse und Veränderungen statt. Diese werden vom Mitarbeiter einzeln bewertet, so dass positive und negative Emotionen abwechselnd auftreten oder auch gleichzeitig erlebt werden können (Kiefer & Eicken, 2002).

Zwar tritt in jeder Organisation zu jedem Zeitpunkt Stress auf, jedoch wird dieser durch einen Merger und die dadurch ausgelöste Ungewissheit potentiell kumulativ verstärkt (Buono & Bowditch, 1989). Dies liegt vermutlich daran, dass die Mitarbeiter für diese außergewöhnlich komplexe Situation noch keine geeigneten Coping-Strategien entwickeln konnten (Schott, 2007). Auch im Mergerfall hängt die Stressintensität dabei jedoch weniger vom objektiven Ausmaß der Veränderung ab als vom subjektiven Empfinden (Marks & Mirvis, 1986). Der Merger wird häufig als stressend angesehen und geht dementsprechend mit Emotionen wie Schock, Verdrängung, sich bedroht fühlen bis hin zu Widerstand und innerer Kündigung einher (Buono & Bowditch, 1989).

Dabei ist Unsicherheit laut Marks (1982) die am häufigsten mit Mergers assoziierte stressbezogene Variable. Die Ungewissheit wird von Schweiger und DeNisi (1991) als stresserzeugender angesehen als die Veränderung an sich. Dies ist eine Beobachtung, die einen wertvollen Hinweis für die Gestaltung der Mergerkommunikation liefert. Im Rahmen des durch Ungewissheit induzierten Stresses tritt eine weitere Emotion sehr häufig zu Tage - das Gefühl des Kontrollverlusts (Marks, 1982).

Die zum Großteil negativen stressbezogenen Reaktionen können sich laut Schotts (2007) Rahmenkonzept zu Fusionen aus Mitarbeitersicht auf die Zufriedenheiten und Einstellungen der Mitarbeiter auswirken. Das Vertrauen der Mitarbeiter in die Geschäftsleitung kann im Verlauf eines Mergers laut Kiefer und Eicken (2002) jedoch sehr leicht gestört werden. Ein weiterer Grund für ein gestörtes Vertrauensverhältnis kann darin liegen, dass sich die Mitarbeiter in der ungewissen Situation von ihrer Unternehmensleitung allein gelassen fühlen (Schweiger & DeNisi, 1991). All diese Störungen können zu einem Vertrauensverlust gegenüber dem Unternehmen führen (Buono & Bowditch, 1989). Dies führt schließlich dazu, dass die Mitarbeiter vorsichtiger werden, mit wem sie sprechen, was sie sagen, und Distanz zu ihrem Vorgesetzten wahren. Sie verfallen zunehmend in egoistisches Verhalten, statt die Ziele des Unternehmens zu verfolgen (Buono & Bowditch, 1989). Gerade in den unsicheren und herausfordernden Zeiten eines Mergers ist diese Einstellung jedoch kontraproduktiv.

Neben den affektiven Reaktionen und Verhaltensweisen der Mitarbeiter sowie deren Rückwirkung auf das Unternehmen spielt die Mergerkommunikation eine wichtige Rolle für die Einflussvariable. Praktiker und Wissenschaftler sind sich darin einig, dass die Kommunikation im Mergerfall ein sehr hilfreiches Instrument sein kann, um die Reaktionen und Verhaltensweisen der Mitarbeiter zu Gunsten des Unternehmens und damit zu Gunsten des Mergererfolgs zu beeinflussen (Bastien, 1987; Davy et al., 1989; Salecker, 1995; Schweiger & DeNisi, 1991). Dieser Effekt, die Kommunikation, Einstellungs- und Verhaltensmuster dahingehend zu beeinflussen, dass die negativen Folgen für das Unternehmen abgemildert werden und dadurch optimale Voraussetzungen für eine erfolgreiche Integration geschaffen werden, wird von Salecker und Müller-Stewens (1991) auch als „Persuasionsfunktion" der Kommunikation bezeichnet. Der positive Effekt der Mergerkommunikation auf die Mitarbeiter wird vor allem durch drei Aspekte der Kommunikation hervorgerufen. Erstens kann die Mergerkommunikation dazu beitragen, die mit dem Merger verbundene allgegenwärtige Unsicherheit und Angst abzubauen (Schweiger & DeNisi, 1991). Die zweite wichtige Aufgabe der Mergerkommunikation ist das Erwartungsmanagement (Gerpott, 1995). Drittens kann Kommunikation die Bereitschaft des Unternehmens ausdrücken, Mitarbeiterinteressen im Mergerprozess ernst zu nehmen und zu berücksichtigen (Gerpott, 1995). Das Auftreten negativer Mitarbeiterreaktionen und Verhaltensweisen kann im Mergerfall nicht vollständig unterbunden werden. Alle drei beschriebenen Funktionen der Mergerkommunikation können jedoch dazu beitragen, deren starken Anstieg zu Gunsten des Unternehmens abzufedern und im günstigsten Fall langfristig wieder auf das Level vor dem Merger herabzusenken (Schweiger & DeNisi, 1991). Wenn die Kommunikation gelingt, kann sie auch positive Emotionen wie Akzeptanz, Freude an der Veränderung oder gar Engagement für den Merger und somit aktives Mitgestalten an der Integration hervorrufen (Mohr & Fritsch, 1998). Der abmildernde Effekt der Kommunikation auf Mitarbeiterreaktionen und Verhaltensweisen kann also als belegt angesehen werden. Es darf jedoch nicht vergessen werden, dass „falsche" Kommunikation die beschriebenen negativen Mitarbeiterreaktionen und Verhaltensweisen auch verstärken kann und so die Rückwirkungen auf das Unternehmen noch verschlimmert. Nach Meinung Bastiens (1987) übersteigt dieser Einfluss sogar den der Veränderung an sich. Daher wird deutlich, dass die Konzentration auf „gute" Mergerkommunikation schon allein aus ökonomischen Beweggründen erfolgen muss.

Im Gegensatz zu vielen anderen Einflussfaktoren, denen ebenfalls eine große Rolle für den Mergererfolg zugerechnet wird, hat die Kommunikation zudem einen entscheidenden Vorteil: Sie ist ein direkt beeinflussbares Instrument der Unternehmensleitung (Schott, 2007) und somit ein idealer Ansatzpunkt für eine gezielte Steuerung. Damit die Kommunikation jedoch ihre positive Wirkung auf die Mitarbeiter und damit den Mergererfolg voll entfalten kann, muss bei deren Ausgestaltung auf Vieles geachtet werden. Kommunikation ist nämlich Forschungsgegenstand vieler verschiedener Wissenschaftsdisziplinen, wie z.B. den Sprachwissenschaften und den sozialwissenschaftlichen Disziplinen. Aufgrund der vielfältigen Blickwinkel auf Kommunikation existiert keine einheitliche und von allen Wissenschaftsdisziplinen gleichermaßen anerkannte Definition (Salecker, 1995). Für die vorliegende Arbeit wird folgende Definition zugrunde gelegt: Kommunikation ist der „Prozeß der Übertragung von Informationen" (Salecker, 1995).

Gerpott (1995) identifizierte vier häufig genannte vermeintliche Probleme, die als Barrieren gegen eine effektive Mergerkommunikation wirken könnten: Fehlendes Wissen der Sender über Veränderungen, Kommunikation negativer Nachrichten, Flexibilitätsverlust durch frühzeitige Information und Situationsunterschiede.

2 Fragestellung, Methoden und Stichprobenbeschreibung

Deshalb soll in der vorliegenden Untersuchung der Fragestellung nachgegangen werden, ob die Kommunikation tatsächlich ein geeignetes Instrument sein könnte, um positiv auf die Mitarbeiter einzuwirken und damit zum Erfolg des Mergers beizutragen. Dabei ist zu beachten, dass aufgrund der Einzigartigkeit jedes Mergers keine detaillierte Handlungsanweisung in Form eines Kommunikationskonzeptes gegeben werden kann, und stattdessen sollen wesentliche

Gestaltungskriterien identifiziert werden (Wittwer, 1995). Es soll die Frage beantwortet werden, ob sich der postulierte Zusammenhang zwischen Kommunikation und den beiden Mitarbeiterreaktionen Unsicherheit und Commitment auch im untersuchten Unternehmen nachweisen lässt. Demzufolge soll überprüft werden, ob effektive Mergerkommunikation das Unsicherheitsempfinden der Mitarbeiter abmildert und deren Commitment zum neuen Unternehmen erhöht. Dementsprechend sollten sich ein negativer Zusammenhang zwischen der Kommunikation und der Unsicherheit und ein positiver Zusammenhang zwischen der Kommunikation und dem Commitment nachweisen lassen. Es werden daher folgende Hypothesen aufgestellt: Hypothese 1: Es bestehen signifikante Unterschiede in der Bewertung der Kommunikation in Abhängigkeit von der Hierarchieebene. Führungskräfte bewerten a) die Kommunikationskultur in ihren drei Dimensionen signifikant positiver, b) die Kommunikation und Einbeziehung durch die Geschäftsleitung signifikant höher und c) ihren Informationsstand signifikant höher als Mitarbeiter ohne Führungsverantwortung. Hypothese 2: Die Beurteilung der Kommunikation sagt die Unsicherheit voraus. a) Eine positive Wahrnehmung der Kommunikationskultur in ihren drei Dimensionen, b) eine positiv wahrgenommene Einbindung durch die Geschäftsleitung und c) ein subjektiv eingeschätzter Informationsstand vermindern die Unsicherheit.

In der vorliegenden Untersuchung diente der Fragebogen von Welte (2003) als Grundlage zur Messung der Mergerkommunikation. Die Instrumente zur Kommunikation und Information wurden weitestgehend unverändert übernommen. Hierbei wird die Kommunikationskultur in drei Dimensionen Aufrichtigkeit, gemeinsame Sprache und Einbindung gemessen (Welte, 2003). Die einzelnen Kommunikationskanäle wurden mit Hilfe einer Faktorenanalyse in drei Gruppen zusammengefasst (Management, Interne Medien, Flurfunk), aus denen die Mitarbeiter wichtige Informationen erhielten. Die Informationskanäle wurden an die im Merger Tochterunternehmen 1 – Tochterunternehmen 2 vorkommenden Quellen angepasst und auch die Gruppierung der einzelnen Kanäle wurde modifiziert. Für den Bereich Kommunikation und Information wurden neben dem Fragebogen von Welte (2003) noch zwei Skalen von Bachman (1993) ergänzt. Hierbei handelt es sich um die Skalen Einbeziehung durch die Geschäftsleitung und Kommunikation durch die Geschäftsleitung, da diese aufgrund der bereits geschilderten hervorgehobenen Bedeutung des Top-Managements in der Mergerkommunikation weitere interessante Ergebnisse erwarten ließen.

Für die Grundgesamtheit wurden folgende Kriterien festgelegt: In die Grundgesamtheit gelangten ausschließlich Mitarbeiter des Mutterunternehmens, die den abgefragten Zusammenschluss in voller Länge erlebt hatten und zumindest theoretisch Zugang zu den gleichen Informationsquellen gehabt hatten. Alle Mitarbeiter von Tochtergesellschaften der beiden sich zusammenschließenden Unternehmen wurden nicht berücksichtigt, da diese Mitarbeiter nicht zu allen Kommunikationskanälen der Muttergesellschaft umfassenden Zugang hatten.

489 Personen erfüllten diese Kriterien und wurden in die Grundgesamtheit aufgenommen. Bei der Auswahl der Untersuchungsteilnehmer wurde die Aufteilung Tochterunternehmen 1 und 2 vorgenommen. Aus beiden Gruppen wurden per Zufall 120 Mitarbeiter gezogen und zur Teilnahme eingeladen. Die Rücklaufquote betrug 62.1%. Von den 149 in die Auswertung aufgenommenen Personen, konnten 73 Personen dem Tochterunternehmen 1 zugeordnet werden und 76 Personen wurden dem Tochterunternehmen 2 zugewiesen. Vier Versuchspersonen gaben ihr Ursprungsunternehmen nicht an. Von 145 Personen, die die Mitarbeitergruppe angaben, gaben 23 Teilnehmer an, eine Führungsaufgabe inne zu haben. Von den 122 Mitarbeitern ohne Führungsaufgabe waren 81 Angestellte und 41 gewerbliche Mitarbeiter.

3 Ergebnisse und Diskussion

Mithilfe der ersten Hypothese sollte analysiert werden, ob sich signifikante Unterschiede in der Beurteilung der Kommunikation zwischen Führungskräften und Mitarbeitern ohne Führungsverantwortung nachweisen lassen. Bei einem Vergleich der beiden Hierarchieebenen tritt folgendes Messproblem auf: Die Gruppe der Mitarbeiter ohne Führungsfunktion ($N = 122$) ist deutlich größer als die Gruppe der Führungskräfte ($N = 23$). Diese ist mit nur 23 Versuchspersonen streng gesehen zu klein, um fundierte und statistisch generalisierbare Ergebnisse zu erzielen. Da diese Arbeit einen praxisorientierten Ansatz verfolgt, wird dennoch eine Auswertung vorgenommen. Zu beachten ist aber, dass die folgenden Aussagen nicht generalisierbar sind, sondern immer nur eine Tendenz angeben können.

Nur ein Teil der angenommenen Unterschiede zwischen den beiden Hierarchieebenen bestätigt sich tatsächlich. Bereits bei Teilhypothese 1a ergibt sich ein gemischtes Bild. Die Dimension Einbindung wird von den Führungskräften mit einem Mittelwert von $MW = 3.42$ ($SD = .982$) als signifikant positiver ($t(142) = 2.207$, $p < .05$) wahrgenommen als von den Mitarbeitern ohne Führungsverantwortung ($MW = 2.94$, $SD = .951$).

Bezüglich des Aspekts der gemeinsamen Sprache und der Aufrichtigkeit unterschieden sich die beiden Hierarchieebenen nicht. Die Hypothese 1a hat sich daher nur teilweise bestätigt. Führungskräfte bewerten die zeitgerechte Einbindung in die Prozesse als signifikant besser als Mitarbeiter ohne Führungsverantwortung. Auch Teilhypothese 1b, die von einer signifikant höheren Beurteilung der Kommunikation und Einbeziehung durch die Geschäftsleitung durch die Führungskräfte ausgeht, kann nicht umfassend bestätigt werden. In Bezug auf die Einbeziehung der Geschäftsleitung erweist sich der angenommene Mittelwertunterschied mit $p < .05$ ($t(140) = 2.542$) als signifikant (Führungskraft: $MW = 3.57$, $SD = .926$ // Mitarbeiter: $MW = 2.95$, $SD = 1.058$). Die Kommunikation durch die Geschäftsleitung wird jedoch nicht signifikant unterschiedlich wahrgenommen. Es kann daher festgestellt werden, dass in dieser Untersuchung die Führungskräfte die Einbeziehung durch die Geschäftsleitung, nicht jedoch deren Kommunikation, signifikant positiver wahrnehmen als Mitarbeiter ohne Führungsverantwortung. Die Frage einer signifikant unterschiedlichen Beurteilung des Informationsstandes in den Hierarchieebenen lässt sich dagegen bejahen. Führungskräfte nehmen ihren subjektiven Informationsstand mit einem Mittelwert von 3.76 (SD = .950) wie erwartet signifikant höher wahr ($t(139)$ = 2.209, $p < .05$) als Mitarbeiter ohne Führungsverantwortung (MW = 3.27, SD = .953). Diese Teilhypothese (1 c) hat sich also bestätigt.

Zusammenfassend kann festgehalten werden, dass sich die Hypothese 1 nur in manchen Teilaspekten bestätigen lässt: Führungskräfte beurteilen ihre zeitgerechte Einbindung, die aktive Einbeziehung durch die Geschäftsleitung und ihren Informationsstand signifikant höher als Mitarbeiter ohne Führungsverantwortung. Die gemeinsame Sprache wird tendenziell positiver beurteilt. In allen anderen Aspekten konnte kein signifikanter Unterschied nachgewiesen werden. Die Nähe zur Geschäftsleitung scheint sich also zumindest in den untersuchten Unternehmen nicht so umfassend und deutlich auf die Wahrnehmung der Kommunikation auszuwirken, wie angenommen.

In der Hypothese 2 wurde ein negativer Zusammenhang zwischen der Wahrnehmung einzelner Kommunikationsdimensionen und dem Unsicherheitsempfinden als exemplarische Mitarbeiterreaktion postuliert. Wie angenommen werden durchgängig negative lineare Zusammenhänge errechnet, die sich alle als hoch signifikant erweisen. Auch in der Grundgesamtheit gilt also, dass ein Mitarbeiter sich umso weniger unsicher fühlt, je besser er z.B. die Kommunikationskultur empfindet. In der Stichprobe erweisen sich diese Zusammenhänge als unterschiedlich stark. Alle drei Dimensionen der Kommunikationskultur sagen die Unsicherheit voraus (Aufrichtigkeit: ß = -.403**, gemeinsame Sprache: ß = -.457**, Einbindung: ß = -.424**). Ebenfalls ein mittelstarker Zusammenhang wird zwischen dem Informationsstand und der Unsicherheit ausgewiesen (ß = -.462**). Die Kommunikation durch die Geschäftsführung und die Einbeziehung durch die Geschäftsleitung sagen dagegen nur schwach die Unsicherheit voraus. Insgesamt gesehen kann die Hypothese 2 in allen Teilaspekten als bestätigt angesehen werden.

Somit lässt sich festhalten, dass sich die Unterschiedshypothese nur in Teilaspekten, nicht jedoch in ihrer Gesamtheit bestätigt hat. In Bezug auf die Zusammenhangshypothese zeigt sich ein anderes Bild. Diese Hypothese wurde in der vorliegenden Untersuchung bestätigt. In der vorliegenden Untersuchung hat sich also der angenommene Zusammenhang zwischen der Wahrnehmung der Kommunikation bzw. der Einbeziehung durch das Top-Management und der Kommunikationskultur bestätigt. Ebenfalls konnte ein Zusammenhang von verschiedenen Kommunikationsdimensionen und dem subjektiven Informationsstand in der betrachteten Grundgesamtheit nachgewiesen werden. Außerdem haben sich die vermuteten Zusammenhänge zwischen Kommunikation und Mitarbeiterreaktionen in der vorliegenden Untersuchung anhand der Variablen Unsicherheit und Commitment als signifikant erwiesen.

Die Aussagekraft der vorliegenden Ergebnisse ist aufgrund mehrerer Aspekte stark eingeschränkt. Neben beleuchteten Schwierigkeiten in der empirischen Untersuchung der Mergerkommunikation hing diese schriftliche Befragung, wie jede schriftliche Befragung, statt von objektiven Daten stark von der Wahrnehmung und Motivation der Versuchspersonen ab (Welte, 2003). Diese Wahrnehmung kann jedoch auf vielfältige Weise beeinflusst und verzerrt werden (Napier, Simmons & Stratton, 1989). Neben der emotionalen Befindlichkeit der Versuchsperson zum Zeitpunkt der Befragung kann eine solche verzerrte Wahrnehmung auch durch die Befragungsmethode und -situation an sich ausgelöst werden (Welte, 2003). Im Folgenden sollen kurz kritische Punkte beleuchtet werden, die im Falle der vorliegenden Untersuchung die Wahrnehmung der Mitarbeiter und damit die Ergebnisse der Befragung beeinflusst haben könnten.

Kurz vor dem Start der Befragung gab das Mutterunternehmen einen weiteren horizontalen Merger mit einem Geschäftsfeld des Konzerns bekannt. Die Mitarbeiter befanden sich also zum Zeitpunkt der Befragung erneut in einer Mergersituation und wurden wieder mit Mergerkommunikation konfrontiert. Dies könnte dazu geführt haben, dass sich die subjektive Wahrnehmung der Kommunikation im Zusammenhang mit dem aktuellen Merger mit der Erinnerung an die Kommunikation des abgefragten Mergers vermischte und so die Ergebnisse verzerrte.

Dazu kam, dass von einer externen Unternehmensberatung begleitend zum aktuellen Merger ebenfalls eine Umfrage unter ausgewählten Mitarbeitern durchgeführt wurde. Es ist daher nicht auszuschließen, dass einige der angeschriebenen Personen gleichzeitig mit zwei verschiedenen Fragebögen zu Mergern konfrontiert wurden. Zwar bezogen sich diese Bögen auf unterschiedliche Merger, es wurde jedoch mehrfach an den Untersuchungsleiter herangetragen, dass diese Doppelung zu starker Verwirrung und zu Unmut in der Belegschaft geführt hat. Dies könnte wiederum den Rücklauf vermindert und zu Verzerrungen geführt haben.

Eine Verzerrung der Antworten kann wie bereits angedeutet auch dadurch eingetreten sein, dass der untersuchte Merger sechs Jahre vor dem Untersuchungszeitpunkt begonnen hatte. Die Untersuchungsteilnehmer wurden also nicht unmittelbar im Merger-Prozess nach ihren aktuellen Eindrücken befragt, sondern sie wurden aufgefordert, aus ihrer Erinnerung heraus zu bewerten. Dabei besteht jedoch stets die Gefahr, dass sich Erinnerungen der abgefragten Situation mit neueren Erfahrungen vermischen.

Eine weitere Problematik besteht darin, dass ausschließlich Mitarbeiter befragt wurden, die zum Befragungszeitpunkt noch bei dem Mutterunternehmen beschäftigt waren. Laut der Theorie der kognitiven Dissonanz von Festinger (1957) streben Menschen grundsätzlich nach Konsistenz zwischen ihren Einstellungen, Meinungen und Verhaltensweisen. In Bezug auf die Informationsaufnahme und -verarbeitung kann dies darin resultieren, dass bevorzugt Informationen wahrgenommen werden, die eine getroffene Entscheidung über eine Einstellung, Meinung oder Verhaltensweise als richtig erscheinen lassen. Informationen, die diese Entscheidung in Frage stellen würden, werden dagegen ausgeblendet, um eine kognitive Dissonanz zu vermeiden. In der vorliegenden Untersuchung könnte dies dazu geführt haben, dass die Wahrnehmung der Kommunikation positiv verzerrt wurde, um das Bleiben in der Organisation zu rechtfertigen.

Die Mergerkommunikation wurde als ein geeignetes und direkt steuerbares Instrument identifiziert, um diese Mitarbeiterreaktionen und Verhaltensweisen im Sinne des Unternehmens zu beeinflussen. Zudem wurden grundsätzliche Gestaltungsempfehlungen abgeleitet, die bei Beachtung die Effektivität der Kommunikation im Mergerfall steigern können. Die Befunde zur Mergerkommunikation sowie der festgestellte Zusammenhang zwischen Kommunikation und Mitarbeiterreaktionen und Verhaltensweisen wurden anschließend im empirischen Teil auszugsweise überprüft. Vor allem der postulierte Zusammenhang zwischen Mergerkommunikation und Mitarbeiterreaktionen hat sich für die betrachtete Grundgesamtheit an den Beispielen Unsicherheit und Commitment bestätigt.

Literatur

Bachman, B. A. (1993). *An intergroup model of organizational mergers*. Ann Arbor: UMI.

Bastien, D. T. (1987). Common Patterns of Behavior and Communication in Corporate Mergers and Acquisitions. *Human Resource Management, 26* (1), 17-33.

Buono, A. F. & Bowditch, J. L. (1989). *The human side of mergers and acquisitions. Managing collisions between people, cultures, and organizations*. San Francisco: Jossey-Bass.

Clever, H. (1993). *Post-Merger-Management*. Stuttgart: Kohlhammer.

Cornett-DeVito, M. M. & Friedman, P. G. (1995). Communication processes and merger success. An exploratory study of four financial institution mergers. *Management Communication Quarterly, 9* (1), 46-77.

Davy, J. A., Kinicki, A., Scheck, C. & Kilroy, J. (1989). Acquisitions make employees worry. Companies easy the pain through effective communication. *Personnel Administrator, 34* (8), 84-90.

Gerpott, T. J. (1995). Mitarbeiterorientierte Informationspolitik bei der Integration von Akquisitionen. Ein vernachlässigter Erfolgsfaktor externer Wachstumsstrategien von Pharma-Unternehmen. In M. Lonsert, K.-J. Preuß & E. Kucher (Hrsg.), *Handbuch Pharma-Management* (S. 875-898). Wiesbaden: Gabler.

Gut-Villa, C. (1997). *Human Resource Management bei Mergers & Acquisitions*. Zürich: Universität.

Jansen, S. A. (2008). *Mergers Acquisitions: Unternehmensakquisitonen und – koopertionen. Eine strategische, organisatorische und kapitalmarkttheoretische Einführung* (4. überarbeitete und erweiterte Auflage). Wiesbaden: Gabler Verlag.

Kaltenbacher, S. (2011). *Integration bei Mergers & Acquisitions. Eine empirische Studie des Human-Resource-Managements aus Sicht des ressourcenbasierten Ansatzes* (Empirische Personal- und Organisationsforschung, Bd. 48, 1. Auflage). München, Mering: Hampp.

Kiefer, T. & Eicken, S. (2002). Das emotionale Erleben einer Großfusion: Eine explorative Studie. *Wirtschaftspsychologie, 3*, 27-32.

Lindstädt, H. (2006). Ziele, Motive und Kriterien für Unternehmenszusammenschlüsse. In B. W. Wirtz (Hrsg.), *Handbuch Mergers & Acquisitions Management* (S. 59-78). Wiesbaden: Gabler Verlag.

Marks, M. L. (1982). Merging Human Resources. A Review of Current Research. *Mergers & Acquisitions, 2*, 38-44.

Marks, M. L. & Mirvis, P. H. (1986). The Merger Syndrome. *Psychology Today, 20* (10), 36-42.

Mohr, N. & Fritsch, R. (1998). Zielgerichtete Kommunikation – Schlüsselfaktor erfolgreichen Veränderungsmanagements. *Organisationsentwicklung, 17*, 66-73.

Napier, N. K., Simmons, G. & Stratton, K. (1989). Communication during a merger: The experience of two banks. *Human Resource Planning, 12* (2), 105-122.

Salecker, J. (1995). *Der Kommunikationsauftrag von Unternehmen bei Mergers & Acquisitions. Problemdiskussionen und Gestaltungsoptionen der Kommunikation bei Unternehmensübernahmen* (Bern: Paul Haupt). Duisburg: Universität.

Salecker, J. & Müller-Stewens, G. (1991). Kommunikation – Schlüsselkompetenz im Akquisitionsprozeß. *Absatzwirtschaft, 10*, 104-113.

Schott, U. (2007). *Einstellungsänderung bei Fusionen. Ein integratives Modell zur Wirkung von Information und Kommunikation.* Saarbrücken: VDM.

Schubert, W. & Küting, K. (1981). *Unternehmenszusammenschlüsse.* München: Vahlen Franz GmbH.

Schweiger, D. M. & Denisi, A. S. (1991). Communication with employees following a merger: A longitudinal field experiment. *Academy of Management Journal, 34* (1), 110-135.

Unger, M. (2007). Poster-Merger-Integration. In B. Polster-Grüll (Hrsg.), *Handbuch Mergers & Acquisitions. Rechtliche und steuerliche Optimierung. Ausgewählte Fragen der Bewertung und Finanzierung* (S. 871-897). Wien: Linde.

Welte, J. (2003). *Wer nicht sagt, der nicht gewinnt. Eine Fallstudie zum Zusammenhang zwischen Kommunikation, Commitment und Engagement in einem deutsch-amerikanischen Merger* (München: Herbert Utz). München: Universität.

Wittwer, A. (1995). *Innerbetriebliche Kommunikation als strategisches Instrument zur Mitarbeiterintegration bei Unternehmenszusammenschlüssen. Eine Untersuchung integrationshemmender und integrationsfördernder Faktoren* (München: tuduv). München: Universität.

Wirtz, B. W. (2003). *Mergers & Acquisitions Management: Strategie und Organisation von Unternehmenszusammenschlüssen* (1. Auflage). Wiesbaden: Gabler Verlag.

Der Einfluss von Persönlichkeit und Stereotypen auf die Karrierebarrieren von Frauen

Eine empirische Untersuchung unter Anwendung des Bochumer Inventars zur berufsbezogenen Persönlichkeitsbeschreibung (BIP)

Julia Frohne, Alexandra Frot

Der vorliegende Beitrag untersucht, welche Geschlechtsunterschiede es hinsichtlich berufsrelevanter Persönlichkeitsmerkmale und geschlechtsbedingter Stereotypen gibt und zeigt auf, inwiefern sich diese auf die Karrierechancen von Frauen auswirken. Hierfür wurde ein umfassender Fremdbild- und Persönlichkeitstest (BIP) durchgeführt.

Keywords: Persönlichkeitsforschung, Stereotypen, Karriereerfolg, Geschlecht

1 Anlass der Studie

Der Anteil an weiblichen Studienanfängerinnen steigt kontinuierlich. 1995 lag der Anteil der Studienanfängerinnen noch bei etwa 27% eines Jahrgangs, 2012 betrug er schon 48% (BMBF, 2012). Betrachtet man die Altersgruppe der 30- bis 34-jährigen Erwerbspersonen, so haben Frauen die Männer mit ihrem Bildungsstand sogar bereits überholt (Mischke & Wingerter, 2012). Rein quantitativ müsste der Anteil an Frauen in deutschen Chefetagen also ebenfalls ansteigen. Dies ist jedoch nur moderat auf der zweiten Führungsebene der Fall, auf der ersten stagniert ihr Anteil seit Jahren kontinuierlich bei ca. 25% (IAB, 2013). Wir wollten dieser sattsam bekannten Tatsache unter einer neuen Fragestellung nachgehen: Lassen sich neben allen externen und strukturellen Hindernissen eventuell auch Hürden finden, die in den Persönlichkeitseigenschaften von Frauen liegen oder ihnen zugeschrieben werden? Plakativ gefragt: Liegt es auch an den Frauen selbst, wenn sie trotz gleicher Startchancen an Universitäten und Fachhochschulen nicht in den oberen Führungsetagen ankommen? Oder werden Frauen bestimmte Eigenschaften lediglich von ihrer Umwelt zugeschrieben, die den Aufstieg ins Management erschweren? Die vorliegende Studie wurde als Abschlussarbeit im B.A. Psychology & Management an der International School of Management (ISM) im Herbst 2013 durchgeführt.

2 Erwerbsintegration von Frauen: Aktualität und Relevanz

2.1 Personelle Herausforderungen für Unternehmen

Unternehmen sehen sich zunehmend mit personellen Herausforderungen konfrontiert: Aufgrund des demografischen Wandels schrumpft das allgemein verfügbare Arbeitskraftpotenzial und die Belegschaft altert. Hinzu kommt, dass ab ca. 2020 die geburtenstarke Generation der „Baby Boomer" in Rente geht, was eine deutliche Reduktion der Belegschaft zur Folge hat (BMI, 2011). Ein weiterer kritischer Aspekt besteht im Fachkräftemangel: Bis 2020 werden ca. 2,0 - 4,1 Millionen benötigte Fachkräfte dem deutschen Arbeitsmarkt nicht zur Verfügung stehen (Suder & Kilius, 2011). Folglich avanciert das Personal mehr denn je zur strategischen Ressource und kann einen entscheidenden Wettbewerbsvorteil darstellen. Unternehmen haben die Risiken erkannt und fokussieren sich bei der strategischen Personalplanung nun u.a. auf eine bisher unausgeschöpfte Ressource auf dem Arbeitsmarkt: Frauen.

2.2 Frauen: Eine noch unausgeschöpfte Ressource

Obwohl sich die Erwerbstätigenquote der Frauen sukzessive an die der Männer annähert (in 2011 waren 71% der Frauen und 81% der Männer erwerbstätig) und auch das Statistische Bundesamt eine steigende Erwerbsneigung bei Frauen verzeichnet, sind Frauen auf dem Arbeitsmarkt noch deutlich unterrepräsentiert. Dies lässt sich vor allem am deutlich niedrigeren Arbeitsvolumen, dem geringen prozentualen Anteil an Führungspositionen sowie dem Gender Pay Gap von 23% festmachen (Mischke & Wingerter, 2012; Schulz-Strelow et al., 2013).

Die Bundesagentur für Arbeit schätzt, dass durch eine Erhöhung der Erwerbsbeteiligung der Frauen und eine Steigerung der Arbeitszeit von weiblichen Teilzeitbeschäftigten ein zusätzliches Arbeitskraftpotenzial von 0,7 - 2,1 Millionen Personen realisiert werden könnte (BfA, 2011). Damit stellt die Förderung der Erwerbsintegration von Frauen das vielversprechendste Handlungsfeld zur Überwindung des Fachkräftemangels dar (Suder & Kilius, 2011).

Frauen stellen jedoch nicht nur aufgrund ihrer Verfügbarkeit, sondern auch hinsichtlich ihres überdurchschnittlichen Bildungsstands (Mischke & Wingerter, 2012) und ihrer hohen intrinsischen Arbeitsmotivation (Shell Holding Deutschland, 2010) für Unternehmen attraktive Arbeitnehmer dar. Hinzu kommt die finanzielle Notwendigkeit der Berufstätigkeit: Im Hinblick auf die hohe Scheidungsrate und das 2008 in Kraft getretene Gesetz zur Änderung des

Unterhaltsrechts (UÄndG) stellt es für Frauen ein großes Risiko dar, finanziell vom (Ehe-) Partner abhängig zu sein (Groll, 2012).

3 Untersuchungsdesign

3.1 Fragestellung

Das Deutsche Forschungsinstitut für Zukunft untersuchte die Aufstiegschancen von Männern und Frauen und konnte zeigen, dass Männer in Deutschland aufgrund ihres Geschlechts zu 31% bessere Aufstiegschancen haben (Fietze et al., 2010). Die ungleichen Aufstiegschancen lassen sich dabei zu ca. 2/3 auf strukturelle Ursachen zurückführen (Arbeitsvolumen, Berufserfahrung, Karriereunterbrechungen etc.). Ein Fünftel (22,7%) lässt sich auf keine spezielle Ursache zurückführen (naheliegend scheint geschlechtsbedingte Diskriminierung), interessant ist aber das Ergebnis, dass in 8,6% der Fälle die Persönlichkeit von Frauen ausschlaggebend zu sein scheint, wenn sie schlechtere Aufstiegschancen haben als Männer.

Die folgende Arbeit knüpft an diese Erkenntnisse an und überprüft unter Anwendung des Bochumer Inventars zur berufsbezogenen Persönlichkeitsbeschreibung (BIP) empirisch folgende Fragestellungen:
1) Können geschlechtsbedingte Persönlichkeitsunterschiede festgestellt werden? Falls ja: Inwiefern wirken sich diese karrierefördernd oder –hemmend auf die Aufstiegschancen von Frauen aus? Wird dadurch (zum Teil) erklärbar, weshalb Männer bisher beruflich erfolgreicher sind?
2) Lässt sich ein Teil der geschlechtsbedingten Diskriminierung dadurch erklären, dass sich das „Stereotyp Frau" negativ auf die Karriere auswirkt? Inwiefern stimmt das Stereotyp mit dem tatsächlichen Profil von Frauen überein?

3.2 Das Bochumer Inventar zur berufsbezogenen Persönlichkeitsbeschreibung (BIP)

Zur Beantwortung der genannten Leitfragen wurde das Bochumer Inventar zur berufsbezogenen Persönlichkeitsbeschreibung (BIP) herangezogen. Das BIP misst berufsrelevante, überfachliche Persönlichkeitsausprägungen und wird als ergänzendes diagnostisches Instrument bei der Personalrekrutierung und –entwicklung genutzt. Das BIP misst insgesamt 14 Persönlichkeitsdimensionen, deren Ausprägungen auf einer 9-stufigen Skala abgebildet werden. Es ist möglich, sowohl das Selbst- als auch Fremdbild einer Person zu erfassen und beides direkt miteinander zu vergleichen (Hossiep & Paschen, 2003). Ergänzt wurde das BIP um Ergebnisse von Untersuchungen, die karrierehemmenden (KH) oder karrierefördernden (KF) Einfluss besitzen (siehe Tabelle 1).

Zur Messung des „Stereotyps Frau" wurden die Probanden beim Fremdbeschreibungsinventar gebeten, „berufstätige Frauen im Allgemeinen" zu beurteilen.

Tab. 1: Skalen des BIP

Skala (Abkürzung)	Kurzbeschreibung (hohe Ausprägung)	Beruflicher Einfluss
Leistungsmotivation	Hohe Anforderungen an sich selbst; Bedürfnis ständiger Verbesserung, überdurchschnittliches Engagement	Niedrig: KH Hoch: KF
Gestaltungsmotivation	Motivation, Missstände zu beseitigen und eigene Vorstellungen aktiv zu verwirklichen	Niedrig: KH Hoch: KF
Führungsmotivation	Autoritäre Ausstrahlung, Streben nach Führungsverantwortung, hohe Überzeugungskraft	Niedrig: KH Hoch: KF
Gewissenhaftigkeit	Zuverlässigkeit, Gründlichkeit, Detailorientierung und Perfektionismus bei der Aufgabenbearbeitung	Sehr niedrig bzw. sehr hoch: KH
Flexibilität	Toleranter Umgang mit ungewissen / neuen Situationen, Offenheit, Schnelle Anpassung an Veränderungen	Sehr hoch: KH
Handlungsorientierung	Zügige Umsetzung der Aufgaben, effektive Selbstorganisation, ausgeprägte Zielorientierung	Keine Befunde
Sensitivität	Einfühlungsvermögen, feines Gespür für zwischenmenschliche Situationen und Stimmungen	Keine Befunde
Kontaktfähigkeit	Extrovertiertes Auftreten, Offenheit gegenüber Anderen	Niedrig: KH Hoch: KF
Soziabilität	Ausgeprägtes Bedürfnis nach harmonischem Miteinander, Zurückstellung der eigenen Bedürfnisse zugunsten Anderer	Sehr niedrig bzw. sehr hoch: KH Mittel: KF
Teamorientierung	Hohe Kooperationsbereitschaft, Teamfähigkeit	Keine Befunde
Durchsetzungsstärke	Oberhand bei Auseinandersetzungen, Vertreten der eigenen Meinung mit Nachdruck	Niedrig: KH Hoch: KF
Emotionale Stabilität	Widerstandsfähigkeit auch bei hoher Beanspruchung, optimistische Lebensauffassung, gelassener Umgang mit Misserfolgen	Niedrig: KH Hoch: KF
Belastbarkeit	Hohe Stresstoleranz, Ausdauer und Leistungsfähigkeit auch in arbeitsintensiven Phasen	Niedrig: KH Hoch: KF
Selbstbewusstsein	Gefühl der Selbstwirksamkeit, größere emotionale Unabhängigkeit vom sozialen Umfeld, selbstsicheres Auftreten	Niedrig: KH Hoch: KF

KH = karrierehemmend, KF = karrierefördernd. Der karrierefördernde/ -hemmende Einfluss der Persönlichkeitsdimensionen wurde in der Abschlussarbeit zuvor anhand aussagekräftiger Studien dargelegt.

3.3 Zusammensetzung der Stichprobe

Die Testdurchführung fand von August bis September 2013 statt. 85 Probanden nahmen am Selbst- und Fremdbeschreibungsinventar teil; davon waren 45 Frauen (53%) und 40 Männer (47%). 82% der Testpersonen waren berufstätig, 18% studierten. Das Mindestalter betrug 21 Jahre, das Höchstalter 63 Jahre (Altersverteilung: 21 bis 29 Jahre: 35,3%, 30 bis 39 Jahre: 15,3%, 40 bis 49 Jahre: 22,3%, 50 Jahre und älter: 27%).

4 Ergebnisse der Untersuchung

Die Abbildungen 1 und 2 stellen die durchschnittlichen Persönlichkeitsausprägungen von Männern und Frauen gegenüber:

Die leicht überdurchschnittliche *Kontaktfähigkeit* und *Soziabilität* von Frauen wirken sich positiv auf die Karrierechancen aus: Frauen können gut auf Menschen zugehen und Beziehungen zu ihnen pflegen. Durch ihre Offenheit können Sie sich ein dichtes und hilfreiches Netzwerk an beruflichen Kontakten aufbauen. Aufgrund ihrer höheren Soziabilität werden Frauen häufig als freundlich und hilfsbereit wahrgenommen und können ausgleichend und integrierend auf ihr Umfeld einwirken. Eine sehr hohe Soziabilität wirkt sich dagegen karrierehemmend aus, da die eigenen Interessen aus Rücksicht auf ein harmonisches Miteinander zu sehr zurückgestuft werden (Boudreau et al., 1999; Fietze et al., 2010).

Die Ergebnisse zeigen allerdings, dass die befragten Frauen über mehr karrierehemmende als –fördernde Eigenschaften verfügen, die sich in der leicht unterdurchschnittlichen Gestaltungs- und Führungsmotivation, der emotionalen Stabilität und dem Selbstbewusstsein zeigen.

Aufgrund der geringeren *Gestaltungsmotivation* arrangieren sich Frauen lieber mit bestehenden Rahmenbedingungen; es fehlt ihnen der Mut, etwas an den subjektiv erlebten Missständen zu ändern. Dabei zeigen verschiedene Studien, dass es genau dieser Mut und eine gewisse Risikobereitschaft sind, die sich positiv auf die Karriere auswirken (Fietze et al., 2010). Eine geringere Gestaltungsmotivation ist eng verknüpft mit einem geringen Selbstbewusstsein (Interkorrelation .49).

Führungsmotivation: Frauen bereitet die exponierte Position einer Führungskraft eher Unbehagen. Daher wirken sie auch seltener autoritär in ihrem Auftreten als Männer. Besonders die Kombination aus niedrigerem Selbstbewusstsein und Harmoniebedürfnis macht es den betroffenen Frauen schwer, unpopuläre Entscheidungen zu treffen oder Kritik auszuüben. In Bezug auf die Einstellung zu Macht lässt sich bei Frauen eine beinahe verachtende Haltung feststellen, weil diese mit politischem Taktieren, realitätsverzerrender Selbstvermarktung und übersteigerter Machtgier in Verbindung gebracht wird (Accenture,

Persönlichkeitsprofil FRAUEN		1	2	3	4	5	6	7	8	9
Berufliche Orientierung	Leistungsmotivation	O	O	O	◐	●	◐	O	O	O
	Gestaltungsmotivation	O	O	O	◐	⊖	●	O	O	O
	Führungsmotivation	O	O	O	◐	⊖	●	O	O	O
Arbeitsverhalten	Gewissenhaftigkeit	O	O	O	◐	◐	◐	●	O	O
	Flexibilität	O	O	O	◐	◐	●	O	O	O
	Handlungsorientierung	O	O	O	◐	◐	●	O	O	O
Soziale Kompetenzen	Sensitivität	O	O	O	◐	◐	●	O	O	O
	Kontaktfähigkeit	O	O	O	◐	◐	⊕	O	O	O
	Soziabilität	O	O	O	◐	◐	⊕	O	O	O
	Teamorientierung	O	O	O	◐	◐	●	O	O	O
	Durchsetzungsstärke	O	O	O	◐	●	◐	O	O	O
Psychische Konstitution	Emotionale Stabilität	O	O	O	◐	⊖	●	O	O	O
	Belastbarkeit	O	O	O	◐	●	◐	O	O	O
	Selbstbewusstsein	O	O	O	⊖	●	O	O	O	O

Abb. 1: Persönlichkeitsprofil von Frauen

Legende: schwarz= kein Einfluss, grau (+) = karrierefördernd, grau (-) = karrierehemmend

Persönlichkeitsprofil MÄNNER		1	2	3	4	5	6	7	8	9
Berufliche Orientierung	Leistungsmotivation	O	O	O	◐	●	O	O	O	O
	Gestaltungsmotivation	O	O	O	◐	●	O	O	O	O
	Führungsmotivation	O	O	O	◐	●	O	O	O	O
Arbeitsverhalten	Gewissenhaftigkeit	O	O	O	◐	●	O	O	O	O
	Flexibilität	O	O	O	◐	●	O	O	O	O
	Handlungsorientierung	O	O	O	◐	●	O	O	O	O
Soziale Kompetenzen	Sensitivität	O	O	O	O	◐	●	O	O	O
	Kontaktfähigkeit	O	O	O	O	●	◐	O	O	O
	Soziabilität	O	O	O	O	●	⊕	O	O	O
	Teamorientierung	O	O	O	O	●	◐	O	O	O
	Durchsetzungsstärke	O	O	O	O	●	◐	O	O	O
Psychische Konstitution	Emotionale Stabilität	O	O	O	O	◐	◐	⊕	O	O
	Belastbarkeit	O	O	O	●	◐	◐	O	O	O
	Selbstbewusstsein	O	O	O	◐	◐	⊕	O	O	O

Abb. 2: Persönlichkeitsprofil von Männern

Legende: schwarz= kein Einfluss, grau (+) = karrierefördernd

2007). Beides kann dazu führen, dass sie sich mit weniger Nachdruck um Führungspositionen bemühen als Männer.

Emotionale Stabilität: Frauen fühlen sich in schwierigen beruflichen Situationen schneller verunsichert und pessimistisch; es fehlt ihnen schnell an Gelassenheit und Zuversicht. Ihre Einstellung wirkt sich nicht nur negativ auf die eigene Selbstwirksamkeit, sondern auch auf die Außenwirkung aus. Es lässt sie schwächer wirken und als nicht belastbar genug, um einer nächsthöheren Hierarchieebene standzuhalten.

Selbstbewusstsein: Das in dieser Untersuchung festgestellte leicht unterdurchschnittliche Selbstbewusstsein der Frauen ist ein entscheidender Faktor für die Karriereentwicklung. Aufgrund ihrer tendenziell selbstkritischen und bescheidenen Haltung fordern Frauen seltener aktiv Aspekte der beruflichen Weiterentwicklung, Gehaltserhöhung oder Beförderung ein (Haas, 2013; Friedmann & Olbrisch, 2010).

Mit dem Selbstbewusstsein sind verbunden das Auftreten einer Person und ihre Fähigkeit, sich und ihre Leistungen gut verkaufen zu können. Frauen achten mehr auf ihre Außenwirkung und können mit Ablehnung nur schwer umgehen. Deshalb fällt es ihnen schwerer, der eigenen Meinung Nachdruck zu verleihen, forscher aufzutreten oder schlagkräftige Antworten zu geben. Dieses verhaltene Auftreten kann schnell dazu führen, trotz guter Leistungen von Kollegen und Vorgesetzten unterschätzt oder weniger stark beachtet zu werden.

Weitere Erkenntnisse: Vergleicht man das Persönlichkeitsprofil von Studierenden und Berufstätigen, ergeben sich keine signifikanten Unterschiede. Mit dem Alter steigen jedoch das Selbstbewusstsein und die Handlungsorientierung bei Männern und Frauen leicht an.

4.1 Stereotyp der „berufstätigen Frau"

Bei der Einschätzung des Stereotyps Frau lagen keine nennenswerten Unterschiede zwischen der Sichtweise von Männern und Frauen vor, weshalb die Ergebnisse in Abbildung 3 grafisch zusammengefasst wurden.

4.2 Interpretation

Bei dem Vergleich des tatsächlichen Profils von Frauen mit der Fremdeinschätzung fällt eine hohe Übereinstimmung auf. Die emotionale Stabilität und das Selbstbewusstsein sind schwach, die sozialen Kompetenzen stark ausgeprägt. Allerdings werden die Unterschiede stärker wahrgenommen. Häufig weist die Fremd-einschätzung einen höheren Skalenwert auf als das tatsächliche Profil. Dies deckt sich mit der Definition von Vorurteilen, die zwar häufig einen „wahren Kern" haben, aber „unzulässig verallgemeinert oder übertrieben wahrgenommen" werden (Asendorpf & Neyer, 2012).

Stereotypprofil FRAUEN										
Berufliche Orientierung	Leistungsmotivation	○	○	○	●	●	(+)	○	○	○
	Gestaltungsmotivation	○	○	○	●	●	(+)	○	○	○
	Führungsmotivation	○	○	○	●	●	●	○	○	○
Arbeitsverhalten	Gewissenhaftigkeit	○	○	○	●	●	●	(−)	○	○
	Flexibilität	○	○	○	●	●	●	○	○	○
	Handlungsorientierung	○	○	○	●	●	●	○	○	○
Soziale Kompetenzen	Sensitivität	○	○	○	●	●	●	○	○	○
	Kontaktfähigkeit	○	○	○	●	●	(+)	○	○	○
	Soziabilität	○	○	○	●	●	●	(−)	○	○
	Teamorientierung	○	○	○	●	●	●	○	○	○
	Durchsetzungsstärke	○	○	○	●	●	○	○	○	○
Psychische Konstitution	Emotionale Stabilität	○	○	(−)	●	●	○	○	○	○
	Belastbarkeit	○	○	○	●	●	○	○	○	○
	Selbstbewusstsein	○	○	○	(−)	●	○	○	○	○

Abb. 3: Stereotypprofil der Frau
Legende: schwarz= kein Einfluss, grau (+) = karrierefördernd, grau (−) = karrierehemmend

Es ist davon auszugehen, dass diese geschlechtsbedingte Verallgemeinerung und Übertreibung auch im beruflichen Kontext stattfindet. Dies beschreibt eine Topmanagerin in ihrer Biografie wie folgt: „Eine Frau in einer Führungsposition ist wie ein Versuchskaninchen. Wird sie den Erwartungen nicht gerecht, hat ihr Scheitern eine verheerende Signalwirkung für zukünftige Aspirantinnen. ‚Mit Frauen hatten wir kein Glück', lautet die Schlussfolgerung, die den Einzelfall generalisiert und ein ganzes Geschlecht stigmatisiert" (Anonyma, 2013).

Ein weiterer Indikator für den negativen Einfluss ist die Tatsache, dass das Stereotyp hohe Übereinstimmungen mit dem tatsächlichen Persönlichkeitsprofil von Frauen aufweist. Dieses zeigte bereits auf, dass die meisten „frauentypischen" Eigenschaften karrierehemmend im Sinne heutiger Unternehmensführung sind.

5 Schlussfolgerungen und Ausblick

5.1 Implikationen für die Karrierechancen von Frauen

Die Ergebnisse zeigen, dass sich insbesondere die (tatsächlich vorhandene oder nachgesagte) niedrigere emotionale Stabilität und das geringere Selbstbewusstsein der Frauen auf die Karriereentwicklung auswirken. Diese Eigenschaften widersprechen den heutigen Anforderungen an Führungskräfte und erhöhen die Wahrscheinlichkeit des „stereotype threats" (Werth & Mayer, 2008). Aus Angst, die negativen Vorurteile möglicherweise zu bestätigen, sinkt die eigene Leistung der Betroffenen, wodurch das Vorurteil scheinbar „bestätigt" wird und in diesem Fall die geschlechtsbedingten Vorurteile ungewollt verstärkt werden. Ferner kann es zum „confirmation bias" (Werth & Mayer, 2008) kommen, demzufolge Männer (und Frauen) dazu tendieren, diejenigen Eigenschaften einer Mitarbeiterin verstärkt wahrzunehmen, die sie als potenzielle Führungskraft disqualifizieren.

5.2 Wertewandel in der Unternehmenskultur notwendig

Aufgrund der Aufrechterhaltungsmechanismen von Vorurteilen und Unternehmenskulturen, die jahrzehntelang hauptsächlich von Männern geprägt wurden, ist es nicht leicht, eine berufliche Gleichstellung von Männern und Frauen zu erreichen. Es erfordert ein grundsätzliches Umdenken sowie eine direkte Auseinandersetzung mit den geschlechtsbedingten Vorurteilen. Ein aktives Arbeiten an Vorurteilen, das den Abbau von Stereotypen in den Fokus nimmt, etwa durch gezielte Diversity-Konzepte, kann mittelfristig dazu beitragen, dass sich die Unternehmenskultur verändert.

Betrachtet man das geschlechtstypische Verhalten von Frauen, so ist davon auszugehen, dass allein eine Verminderung der externen Karrierebarrieren nicht reichen wird, um die berufliche Gleichstellung von Frauen in Führungspositionen zu erzielen. Der Handlungsbedarf besteht auch bei den Frauen selbst. Frauen müssen den Aufstieg einfordern, sich Herausforderungen selbstbewusst und optimistisch stellen und sich trauen, aus der Masse herauszustechen und Ungerechtigkeiten anzuprangern. Frauen, die sich damit arrangieren, dass sie weniger verdienen als ihre männlichen Kollegen oder sie nicht gefördert werden, bleiben beruflich stehen und riskieren eine Verschlechterung ihrer Arbeitssituation.

Fazit: Der demographische Wandel, die bessere Bildung und zunehmende Erwerbstätigkeit sowie der gestiegene Leistungswille von Frauen im Beruf sind Anzeichen eines tiefgreifenden gesellschaftlichen Wandels. Um hieraus echte Aufstiegschancen einer Vielzahl qualifizierter Frauen abzuleiten, ist es notwendig, dass Unternehmen ihre bisherigen Wertestrukturen überdenken und so nicht nur Frauen den Aufstieg ermöglichen, die sich eher männlichen Persönlichkeitseigenschaften und traditionellen Arbeitsstrukturen anpassen, sondern dass sie ein Umfeld schaffen, in dem Frauen mit ihren Stärken punkten können. Mehr Gewissenhaftigkeit, Soziabilität und Kontaktfähigkeit wäre heute in vielen deutschen Führungsetagen wünschenswert. Diese Stärken als bereichernde Aspekte für die Führungsriege anzuerkennen und qualifizierten Frauen auch ohne ausgeprägten Machtinstinkt oder Überstundenrekorde eine leitende Rolle im Unternehmen zuzugestehen, ist eine entscheidende Herausforderung für die

Zukunft der deutschen Unternehmen, die es zu meistern gilt, will man tatsächlich mehr Frauen in leitenden Funktionen etablieren.

Literatur

Anonyma (2013). *Ganz oben. Aus dem Leben einer weiblichen Führungskraft* (3. Aufl.). Berlin: Springer Verlag.

Asendorpf, J. & Neyer, F. (2012): *Psychologie der Persönlichkeit* (5. Aufl.). Berlin: Springer Verlag.

Boudreau, J. et al. (1999). *Effects of personality on executive career success in the U.S. and Europe* (Working Paper Series Nr. 99-12). Cornell: Center for Advanced Human Resource Studies. Bundesagentur für Arbeit, BfA (2011): *Perspektive 2025: Fachkräfte für Deutschland*. Nürnberg.

Bundesministerium des Innern, BMI (2011). *Demografiebericht. Bericht der Bundesregierung zur demografischen Lage und künftigen Entwicklung des Landes*. Berlin.

Bundesministerium für Bildung und Forschung, BMBF (2012). *Bildung in Deutschland 2012. Ein indikatorengestützter Bericht mit einer Analyse zur kulturellen Bildung im Lebenslauf*. Berlin.

Deutscher Bundestag (2011). *Erster Gleichstellungsbericht. Neue Wege - gleiche Chancen. Gleichstellung von Frauen und Männern im Lebensverlauf*. Berlin.

Fietze, S., Holst, E. & Tobsch, V. (2010). *Germany's next top manager: Does personality explain the gender career gap?* (IZA Discussion Paper Series Nr. 5110). Bonn: Forschungsinstitut zur Zukunft der Arbeit.

Groll, T. (2012). *Altersarmut: Alt, arm, weiblich*. Zeit Online, 24.2.2012. Abruf unter: http://www.zeit.de/karriere/beruf/2012-02/altersarmut-frauen [14.01.2014]

Hossiep, R. & Paschen, M. (2003). *Das Bochumer Inventar zur berufsbezogenen Persönlichkeitsbeschreibung* (Manual, 2. Aufl.). Göttingen: Hogrefe Verlag.

Hurrelmann, K. & Albert, M. (2006). *Jugend 2006. 15. Shell Jugendstudie: Eine pragmatische Generation unter Druck*. Frankfurt: Fischer.

Institut für Arbeitsmarkt- und Berufsforschung, IAB (2012). *Frauen in Führungspositionen* (Kurzbericht, Nr. 23). Nürnberg.

Mischke, J. & Wingerter, C. (2012). *Frauen und Männer auf dem Arbeitsmarkt. Deutschland und Europa*. Wiesbaden: Statistisches Bundesamt.

Schulz-Strelow, M. & Freifrau von Falkenhausen, J. (2013). *Women-on-Board-Index*. Verfügbar unter http://www.fidar.de/wob-index.html [8.12.2013]

Shell Holding Deutschland (2010). *16. Shell Jugendstudie: Jugend 2010*. Berlin, Fischer Verlag.

Suder, K. & Kilius, N. (2011): *Wettbewerbsfaktor Fachkräfte. Strategien für Deutschlands Unternehmen*. Berlin: McKinsey.

Werth, L. & Mayer, J. (2008). *Sozialpsychologie*. Berlin, Heidelberg: Spektrum Akademischer Verlag.

Weiterbildungs- und Qualifizierungsbedarf von Kulturmanagern in Deutschland – Personalentwicklung im Kultursektor

Julia Frohne, Svenya Müller

Der Beitrag befasst sich mit dem Bedarf an Weiterqualifizierung von Fach- und Führungskräften in Kulturbetrieben. Die Ergebnisse einer Umfrage unter Kulturmanagern liefern Einblicke in den Stellenwert von Weiterbildungsmaßnahmen, wichtigste Qualifizierungsbereiche sowie Nutzung und Einschätzung verschiedener Angebote.

Keywords: Personalentwicklung; Kultur, Consulting, Leadership

1 Anlass der Untersuchung

Die Untersuchung organisatorischer Rahmenbedingungen für die Arbeit im Kultursektor steckt noch in den Kinderschuhen: Während in vielen anderen Branchen die Personalentwicklung als Schlüsselansatz für das Bestehen und die Anpassung von Unternehmen an sich wandelnde Marktbedingungen erkannt wurde, gibt es für den Kultursektor dazu bislang nur wenige Erkenntnisse. Dabei hat sich das Bild des Kulturmanagers von heute stark gewandelt. Für die Entwicklung und Durchführung eines attraktiven Kulturangebotes, erwartet man heute neben dem fachlichen Know-how bei Planung, Organisation und Führung von Kulturbetrieben und Projekten heute zusätzliche Kompetenzen in Finanzierung, Controlling und Marketing sowie soziale Kompetenzen. Wie gehen Kulturmanager mit diesen gestiegenen Anforderungen um, welchen Kompetenzerwerb halten sie selbst für notwendig und auf welchen Gebieten?

Eine im Mai 2013 durchgeführte Studie der International School of Management gibt einen Einblick in die Managementqualifizierung von Kulturpersonal. Kernaspekte waren die Selbsteinschätzung von Kulturmanagern und Absolventen sowohl von Kulturmanagement- als auch von künstlerischen Studiengängen, die wichtigsten Felder der Weiterbildung, gewünschte und genutzte Methoden sowie die Bedeutung von Personalberatung und –dienstleistungen im Rahmen der Qualifizierungsmaßnahmen. Insgesamt 36 Kulturmanager beteiligten sich an der telefonischen Umfrage. Im Folgenden stellen wir einige zentrale Ergebnisse vor.

2 Rahmenbedingungen für Kulturpersonal

2.1 Veränderte Marktbedingungen

Überall werden die Herausforderungen diskutiert, die sich durch geänderte gesellschaftliche, finanzielle und technologische Rahmenbedingungen in den Märkten ergeben und die ein neues Wirtschaften, neue Arbeits- und Lebensformen neue Wege in Kommunikation, Lernen und Lehren notwendig erscheinen lassen (Malik, 2011). Diese Veränderungen schlagen sich auch im Kultursektor nieder. Dazu zählen beispielsweise die Herausforderungen des demografischen Wandels (»Überalterung des Publikums«), das veränderte Freizeitverhalten (»Eventisierung«) und das Mediennutzungsverhalten (»Mediatisierung von interpersonaler Kommunikation«) sowie eine größere Heterogenität der ethnischen Zusammensetzung der Bevölkerung. Aktuelle Studien zeigen, dass deshalb neue Kompetenzen für die Arbeit in der Kulturvermittlung wichtig geworden sind (Jöhnk, 2011). Dazu zählen neben der künstlerisch-ästhetischen Kompetenz vor allem folgende Methodenkompetenzen: die Fähigkeit, Managementaufgaben (z. B. Projektmanagement und Personalmanagement sowie Marketing und Öffentlichkeitsarbeit) übernehmen zu können, die Fähigkeit der »Übersetzung« und Moderation zwischen künstlerischen Inhalten beziehungsweise den Künstlern und der Öffentlichkeit, Moderations- und Präsentationsfähigkeit, interdisziplinäres Denken, Sprach- und EDV-Kenntnisse. Ferner gewinnen soziale Kompetenzen, wie Teamfähigkeit, Netzwerkorientierung, Bereitschaft zum interdisziplinären Arbeiten und die Fähigkeit zum »Multitasking« an Bedeutung.

2.2 Aus- und Weiterbildungssituation

Seit der Einführung von Bachelor- und Masterabschlüssen an Universitäten und Fachhochschulen hat sich das Angebot an Studienmöglichkeiten für den Kulturbereich enorm erweitert. Mehr als 360 Studienangebote existieren derzeit (KuPoGe, 2012). Schwerpunkte liegen zum einen in den Kulturwissenschaften, dem Kulturmanagement und der Kulturpädagogik, zum anderen im künstlerischen Bereich in den Sparten Medien, Literatur/Bibliothek, Kunst sowie Theater/Tanz. Die Angebote unterscheiden sich in ihrer formalen Ausgestaltung, der inhaltlichen Ausrichtung, der Vermittlung von Kompetenzen und der Arbeitsmarktorientierung (vgl. Blumenreich, 2010, S. 14ff).

Veränderte Marktbedingungen sowie die Komplexität der Ausbildungssituation bedeuten eine große Heterogenität in den Kompetenzen des Fach- und Führungspersonals, die die Notwendigkeit von Weiterqualifizierungsmaßnahmen ersichtlich machen, dies gilt nicht nur für den Kultursektor.

Eine 2012 durchgeführte Studie vom Bundesministerium für Bildung und Forschung (BMBF) zeigt, dass 49 Prozent der Bevölkerung im erwerbstätigen Alter

(18 bis 64 Jahre) an einer Weiterbildung teilgenommen haben, bei Fach- und Führungskräften liegt die Quote sogar noch deutlich höher (62% bzw. 77%, BMFB, 2013a). Dabei wird jede vierte Weiterbildung durch den Arbeitgeber finanziert, der Anteil betrieblich veranlasster Weiterbildungsaktivitäten ist tendenziell steigend. In vielen Branchen scheinen die Arbeitgeber auf die Auswirkungen der veränderten Rahmenbedingungen also zu reagieren. Für den Kultursektor existieren bis dato keine genauen Zahlen.

3 Methodik und Fragebogen

An diesem Informationsstand setzt die vorliegende Untersuchung an. Sie wurde im Rahmen eines studentischen Seminars im Hauptstudium des B.A. Psychology & Management der International School of Management (ISM) GmbH in Zusammenarbeit mit der Kulturpersonal GmbH, der KM Kulturmanagement Network GmbH und der Kulturexperten Dr. Scheytt GmbH durchgeführt. Die Ergebnisse der Studie dienten mit als Grundlage für eine Debatte des Themas Personalentwicklung im Kultursektor in der Fachöffentlichkeit (KM Konkret 2013; Frohne et al., 2013b). Für qualitative Telefoninterviews wurde ein teilstandardisierter Fragebogen entwickelt, der folgende Aspekte umfasste:
- Art und Umfang der Zunahme von Anforderungen an Kulturmanager
- Stellenwert von Weiterbildungsmaßnahmen im Kultursektor
- (gewünschte) Inhalte von Fortbildungsmaßnahmen
- Methoden der Wissensaneignung
- Interesse und Erfahrung mit Online-Lernmethoden.

Neben quantifizierbaren Fragen (z. B. Anzahl der genutzten Methoden) wurden auch qualitative Bereiche untersucht, wie z. B. der subjektiv wahrgenommene Stellenwert von Weiterbildungsmaßnahmen. Insgesamt nahmen 36 Kulturmanager/innen an der Umfrage teil. Die telefonischen Interviews fanden im Zeitraum vom 3.5.bis 17.5.2013 statt. Um auch einen Eindruck gewinnen zu können, ob sich zwischen den verschiedenen Ausbildungsarten (künstlerische versus eher kaufmännische Ausbildung im Rahmen eines Managementstudiums) Unterschiede im Weiterbildungsbedarf ergeben, wurden sowohl Studierende und Absolventen von geisteswissenschaftlichen und künstlerischen Studien- und Ausbildungsgängen (z. B. Kunst, Musik – auch als Lehramt, Politik etc.) befragt als auch Personen, die eine Ausbildung im Bereich der Kulturvermittlung und des Kulturmanagements vorweisen. Insgesamt 44% der Befragten befanden sich noch im Studium, 56% waren berufstätig, davon 29% in führenden Positionen (Abteilungs-, Bereichsleitung bis hin zur Direktion). Ferner wurde die Unterschiedlichkeit der Kultursektoren berücksichtigt und sowohl Kulturmanager/innen aus öffentlichen (39%), gemeinnützigen (19%) und kommerziellen Kulturbetrieben (42%) befragt.

4 Studienergebnisse

4.1 Art und Umfang von Anforderungen an Kulturmanager

Zu Beginn wurden die Studienteilnehmer/innen gefragt, ob ihrer Meinung nach die Anforderungen an Kulturmanager in den letzten Jahren zugenommen haben.

Für alle von uns erhobenen Bereiche wurden gestiegene Anforderungen konstatiert, wenn auch in unterschiedlichem Ausmaß. Die Top 3 werden gleichermaßen angeführt von betriebswirtschaftlichen Kenntnissen, Social Media Know How sowie Marketing und Kommunikation (je 72%). Ebenfalls bedeutsam ist die internationale Zusammenarbeit, die von mehr als der Hälfte als besonders relevant eingestuft wurde (56%). Soziale Kompetenzen (39%) sowie fachliche Kenntnisse (31%) und Sprachkenntnisse (17%) sieht eine Minderheit als bedeutsam an. Bei den sonstigen Nennungen (22%) zeigt sich überwiegend eine Spezifikation der Oberkategorien, so wurden hier beispielsweise gestiegene Anforderungen im Finanz- und Personalwesen, die Bedeutsamkeit von Networking und Flexibilität genannt.

Dabei beurteilen Studierende (75%) als auch Berufstätige (70%) die höheren Anforderungen an betriebswirtschaftliche Kenntnisse in etwa gleich, deutliche

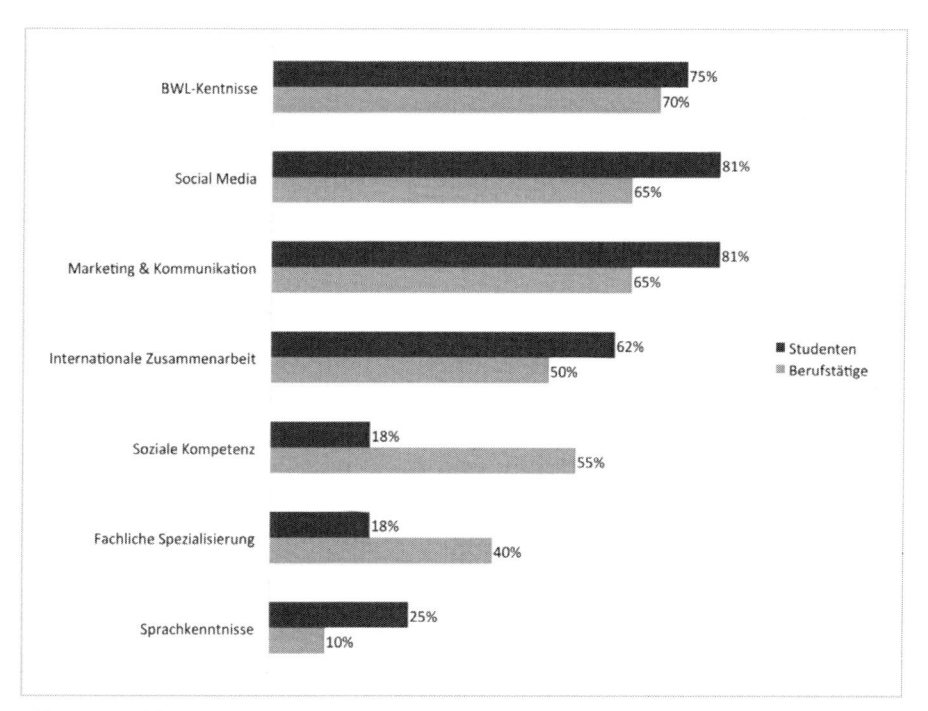

Abb. 1: In welchen Bereichen haben Ihrer Meinung nach die Anforderungen an Kulturmanager in den letzten Jahren zugenommen?

Unterschiede zeigen sich hingegen in der Einschätzung von Marketing und Social Media (81% der Studierenden sehen hier eine Zunahme der Anforderungen gegenüber 65% der Berufstätigen). Der größte Unterschied bezieht sich auf den Bereich der sozialen Kompetenzen, in dem jeder zweite Berufstätige eine wachsende Bedeutung erkennt (55%), aber nur 18% der Studierenden (vgl. Abb. 1). Studierenden fehlen hier noch die Erfahrungen im Umgang mit solchen Situationen als Führungskraft, zudem hat die Bedeutung der Vermittlung von „Social Skills" im Rahmen der Ausbildung im Vergleich zu früher deutlich zugenommen, so dass sich die Führungskräfte von morgen hier scheinbar besser gerüstet fühlen.

4.2 Inhalte und Formate von Weiterbildungsmaßahmen

Des Weiteren sollten die Studienteilnehmer/innen die Bedeutung verschiedener konkreter Weiterbildungsmaßnahmen einschätzen.

An dieser Stelle zeigt sich eine deutliche Betonung der Bedeutung sozialer Kompetenzen, obwohl diese in der generellen Einschätzung nur mit 39% genannt wurden: Team- und Führungskompetenzen sowie soziale Kompetenzen allge-

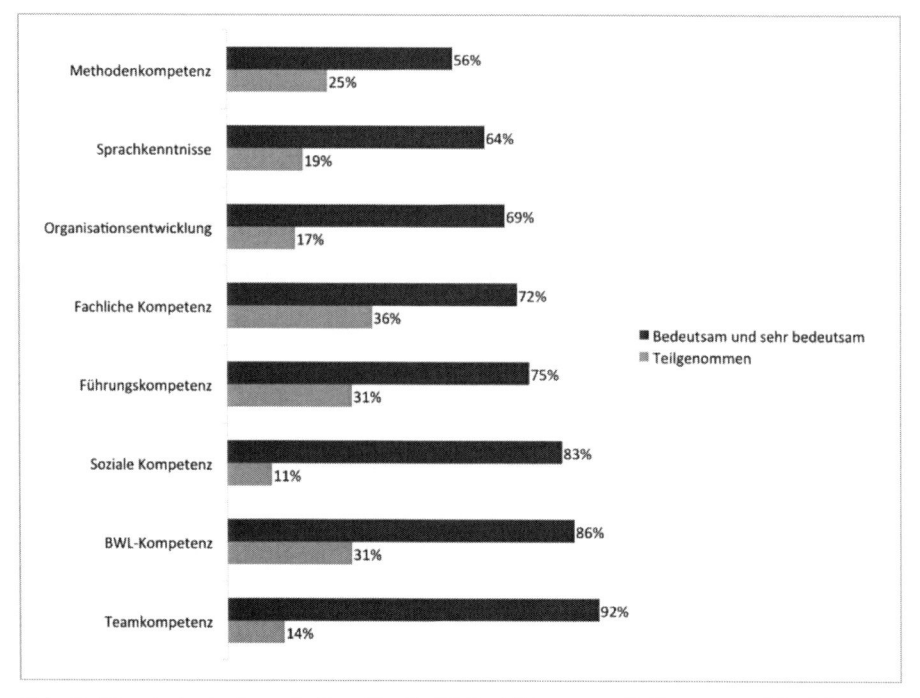

Bereich	Bedeutsam und sehr bedeutsam	Teilgenommen
Methodenkompetenz	56%	25%
Sprachkenntnisse	64%	19%
Organisationsentwicklung	69%	17%
Fachliche Kompetenz	72%	36%
Führungskompetenz	75%	31%
Soziale Kompetenz	83%	11%
BWL-Kompetenz	86%	31%
Teamkompetenz	92%	14%

Abb. 2: Für wie bedeutsam halten Sie die Weiterbildung von Kulturpersonal in folgenden Bereichen? Haben Sie bereits an Weiterbildung in diesen Bereichen gedacht?

mein belegen neben den betriebswirtschaftlichen Fertigkeiten drei der Top 4 Plätze. Insgesamt lässt sich aber sagen, dass alle von uns abgefragten Bereiche von der Mehrheit der Teilnehmer als bedeutsam für Weiterbildungsmaßnahmen angesehen wurden (vgl. Abbildung 2).

Dabei besteht ein deutlicher Unterschied zwischen dem wahrgenommenen Bedarf und der tatsächlichen Inanspruchnahme von Weiterbildungsangeboten. So ist der Bereich, in dem interessanterweise bislang die meisten Angebote wahrgenommen wurden, die fachliche Kompetenz (36%).

Maßnahmen

Als geeignete Maßnahme zur Weiterbildung und Qualifizierung sehen die Befragten insbesondere die persönliche Einzelberatung (97%), sowie Gruppenseminare (78%) an. Vorträge empfindet nur jeder Zweite (50%) als hilfreich. 58% der Befragten haben sich bislang rein autodidaktisch weitergebildet (vgl. Abbildung 3).

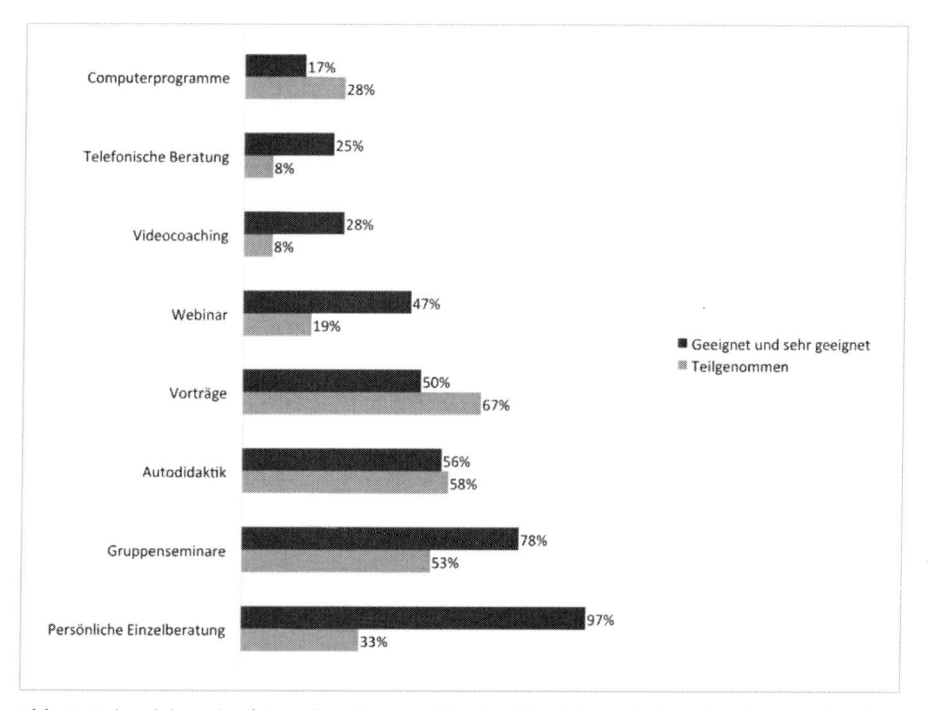

Abb. 3: Bei welchen der folgenden Themen könnten Sie sich vorstellen, Beratungs- oder Coachingangebote in Anspruch zu nehmen? Für welche Gebiete haben Sie solche bereits in Anspruch genommen?

Coaching und Beratung

Die Top 3 der Beratungsthemen sind Vorbereitung auf Vorstellungsgespräche (75%), Assessment Center Trainings (69%) und Angebote zur beruflichen Neuorientierung oder zur Karriereberatung (61%). Wichtig ist dabei das wahrgenommene Know How des Beraters, ein Befund, der sich auch mit anderen Untersuchungen deckt (vgl. Frohne et al. 2013a). Auch hier gibt es wieder einen deutlichen Unterschied zur tatsächlichen Nutzung: Bisher haben sich lediglich 11% Befragte zu Vorstellungsgesprächen sowie 8% zur beruflichen Neuorientierung und nur 6% zu Fragen der Karriereentwicklung beraten lassen.

Deutlich häufiger werden Angebote zur Optimierung der eigenen Unterlagen in Anspruch genommen, wie Prüfung des Lebenslaufes oder der Bewerbungsunterlagen. 33% der Studienteilnehmer/innen haben ihren Lebenslauf bereits von einem Experten sichten lassen, 28% sogar ihre gesamten Bewerbungsunterlagen.

Online Lernangebote

Im Bereich von Online-Lernangeboten konnten von den Befragten folgende Angebote eingeschätzt werden: Webinare, Videocoaching sowie Computerprogramme. Am häufigsten genutzt haben die Befragten bisher Computerprogramme (28%). Im Anschluss folgen Webinare (19%) sowie Videocoaching (8%). Besonders hervorzuheben ist allerdings, dass lediglich 17% der Befragten Computerprogramme als tatsächlich geeignet empfinden. In Videocoaching sehen dagegen – trotz der bislang geringen Nutzung – rund 28% der Studienteilnehmer eine geeignete Weiterbildungsmethode.

Trend Webinare

Am besten geeignet befanden die Befragten Webinare. Fast jeder zweite (47%) gab dies an. Darüber hinaus gaben alle Teilnehmer, die bereits Webinare genutzt haben an, es gerne wieder zu tun.

Die Studie zeigt, dass das optimale Webinar in der Regel zwischen 31 – 45 Minuten dauert und eine Dauer von 60 Minuten nicht überschreiten darf. Der optimale Einsatzzeitpunkt sowie die Gruppengröße variieren und sind abhängig von der jeweiligen Zielgruppe. Studenten bevorzugen Webinare am Vormittag, Berufstätige eher nach Feierabend. Die Gründe der Webinarnutzung sind dabei ebenfalls unterschiedlich. Zwar nutzten alle Studienteilnehmer mit Webinarerfahrung diese zur Wissensgewinnung, darüber hinaus nutzen 53% sie auch zur Netzwerkerweiterung. Dies ist besonders bei Geschäftsführern ein beliebter Nutzen. Bei Studierenden steht dagegen die zertifizierte Weiterbildung im Vordergrund (56%).

Besonders stark nachgefragte Themen sind auch hier betriebswirtschaftliche Themen. Darüber hinaus interessieren sich mehr als ein Drittel für Marketing- und Personalthemen (41% und 38%). Social Media spielt für 31% der Befragten eine große Rolle.

5 Schlussfolgerungen

Zusammenfassend kann gesagt werden, dass die gestiegenen Anforderungen an Kulturmanager/innen von den Managern der Kulturbetriebe erkannt worden und der Bedarf nach Weiterbildungsmaßnahmen gegeben ist.

5.1 Eigenverantwortung nutzen und stärken

Wie unsere Studie zeigte, besteht eine große Divergenz zwischen den Anforderungen, sich weiterzubilden und der tatsächlichen Inanspruchnahme von Angeboten. Es scheint also externe oder interne Schwierigkeiten zu geben, entsprechende Maßnahmen dann auch tatsächlich anzugehen. Zu prüfen wäre in diesem Zusammenhang, ob es eher finanzielle, zeitliche oder inhaltliche Gründe gibt, die notwendige Weiterbildung »auf die lange Bank« zu schieben. Bei der Arbeit im Kultursektor spielt intrinsische Motivation eine wichtige Rolle, denn befristete Stellen mit wenig Aufstiegschancen und einer überfrachteten Aufgabenfülle sind heute eher die Regel als die Ausnahme (Heinze, 2010). Wird nun auch das (latent oder deutlich) vorhandene Interesse an Weiterbildung durch den Arbeitgeber weder gefördert noch anerkannt, so sinkt die Motivation, sich eigenverantwortlich um die Beseitigung von Defiziten oder den Erwerb neuer Fertigkeiten zu kümmern, naturgemäß stark. Eine reine Verordnung von Weiterbildungsmaßnahmen „von oben" wird aber auch ihren Zweck verfehlen, wenn sie an den Bedürfnissen der Mitarbeiter vorbeigeht. Beides ist mittelfristig für den Arbeitgeber kontraproduktiv, da dadurch die Möglichkeiten zur Weiterentwicklung des bestehenden Personales beschnitten und bei neuen Aufgabenfeldern letztendlich wieder neu auf dem Markt gesucht werden muss – zulasten der Produktivität des Betriebes und der Motivation der langjährigen Mitarbeiter.

5.2 Personalentwicklungsauftrag an die Kultur

Daraus ableiten lässt sich ein klarer Auftrag an Kulturbetriebe, ihr Personal zur Weiterbildung nicht nur zu ermutigen, sondern ihm entsprechende Möglichkeiten auch einzuräumen und zu unterstützen. Ein erster Schritt kann eine Primärbefragung der Mitarbeiter sein, welche Defizite gesehen und welche Bedürfnisse vorhanden sind. Die Auswertung der Ergebnisse hilft bei der Entscheidung, ob individuelle oder Gruppenmaßnahmen sinnvoll erscheinen. Dritter Schritt schließlich ist die Auswahl eines oder mehrerer Anbieter. Zu prüfen wäre beispielsweise, ob und welche Weiterbildungsangebote in den Städten und Kommunen existieren, die für Kulturarbeiter sinnvoll und adäquat sein können. Da von den Befragten viele übergreifende Themen genannt wurden, die keine speziell auf Kulturbetriebe notwendigen Fertigkeiten schulen sollen (etwa Themen der Führung oder des Controlling), lässt sich davon ausgehen, dass eine Vielzahl der im Markt befindlichen Weiterbildungsprogramme auch für Kulturmanager nutzbar sind. Für die Analyse, Auswertung und Auswahl von Anbietern stehen eine Reihe von nützlichen Methoden und Websites zur Verfügung, die Kulturanbieter hier unterstützen können. So gibt das Bundesministerium für Forschung und Bildung eine Toolbox zur Verfügung, um den Weiterbildungsbedarf zu erheben (BMBF, 2013b). Über Meta-Suchmaschinen können eine Vielzahl von Angeboten erhoben und ihre Geeignetheit ermittelt werden. So vernetzt beispielsweise das infoWeb Weiterbildung des Deutschen Instituts für Internationale Pädagogische Forschung DIPF 98 Weiterbildungsdatenbanken aktiv und informiert über 1,8 Mio. Kurse deutschlandweit.

Wir möchten mit dieser Studie dazu anregen, die Weiterentwicklungsmöglichkeiten der Beschäftigten im Kultursektor genauer zu untersuchen. Eine umfangreiche quantitative Erhebung könnte ein nächster Schritt sein, um die gefundenen Ergebnisse auf breiter Basis zu validieren. Auch unsere erste Erhebung zeigt: Eine kontinuierliche Personalentwicklung sollte auch in Kulturbetrieben einen hohen Stellenwert besitzen und als Teil der strategischen Personalplanung aktiv angegangen und umgesetzt werden.

Literatur

Blumenreich, U. (2010). Die Hochschullandschaft in Deutschland: Infrastruktur und Angebote an Kulturstudiengängen. In Institut für Kulturpolitik der Kulturpolitischen Gesellschaft e.V. (Hrsg.), *Jahrbuch für Kulturpolitik 2010, Thema: Kulturelle Infrastruktur.* Bonn/Essen: Klartext Verlag.
Bundesministerium für Bildung und Forschung (2013a). *Weiterbildungsverhalten in Deutschland* – Adult Education Survey 2012, Trendbericht. Berlin.
Bundesministerium für Bildung und Forschung (2013b). *Berufliche Weiterbildung im Betrieb.* Info- und Toolbox für Personalverantwortliche, Betriebs- und Personalräte. Berlin.
Frohne, J. & Reinke, K. (2013a). Personalmanagement und Rekrutierungsprozesse in Kulturbetrieben. *Kulturmanagement & Kulturpolitik, 35, 7/2013, E.16.*
Frohne, J. & Müller, S. (2013b). Sind Sie fit fürs Management? *Kultur und Management im Dialog, Nr. 8: Sonderheft Personalentwicklung,* 22-28.
Heinze, D.(2010). Der Aufbruch des Kulturbetriebes in ein professionelles Personalmanagement. *Online-Branchenportal Kulturmarken.* Verfügbar unter: http://www.kulturmarken.de/fachwissen/fachbeitraege/1746-der-aufbruch-des-kulturbetriebes-in-ein-professionelles-personalmanagement [20.12.2014]

Institut für Kulturpolitik: Projekt Studium und Arbeitsmarkt Kultur. Studienangebote 2012 Verfügbar unter: http://www.kupoge.de/ifk/studium-arbeitsmarkt-kultur/studienangebote.html [20.12.2014]

Jöhnk, L. (2011). *Sekundäranalyse vorhandener Untersuchungen zum Kulturarbeitsmarkt sowie zum Übergang zwischen Studium und Arbeitsmarkt.* Bonn.

KM Konkret: *Personalmanagement in der Kultur. Personalentwicklung – (k)ein Thema im Kulturbetrieb?* Tagung im Rahmen des 5. Kulturinvestkongresses 2013, 24/25. Oktober 2013, Berlin.

Malik, F. (2011). *Strategie: Navigieren in der Komplexität der neuen Welt.* Frankfurt: Campus Verlag.

Frauen und Führung in den bayerischen Sparkassen – Ermittlung des Bedarfs für Führungskompetenzen und Bewältigungsstrategien zur Überwindung von Aufstiegsbarrieren bei weiblichen Nachwuchskräften

Dorina Kleinlein

129 weibliche Nachwuchskräfte und 33 Personalverantwortliche aus verschiedenen bayerischen Sparkassen bearbeiten einen Fragebogen zu Führungskompetenzen und Bewältigungsstrategien zur Überwindung von Aufstiegsbarrieren. Die Ergebnisse weisen verschiedene Bedarfsfelder auf und geben Hinweise auf wahrgenommene Aufstiegsbarrieren.

Keywords: Frauen und Führung, Aufstiegsbarrieren, Bewältigungsstrategien

1 Ausgangslage und Zielsetzung

62 Prozent der Mitarbeiter bayerischer Sparkassen sind Frauen. In der Führungsebene zeigt sich ein anderes Bild. Die Frauenquote in der Vorstandsebene liegt lediglich bei 4,6 Prozent. Dies lässt vermuten, dass hier Barrieren existieren, die den Aufstieg von Frauen in Führungspositionen erschweren.

Ziel der Sparkassenorganisation ist es, mehr Frauen für Führungsaufgaben zu gewinnen und die passenden Maßnahmen anzubieten. Hierfür wird der Bedarf für Führungskompetenzen bei den weiblichen Nachwuchskräften ermittelt und analysiert, inwieweit die weiblichen Nachwuchskräfte über Strategien verfügen, um Aufstiegsbarrieren zu bewältigen.

2 Aufstiegsbarrieren für Frauen

2.1 Geschlechterstereotype

Aufstiegsbarrieren erschweren Frauen den Weg in die Führungsebene. Trotz vorhandener Qualifikationen scheitern Frauen an den Hürden, die ihnen auf dem Weg nach oben begegnen. Beschrieben wird dieses Phänomen mit der Metapher der Gläsernen Decke (o.V., 1997). Zu den Aufstiegsbarrieren gehören Geschlechterstereotype. So werden Frauen typisch weibliche Eigenschaften zugeschrieben. Doch es sind die instrumentellen Eigenschaften, also die typisch männlichen Eigenschaften, die von einem erfolgreichen Manager erwartet werden (Günther, 2004). In der Literatur wird dies auch als „think manager – think male" – Phänomen beschrieben (Regnet, 1997). Solche Annahmen führen zu Diskriminierung und zum Ausschluss aus karriereförderlichen Netzwerken (Günther, 2004). Eine weitere Konsequenz ist, dass Frauen mehr leisten müssen, um Führungspositionen zu erreichen. Schließlich müssen sie ihre Managementkompetenz erst unter Beweis stellen (Friedel-Howe, 2003).

2.2 Vereinbarkeit von Beruf und Familie

Als zusätzliches Hindernis für Frauen, die Führungspositionen erreichen wollen, gilt die mangelnde Vereinbarkeit von Beruf und Familie. Speziell geht es hier um die Vereinbarkeit der Berufsrolle und der Mutterrolle, die häufig zu Rollenkonflikten führt. Das bedeutet, dass die Erwartungen, die an die jeweiligen Rollen gestellt werden, nicht kompatibel sind. Daraus resultiert der sogenannte Rollenstress, dem sich Frauen, die Führungspositionen anstreben, zusätzlich aussetzen (Sieverding, 1990).

2.3 Selbstwertgefühl, Selbstdarstellung und Selbstwirksamkeitserwartung

Ein hohes Selbstwertgefühl ist notwendig, um Führungspositionen einnehmen zu können und dort erfolgreich zu sein (Martens, 2007). Gerade für Frauen, die auf ihrem Karriereweg einigen Barrieren begegnen, ist dies umso wichtiger. Auch im Umgang mit den unterschiedlichen Rollenerwartungen hilft ein hohes Selbstwertgefühl. Außerdem ist dies unmittelbar mit der Neigung zur Selbstdarstellung verknüpft. Eigenmarketing ist für das berufliche Vorankommen von besonderer Bedeutung und darf nicht unterschätzt werden (Henn, 2009). Ein weiterer Aspekt ist die Selbstwirksamkeitserwartung. Frauen neigen dazu, ihre eigene Leistung zu unterschätzen. Doch gerade der Glaube daran, dass man Ereignisse im Leben wirksam beeinflussen kann, hilft Frauen in Führungspositionen, zu bestehen und mit Diskriminierung und dem Ausschluss aus Netzwerken umgehen zu können (Günther, 2004).

3 Vorgehensweise

Im ersten Schritt werden mit Hilfe der Dokumentenanalyse relevante Führungskompetenzen ermittelt. Hierfür werden bestehende Anforderungsprofile, Stellenausschreibungen und Kompetenzmodelle herangezogen. Durch Literaturrecherche werden die Aufstiegsbarrieren für Frauen, die Führungspositionen erreichen wollen, ermittelt und gleichzeitig auch die möglichen Bewältigungsstrategien aufgezeigt.

Auf dieser Grundlage werden für die Bedarfsanalyse zwei vergleichbare Fragebögen konzipiert. Der eine ist für die Zielgruppe der weiblichen Nachwuchskräfte, um das Ausmaß der bestehenden Führungskompetenzen und Bewältigungsstrategien für Aufstiegsbarrieren ermitteln zu können.

Der zweite Fragebogen erfasst, inwieweit Führungskompetenzen und Bewältigungsstrategien aus Sicht der Personalverantwortlichen bei einer Führungskraft vorhanden sein sollten. Zusätzlich geben die Personalverantwortlichen eine Fremdeinschätzung der Führungskompetenzen der weiblichen Nachwuchskräfte ab, um so ein möglichst realistisches Bild zu erhalten. Mit Hilfe von zusätzlichen Fragen soll festgestellt werden, ob und inwieweit Aufstiegsbarrieren vorliegen beziehungsweise wahrgenommen werden und in welchem Ausmaß die weiblichen Nachwuchskräfte über Bewältigungsstrategien verfügen.

Der Fragebogen beinhaltet einige externe Instrumente. Für die Erfassung von Geschlechterstereotype wurde die deutsche Version des Bem Sex-Role-Inventory (BSRI) von Schneider-Düker und Kohler (1988) genutzt. Bei dem Instrument geht es darum, dass die Teilnehmer angeben sollen, in welchem Ausmaß sie sich mit typisch männlichen, typisch weiblichen oder geschlechtsneutralen Verhaltensweisen identifizieren. Für die Erfassung des globalen Selbstwerts wurden Items aus Rosenbergs Self-Esteem Scale (RSE-Skala) genutzt (Rosenberg, 1965). Die Skala zur Erfassung von beruflicher Selbstwirksamkeitserwartung (BSW-Skala) von Abele, Stief und Andrä (2000) bietet die Möglichkeit, anhand von sechs Items eine aussagekräftige Einschätzung zu erhalten.

4 Ergebnisse und Interpretation

4.1 Führungskompetenzen

Der Bedarf an Führungskompetenzen wird durch den Vergleich von Soll und Ist ermittelt. Hierfür werden Anforderungen an eine Führungskraft und die Fremdeinschätzung der Personalverantwortlichen gegenübergestellt (s. Abbildung 1). Bedarf besteht in Bezug auf die Führungskompetenzen in 12 von 16

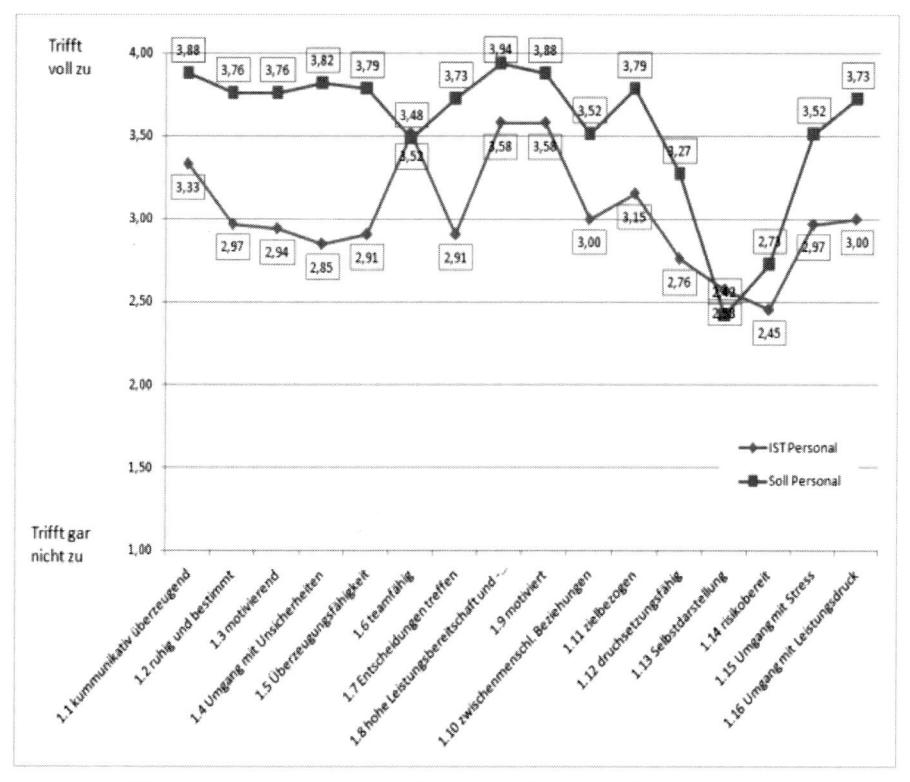

Abb. 1: Ist-Führungskompetenzen im Vergleich zu Soll-Führungskompetenzen aus Sicht der Personalverantwortlichen; Quelle: eigene Erhebung

Punkten. Allerdings muss bedacht werden, dass die weiblichen Nachwuchskräfte noch keine Führungspositionen ausüben. Bewertet man die Führungskompetenzen unter diesem Aspekt, ist es durchweg positiv zu sehen, in welchem Ausmaß die Frauen schon jetzt die Anforderungen erfüllen. Sollen die weiblichen Nachwuchskräfte zukünftig für Führungsaufgaben gefördert werden, liegen die Ansatzpunkte in den aufgezeigten Bedarfsfeldern. Im Rahmen eines Nachwuchsförderprogramms könnten sie Schritt für Schritt auf zukünftige Führungspositionen vorbereitet werden.

4.2 Geschlechterstereotype

Die Aussagen zu stereotypen Annahmen finden generell Zustimmung (s. Abbildung 2). Die Aussage, Frauen seien nicht als Führungskraft geeignet, wird von beiden Zielgruppen zurückgewiesen. Trotzdem scheinen Barrieren zu bestehen, da laut Aussage 9.1 der Wunsch nach mehr weiblichen Vorbildern, die den Aufstieg für weitere Frauen erleichtern, bei beiden Zielgruppen vorhanden ist.

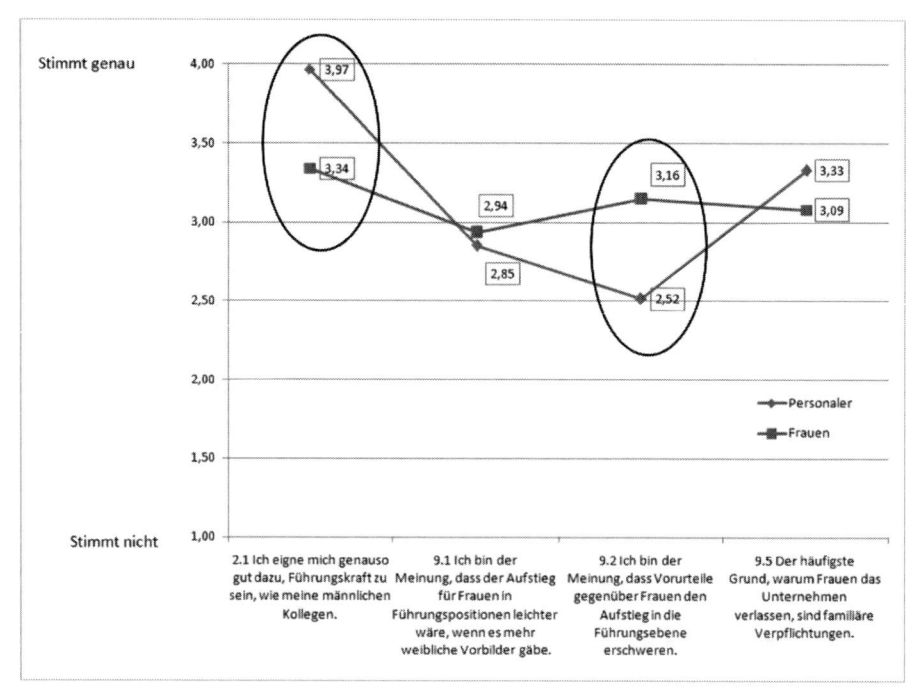

Abb. 2: Stereotype Annahmen; Quelle: eigene Erhebung

Auch die direkte Frage nach Vorurteilen, die den Aufstieg erschweren, weist auf Barrieren hin. Sie findet bei den weiblichen Nachwuchskräften Zustimmung und wird von den Personalverantwortlichen mit einem Mittelwert von 2,52 nicht deutlich abgelehnt. Letztlich zeigt die Frage 9.5 auf, dass den Frauen unterstellt wird, sie würden das Unternehmen häufiger aufgrund familiärer Verpflichtungen verlassen. Genau solche stereotypen Annahmen führen zu Diskriminierung, da aus diesem Grund Frauen seltener als potenzielle Managerinnen bedacht werden. Dies lässt sich auch durch ein weiteres Ergebnisse belegen. Die Frauen stimmen der Aussage zu, dass Männer bei der Besetzung von Führungspositionen vorgezogen werden. Mit einem Mittelwert von 2,39 weisen die Personalverantwortlichen dies zwar eher zurück, allerdings nicht in aller Deutlichkeit.

Die Auswertung der deutschen Version des Bem Sex-Role-Inventory (BSRI) von Schneider-Düker und Kohler (1988) deutet darauf hin, dass das „think manager – think male" - Phänomen auch unter den Befragten vorhanden ist. Sie erwarten von einer Führungskraft mehr instrumentelle also typisch männliche Eigenschaften als expressive. Wird der Bedarf bei den Führungskompetenzen durch gezielte Maßnahmen gedeckt, wirkt sich dies auch positiv auf die instrumentellen Eigenschaften aus.

Bezüglich der Leistungsbewertung bestätigen die weiblichen Nachwuchskräfte die These „Frauen müssen mehr leisten, um die gleiche Anerkennung zu erhalten". Interessant ist, dass auch die Personalverantwortlichen derselben Meinung sind. Ihre Erfolge führen die Frauen überwiegend auf Fleiß und Anstrengung zurück. Männer begründen dies mit den eigenen Kompetenzen (Alfermann, 1992). Hier wäre es hilfreich, den Frauen Möglichkeiten aufzuzeigen, wie sie hinter ihren Erfolgen neben Fleiß und Anstrengung auch ihre Kompetenzen erkennen.

Es besteht die Ansicht, dass Frauen die Bedeutung von Netzwerken für den beruflichen Aufstieg unterschätzen, da sie nicht als hilfesuchend angesehen werden möchten und sie sich ihre Position selbstständig erarbeiten wollen (Günther, 2004). Dies können die vorliegenden Ergebnisse nicht bestätigen. Von beiden Zielgruppen werden Netzwerke als wichtig bewertet.

4.3 Vereinbarkeit von Beruf und Familie

Die Vereinbarkeit zwischen Beruf und Familie scheint für die weiblichen Nachwuchskräfte kein Hindernis zu sein. Die Ergebnisse deuten darauf hin, dass sie es generell für möglich halten, beides zu verwirklichen. Dies zeigt sich auch in der Frage nach dem Umgang mit dem Rollenkonflikt. Die Auswertung ergibt, dass 49,6 Prozent der befragten Frauen sich nicht für eine der beiden Rollen entscheiden und sich damit dem sogenannten Rollenstress aussetzen. Bemerkenswert an diesen Ergebnissen ist, dass keine der Befragten die Möglichkeit gewählt hat, dass sie Karriere macht und ihr Partner sich um die Versorgung des Kindes kümmert. Dies lässt darauf schließen, dass die traditionelle Rollenverteilung nach wie vor in den Köpfen vorherrschend ist.

Seitens der Organisation sollten die Ergebnisse ein Hinweis darauf sein, dass sich die Frauen nicht durch den Wunsch nach Kindern von einer Karriere abhalten lassen. Es sollten daher weiterhin Möglichkeiten geboten werden, die es den Frauen erleichtern, beiden Rollen miteinander zu vereinbaren.

4.4 Selbstwertgefühl, Selbstdarstellung und Selbstwirksamkeitserwartung

Die Ergebnisse zeigen, dass die weiblichen Nachwuchskräfte über ein hohes Selbstwertgefühl verfügen. Damit erfüllen sie die Anforderungen, die die Personalverantwortlichen an eine Führungskraft haben und zusätzlich auch über eine der Bewältigungsstrategien, um erfolgreich mit dem Konflikt zwischen der beruflichen und der familiären Rolle umzugehen.

Die Selbstdarstellungskompetenzen der weiblichen Nachwuchskräfte sind nach eigenen Angaben in einem höheren Ausmaß vorhanden, als von einer Führungskraft erwartet wird. Dies lässt darauf schließen, dass sich die Frauen durchaus über die Bedeutung von Eigenmarketing im Klaren sind. Demnach verfügen Frauen über eine weitere Bewältigungsstrategie, um erfolgreich die Aufstiegsbarrieren zu überwinden.

Zusätzlich können die weiblichen Nachwuchskräfte auch auf die Bewältigungsstrategie der hohen Selbstwirksamkeitserwartung zurückgreifen. Diese ist nötig, um die Nachteile kompensieren zu können, die aufgrund von Diskriminierung und dem Ausschluss aus Netzwerken entstehen (Sieverding, 1990). Die Ergebnisse zeigen, dass der Großteil der Frauen, die Wahrscheinlichkeit einmal eine Führungsposition inne zu haben, mit ganz sicher bis vielleicht beurteilen. Demnach sind keine zusätzlichen Maßnahmen nötig, welche die Selbstwirksamkeitserwartung steigern.

5 Schlussbetrachtung

Die Ergebnisse zeigen, dass Bedarfsfelder in den Bereichen der Führungskompetenzen, der instrumentellen Eigenschaften, der Leistungsbewertung und -attribution und der Vereinbarkeit von Beruf und Familie vorhanden sind. Auch vorhandene Barrieren konnten aufgedeckt werden. In den Bereichen Nutzung von Netzwerken, Selbstwertgefühl, Selbstdarstellung und Selbstwirksamkeitswartung, bei denen den Frauen generell mangelnde Kompetenzen zugeschrieben werden, konnten die Mitarbeiterinnen der Sparkassen zeigen, dass dort kein Entwicklungsbedarf besteht.

Werden Maßnahmen zur Förderung der Führungskompetenzen angeboten, dann für alle Mitarbeiter der Sparkassen und nicht speziell für Frauen. Offen an dieser Stelle ist allerdings, welcher Bedarf bei den männlichen Nachwuchskräften vorhanden ist und ob es sich um dieselben Entwicklungsfelder handelt wie bei den weiblichen. Von Maßnahmen allein für Frauen ist abzuraten, da dadurch der Eindruck entsteht, sie wären speziell förderungsbedürftig (Cordes, 2008).

Studien zeigen, dass ein hoher Anteil von Frauen in Führungspositionen sich positiv auf die Förderung weiterer Frauen für die Managementebene auswirkt (Holst & Wiemer, 2010). Eine Quotenregelung könnte dazu beitragen, systemische und organisationale Veränderungen herbeizuführen. In Verbindung mit weiteren Maßnahmen kann so Chancengleichheit zwischen Männern und Frauen hergestellt werden und Frauen können für Führungspositionen gewonnen und gefördert werden. Entscheidend ist zu wissen, welche Barrieren bestehen. Dann ist es möglich, Wege durch die Gläserne Decke zu finden.

Literatur

Abele, A. E., Stief, M. & Andrä, M. (2000). Zur ökonomischen Erfassung beruflicher Selbstwirksamkeitserwartungen - Neukonstruktion einer BSW-Skala. *Zeitschrift für Arbeits- und Organisationspsychologie, 44* (3), 145-151.

Alfermann, D. (1992). Frauen in der Attributionsforschung - Die fleißige Liese und der kluge Hans. In G. Krell & M. Osterloh, *Personalpolitik aus der Sicht von Frauen - Was kann die Personalforschung von der Frauenforschung lernen?* (S. 301-317). München: Rainer Hampp Verlag.

Cordes, M. (2008). Gleichstellungspolitiken: Von der Frauenförderung zum Gender Mainstreaming. In R. Becker & B. Kortendiek, *Handbuch Frauen- und Geschlechterforschun* (2. Auflage Ausg., S. 916-924). Wiesbaden: VS Verlag für Sozialwissenschaften.

Friedel-Howe, H. (2003). Frauen und Führung: Mythen und Fakten. In L. von Rosenstiel, E. Regnet & M. Domsch, *Führung von Mitarbeitern - Handbuch für erfolgreiches Personalmanagement* (5. Auflage Ausg., S. 547-559). Stuttgart: Schäffer-Poeschel Verlag.

Günther, S. (2004). *Führungsfrauen im Management: Erfolgsmerkmale und Barrieren in ihrer Berufslaufbahn*. Berlin: Logos.

Henn, M. (2009). *Die Kunst des Aufstiegs - Was Frauen in Führungspositionen kennzeichnet* (Bd. 2. Auflage). Frankfurt am Main: Campus Verlag.

Holst, E. & Wiemer, A. (2010). *Zur Unterrepräsentanz von Frauen in Spitzengremien der Wirtschaft - Ursachen und Handlungsansätze*. Berlin: DIW Berlin.

Martens, B. (2007). *Bildungs- und Trainingsmaßnahmen für Frauen in Führungspositionen*. Saarbrücken: VDM Verlag Dr. Müller.

o.V. (1997). *Breaking through the glass ceiling: Women in management*. Geneva: International Labour Organization.

Regnet, E. (1997). Frau im Beruf - Stereotype und Aufstiegsbarrieren. In R. Wunderer & D. Petra, *Frauen im Management*. Neuwied: Luchterhand.

Rosenberg, M. (1965). *Society and the adolescent self-image*. New Jersey: Princeton University Press.

Schneider-Düker, M. & Kohler, A. (1988). Die Erfassung von Geschlechtsrollen - Ergebnisse zur deutschen Neukonstruktion des Bem Sex-Role-Inventory. *Diagnostica*, 34 (3), 256-270.

Sieverding, M. (1990). *Psychologische Barrieren in der beruflichen Entwicklung von Frauen - Das Beispiel der Medizinerinnen*. Stuttgart: Ferdinand Enke Verlag.

Transformational in Führung gehen – von der Umsetzung werteorientierter Führung

Thomas Bittner

Transformationale Führung ist ein werteorientierter Ansatz der Mitarbeiterführung, der langsam aber stetig auf eine Spitzenposition im Kanon der Führungsstile vorrückt. Gleichwohl ist seine Umsetzung aufwändig und für manche Führungskraft eine Herausforderung. Der Artikel zeigt, wie es gelingen kann.

Die Diskussion zur transformationalen Führung erlebt seit Mitte der 1980er Jahre einen starken Aufschwung. Seit Bass (1985) das Führungskonzept umfassend beleuchtete, wurde es intensiv empirisch untersucht. Leider beschränkt sich die Beschäftigung mit diesem Ansatz weitgehend auf die Forschungsebene. Die Umsetzung in der Unternehmenspraxis lässt derzeit noch zu wünschen übrig.1 Allenfalls bei bestimmten Fußballtrainern wird deren transformationaler Führungsstil (öffentlich) erkannt und diskutiert (Rowold et al., 2013). Gleichzeitig nehmen wir vor dem Hintergrund der Bedürfnisse junger Mitarbeiter (der sog. „Generation Y") wie Sinnstiftung sowie Abkehr vom blinden Gehorsam und dem demographischen Wandel mit seinem (künftigen) Mangel an Fachkräften (Hurrelmann, 2012) einen hohen Bedarf am Impuls dieses Ansatzes wahr.

Erfahrungen zeigen, dass die wirksame Umsetzung gelingt, wenn an den „richtigen" Stellschrauben gedreht wird.

1 Bestandteile transformationaler Führung

Die Bestandteile der transformationalen Führung sind:
- *Idealized influence – Vorbildhandeln:* Die Führungskraft versteht sich als Vorbild, das sich in seinem Handeln an einem Wertesystem orientiert. Dies wird den Mitarbeitern umfassend vermittelt und bietet eine Orientierung, an der sich die Führungskraft messen lässt. Die Führungskraft erwartet ihrerseits von den Mitarbeitern nicht nur die Erfüllung hoher ethischer Standards, sondern auch eine hohe Leistungsbereitschaft.

- *Inspirational motivation – inspirierende Motivation:* Die Führungskraft vermittelt ihren Mitarbeitern eine emotional begeisternde Vision, die sie motiviert, sich für ein ehrgeiziges Ziel einzusetzen. Die Zukunft erscheint hierbei im Vergleich zur Gegenwart attraktiver. Selbstvertrauen und Selbstwirksamkeit werden erhöht, die eigene Arbeit wird als bedeutsam und sinnvoll wahrgenommen.
- *Intellectual stimulation – geistige Anregung:* Die Führungskraft hinterfragt permanent gewohnte Annahmen, bestehende Produkte, Prozesse und Handlungsoptionen. Sie nimmt eher die Rolle eines Problemsuchers als eines Problemlösers ein. Letzteres wird stattdessen von den Mitarbeitern übernommen. Sie werden aufgefordert, immer wieder neue Lösungen zu kreieren und tragen somit die Veränderung mit.
- *Individual consideration – individuelle Berücksichtigung:* Die Führungskraft geht auf jeden einzelnen Mitarbeiter ein, sieht seine Leistungen, Bedürfnisse und Potenziale und hilft ihm dabei, sich weiterzuentwickeln. Sie wird zum Mitarbeiter-Coach, der aufgrund der spezifischen Unterschiede seiner Mitarbeiter diese individuell fördert.

Der Effekt transformationaler Führung besteht darin, dass Motive und Werte der Mitarbeiter angesprochen oder geweckt werden. Durch langfristige, übergeordnete Werte und Ideale wird die intrinsische Motivation verstärkt (Felfe & Bittner, 2014).

Die Elemente transformationaler Führung sind nicht komplex oder gar unerreichbar. Trotzdem ist ihre Anwendung für viele Führungskräfte eine Herausforderung, der sie sich nicht oder nur zögerlich stellen wollen. Denn es geht häufig um eine fundamentale Verhaltensänderung. Und was einem (selbst unbewusst) lieb und teuer ist, gibt man bekanntlich nur ungerne her. Vor allem dann, wenn nicht unmittelbar klar ist, welche wünschenswerten Effekte mit der Anwendung des neuen Führungsverhaltens verbunden sind. Für einen Überblick zu den Wirkungen der transformationalen Führung auf Commitment, OCB, Mitarbeiterleistung, etc. siehe Riedelbauch (2011) und Felfe (2006a).

2 Herausforderungen für Führungskräfte

Auch stehen manche Führungskräfte fast hilflos vor solchen Führungsaufgaben, die sie bislang nicht wahrgenommen haben. Wenn beispielsweise im Rahmen des Vorbildhandelns von Werten die Rede ist, so können Führungskräfte in der Regel durchaus aufzählen, welche Werte sie kennen und was ihnen selbst wichtig ist. Werte sind in der Psychologie eine übergeordnete Begrifflichkeit (Wiswede, 1995) aus der Verhaltensweisen abgeleitet werden können. Sie können als objektungebundene „Übereinstellungen" verstanden werden, die die objektgebundenen Einstellungen (zur Arbeit, Personen, etc.) beeinflussen (Rokeach, 1973).Von deutschen Führungskräften vielfach genannte Werte sind Ehrlichkeit, Verantwortung, Glaubwürdigkeit, Zuverlässigkeit, Integrität, Mut, Respekt, Treue oder Vertrauen.[1] Die Umsetzung von Werten im Unternehmen hat auch Einfluss auf die Leistung der Mitarbeiter. Kotter und Heskett (1992) konnten in ihrer Studie einen signifikanten positiven Zusammenhang zwischen dem gelebten Wertesystem und Finanzkennzahlen zeigen.

Führungskräfte meinen ebenfalls, dass Werte förderlich sind: 71 % der Befragten der Führungskräftebefragung der Wertekommission e.V. schätzen Werte bei der Wirkung auf die Mitarbeiterbindung als sehr hoch ein. Und 85 % der Führungskräfte bescheinigen Werten eine hohe Relevanz als Motivationstreiber der Mitarbeiter (Hattendorf, 2013).

Auch Mitarbeiter sehen dies ähnlich: In einer Untersuchung des Ecco-Netzwerkes (2013) sagten 79,7 % der befragten Arbeitnehmer, dass sie die Aufstellung eines Wertekanons für nützlich halten.

Wenn also Führungskräfte Werte für relevant halten, Mitarbeiter Werte nachfragen und es einen positiven Zusammenhang von gelebten Werten und Finanzerfolg gibt, spricht dies für die aktive Einbeziehung von Werten – wie eben auch der Ansatz der transformationalen Führung dies postuliert. Führungskräfte sind jedoch häufig nicht in der Lage, Werte wirkungsvoll an ihre Mitarbeiter zu kommunizieren.

Die Kommunikation der Werte verfolgt den Zweck, nicht nur die Mitarbeiter über den Wertekanon der Führungskraft zu informieren, sondern ihnen auch ein Leitbild zu geben, an dem sie sich orientieren können. Gleichzeitig begrenzt dieser Werterahmen die Handlungsoptionen der Führungskraft selbst.

Damit die Werte nicht abstrakt oder bedeutungslos im Raum schweben, sollten Führungskräfte ihre Wertekommunikation mit Handlungen verknüpfen.

Beispiel Verantwortung: Etwas ist schief gelaufen und die Führungskraft ist gegenüber der Geschäftsleitung für den Misserfolg verantwortlich. Für die Mitarbeiter bedeutet das in diesem Beispiel Mehrarbeit und Überstunden. Jetzt kann die Führungskraft die Bedeutung des Wertes darstellen und ihn vorleben, indem sie den Mitarbeitern erstens kommuniziert, dass die Übernahme von Verantwortung ein ihr persönlich wichtiger Wert ist und sie daher zweitens diese gegenüber der Geschäftsleitung übernimmt sowie drittens gemeinsam mit den Mitarbeitern die Mehrarbeit trägt.

Beispiel Integrität: Den Worten Taten folgen zu lassen ist für Führungskräfte essentiell, wenn sie wollen, dass ihre Mitarbeiter ihnen folgen. Und wer hehre Ziele verkündet und große Belohnungen verspricht, muss sich auch daran messen lassen. Eine Form der Kommunikation eines Wertes wie Integrität wäre es, beispielsweise schon bei der Verkündung des ehrgeizigen Ziels darauf hinzuweisen, dass dieser Wert bedeutsam für die Führungskraft selbst ist. Ist das Ziel schließlich erreicht, kann die Führungskraft erneut darauf hinweisen, welche Bedeutung Integrität für sie hat und dann die versprochene Belohnung geben.

---

[1] Allerdings erleben demgegenüber nur 66,5 % der befragten Mitarbeiter, dass das Top-Management bei seinem Handeln die Werte umsetzt.

Häufig sind Führungskräften diese einfachen Verhaltensweisen nicht bewusst – sie müssen für sie erfahrbar gemacht werden. Dies erfolgt im Rahmen der Vermittlung transformationaler Führung.

3 Vermittlung transformationaler Führung

Transformationale Führung in die Köpfe der Führungskräfte zu bringen und nachhaltige Verhaltensänderungen zu erzeugen kann unserer Erfahrung nach folgendermaßen gelingen (vgl. auch Felfe & Bittner (2014), insbesondere zu inspirierender Motivation):

1. Am Anfang steht die Erfassung des Status quo. Hierzu werden die Mitarbeiter der Führungskräfte zu ihrer Wahrnehmung des Führungsverhaltens ihres Vorgesetzten befragt. Als ein passendes Befragungsinstrument bietet sich bspw. die adaptierte deutsche Version des Multifactor Leadership Questionnaire (nach Felfe, 2006b) an, die mit einer zusätzlichen Charisma-Skala arbeitet und somit noch deutlicher die Ausstrahlung der Führungskraft berücksichtigt. Die Ergebnisse werden den Führungskräften während des folgenden Seminars in einem persönlichen Bericht kommuniziert.
2. Das Wissen um und die Wirkungsweise des Ansatzes kann in einem mehrtägigen Seminar vermittelt werden. Hier reicht es allerdings nicht aus, einfach nur Inhalte „abzuladen", sondern sie müssen durch Interaktionen der Teilnehmer (Rollenspiele, Diskussionen, etc.) für diese erfahrbar gemacht werden.
3. Das erworbene Wissen ist in den folgenden Monaten in die Anwendung zu bringen. Dies geschieht zunächst durch die individuelle Begleitung der Führungskräfte. Dazu werden sie in der Mitarbeiterinteraktion beobachtet; sei es im Mitarbeitergespräch und / oder in Mitarbeiter-Workshops. Nach jeder Interaktion erhalten die Führungskräfte ein Feedback und Hinweise, wie transformationale Führung umgesetzt werden kann.
4. Für die Umsetzung der Intellectual stimulation eignen sich bestimmte Kreativitätstechniken (wie „Methode 6-3-5", „Provokationstechnik" (De Bono, 1970) und „Sechs Denkhüte" (De Bono, 1986)). Diese müssen ebenfalls sorgfältig geschult und eingeübt werden.
5. Die laufende Begleitung in den Folgemonaten kann fernmündlich erfolgen. Dazu bieten sich regelmäßige Telefon-Feedbacks und sogenannte Führungstagebücher an. Hier kann die Führungskraft ihre positiven wie auch negativen Erfahrungen dokumentieren, sowie Fragen und Ziele notieren. Zwischen den Telefon-Feedbacks, die alle drei bis vier Wochen stattfinden sollten, soll die Führungskraft eine Aufgabe bearbeiten, die eine bestimmte Facette transformationaler Führung aufgreift.
6. Am Ende der neun- bis zwölfmonatigen Projektlaufzeit erfolgt gegebenenfalls erneut eine Befragung der Mitarbeiter, um den Projekterfolg zu dokumentieren.

Für das Management, das solche Projekte beauftragt, wie auch für die Führungskräfte kann es hilfreich sein zu erfahren, welche Wirkung der stringente Einsatz transformationaler Führung auf „objektive" Leistungsparameter haben kann. Dazu können Daten aus dem Controlling genutzt werden, die den Befragten oder der Organisationseinheit, für die sie tätig sind, zugeordnet werden.

In einem aktuellen Projekt für eine deutsche Versicherungsgesellschaft konnten wir zeigen, dass eine erhöhte Ausprägung transformationaler Führung mit besseren Vertriebsergebnissen der Geführten einhergeht. Bei einer geringen (wahrgenommenen) Intensität transformationaler Führung der Vertriebsführungskräfte wurde eine Wachstumskennzahl (Versicherungsbeiträge) von 5,9 % ermittelt. Bei der intensiven Umsetzung transformationaler Führung konnten 9,5 % Wachstum im Versicherungsgeschäft im betrachteten Jahr erzielt werden. Der statistische Zusammenhang (Pearson) zwischen der wahrgenommenen Intensität transformationaler Führung und dem Beitragswachstum betrug 0.34 ($p < 0.05$).

4 Zusammenfassung

Transformationale Führung wirkt. Eine Vielzahl von Studien zeigt ihren positiven Einfluss auf Mitarbeiter und Leistungsergebnisse.

Transformationale Führung lässt sich messen. Das ist nicht nur für ihre Diskussion, sondern auch für ihre Umsetzung wichtig. Denn Führungskräfte reagieren sensitiver auf das Thema, wenn sie ihre Messergebnisse sehen.

Transformationale Führung ist aufwändig in Vermittlung und Umsetzung. Um Verhaltensänderungen zu erzielen, bedarf es eines umfassenden Trainingsansatzes, der nicht nur den neuen Inhalt darstellt, sondern auch einübt. Für die Führungskräfte ist das neue Führungsverhalten häufig ungewohnt und stellt anfangs zusätzlichen Aufwand dar. Mit der Zeit nimmt dieser Führungsaufwand jedoch ab (erhöhte Effizienz durch Wiederholung) und durch die positiven Führungseffekte wird eine Überkompensation erreicht.

Literatur

Bass, B. M. (1985). *Leadership and performance beyond expectations*. New York: The Free Press.
De Bono, E. (1970). *Lateral Thinking: Creativity Step by Step*. New York: Harper & Row.
De Bono, E. (1986). *Six thinking hats*. London: Penguin Books.
Ecco-Netzwerk (2013). *Unternehmenswerte – hohle Phrasen oder gelebte Realität? Die wichtigsten Ergebnisse des „International Index of Corporate Values 2013"*. Verfügbar unter: http://www.ecco-network.de/resources/Corporate_Values/Kurzbericht_Deutschland.pdf am 09.01.2014.

Felfe, J. (2006a). Transformationale und charismatische Führung - Stand der Forschung und aktuelle Entwicklungen. *Zeitschrift für Personalpsychologie, 5,* 163-176.

Felfe, J. (2006b). Validierung einer deutschen Version des „Multifactor Leadership Questionnaire" (MLQ 5 X Short) von Bass und Avolio (1995). *Zeitschrift für Arbeits- und Organisationspsychologie, 50,* 61-78.

Felfe, J. & Bittner, Th. (2014). Veränderungen erfolgreich managen mit transformationaler Führung. *Personal quarterly, 1,* 10-14.

Hattendorf, K. (2013). *Führungskräfte-Befragung 2013.* Eine Studie in Zusammenarbeit mit dem Reinhard-Mohn-Institut der Universität Witten/Herdecke. Verfügbar unter http://www.wertekommission.de/content/pdf/studien/Fuehrungskraeftebefragung_2013.pdf am 09.01.2014.

Hurrelmann, K. (2012). *Demografische Entwicklung und Alterung - Was bedeutet das für die junge Generation?* Vortrag auf der DART-Abschlusskonferenz, 3.09.2012 in Potsdam. Verfügbar unter http://www.stk.brandenburg.de/media/lbm1.a.4856.de/Prof.%20Klaus%20Hurrelmann,%20Hertie%20School%20of%20Governance,%20Berlin.pdf am 09.01.2014.

Kotter, J. P. & Heskett, J. L. (1992). *Coporate culture and performance.* New York: The Free Press.

Riedelbauch, K. (2011). *Theorie und Förderung transformationaler Führung: Selbstdarstellungstheoretische Interpretation und Wirksamkeit von Gruppenworkshops und Einzelcoachings.* Dissertation. Universität Würzburg.

Rowold, J., Borgmann, L., Abrell-Vogel, C. & Krisor, S. (2013). Führen mit Kick. *Personalmagazin, 4,* 34-37.

Wiswede, G. (1995). *Einführung in die Wirtschaftspsychologie.* München, Basel: Ernst Reinhardt Verlag.

Rokeach, M. (1973). *The nature of human values.* New York: The Free Press.

Junge Führungskräfte – Erfahrene Angestellte. Führungskompetenzen im Spannungsfeld der Generationen

Jörg Dammeier

Immer öfter treffen in den Unternehmen und Organisationen junge Führungskräfte auf ältere Mitarbeiter. Der aufgrund der demografischen Alterung stattfindende Wandel ist in den Unternehmen und Organisationen angekommen. Mitarbeiterführung, insbesondere ältere Mitarbeiter zu führen und sich mit den immer komplexeren und umfangreicheren Aufgabenbereichen der Unternehmensführung und der Umwelt auseinanderzusetzen, sind für junge Führungskräfte eine große Herausforderung und Bewährung. Damit geht reichlich Potenzial für kritische und belastende Spannungen zwischen den beiden beteiligten Seiten einher, was wiederum gänzlich neue Ansprüche an sie stellt.

1 Einleitung

In den aktuellen Trendbarometern ist das Führungsmanagement eines der wichtigsten Themen in den Unternehmen. Das ergaben die Untersuchungen des Instituts für angewandte Arbeitswissenschaft (IFAA), auch die Unternehmensberatungsgruppen Capgemini, HeyGroup und die Deutsche Gesellschaft für Personalführung e.V. DGfP. Dabei wurde festgestellt:

Deutsche Chefs müssen noch viel lernen. Knapp 50% schaffen durch Ihren Führungsstil eine demotivierende Arbeitsatmosphäre und nur ein Drittel sorgt für ein motivierendes und leistungsförderndes Arbeitsumfeld.

Der Grund ist in erster Linie ein direkter Führungsstil – also ein reines Anweisungsverhalten.

Die Wirtschaft wird sich verstärkt mit der Steigerung des Durchschnittalters und den damit verbundenen Auswirkungen auf Führungsstile und -kompe-tenzen auseinandersetzen.

Ein paar Fakten:

Zwischen 2010 und 2020 wird nach Zahlen des Statistischen Bundesamtes die bisher stärkste Gruppe der 35-49 jährigen durch die 50-64 jährigen, die sogenannten Babyboomer abgelöst, während der Anteil der 20 bis 34 jährigen weitgehend konstant bleibt.

Die Ursachen sind zum einen ein verbesserter Gesundheitszustand. Seit 2005 ist die Frühverrentungsmöglichkeit weitgehend abgeschafft. Das zeigt auch, dass die vermeintlich sinkende Leistungsfähigkeit nur ein vorgeschobenes Argument bei der praktizierten vorzeitigen Entlassung war. Weiterhin ist festzustellen, dass die Leistungsfähigkeit bei Älteren mit altersgerechter Ausstattung der Arbeitsplätze und mit alternsgerechten Aufgaben und Verantwortungen durch ein gesundes Führungsverhalten in vielen Fällen recht einfach aufrecht erhalten werden kann. Ältere können genauso produktiv sein, wenn die Arbeitsumgebung stimmt.

Die hohen Anforderungen der Mitarbeiterführung, die fortschreitende Globalisierung, die Digitale-Revolution, das Gesundheitsmanagement, Paradigmen Wechsel beim Diversity Management wirken sich tiefgreifend auf die Arbeitswelt in westlichen Industrienationen aus. Diese Herausforderung anzunehmen, praktische Lösungsansätze zu entwickeln und umzusetzen, um die Wettbewerbsfähigkeit der Unternehmen auch morgen zu sichern, ist die Aufgabe, der sich junge Vorgesetzte stellen müssen.

Für Führungsprozesse bedeutet diese Entwicklung Herausforderungen, die bislang in ihrer Brisanz kaum wahrgenommen, bzw. der zu wenig Bedeutung beigemessen wurden.

Das Verhältnis war in der Vergangenheit und ist bis heute noch durch den hierarchischen Vorsprung und die umfangreichere fachliche Qualifikation sowie höheres Lebensalter der Vorgesetzten gekennzeichnet. Die klassische Konstellation mit ihren weiteren denkbaren Ausprägungen herrscht vor.

Ältere Vorgesetzte – jüngere Mitarbeiter/ ältere Vorgesetzte – ältere Mitarbeiter/ jüngere Vorgesetzte – jüngere Mitarbeiter/ jüngere Vorgesetzte – ältere Mitarbeiter. (Huber, 2013, S. 46).

Aufgrund der aktuellen gesellschaftlichen Situationen und des demografischen Wandels treffen Heute und Morgen in der Wirtschaftswelt immer mehr junge Führungskräfte auf ältere. Auf das mögliche Konfliktpotential aber auch auf die großen Chancen soll im Folgenden eingegangen werden.

2 Jüngere Vorgesetzte – erfahrene Mitarbeiter

2.1 Führungsbegriff und Führungserfolg

Führung ist die unmittelbare, zielbezogene Einflussnahme auf Gruppenmitglieder. In freien Gruppen, beim Sport, in Vereinen, in Klassengemeinschaften entsteht Führung spontan und gilt deshalb als universelles Phänomen. Jahrzehntelange Forschung auf diesem Gebiet brachte unzählige unterschiedliche Definitionen hervor. Dies resultiert aus den differenzierten Analyse- und Gestaltungsperspektiven der verschiedenen Wissenschaften. An dieser Stelle soll auf theoretische Definitionen, Interpretationen und Abgrenzungen des Führungsbegriffes verzichtet werden. (siehe zum Führungsbegriff u. a. Hentze & Graf 2005, S.

16 f.) Zusammengefasst kann gesagt werden: Führung ist Interaktion und Dialog. Dabei spielt trotz formal vorhandener Amtsautorität im Unternehmen die wechselseitige Akzeptanz für den Führungserfolg eine große Rolle. Von wem lassen wir uns etwas sagen?

Der *Führungserfolg* ist von vielen Kriterien und Kompetenzen abhängig. Martina Rummel nennt drei entscheidende Bedingungen für eine Führungskraft:
- Formale Rolle (Vorgesetztenbefugnis)
- Kompetenz im weitesten Sinne (fachlich und persönlich)
- Zugehörigkeit zum Feld (Lebensalter, Dienstalter, Erfahrung, usw.)

Bei altersheterogenen Gruppen kann die Feldzugehörigkeit naturgemäß nicht unterstellt werden.

Junge Vorgesetzte werden zumindest am Anfang mit Skepsis betrachtet, da Sie oft nur wenig Gelegenheit hatten ihre Fach- Führungskompetenz unter Beweis zu stellen. Auf diese schwierige Situation sind junge Führungskräfte im Allgemeinen schlecht vorbereitet. Bei ihnen überwiegen meist die akademisch erworbenen Fachkompetenzen, während Erfahrungen in praktischer Führung naturgemäß erst im Zeitverlauf erworben werden können.

2.2 Spannungsfelder und altersspezifische Konfliktpotenziale?

Die Biografie der jungen Führungskraft ist oftmals durch eine städtische Sozialisation im Wenigpersonenhaushalt geprägt, die kaum Beziehungen zu älteren Personen zulässt. Da es die Großfamilie im heutigen Umfeld kaum noch gibt, sind auch keinerlei Erfahrungen der jungen Menschen mit älteren und sehr alten Menschen vorhanden.

In der Praxis erwarten viele Unternehmen Konflikte zwischen jüngeren Chefs und älteren Mitarbeitern. Ursachen für Konflikte bieten nicht nur Äußerlichkeiten, sondern auch die unterschiedlichsten Einstellungen und Verhaltensformen.

In Tabelle 1 sind einige typische Beispiele für altersbedingte Konfliktursachen zwischen den Generationen dargestellt.

Dieses Modell und die zugeordneten Kennzeichnungen lassen mutmaßen, dass genügend potenzielle Reibungspunkte zwischen den Gruppen existieren.

Bekannt geworden ist die Studie Vier- Generationen Model die von einem „Zusammenprall" aufgrund unterschiedlicher Wertehaltungen und Erfahrungen ausgeht. Man spricht dabei in der Soziologie von den Typen Veteran, Geburtsjahr vor 1945, Babyboomer (45-64), Generation X (65-80) und Generation Y (80-2000).

Es handelt sich dabei ursprünglich um eine amerikanische Studie, die aber inzwischen auch in den deutschen und europäischen Ländern angepasst wurde.

Ein erfolgreicher Umgang zwischen den Altersgruppen setzt voraus, dass die Interaktionspartner den Willen zur Zusammenarbeit mitbringen und auch die Stärken und Schwächen der anderen Generation gut kennen.

Tab. 1: (Regnet, 2004, S.116)

Ursache	Konflikt
Interessenunterschiede	Erfolg/ Aufstieg versus Sicherheit/ Work- Life, Balance
Wissensunterschiede	Aktuelles Fachwissen versus Erfahrungswissen
Generationsprägung	Einstellungen, Verhalten, Umgangsformen
Lebens- und Arbeitseinstellungen	Werte, Denken in Hierarchien und in Abteilungen versus flache Hierarchien und Teamorientierung
Berufliche Sozialisation	Professionelles Rollenverständnis, Berufsethos („Bankkaufmann" versus „Banker")
Kommunikationsverhalten	Persönlich/ unpersönlich, Ansprechbarkeit, Reaktionszeit
Unsicherheit, Vorurteile	Angst, Verkrampfung, Passivität, Überreaktion
Führungsstil	Autoritäres Verhalten wird von Älteren nicht akzeptiert

2.3 Mythos Alter

Was ist eigentlich ein junger bzw. ein älterer Mitarbeiter?

In der Literatur und in der Praxis gibt es jeweils nach wissenschaftlicher Disziplin unterschiedliche Festlegungen des Alters, die aber alle sehr vage sind. Noch schwieriger werden die Abgrenzungen bezüglich der Entwicklung der persönlichen Eigenschaften, der Kompetenzen, wie Leistungsfähigkeit, der Gesundheit und der Lernbereitschaft. Es gibt keine klare Abgrenzung des Begriffs Alter.

Lange war die Einstellung gegenüber älteren Arbeitnehmern durch das traditionelle Defizitmodell geprägt, wonach mit zunehmendem Alter nicht nur die körperlichen sondern auch die geistigen Fähigkeiten kontinuierlich abnehmen. Diese, unter Praktikern und Personalchefs teilweise immer noch verbreitete Auffassung, wurde allerdings durch die Ergebnisse der Medizin und die der Alternswissenschaft in den letzten Jahren korrigiert.

Die fluide Intelligenz nimmt im Alter ab, das Maximum ist bereits mit dem 3. Lebensjahrzehnt erreicht. Die kristalline Intelligenz kann bis ins hohe Alter gehalten oder sogar ausgebaut werden. Es gibt somit keine generelle Abnahme von kognitiven und intellektuellen Fähigkeiten im Alter

Die Einstellungen und das Reflektieren über das Thema: wie stehe ich zu meinem eigenen Älterwerden, sind auch wichtige Voraussetzungen für Mitarbeitergespräche und Zielvereinbarungen mit Älteren.

Albert Schweitzer sagte: „Alter, was heiß das ...?"

"Jugend ist nicht ein Lebensabschnitt – sie ist ein Geisteszustand. Niemand wird alt, weil er eine Anzahl Jahre hinter sich gebracht hat. Man wird alt, wenn man seinen Idealen Lebewohl sagt. Mit den Jahren runzelt die Haut, mit dem Verzicht der Begeisterung runzelt die Seele."

3 Die Determinanten des Führungsprozesses

3.1 Anforderungen an junge Führungskräfte – Motivation und Führung älterer Mitarbeiter

3.1.1 Was sind mögliche Erkenntnisse für den Führungsprozess und die Arbeitswelt

- der Alterungsprozess ist vom Individuum und vom Kontext abhängig
- individuelle Unterschiede (Persönlichkeitsmerkmale) nehmen im höheren Alter zu
- Die Lernfähigkeit bleibt im Alter erhalten, muss jedoch trainiert werden
- Die Leistung der Sinnesorgane, Flexibilität, Kreativität nimmt im Alter ab
- Soziale Kompetenzen werden im Allgemeinen älteren Menschen zugeschrieben. (Einfühlungsvermögen, Kommunikationsfähigkeit, Arbeitsmoral)

3.1.2 Welches Führungsverhalten wird von jungen Führungskräften gefordert, um die Aufgaben zu bewältigen.

Für junge Führungskräfte bedeutet das, dass eine pauschale Zuweisung von Fähigkeiten und Defiziten nicht zielführend ist. Nachhaltiger Führungserfolg ist nur über eine individuelle Einschätzung und Behandlung der einzelnen Mitarbeiter möglich. Tendenzen der heutigen Führungslehre sind die Entwicklungen weg von generalisierenden verallgemeinernden Modellen über eine Differenzierung von Mitarbeitergruppen bis hin zur individualisierten Führung.

Der Wille zur Zusammenarbeit und das Herstellen eines vertrauensvollen, leistungs- und zielorientierten Klimas sind Voraussetzungen für eine erfolgsgeprägte Führungskultur (Respekt und Resultate).

Fakt ist: Führungskräfte werden entwickelt, nicht geboren. In den meisten Unternehmen wird eine Führungskraft an einem einzigen Kriterium gemessen- der Teamleistung. Nach empirischen Untersuchungen gibt es vier Führungsfaktoren, mit denen das Team zum Erfolg geführt werden kann.

- herausragende junge Führungskräfte schaffen eine hervorragende Arbeitsatmosphäre
- haben nicht nur einen Führungsstil, sondern mehrere
- wissen, wann welcher Führungsstil der richtige ist
- wissen genau, welche Rolle Sie in ihrem Team spielen

Um diesem Führungsideal möglichst nahe zu kommen, stellen sich für junge Führungskräfte folgende Fragen.

3.2 Mögliche Ansatzpunkte für eine erfolgreiche Führung älterer Mitarbeiter, die Motivation und Vertrauen schaffen

Wie bringe ich meine älteren Mitarbeiter dazu Dinge zu tun?
Bringen Sie die Menschen dazu, die Dinge tun zu wollen.

Betriebsklima

Die Art der Führung wirkt sich unmittelbar auf das Befinden der Mitarbeiter in ihrem Team aus. Die Führungskräfte schaffen ein „Klima" und dieses Klima bestimmt, mit welcher Bereitschaft ihr Team sich einsetzt. Grundsätzlich kann gesagt werden: je mehr das Klima verbessert wird, desto höher ist die Leistung des Teams.

Wie schaffe ich das beste Klima für mein Team? Wie erkennt man Fortschritte? Welche Klimafaktoren sind die entscheidenden?

Eigene Begeisterung

Albert Schweitzer gibt uns bereits einen Hinweis mit seiner Aussage auf eine wichtige Führungseigenschaft.

Begeisterung kann man nicht künstlich (mit dem Verstand) erzeugen und auch nicht verstecken. Ihr Gegenüber spürt den Unterschied mit seinen Sinnen, seiner Aufmerksamkeit und Achtsamkeit.

Eigene Begeisterung steckt an. Wenn ich nicht von meiner Arbeit, meiner Tätigkeit, an den Menschen mit denen ich zusammenarbeite, an meinem Unternehmen begeistert bin, kann ich keine Höchstleistungen bringen, erst recht nicht in der Führung. Die Mitarbeiter spüren die Begeisterung und Sie sprechen die Gefühle bei den Geführten an. Gefühle sorgen somit wesentlich für Aufmerksamkeit, Verarbeitungstiefe und unsere Motivation. Erfolgreiches Führen ist nicht nur mit dem Verstand durchführbar.

Klarheit

Klarheit und Deutlichkeit ist bei allen Führungsaktivitäten zu schaffen. Insbesondere die älteren Mitarbeiter sollen genau Ihre Ziele, die Ausrichtung der Organisation, sowie den Nutzen Ihres eigenen Beitrags kennen.

Verantwortung übertragen, einbeziehen und fordern

Ältere Mitarbeiter sollen aktiv in das betriebliche Geschehen einbezogen werden.

Der Sinnbezug einer Aufgabe, das Verstehen der Notwendigkeit spielt besonders bei älteren eine wichtige Rolle.

Das Erfahrungswissen des Mitarbeiters ansprechen und nutzen, indem sie sich vom älteren Mitarbeiter „beraten" lassen. Häufig kennt er den Betrieb wie seine Westentasche. Insbesondere soll das implizierte Wissen und das Know-how älterer und erfahrener Mitarbeiter genutzt und als explizites Wissen gespeichert werden (Lernpatenschaften, Mentoring-Programme, usw.). Bei Projekten das Erfahrungswissen der älteren Mitarbeiter gezielt in Anspruch nehmen.

Ansprechen der Führungssituation

Fragen Sie den Mitarbeiter beim Kennenlernen, was er von Ihnen als Führungskraft benötigt und erwartet, damit er seine eigene Arbeit erledigen kann. Dies kann weniger sein, als oft angenommen wird. Einmischung in die Arbeit eines erfahrenen Mitarbeiters nur, wenn es unbedingt nötig ist.

Wertschätzung und Respekt

ist ein menschliches Grundbedürfnis und eine Haltung, die sich in einer wohlwollenden Lenkung auf positive Aspekte des Gegenübers zeigt. Insbesondere drückt sie dies im kommunikativen Verhalten aus.

Entscheidend für die Balance in der Führungsbeziehung ist der tatsächliche Respekt vor dem Erfahrungsvorsprung des Älteren. Diesen Respekt können junge Führungskräfte leicht ausdrücken, indem Sie zum Beispiel den älteren Mitarbeiter für die Bewältigung ihrer Führungsaufgabe um Unterstützung bitten

Junge Führungskräfte sollen nicht dem Vorurteil vom Alter als Einschränkung verfallen, was Motivation, Bildungs- und Entwicklungswillen, Leistungsbereitschaft und anderes anbelangt. Im Betrieb hat man es nicht mit Greisen zu tun und wer noch arbeitet, ist auch veränderungs- und lernfähig.

Ältere Mitarbeiter können im Prinzip mehr zu der Entwicklung jüngerer beitragen als umgekehrt. Ein älterer Mensch definiert sich darüber, was er geben kann und was er hinterlässt - an materiellen wie geistigen Spuren. Ein älterer Mitarbeiter ist mehr intrinsisch motiviert, während extrinsische Motive im Hintergrund stehen.

Respekt

Vielfach ist die Belastbarkeit älterer Mitarbeiter höher als die der jüngeren Menschen. Trotzdem können mit zunehmendem Lebensalter durch Krankheit und Verschleiß auch deutliche Leistungsminderungen entstehen. Begegnen Sie diesen Themen mit Respekt und Dank und unterstützen Sie die Genesung. Geben Sie den älteren Mitarbeitern das Gefühl, das er sich Zeit nehmen kann um seine Gesundheit wieder herzustellen.

Ältere Menschen wollen im Allgemeinen mehr Sicherheit als jüngere, dabei spielt die Sicherheit des Arbeitsplatzes aus verständlichen Gründen eine entscheidende Rolle. Diese Sicherheit sollte dem Älteren angeboten werden.

Lebenslanges Lernen

gilt auch für die älteren Mitarbeiter. Ältere Mitarbeiter sind wie alle anderen in den Personalentwicklungsprozess mit einzubeziehen.

Mitarbeitergespräche

Kommunikation ist eines der wichtigsten Führungsinstrumente.
Wertschätzende Mitarbeitergespräche mit älteren Mitarbeitern sind ein wichtiger Bestandteil erfolgreicher Führung.

3.3 Auswirkungen des Führungsverhaltens auf älteren Mitarbeiter.

Welche Auswirkungen hat das Führungsverhalten auf die Arbeitsfähigkeit und Leistungsfähigkeit des Mitarbeiters, insbesondere des älteren.
Diese beruhen auf den Wechselwirkungen zwischen den Ressourcen des Menschen und den Arbeitsanforderungen und Erwartungen durch die Vorgesetzten.
Wesentlich beteiligte Faktoren sind dabei: Gesundheit, Qualifikation, Werte und Arbeit.
Das Führungsverhalten wirkt als Ressource bzw. Stressor auf die Gesundheit der Mitarbeiter.
- Soziale Unterstützung durch Vorgesetzte wirkt als schützender Faktor gegen schwierige und belastende Arbeitsbedingungen.
- Mitbestimmungs- und Beteiligungsmöglichkeiten wirken sich positiv auf die Gesundheit am Arbeitsplatz aus.
- Wertschätzende Kommunikation und Anerkennung wirken sich ebenso positiv auf die Gesundheit am Arbeitsplatz aus.

Die Führungsstile und das Betriebsklima, die arbeitstechnischen und ergonomischen Gegebenheiten haben einen großen Einfluss auf die physische und psychische Gesundheit des älteren Mitarbeiters. Dadurch besteht ein direkter Zusammenhang zwischen der gesunden Führung und dem Erfolg und der Personalkostensituation des Unternehmens

4 Zusammenfassung

Gezeigte, ehrliche und gesprochene Wertschätzung kann bei vergleichsweise geringem Aufwand große Wirkungen bei den Mitarbeitern entfalten. Diese zeigen sich in der Motivation und der physischen und psychischen Gesundheit der Mitarbeiter und sind Pfeiler der Leistungsfähigkeit.

Die innere Haltung des Wertschätzungsgebers ist dabei von entscheidender Bedeutung. Der Empfänger spürt welche Absicht dahinter steckt. Wertschätzung, nur um diese zu geben und nur aus dem Kognitiven heraus, verpufft, und erreicht nicht das Herz des Mitarbeiters. Effektive Mitarbeiterführung, insbesondere bei älteren Mitarbeitern richtet sich daher gleichermaßen an Herz und Verstand.

Literatur

Capgemini Consulting. Demographie Management, Online verfügbar, http://www.de.capgemini-consulting.com/capabilities/demographie-management Datum der Einsichtnahme 18.01.2014.

Deutsche Gesellschaft für Personalführung e.V. http://www.dgfp.de

Grube, A. (2009). *Alterseffekte auf die Bedeutung berufsbezogener Motive und die Zielorientierung.* Dissertation, Universität Münster.URN: urn:nbn:de:hbz:6-20549351342. URL: http://nbn-resolving.de/urn:nbn:de:hbz:6-20549351342. Datum der Einsichtnahme: 07.09.2013.

Hendrich, F. (2008). *HorseSense oder wie Alexander der Große erst ein Pferd und dann ein Weltreich eroberte. Drei Schritte zum Charisma der Führung.* (2. Auflage).Wien: Amalthea Signum Verlag

Ilmarinen, J. & Tempel, J. (2002). *Arbeitsfähigkeit 2010. Was können wir tun, damit Sie gesund bleiben?* Hamburg: VSA-Verlag.

Regnet, E. (2004). *Karriereentwicklung 40+.* Weinheim und Basel: Beltz Verlag

Rummel, M. (2013). *Jung führt Alt– wie geht das?* http://www.perso-net.de/fuehrung/potenzialentfaltung/jung-fuehrt-alt. Datum der Einsichtnahme 20. 12. 2013.

Hentze, J., Graf, A. u.a. (2005). *Personalführungslehre* (4. Auflage). Stuttgart: UTB Verlag.

Stock-Homburg, R. (2013). *Personalmanagement* (3. Auflage). Wiesbaden: Gabler Verlag, Springer Fachmedien.

Huber, K.-H. (2013). Junge Führungskräfte – ältere Mitarbeiter, veränderte Führungskonstellation im Zuge des demografischen Wandels. *Zeitschrift für Peronalführung, 7,* 46.

Der „Talent Management Profiler" – Ein interaktives Instrument zur Bestimmung des TM-Reifegrades von Unternehmen

Klaus P. Stulle, Svea Steinweg, Nils Cornelissen, Claudia Braun, Joana Wensing

1 Einleitung

„Talent Management!" - dieser schillernde Trendbegriff ist zunehmend in aller Munde. Dabei belegt eine aktuelle Studie zu diesem Thema (Stulle et al., 2013)[1], dass in der Praxis zwei recht unterschiedliche Interpretationen unterschieden werden müssen: Gut die Hälfte der befragten Personalexperten tendiert zu einer holistischen Verwendung des Begriffes, was auch die Gewinnung *externer Talente* im Sinne des Employer Brandings oder Performance Management umfasst. Etwa die andere Hälfte plädiert aber vielmehr für eine eher eng gefasste Verwendung und stellt dabei allein die Erkennung, Verwaltung und Entwicklung *interner Talente*, den sogenannten „High Potentials" in den Mittelpunkt.[2] Ebenso unklar ist die Frage, ob der Begriff als „Breitensport" verstanden werden soll im Sinne von „Jeder Mitarbeiter hat Talent(-e) / Begabungen, die es zu fördern gilt!" oder geht es mehr als „Spitzensport" um die Erkennung der „wenigen Talente im Unternehmen, die es gezielt zu fördern gilt"? So soll für den hier vorgestellten „Talent Management Profiler" gleich zu Beginn eine Arbeitsdefinition vorangestellt werden, die im folgenden Modell visualisiert wird:

Ausgangspunkt des Talent Management-Modells ist die Personalstrategie (abgeleitet aus der Unternehmensstrategie), die nicht unabhängig von der jeweiligen Unternehmenskultur gesehen werden kann. Die Einzelbestandteile beschreiben dann im Wesentlichen die zentralen Personalmanagement-Prozesse von der Personalgewinnung bis hin zur Talententwicklung.

---

[1] Stulle, K. Steinweg, S. & Cornelissen, N. (2013): Weniger Technik, mehr Integration. Personalwirtschaft extra, Sonderheft 06, 18-20.

[2] Dies wird auch in der aktuellen Buchliteratur zum Thema deutlich: Enaux & Henrich (2010) legen ein eher engeres Verständnis zugrunde, im Sammelband von Jäger & Lukasczyk (2009) geht das Talent-Management-Konzept deutlich stärker in die Breite, auch Steinweg (2009) beschreibt ein eher weiter gefasstes Modell entlang des HR Zyklus, das auch die Organisationskultur integriert.

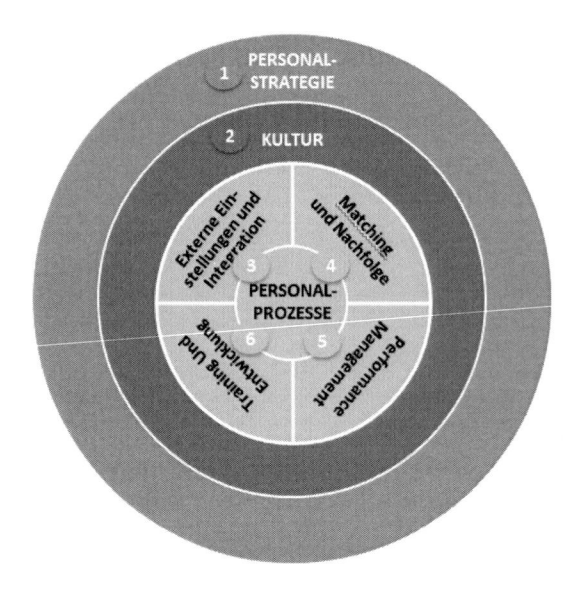

Abb. 1: Talent-Management Modell

2 Entwicklung des Talent Profilers und Studienkonzeption

Aufbauend auf dem oben skizzierten Modell wurde zunächst ein idealtypischer Ist-Zustand des Talent Managements in (Groß-)Unternehmen beschrieben, der aber in der Praxis nur selten anzutreffen sein dürfte. Unterhalb dieses Optimalzustands wurden sub-optimale Reifegradausprägungen für jedes Einzelelement auf einer vier-stufigen Skala (0, 33, 66 und 100%) definiert und in einen Online-Fragebogen übertragen. Zielgruppe der Untersuchung waren Personalexperten aus DAX-Unternehmen und weiteren Großorganisationen[3], die zwischen dem 25. April und dem 09. Mai 2013 kontaktiert wurden. Von insgesamt 42 persönlich versendeten Fragebogen konnten 15 Rückläufe vollständig ausgewertet werden, was einer Rücklaufquote von 38% entspricht. Der vollständige Fragebogen einschließlich der Operationalisierung kann unter www.returnonmeaning.com eingesehen und heruntergeladen werden.

---

[3] Angesprochen wurden HR-Experten von: adidas, BASF, Bayer, Beiersdorf, Bertelsmann, Bosch, BMW, Commerzbank, CreditSuisse, Daimler-Benz, Dt. Bahn, Dt. Bank, Dt.Lufthansa, Dt. Post, Dt. Telekom, DZ Bank, EnBW, E.ON, E-Plus, Evonik, Fielmann, General Motors, Heidelberg-Cement, Henkel, 50 Hertz, Infineon, Lanxess, Merck, Metro, PWC, RWE, SAP, Siemens, Springer, Targobank, Tesa, ThyssenKrupp, Vodafone, Volkswagen, Vorwerk, Zalando, Zeiss

3 Ergebnisse des Talent Profilers

Folgende Erkenntnisse aus dem „Talent Profilers" erscheinen besonders relevant: Die Unternehmenspraxis wird auch weiterhin durch ein eher operativ und weniger strategisch ausgerichtetes Vorgehen dominiert. Immerhin haben gut zwei Drittel der Unternehmen eine Personalstrategie sowie einen Fahrplan zur Erreichung definiert und halten Erfolgsparameter, sogenannte „KPIs", mindestens halbjährlich nach. Alle befragten Unternehmen haben das idealtypische Führungsverhalten ausdefiniert, aber nur 40% verfügen über ein integriertes Modell, das die Führungskräfte und Mitarbeiter auch tatsächlich kennen und beherzigen. Nur eine Minderheit von etwa 10% der Unternehmen plant die Bedarfe für Führungskräfte über 3 Jahre in Anlehnung an die Geschäftsstrategie.

Bezogen auf Talent Management wird das Thema „Organisationskultur" im Rahmen folgender Themen angegangen: In fast allen befragten Unternehmen stellen Personalthemen für das Top Management eine ausgewiesene Priorität dar, zumindest in der Außendarstellung. Jedoch könnte in 80% der Unternehmen die Geschäftsführung noch mehr tun in Bezug auf ihre Vorbildwirkung auf gewünschtes Verhalten. Der Fragebogen zeigt auch, dass mehr als die Hälfte der Unternehmen sowohl formelle als auch informelle Netzwerke zur Vernetzung ihres mittleren Managements aufweisen, die Intensität dieser Nutzung aber unterschiedlich ist. 60% der Unternehmen geben an, dass in der ganzen Organisation Motivation, Engagement und Zufriedenheit relativ hoch sind; in einem Viertel der Unternehmen empfinden die Mitarbeiter ihre Arbeit zusätzlich als ausdrücklich sinnstiftend. Mittlerweile werden vielerorts zahlreiche „Diversity & Inclusion"-Initiativen beobachtet, deren Umsetzungsgrad jedoch oftmals noch verbesserungswürdig ist.

Die Personalfunktion wird kritischer eingeschätzt und dabei von keinem Unternehmen rundherum positiv bewertet: Zu selten wird HR vom Management für strategische Fragen konsultiert, wobei selbst die obersten Personalleiter auch weiterhin weit über die Hälfte ihrer Aktivitäten für operative statt für weichenstellende Aufgaben verwenden. Dazu mag auch der von über der Hälfte der Befragten beobachtete Verbesserungsbedarf hinsichtlich der Kompetenzen von HR zu strategischen Themen ausschlaggebend sein.

In Bezug auf die Herausforderung, neue Mitarbeiter und Talente für das Unternehmen zu gewinnen, zeigt sich ein zweigeteiltes Bild: Auf der einen Seite geben mehr als 25% der hier untersuchten Unternehmen an, kaum nennenswerte Probleme beim Recruiting als Standardprozess zu erleben. Bei der Einstellungspraxis dominiert ein „gesundes" Verhältnis von 75% internen zu 25% externen Neueinstellungen bei Führungskräften, allerdings mit einer großen Spannweite. Die meisten Unternehmen sind bezogen auf ihr Arbeitgebermarketing recht zufrieden und nur 40% artikulieren deutliches Verbesserungspotenzial beim Rekrutierungs- und Auswahlprozess.

Nach der Einstellung von externen Fach- und Führungskräften sind aber nur knapp 15% der Befragten mit der Eingliederung nach Vertragsunterzeichnung zufrieden. Vielmehr klagen viele Befragte über die typischen Abgänge von senioren Führungskräften („Senior Hires") nach zwei bis drei Jahren. Analog dazu artikulieren 40% der Unternehmen deutliches Verbesserungspotenzial beim Onboarding-Vorgang. Als Standardinstrument existiert bei gut 70% der Unternehmen eine Orientierungsveranstaltung für Neueinstellungen.

Beim Thema „Nachfolgeplanung" wurden in den befragten Großunternehmen viele Standardprozesse und damit hohe Zustimmungsraten bzw. „Reifegrade" erwartet. In diesem Sinne sind die Abweichungen von den idealtypischen 100% beachtlich und deuten auf Optimierungspotenzial hin: So wurden in „nur" ca. drei Viertel der Unternehmen Rotationen in andere Abteilungen als ein integraler Bestandteil für die Karriereentwicklung angegeben. Dabei sollte die Möglichkeit der „on-the-job Entwicklung" durch gezielten Stellenwechsel doch mit zum größten „Pfund" zählen, mit dem die Konzerne gegenüber dem Mittelstand „wuchern" können. Immerhin geben 80% der Teilnehmer an, (mindestens) eine Liste kritischer Positionen zu pflegen, anhand derer interne Nachfolger gefunden (?) und offene Stellen gezielt intern besetzt werden können. Pro Führungsfunktion sind dann meistens zwei mögliche Nachfolger vorgesehen (mit einer Spannweite zwischen eins bis vier).

Das klassische „Entwicklungsgespräch" als regelmäßige, institutionalisierte Diskussion zwischen Mitarbeiter und seinem Vorgesetzten zu den nächsten möglichen Karriereschritten findet in so gut wie allen Unternehmen statt. Gleichzeitig besteht an diesem Punkt weiterhin deutlicher Aufklärungsbedarf für die Mitarbeiter, welche Karriereschritte überhaupt in Frage kommen. Nur in einem der befragten Unternehmen war dies für alle Mitarbeiter klar gegeben. In drei Viertel der hier kontaktierten Organisationen wurden mittlerweile unterschiedliche Karrierepfade definiert, in der Regel anhand der Unterscheidung in Fach- gegenüber Führungslaufbahn. Dabei wird in knapp zwei Drittel der Fälle die Führungslaufbahn in der Praxis als höherwertig angesehen.

Die üblichen Mechanismen zur Leistungsbeurteilung haben mittlerweile weite Verbreitung gefunden: In fast allen befragten Unternehmen wird dabei der Zielvereinbarungs- und Bewertungsprozess von den Führungskräften geschätzt und ernst genommen. Alle Unternehmen führen mindestens einmal im Jahr eine systematische Mitarbeiterbewertung durch, in der Regel verknüpft mit der Bonusermittlung. Mittlerweile flächendeckend haben dabei in den Unternehmen sogenannte „Personal-Komitees" zur Leistungskalibrierung Einzug gehalten. Bei mehr als 70% der Unternehmen wird die Leistung und das Potenzial der Mitarbeiter in einem gemeinsamen Prozess und nicht getrennt voneinander erfasst bzw. diskutiert. In zwei Drittel der Unternehmen ist Feedback von den Mitarbeitern zu Führungskräften („buttom-up") vorgesehen und wird mindestens jährlich durchgeführt. Allerdings nur bei der Hälfte der Unternehmen wird dieser Prozess als wichtig angesehen und angenommen, dass Teilnehmer tatsächlich ehrlich antworten.

Bei den Themen „Training und Entwicklung" zeigt sich ein deutliches Delta zwischen Wunsch und Wirklichkeit: In allen Unternehmen gibt es zwar individuelle Entwicklungspläne, die in 20% allerdings nur für Führungskräfte vorgesehen sind und lange nicht immer systematisch befolgt werden. Ebenso haben alle Unternehmen Ziele für Schulungen und Entwicklungsmaßnahmen definiert. Doch nur in 20% der Unternehmen sind diese Ziele aus der Geschäftsstrategie abgeleitet, messbar gemacht und werden auch nachgehalten. Knapp drei Viertel der Unternehmen messen ausschließlich die Teilnehmer-Zufriedenheit mit Qualifizierungsmaßnahmen („Kirkpatrick Level 1"); nur bei einer Minderheit wird der Lernerfolg auch über Zeit gemessen und kalibriert durch Eindrücke der jeweiligen Vorgesetzten. Der Anteil unternehmensintern entwickelter Schulungen im Vergleich mit Standardmaßnahmen hält sich mit jeweils 50% in etwa die Waage. Der Anteil von Fortbildungsmaßnahmen, bei denen die eigenen Führungskräfte maßgeblich als „interne Trainer" aktiv sind, variiert zwischen 5% und 70% und liegt im Mittel bei ca. 19%.

4 Implikationen aus dem Talent Profiler

Zusammenfassend können aus der Vielzahl von Ergebnissen aus der oben vorgestellten Fragebogenstudie folgende Thesen abgeleitet werden:

Das Thema „Talent Management" ist zwar als konzeptionelle Herausforderung klar erkennbar in den befragten Großunternehmen angekommen, allerdings bleibt die Umsetzung der angestrebten Prozesse an vielen Stellen noch deutlich hinter dem Ziel-Zustand zurück. Insgesamt variiert der „Reifegrad" des Talent Managements zwischen den einzelnen Unternehmen weiterhin sehr stark, wobei aber auch die einzelnen Teil-Prozesse sehr unterschiedlich realisiert sein können.

Das „Performance Management" wird als der wichtigste Bereich des Talent Managements wahrgenommen, wobei sehr häufig eine enge Verknüpfung von „Leistung" und „Bonus" vorgenommen wird (der variable Anteil der Vergütung wurde im Schnitt bei stattlichen 28% des Gesamteinkommens angegeben). Für die Talent Management Praxis ergibt sich daraus die Möglichkeit, das „Performance Management" als „Zugpferd" für die weiteren TM-Prozesse zu nutzen. Wenn der damit verbundene Ressourcenaufwand für die Zielvereinbarungsprozedur ohnehin schon im Unternehmen verbreitet (und im besseren Fall auch akzeptiert) ist, lassen sich Potenzialbeurteilung, Entwicklungsplanung bis hin zur strategischen Personalentwicklung möglicherweise recht „geräuschlos" und widerstandsarm mit implementieren, vorausgesetzt, es ergibt sich daraus ein stimmiges Gesamtbild aller HR-Prozesse.

Dem übergeordneten Thema „Unternehmenskultur" wird von den Studienteilnehmern eine recht hohe Bedeutung zugewiesen und die Personalfunktion ist – zusammen mit dem Management – gut beraten, dieses Metathema gezielt in den Mittelpunkt zu stellen, um den momentan ebenso recht niedrig bewerteten

Reifegrad auf ein verbessertes Niveau zu bewegen. Damit wird dann auch zwangsläufig die momentan nur rudimentäre Verankerung der Personalstrategie in der allgemeinen Unternehmensstrategie voran getrieben werden können. Wie ein CEO zitiert wird: „Kultur verspeist Strategie zum Frühstück" (Steinweg, 2009).

Dagegen schon heute recht hoch ausgeprägt ist der Reifegrad in den Bereichen „Training und Entwicklung" sowie „Externe Einstellungen". Hierzu können Feinjustierungen von Vorteil sein, indem das klassische Bildungsangebot gezielt hinterfragt wird, auch durch eine ernsthaftere Evaluation jenseits der „Happy-Sheets" unmittelbar nach Seminarteilnahme. Nicht allein aus Ressourcengesichtspunkten mag es dabei von Vorteil sein, mehr denn je hochrangige interne Führungskräfte als reguläre Trainer einzubeziehen und somit aktiv in die Pflicht zu nehmen.

Auch beim „Recruiting"-Thema dürfte es vielerorts an der Zeit sein, den Blick weniger auf die fortgesetzte Prozessoptimierung zu richten, z.B. bezüglich der Unternehmens-Webpage oder des Bewerbungsworkflows. Vielmehr sollte stärker die Qualität des „Hiring-*Outputs*" hinterfragt werden. Dazu rückt zum einen das ewige Thema „Professionelle Eignungsdiagnostik" in den Mittelpunkt, wobei in vielen Unternehmen die Personalfunktion durch bestenfalls mittelfristig angelegte und dabei hoch-aufwändige Potenzial-ACs aufgezehrt wird. Bei den eigentlichen Weichenstellungen für das Unternehmensgeschick, den konkreten internen und externen Personalentscheidungen, wird die Expertise der Personaler aber oft noch viel zu wenig berücksichtigt, dabei liegt an dieser Stelle ein echtes Wesensmerkmal funktionierenden Talentmanagements.

Eng verbunden mit letztgenanntem Punkt ist der vielerorts offenkundige Handlungsbedarf hinsichtlich eines verbesserten Onboardings neu-angeworbener Führungskräfte. Die Früchte einer erfolgreichen Integration hängen hier sehr niedrig, denn die unmittelbaren und mittelbaren Kosten für das weiterhin noch viel häufig beobachtete Scheitern von „Senior Hires" lasten enorm auf der gesamten Organisation, verbunden mit der großen zeitlichen Trägheit bei der Besetzung von unfreiwillig aufgetretenen Vakanzen in der Führungsstruktur.

5   Künftige Anwendungsgebiete für den „Talent Profiler"

Die hier auch eher exemplarisch als vollständig skizzierten Implikationen aus der ersten Anwendung des „Talent Profilers" machen deutlich, wofür das Instrument in Zukunft genutzt werden kann. Es basiert zum einen auf der Annahme, dass das Thema „Talent Management" modellhaft in drei Hauptgebiete unterteilt werden kann, für die es mittlerweile in allen Bereichen sogenannte „Best-Practice"-Lösungen gibt, die den maximalen Reifegrad im Unternehmen kennzeichnen. Darüber hinaus wird postuliert, dass Talent Management mehr denn je für jede Organisation eine spezifische Relevanz entwickeln wird, die fortgesetzter Optimierung bedarf. Als Ausgangspunkt zielführender Aktivitäten ist es ratsam, den momentanen Status-Quo einer gewissenhaften Prüfung zu unterziehen. Dabei macht es Sinn, zum einen den aktuellen Reifegrad der Organisation insgesamt, aber auch nach Einzelprozessen getrennt zu erheben. Gerade an dieser Stelle kann der „Talent Profiler" als standardisiertes Instrument im Fragebogen-Format oder im Experten-Gespräch zur konkreten Standortbestimmung der jeweiligen Organisation verwendet werden. Als vorteilhaft wird sich dabei die darin enthaltene durchgängige Kombination von quantitativen = zahlenbasierten Daten mit eher offenen, qualitativen Aussagen herausstellen, die der Komplexität des dahinter liegenden Themas angemessen gerecht wird. Dazu beinhaltet die zurückliegende Untersuchung bereits eine ausreichende Datenbasis für ein externes Benchmarking, wobei die zugrundeliegende Stichprobe durch fortgesetzte Anwendungen weiter ausgebaut werden soll.

Der ethische Unternehmer: Überlegungen zu einer CSR-Unternehmertypologie

Milena Valeva, Caroline Sell

In diesem Beitrag wird eine CSR-Unternehmertypologie vorgestellt. Es werden dabei theoretische und empirische Ansätze aus der Fachliteratur berücksichtigt. Nach den Dimensionen Ethik-Ausmaß im Business und Ethik Einfluss auf die Gesellschaft werden vier Typen abgeleitet: Pseudo-CSR, CSR als Business Case, Social Business und integrative CSR.

Keywords: Corporate Social Responsibility (CSR), CSR-Unternehmertypologie, Social Business

1 Einleitung

Mit der voranschreitenden Evolution des Themenfeldes Nachhaltigkeit und CSR kristallisiert sich in der Praxis immer schärfer auch ein neues Unternehmerbild heraus – der ethische Unternehmer. Dieser neue Unternehmertyp ist sowohl für die Praxis als auch die Theorie mindestens ebenso wichtig wie das ethische Unternehmen (darunter werden im Allgemeinen nicht-inhabergeführte Unternehmen subsummiert). Da die Mehrheit der KMUs in Deutschland unternehmergeführt ist und die KMUs wiederum über 90% der Unternehmenslandschaft abbilden, ist die Ableitung des ethischen Unternehmers eine aktuelle Notwendigkeit der Praxis. Flankierend dazu kann festgestellt werden, dass die gängige akademische Literatur sporadische und partikuläre Ansätze bietet, die jedoch einer Revision und Weiterentwicklung bedürfen. Im Rahmen dieses Beitrages wird daher folgender Fragestellung nachgegangen: Welche Typen von sozial verantwortlichen Unternehmern sind erkennbar? Die Beantwortung dieser Fragestellung findet im Rahmen des vom Ministerium für Innovation, Wissenschaft und Forschung des Landes Nordrhein-Westfallen geförderten Projekts „Ethisches Unternehmerhandeln im Spannungsfeld zwischen Kundenerwartungen und Lieferkettenmanagement" an der Hochschule Niederrhein statt.

Es geht also nicht mehr um die Frage, welche Typen von Unternehmern sich generell ableiten lassen. Dieser Fragestellung sind Weber (1986) und Schumpeter (1987, 1997) nachgegangen. Es geht auch weniger darum, eine Grundsatzunterscheidung der Denkmuster im wirtschaftsethischen Kontext zu treffen (siehe dazu die untenstehenden Ausführungen zu Ulrich und Thielemann, 1992). Den Ausgangspunkt der vorliegenden Arbeit bildet vielmehr die Notwendigkeit einer Anordnung im diffusen Raum von sozialen Verantwortungen von Unternehmern. Die in diesem Beitrag relevante Frage ist somit: Wie können Praxisformen von sozialer Verantwortung systematisch in Zusammenhang gebracht werden? Die Fülle an Literatur zu diesem Thema hat insbesondere in den letzten Jahren enorm zugenommen. Somit sind Anordnung und Begriffsklärung des sozialen Unternehmers dringend notwendig.

2 Methodik

2.1 Forschungsansatz

Typologien sind für die Sozialforschung von großer Bedeutung. Durch sie werden komplexe Realzusammenhänge pragmatisch aufgearbeitet (Kluge, 1999). Somit tragen Typologien erheblich zur Erkenntnisgewinnung bei (Lamnek, 2005).

Der Forschungsansatz, der der Frage nach CSR-Unternehmertypologie zugrunde gelegt wird, zielt auf die Bildung von Realtypen ab. Die theoretisch-deduktive und empirisch-induktive Vorgehensweise werden ins Gleichgewicht gestellt (Ulrich & Thielemann, 1992). In diesem Beitrag werden zunächst die bereits vorliegenden Ergebnisse von empirischen Untersuchungen und theoretischen Arbeiten mit weiteren Praxisfällen analytisch in einen neuen Zusammenhang gestellt. Erst in einem nächsten Schritt ist geplant, diese an die Praxis anzugleichen. Somit wird die hier vorgestellte CSR-Unternehmertypologie kontinuierlich an die Praxis angeglichen und verändert.

Bei der geplanten induktiven Vorgehensweise werden öffentlich zugängliche Selbstdarstellungen, Werbespots, Interviews, Talkrunden und Portraits von Unternehmern im Hinblick auf grundlegende Unterscheidungsmerkmale ausgewertet und zu Kategorien verdichtet. Diese wiederum bilden die Grundlage für die Veränderung der vorliegenden Typologie des ethischen Unternehmers. Die Ergebnisse der induktiven Analyse und die Gegenüberstellung der induktiven und deduktiven Typologien werden im Sommer 2014 vorliegen.

2.2 Analyse der ausgewählten Literatur

Die Literatur zu CSR und Nachhaltigkeit hat in den letzten Jahren enorm zugenommen. Managementzeitschriften, die auf unterschiedliche Funktionen und Branchen fokussieren, greifen das Thema auf und leiten diverse Implikationen ab. Genaue Zahlen zum CSR-Literaturboom sind nicht bekannt. Um die sich daraus ergebende Komplexität zu reduzieren, wurde in dieser Arbeit wie folgt vorgegangen: Für die hier vorgestellte CSR-Unternehmertypologie bilden die basalen Überlegungen zum Unternehmer von Weber (1986) und Schumpeter (1987, 1997) den Hintergrund. Bei der Auswahl von Arbeiten zum speziellen CSR-Bereich wurden zum einen die Interpretation und Zusammenfassung vorhandener CSR-Ansätze im Zeitablauf von Schneider (2012) und zum anderen die grundlegende Typologie zur ethischen Unternehmensführung von Ulrich und Thielemann (1992) berücksichtigt.

Bei Weber (1986) werden in der Person des kapitalistischen Unternehmers das wertrationale und zweckrationale Handeln verbunden. Der Prototyp des protestantischen Unternehmers betreibt in seinem Unternehmertun eine innerweltliche Askese. Somit kommt es zu einer paradoxen Situation, in der die religiöse Motivation dazu führt, dass sich der Unternehmer lediglich auf das Gewinnstreben konzentriert. Er wird zu einem Homo Oeconomicus, bei dem der kapitalistische Gedanke das religiöse Ethos ersetzt. Durch Zweckrationalisierung der Welt wird nicht Gott erkannt, sondern es breitet sich eine Entfremdung vom Gott und Wertrationalität aus. Somit ist das Ende des kapitalistischen Systems als Sinnhaftigkeit erkennbar. Der Vorschlag von Weber zielt somit auf Charisma und charismatische Führung seitens der Politiker und Unternehmer vor, um die Sinnhaftigkeit im Alltag wiederherzustellen. Die charismatische Führung soll der Zweckrationalität der Bürokratie entgegenwirken. Weber wendet sich an Subjekte, die Neuorientierungen der Einstellungen propagieren und die Massen zur Gefolgschaft überführen.

Schumpeter (1997) verlässt die klassische Sichtweise auf Ökonomie von Weber (1986). Bei ihm wendet der Unternehmer den Blick nach vorne. Da die Zweckrationalität von Weber (1986) eine Rückwärtsausrichtung aufweist, ist sie für Schumpeter (1997) nicht geeignet um Unternehmer zu charakterisieren. Der Unternehmer bei Schumpeter (1997) gestaltet in der Ungewissheit. Schumpeter (1997) unterscheidet vier Typen: „der Fabrikherr und Kaufman", der als Autokrat erstrebte Ideale des Familienvaters und Fürsorgers verkörpert. Der Zweite Typ ist der „moderne Industriekapitän". Dieser pflegt keine Bindungen zu den Arbeitern und Familie. Leitend ist das Streben nach Sieg und Macht. Als Unternehmer ist für ihn das Kapital ausschlaggebend. Der dritte Typus wird als „Direktor" bezeichnet. Dieser wird vom öffentlichen Ansehen getrieben. Der vierte Typus schließlich ist der „Gründer und Faiseur", der als reiner Unternehmer gilt. Sein sozialer Status ist niedrig, so dass er nach neuen Möglichkeiten sucht, um aufzusteigen (Schumpeter, 1987).

Schumpeter (1997) erkennt beim Unternehmer des vierten Typus das Merkmal der Sinngebung, die beim Weberschen Unternehmer verloren gegangen ist. Durch das Merkmal der ungewissen Gestaltung von Neuem tritt neben der ökonomischen Rationalität, die typisch für poiesis ist, die Sinngebung hinzu. Somit erfährt der Unternehmer Sinn im Tun und ist in praxis, im Aristotelischen Sinne, engagiert. Zugleich teilen die Unternehmer von Weber (1986) und Schumpeter (1997) das Merkmal der Fremdartigkeit zur sozialen Umgebung.

Mit Schumpeter (1997) ist die Bedeutung des Unternehmers nicht nur als Gestalter des ökonomischen Lebens, sondern auch als Träger und Massenführer des Neuen im gesellschaftlichen Kontext erkannt worden. Diese Erkenntnisse spielen eine große Rolle, auch für die gegenwärtige Forderung nach sozialer Verantwortung von Unternehmen. Umso wichtiger ist die Erhellung der Grundtypen von sozial verantwortlichen Unternehmern.

Vor diesem Hintergrund ist die Typologie zur ethischen Unternehmensführung von Ulrich und Thielemann (1992) näher zu betrachten. Diese legt den Schwerpunkt auf die grundsätzlichen Denkmuster im Spannungsfeld zwischen Ethik und Erfolg. Als Dimensionen, die für jede unternehmensethische Konzeption konstitutiv sind, sind zwei Dimensionen auszumachen: erstens die Wahrnehmungsform in Bezug auf die Wirtschaft und zweitens das Problembewusstsein in Bezug auf das Verhältnis von Ethik und Erfolgsstreben. Was die erste Dimension angeht, so geht es hier um die Wahrnehmung des Lebensbereichs Wirtschaft: Sachzwänge des Wirtschaftssystems versus Lebensbereich Wirtschaft im Kontext der Gesamtheit der Lebensbereiche. Die zweite Dimension unterscheidet als zwei Wahrnehmungsformen von Ethik-Erfolg-Verhältnis Konflikt versus Harmonie (Ulrich & Thielemann, 1992). Wie aus Abbildung 1 zu entnehmen ist, ergeben sich somit vier Grundsatztypen der ethischen Unternehmensführung: Ökonomisten, Konventionalisten, Reformer und Idealisten. Nach Durchführung einer qualitativen empirischen Untersuchung werden zusätzliche Untertypen dieser vier Grundtypen ausgebildet.

Das Reifengradmodell von Schneider (2012) fasst analytisch die zum Mainstream gewordene Denkweise der sozialen Verantwortung von Unternehmen zusammen. Es geht neuerdings darum, wie Unternehmen als politische Gestalter erfasst werden können. Die Arbeiten von Bondy, Moon, und Matten (2012) und Scherer und Palazzo (2010) zur Ausgestaltung der bürgerlichen Rechte und Pflichten von Unternehmen werden in diesem Reifegradmodell von Schneider (2012) berücksichtigt. Das Reifengradmodell von CSR (Abbildung 2) betont den Ausbau von ethischer Verantwortung des Unternehmens, indem etwas an Verantwortung im Zeitablauf immer weiter dazukommt.

Wahrnehmungsform / Problembewusstsein	Systemorientierte	Kulturorientierte
Harmonisten	**Ökonomisten**	**Konventionalisten**
Konfliktbewusste	**Reformer**	**Idealisten**

Abb. 1: Typologie der unternehmensethischen Denkmuster von Führungskräften (Ulrich & Thielemann, 1992, S. 25)

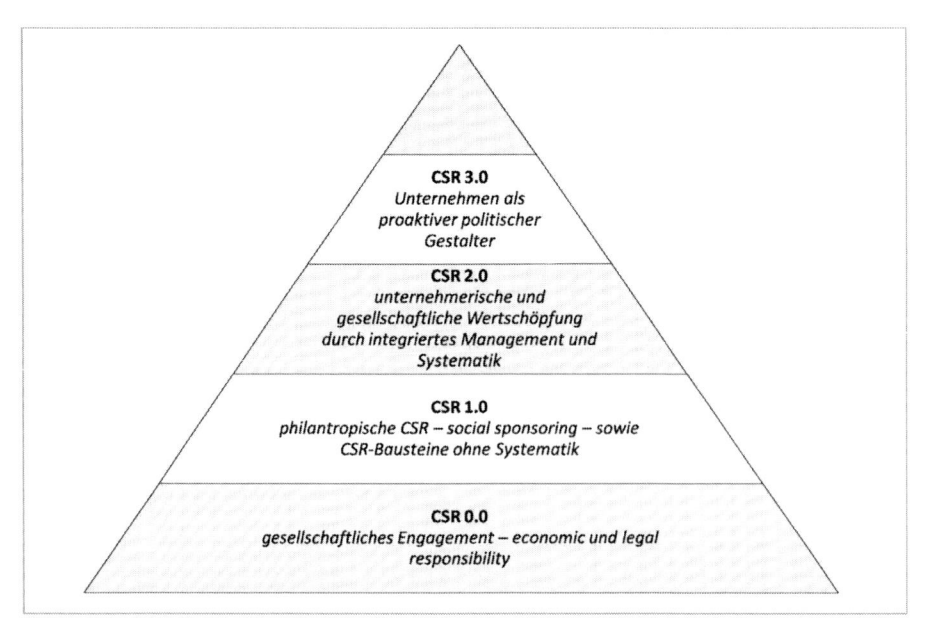

```
                    /\
                   /  \
                  /CSR 3.0\
                 /Unternehmen als\
                /proaktiver politischer\
               /      Gestalter        \
              /_____\
             /        CSR 2.0             \
            /    unternehmerische und      \
           /  gesellschaftliche Wertschöpfung\
          / durch integriertes Management und \
         /             Systematik              \
        /_____\
       /                CSR 1.0                   \
      /   philantropische CSR – social sponsoring – sowie \
     /          CSR-Bausteine ohne Systematik              \
    /_____\
   /                                                          \
  /                        CSR 0.0                             \
 /       gesellschaftliches Engagement – economic und legal     \
/                        responsibility                          \
```

Abb. 2: Reifengradmodell von CSR (Schneider, 2012, S. 29)

Aus der kommentierten Literatur können wir festhalten, dass die Typologie von Ulrich und Thielemann (1992) den Ausgangspunkt der Überlegungen einer CSR-Unternehmertypologie bildet. Zugleich ist dem gegenwärtig unanfechtbar gewordenen Neu-Mainstream in Wirtschaftsdenken und -praxis Rechnung zu tragen. Bei der Frage nach sozialer Verantwortung geht es nicht mehr darum, „ob", sondern „wie" dieses Konstrukt auszugestalten ist.

3 CSR-Unternehmertypologie

In dem Streben die neusten Entwicklungen auf der CSR-Arena zu berücksichtigen, legen wir folgende zwei Dimensionen für die CSR-Unternehmertypologie fest: Ausmaß an Ethik im Erfolgsstreben des Unternehmertums und Gesellschaftseinfluss von Ethik im Business. Bei der ersten Dimension unterscheiden wir zwischen Ethik als Primat versus Erfolgsstreben als Primat. Bei der zweiten Dimension unterscheiden wir zwischen einem systematischen versus einem partikulären Ansatz. Es lassen sich dabei vier Grundtypen ableiten.

Wie in Abbildung 3 dargestellt, können die vier Grundmuster wie folgt charakterisiert werden:
1. Für den Pseudo-CSR-Typen wird das Potenzial von Ethik im Betreiben von Philanthropie ausgeschöpft. Dabei spielt der Professionalisierungsgrad der einzelnen philantropischen Aktivitäten keine Rolle. Entscheidend ist lediglich, dass Ethik nicht im Kerngeschäft verankert ist. Das Unternehmen

Ethik-Ausmaß \ Ethik-Einfluss	Partikulär	Systematisch
Profit-Primat	**Pseudo - CSR**	**CSR als Business Case**
Ethik-Primat	**Social Business**	**Integrative CSR**

Abb. 3: CSR-Unternehmertypologie (eigene Darstellung)

behält in seinen Kernaktivitäten den Gedanken des Primats vom Erfolgsstreben. Betrachtet aus der Perspektive des Generalisierungspotenzials ist die Gestaltung von philanthropischen Initiativen dem einzelnen Unternehmen überlassen, so dass hier partikulare Einflüsse auf die Gesellschaft ausgeübt werden.

2. Für den CSR-als-Business-Case-Typen wird Ethik dann eingesetzt, wenn diese sich lohnt. Somit verfolgen solche Unternehmer eine defensive Strategie und setzen erst bewährte Instrumente der ethischen Reflexion im Unternehmen ein, wenn dadurch Gewinn zu erwarten ist. Da sich Ethik jedoch per se nicht immer lohnt, werden „unbequeme" ethische Dilemmata umgangen. Zugleich ist diesem Typus ein systematischer Gesellschaftseinfluss zuzurechnen, da professionelles Betreiben von Ethik vorliegt, das zugleich durch den hohen Standardisierungsgrad auch eine große Verbreitung im Wirtschaftsleben vermuten lässt.

3. Für den Social-Business-Typ ist hingegen das Primat von Ethik bereits eindeutig festgelegt. Das Unternehmen ist auf eine konkrete ethische Fragestellung ausgerichtet. Zugleich ist für diesen Ansatz eine Individualität und Andersartigkeit typisch, die ein verringertes Ausmaß an generellem Gesellschaftseinfluss herleiten lässt. Mit dem Unternehmerbegriff von Schumpeter (1997) sind gerade diese Social Entrepreneurs als zukunftsweisend zu bezeichnen.

4. Genau dieser Mangel an Standardisierung und Gesellschaftseinfluss wird beim integrativen CSR-Typus behoben. Ethische Grundsätze sind für diesen Unternehmer konstitutiv in der Gesamtheit der Unternehmensführung eingebettet. Aus diesem Grund werden konsequent in kleinen Schritten einzelne Bereiche, Funktionen und Produkte im breit angelegten Stakeholderdialog einer ethischen Reflexion unterzogen. Zugleich ist der Gesellschaftseinfluss als hoch einzuschätzen, da diese Unternehmer systematisch in traditionellen Märkten agieren und dadurch voneinander lernen können.

4 Fazit

Bei der Beantwortung der eingeführten Fragestellung nach grundlegenden Typen von CSR-Unternehmern wurden die klassischen Werke von Weber (1986) und Schumpeter (1997) zur Unternehmerpersönlichkeit und ihrer Gesellschaftsstellung berücksichtigt. Der Fokus wurde danach auf die Grundlagentypologie der ethischen Unternehmensführung von Ulrich und Thielemann (1992) gesetzt. Da es darum ging eine Typologie zu entwickeln, die anwendungsorientiert und aktuell ist, wurde bei der Bildung der Typologie die Frage nach den CSR-Arten und ihrem Einflusspotenzial auf Wirtschaft und Gesellschaft als zentral betrachtet, wobei an dieser Stelle das Reifegradmodell von Schneider (2012) den Überblick bot. Die hier vorgeschlagene CSR-Unternehmertypologie stellt einen ersten Bogen über diverse Auffassungen von CSR dar, wobei darunter auch das an Bedeutung wachsende Phänomen von Social Business berücksichtigt wurde. In einem nächsten Schritt geht es darum, mit Beispielen aus der Praxis diese Typologie zu verfeinern.

Literatur

Bondy, K., Moon, J. & Matten D. (2012). An Institution of Corporate Social Responsibility (CSR) in Multi-National Corporations (MNCs): Form and Implications. *Journal of Business Ethics, 111*, 281-299

Kluge, S. (1999). *Empirisch begründete Typenbildung. Zur Konstruktion von Typen und Typologien in der qualitativen Sozialforschung.* Opladen: Leske + Budrich.

Lamnek, S. (2005). *Qualitative Sozialforschung. Lehrbuch.* (4. Aufl.). Weinheim: Beltz PVU.

Scherer, A. & Palazzo G. (2010). The New Political Role of Business in a Globalized World: A Review of a New Perspective on CSR and its Implications for the Firm, Governance, and Democracy. *Journal of Management* Studies, 48, 899-931.

Schneider, A. (2012). Reifengradmodell CSR – eine Begriffsklärung und -abgrenzung. In A. Schneider, R. Schmidpeter (Hrsg.), *Verantwortungsvolle Unternehmensführung in Theorie und Praxis, 2012* (S. 17-38). Berlin Heidelberg: Springer.

Schneider, A. & Schmidpeter, R. (Hrsg.) (2012). *Verantwortungsvolle Unternehmensführung in Theorie und Praxis.* Berlin Heidelberg: Springer.

Schumpeter, J. A. (1987). *Beiträge zur Sozialökonomik.* Wien: Böhlau.

Schumpeter, J. A. (1997). *Theorie der wirtschaftlichen Entwicklung. Eine Untersuchung über Unternehmergewinn, Kapital, Kredit, Zins und den Konjunkturzyklus.* (Auflage: 9. A., unveränd. Nachdr. d. 4. A. 1934). Berlin: Duncker & Humblot.

Ulrich, P., Thielemann, U. (1992). *Ethik und Erfolg. Unternehmensethischen Denkmustern von Führungskräften – eine empirische Studie* (St. Galler Beiträge zur Wirtschaftsethik, Band 6). Bern und Stuttgart: Verlag Paul Haupt.

Weber, M. (1986). *Gesammelte Aufsätze zur Religionssoziologie* (Band I). Tübingen: J.C.B. Mohr.

Auszubildende im gewerblich-technischen Bereich professionell trainieren

Thea Stäudel

Die demografische Entwicklung macht es, generell und vor allem im gewerblich-technischen Bereich, erforderlich, auch Auszubildende und ihre Schlüsselkompetenzen professionell zu fördern. Vorgestellt wird ein bedarfsorientiert entwickeltes und lernzielorientiert aufgebautes, evaluiertes Training speziell für diese besondere Zielgruppe.

Keywords: demografische Entwicklung, Auszubildende im gewerblich-technischen Bereich, Bedarfsanalyse, Schlüsselkompetenzen, Training

1 Einleitung

Angesichts der demografischen und der technologischen Entwicklung stellt sich insbesondere im gewerblich-technischen Bereich aufgrund der eingeschränkten Bewerberzahlen sowohl die Herausforderung, geeignete Auszubildende zu gewinnen, als auch, ihre Handlungskompetenzen mit professionellen Personalentwicklungsmaßnahmen zu unterstützen. Für die fachliche Ausbildung gibt es entsprechende Ausbildungsordnungen und berufspädagogische Ansätze. Für die Förderung der Schlüsselkompetenzen jedoch existieren im gewerblich-technischen Bereich im Unterschied zum kaufmännischen Bereich kaum (empirisch) fundierte Ansätze, die den Anforderungen einer professionellen Personalentwicklung folgen.

Ziel solcher Personalentwicklungsmaßnahmen ist es, dass das Gelernte im Berufsalltag angewandt wird. Einen solchen erfolgreichen Transfer kann man dann erwarten, wenn die Anforderungen des spezifischen Berufsalltags berücksichtigt und in Relation zu den vorhandenen Vorkenntnissen und Fähigkeiten der Teilnehmer gesetzt werden. Grundlage der Konzeption einer Maßnahme ist also immer eine empirische *Bedarfsanalyse*, aus der dann die *Lernziele* und Inhalte abgeleitet werden. Für das *didaktische Vorgehen* sind die *Merkmale der Zielgruppe* und der *Organisationskultur* wichtig, ebenso der Bezug auf den praktischen Berufsalltag. Für die Umsetzung des Gelernten sind schließlich *Transfersicherungsmaßnahmen* hilfreich sowie die *soziale Unterstützung* im Betrieb. Und schließlich sollten *Evaluationen* nachweisen, dass sich kurz- und langfristig eine Wirkung einstellt (vergl. Baldwin & Ford, 1988; Rank & Wakenhut, 1998; Kauffeld, 2010).

2 Voruntersuchungen

2.1 Der Bedarf im gewerblich-technischen Bereich

Um den Bedarf empirisch zu erheben, führte Stäudel (2008) eine Bedarfsanalyse durch. Hier war es zunächst wichtig, die Vielzahl der unterschiedlichen Schlüsselkompetenzen, die sich in der Literatur finden lassen, auf ein einheitliches Konstrukt zu beziehen und sie eindeutig zu definieren. Für 24 in qualitativen Experteninterviews als relevant festgestellte Schlüsselkompetenzen wurden analytische Definitionen entwickelt und daraus Fragebogen abgeleitet, die den Azubis im ersten Lehrjahr und ihren Ausbildern in 36 Unternehmen zur Selbst- und Fremdeinschätzung vorgelegt wurden. So wurden das reale Können (Ist) und das nötige Können (Soll) sowie die Wichtigkeit und die Häufigkeit der jeweiligen Kompetenzen quantitativ erfasst und miteinander verglichen.

Es zeigte sich, dass bei den Azubis im gewerblich-technischen Bereich vor allem ein hoher Bedarf für die Weiterentwicklung von Methoden- und Selbstkompetenzen besteht. Demgegenüber sind die Sozialkompetenzen der Auszubildenden – anders, als dies meist angenommen wird - angesichts der Anforderungen der oft technisch ausgerichteten Arbeitsplätze weniger wichtig. Für die einzelnen sozialen Schüsselkompetenzen besteht nur ein mittlerer bis schwacher bzw. kein Bedarf.

Gezielt optimiert werden müssen vor allem die Methodenkompetenzen Problemlösen und Organisationsfähigkeit sowie einige Selbstkompetenzen, die sich unter den Begriffen Disziplin und Qualitätsbewusstsein zusammenfassen lassen. Wichtig ist weiterhin der Umgang mit Kritik sowie die Fähigkeit zu Selbstkritik (weiteres s. Stäudel 2008). Ergänzend sind auch Verhaltensweisen sinnvoll, die eine effektive Teamarbeit unterstützen.

2.2 Die Zielgruppe der Auszubildenden

Die Auszubildenden im gewerblich-technischen Bereich sind großenteils männlich und im 1. Lehrjahr zwischen 16 und 21 Jahre alt. Ihr Selbstbild ist oft noch dem traditionellen Männerbild verhaftet und geht mit der Tendenz einher, das eigene Können zu überschätzen und die selbstkritische Auseinandersetzung mit den eigenen Stärken und Schwächen eher zu vermeiden. Mit den üblichen Unterrichtsformen sind sie nur schwer motivierbar und die eigenen körperlichen Fähigkeiten spielen eine wichtige Rolle (vergl. Hurrelmann & Quenzel, 2008; Stäudel, 2008; Hajdar, 2011).

2.3 Die Organisationskultur und der Berufsalltag

Schließlich müssen die Inhalte, die im Rahmen einer PE-Maßnahme vermittelt werden, zur jeweiligen Organisationskultur und dem Berufsalltag passen. Mittels Expertenbefragungen, Beobachtungen und Interviews mit der critical incident-Technik wurde die Arbeitswelt im gewerblich-technischen Bereich untersucht. Auch Beispielsituationen, in denen die Schlüsselkompetenzen zur Anwendung kommen (sollten), wurden erhoben.

Es zeigte sich, dass der Umgangston im gewerblich-technischen Bereich „männlich-rau" und Metakommunikation eher unüblich ist. Die Ausbilder haben zwar eine didaktische Ausbildung, die sie befähigt, auch Schlüsselkompetenzen zu fördern, oft stehen aber fachliche Aufgaben und Prozesse im Vordergrund. Insbesondere in KMU verhindert der Zeitdruck in der Produktion ein differenziertes Eingehen auf die Schwierigkeiten der Auszubildenden (Stäudel, 2008).

3 Die Lernziele

Aus den analytischen Definitionen der einzelnen Kompetenzen wurden zusammen mit den ergänzenden Erkenntnissen aus der Untersuchung der Organisationskultur und dem Berufsalltag differenzierte Lernziele für jede Schlüsselkompetenz abgeleitet.

Beispiel: Lernziele für Problemlösen.

Groblernziel:	Die Azubis bearbeiten ihre Aufgaben planvoll problemlösend, um die gesteckten Ziele zu erreichen.
Feinlernziel 1:	Die Azubis gehen beim Problemlösen strukturiert und überlegt vor.
Feinlernziel 1.1:	Die Azubis kennen die Problemlöseschritte.
Feinlernziel 1.2:	Die Azubis gehen entsprechend der Problemlöseschritte geordnet vor.
Feinlernziel 1.3:	Die Azubis sehen die Vorteile eines strukturierten Vorgehens.
Feinlernziel 1.2:	Die Azubis wissen, was bei den einzelnen Problemlöseschritten zu tun ist und setzen dieses Wissen in einem systematischen Problemlöseprozess um.
Feinlernziele 1.2.1-1.2.7:	Detaillierte Lernziele pro Problemlöseschritt

Die Lernziele betreffen also sowohl die Wissens-, als auch die Einstellungs- und die Handlungsebene. Die Auszubildenden sollen zum einen erkennen, dass bspw. beim Problemlösen ein planvolles, strukturiertes Vorgehen eher zum Erfolg als unüberlegtes, schnelles Handeln und ihre Einstellung dementsprechend ändern. Zum anderen erwerben sie das Wissen darüber, wie ein systematischer Problemlöseprozess ablaufen sollte und setzen ihn anschließend auch in konkretes Handeln um.

4 Ein Training für Auszubildende im gewerblich-technischen Bereich

Um die Lernziele zu erreichen, wurde unter Berücksichtigung der geschilderten Ergebnisse zur Zielgruppe und zur Organisationskultur (und einiges mehr) die Konzeption des Azubitrainings und sein didaktischer Aufbau entwickelt (s. Stäudel, 2013)

Um der Maßnahme einen besonderen Stellenwert zu geben, sollte sie außerhalb des üblichen Ausbildungsalltags stattfinden. Dies ist mit einem Training möglich, für das die Teilnehmer freigestellt werden. Mehr als zwei Trainingstage sind organisatorisch meist nicht realisierbar. Deswegen wurden aus den Schlüsselkompetenzen diejenigen ausgewählt, für die ein hoher bis mittlerer Bedarf besteht. Pro Schlüsselkompetenz wurde ein eigenes, klar lernzielbezogen ausgerichtetes Modul entwickelt:

- Problemlösen
- Organisationsfähigkeit
- Qualitätsbewusstsein und Qualitätssicherung
- Konstruktiver Umgang mit Kritik
- Disziplin
- Teamarbeit

4.1 Sensibilisierung für die Anforderungen

Jedes Modul ist in sich so aufgebaut, dass zunächst die Erkenntnis gefördert wird, dass spezielle Situationen auch auf der Ebene der Schlüsselkompetenzen spezielle Vorgehensweisen erfordern, also bspw. beim Problemlösen ein strukturiertes Vorgehen sinnvoll und zielführend ist. Um diese Einsicht zu erzeugen, wird meist eine Sensibilisierungsübung eingesetzt, bei der ein voller Erfolg nur dann zustande kommt, wenn die Teilnehmer sinnvolle und überlegte Vorgehensweise entwickeln. Da sie aber, sich selbst überschätzend, meist unbedacht und aktionistisch vorgehen, geraten sie bald in Schwierigkeiten, erleben die Folgen ihrer eigenen Fehler und sind emotional betroffen. Daraus entsteht die Bereitschaft, in der anschließenden Reflexion das eigene Vorgehen bewusst zu hinterfragen und sich auf Veränderungen einzulassen.

4.2 Motivation der Zielgruppe

Wie oben beschrieben, ist die Zielgruppe mit rein kognitiven Herangehensweisen schwer erreichbar und die Bereitschaft, sich selbstkritisch zu hinterfragen, ist gering. Deswegen wurden Übungen entwickelt oder adaptiert, die körperliche Aktivität und Geschicklichkeit erfordern. Sie sollten möglichst im Freien stattfinden. Als semantische Einkleidung der Übungen wurden Situationen gewählt, die sachlich-männliche oder sportliche Assoziationen wecken und eine Herausforderung für die Teilnehmer darstellen (bspw. „Brücke bauen", „Spinnennetz durchqueren"). Die nötigen Materialien und Werkzeuge sind den Teilnehmern aus ihrem Alltag vertraut (bspw. Holzbalken, Drahtschere). So entstehen Motivation und Spaß und die Bereitschaft, sich einzulassen. Alle Anleitungen und Instruktionen liegen vollständig ausgearbeitet vor, so dass Anfängerfehler bei der Instruktionsgabe oder der Übungsdurchführung vermieden werden.

Um die Teilnehmer zu motivieren, werden also Anleihen bei der Erlebnispädagogik und beim Outdoor-Training gemacht (bspw. Reiners, 1995; Kern & Schmitt, 2001). In ihrer Reinform bringen diese Ansätze allerdings eine Reihe von Nachteilen mit sich, da sie eher auf Selbstfindung und soziales Lernen ausgerichtet sind. Ein solches Vorgehen wäre im wirtschaftlichen Kontext und für den Bedarf der Zielgruppe nicht zielführend.

Diese Nachteile werden in diesem Training durch einen klaren Themenbezug vermieden. Die Teilnehmer wissen durch den modularen und lernzielorientierten Aufbau des Trainings immer genau, um welche Schlüsselkompetenz es geht. Durch die angeleiteten und immer auf ein Thema bezogenen Reflexionen können sie sich selbst und ihr Verhalten in diesem Bereich hinterfragen und darauf aufbauend Neues dazulernen. Die Methoden, die sie lernen, sind ebenfalls explizit auf die jeweilige Kompetenz ausgerichtet. Sie bauen auf dem Wissen über die psychologischen Zusammenhänge wie bspw. über Problemlösen auf, sind aber gleichzeitig angepasst an die Zielgruppe und ihre berufliche Situation.

Ein Hinweis: Die jungen Frauen aus dem gewerblich-technischen Bereich sind es gewohnt, sich in einem eher männlichen Umfeld zu bewegen. Sie machen mit Begeisterung, zusammen mit ihren Ausbildungskollegen, bei den Übungen mit und lernen viel. Diese Art der Übungen stellen für sie also keinen Nachteil dar.

4.3 Lernzielorientierte Reflexionen

Die Reflexion des in der Sensibilisierungsübung Erlebten wird vom Trainer zielgerichtet angeleitet, genau ausgerichtet auf diejenigen Aspekte der Übung, die sich auf die Lernziele für dieses Modul beziehen. Damit wird die Aufmerksamkeit der Teilnehmer auf die jeweilige Schlüsselkompetenz und die damit verbundenen Verhaltensweisen gelenkt. Die oft naheliegenden Attributionen auf externale oder rein soziale Ursachen werden verhindert. Wie Untersuchungen zeigen, sind bspw. soziale Turbulenzen im Team oft nur *Folgen* mangelnder Methoden- und Selbstkompetenzen (Frieling et al., 2000, Stäudel, 2004). Der Trainer sollte sich davon also nicht ablenken lassen, sondern die Reflexion auf die eigentlichen Ursachen und die Möglichkeiten, sie zu beheben, ausrichten. Um ihm dies zu erleichtern, gibt es zum einen Beobachtungsbögen, in denen anhand von lernzielrelevanten Indikatoren festgehalten wird, in welchem Ausmaß die Teilnehmer bei der Sensibilisierungsübung die jeweils nötigen Verhaltensweisen gezeigt haben. Weiterhin sind die Reflexionen für dieses Training vollständig ausgearbeitet, so dass der Trainer einen roten Faden hat, zu dem er trotz interaktiven Vorgehens immer wieder zurückkehren kann. Dies ist insbesondere für junge Trainer eine wichtige Hilfestellung.

4.4 Interaktive Lehrgespräche und Umsetzungsübungen

Durch eine solche gekonnte, vom Trainer geführte Reflexion wird das nötige Vorgehen und sein Nutzen bewusst gemacht und es entsteht die Bereitschaft, Neues dazuzulernen. Dies geschieht im anschließenden Lehrgespräch, in dem das jeweilige Thema des Moduls lernzielorientiert weiter vertieft und eine sinnvolle Methodik vermittelt wird.

Im nächsten Schritt wird dieses abstrakte Wissen in Handlung umgesetzt. Dazu dienen die Umsetzungsübungen (bspw. beim „Problemlösen" eine neue Problemlöseaufgabe, die mit der gelernten Methodik angegangen wird.) Die Erfahrungen bei der Sensibilisierungsübung bewirken einen gewissen Ehrgeiz, es nun besser machen zu wollen, so dass, ggf. mit Intervention des Trainers, die Umsetzungsübung meist erfolgreich abgeschlossen werden kann. Das Gelernte und sein Einsatz wird verstärkt.

4.5 Transferüberlegungen

Jedes Modul schließt mit Überlegungen zum Transfer ab. Auch dazu gibt es, als Unterstützung für den Trainer, vorbereitete Beispiele aus dem Arbeitsalltag unterschiedlicher Ausbildungsgänge.

5 Modularer Aufbau, Integration und Transfervorbereitung

Das Training ist modular konzipiert: Für jede einzelne Schlüsselkompetenz gibt es ein eigenes Modul, sowie zusätzlich Einstiegs- und Abschlusseinheiten. Die einzelnen Module folgen so aufeinander, dass Inhalte des vorigen Moduls im nächsten vertieft werden können, bspw. indem in der Sensibilisierungsübung für das nächste Thema auch das eben Gelernte angewandt und damit geübt werden kann und soll. Es müssen also immer mehr Aspekte berücksichtigt und integriert werden. Damit steigt der Schwierigkeitsgrad sukzessive an. Und in einer abschließenden Integrationsübung wird all das bisher Gelernte explizit gemeinsam angewandt, so wie es in der Berufspraxis dann auch der Fall sein wird.

Ebenfalls zum Abschluss wird noch einmal vertieft auf den Transfer in den Berufsalltag eingegangen. Nach einem emotional positiven Rückblick auf das Training mit vielen lustigen Fotos überlegen die Teilnehmer bei einem strukturierten „Walking Around", welche Verhaltensweise sie in welchen Situationen wie umsetzen können und wollen. Ihre individuellen Vornahmen halten die Teilnehmer dann im „Vertrag mit sich selbst" fest. Sie erhalten eine Seminarmappe und ein Transferplakat, das sie immer wieder an das Training und das Gelernte erinnern soll

6   Transferunterstützung im Alltag

Diese Maßnahmen bilden den Übergang zum Berufsalltag, im dem die Ausbilder die zentrale Rolle spielen. Sie sollten von Anfang an mit einbezogen werden und über die Inhalte des Trainings informiert sein. In mehreren Transfergesprächen, für die es vorbereitete Anleitungen gibt, unterstützen sie die Auszubildenden bei der Umsetzung am Arbeitsplatz. Im Vorgespräch werden die Teilnehmer motiviert, aktiv und intensiv im Training mitzuarbeiten, indem aufgezeigt wird, wie wichtig die Inhalte für den Berufsalltag sind und welcher Nutzen davon zu erwarten ist. Im Nachgespräch, das kurz nach dem Training stattfindet, wird auf das Training und seine Inhalte zurückgeblickt und eine Verbindung zwischen dem Training und dem Alltag hergestellt. Die Auszubildenden werden explizit darin unterstützt, ihre Vornahmen in den folgenden Wochen umzusetzen. Inwieweit die Umsetzung der Vornahmen im Arbeitsalltag gelungen ist, wird einige Wochen später bei einem Umsetzungsgespräch reflektiert. Als Grundlage dafür füllen die Azubis Erfahrungsbögen aus. Nach etwa einem halben Jahr sollte das Transferkontrollgespräch stattfinden. In einer offenen Atmosphäre wird auf die Umsetzungserfolge zurückgeblickt und die Auszubildenden werden letztlich als „Könner" in die weitere Praxis entlassen.

7   Formative und summative Evaluation

Das Training wurde in Kooperation mit Unternehmen aus den Bereichen Metall, Chemie und Elektro entwickelt und in mehreren Durchgängen eingesetzt. Die Ergebnisse der jeweiligen formativen Evaluatonen dienten dazu, es immer weiter zu optimieren. Auch das Training selbst hat sich bewährt. Die Ergebnisse der summativen Evaluationen zeigen, dass die Auszubildenden ihre Schlüsselkompetenzen nach dem Training höher einschätzen als vor dem Training, direkt nach dem Training am höchsten. Auch die Ausbilder sehen diesen Effekt bei ihren Auszubildenden (s. Verch & Stäudel, 2014).

8 Vollständig dokumentiertes Training auf CD

Das Training wurde fortlaufend dokumentiert und optimiert. Und so konnte es nun als vollständig ausgearbeitetes, einsatzbereites Training veröffentlicht werden. Die CD mit der Veröffentlichung enthält die theoretischen Hintergründe für die einzelnen Module und die psychologischen Zusammenhänge und das detaillierte Drehbuch. Weiterhin enthält sie, fertig für den Einsatz, alle Unterlagen, Materialien und Anleitungen, die Beobachtungsbögen, Und schließlich befinden sich Feinanleitungen auf der CD. Dies sind ausgearbeitete Sprechtexte, die insbesondere jungen Trainern helfen, interaktiv mit den Teilnehmern zu arbeiten und dabei den roten Faden nicht zu verlieren. Diese Feinanleitungen gibt es sowohl für die Übungen und die Reflexionen, als auch für die Lehrgespräche und die Durchführung der sonstigen Einheiten. Sie haben sich sehr gut bewährt, da sehr viel didaktisches Know-how und Erfahrung in sie eingeflossen ist, das Anfänger oft noch nicht in diesem Maße besitzen. Für erfahrene Trainer verdeutlichen die Feinanleitungen den logischen Ablauf der jeweiligen Einheit, geben Anregungen und vereinfachen die Vorbereitung des Trainings. Da die Texte auch bearbeitet werden können (Wordfiles auf dem Server des Verlags, http://www.managerseminare.de/tb/tb-10721), können sie auch abgeändert werden.

Auch für die Transferunterstützung durch die Ausbilder liegen Anleitungen vor, ebenso wie Fragebögen für die Evaluation und Präsentationen für die Akquisition.

Somit liegt also ein fertig ausgearbeitetes und bewährtes Trainingsverfahren für eine nicht ganz leicht zu trainierende Zielgruppe vor, das auch von jungen Trainern und Bachelor-Absolventen durchgeführt werden kann. Es eignet sich sowohl für den Einsatz durch unternehmensinterne oder externe Trainer als auch für Praxisprojekte im Studium der Wirtschaftspsychologie im Fach Personalentwicklung. Anhand der CD können die Studierenden höherer Semester darauf vorzubereiten werden, das Training für Auszubildende kooperierender Unternehmen durchzuführen- eine win-win-Situation für alle Beteiligten.

Literatur

Baldwin, T. T. & Ford, J. K. (1988). Transfer of training: A review and directions for future research. *Personnel Psychology, 41,* 63-105.

Frieling, E., Kauffeld, S., Grote, S. & Bernard, H. (2000). *Flexibilität und Kompetenz.* Münster: Waxmann-Verlag.

Hadjar, A. (2011). *Geschlechtsspezifische Bildungsungleichheiten*. Wiesbaden: Verlag für Sozialwissenschaften.

Hurrelmann, K. & Quenzel, G. (2008). *„Lasst sie Männer sein"*. DIE ZEIT, 23.10.2008 Nr. 44. URL: http://www.zeit.de/2008/44/C-Leistungsabfall; Archived at http://www.webcitation.org/5rc9neMdq (Abruf 14.4.2012).

Kauffeld, S. (2010). *Nachhaltige Weiterbildung. Betriebliche Seminare und Trainings entwickeln, Erfolge messen, Transfer sichern*. Berlin Heidelberg: Springer.

Kern, H. & Schmidt, D. (2001). *Nutzen und Chancen des Outdoor-Trainings: eine Methodentriangulation zur Überprüfung des Praxistransfers im betrieblichen Kontext*. Bielefeld: Universität Bielefeld. PDF über URL: http://pub.uni-bielefeld.de/publication/ 2302084 (Abruf 14.4.2012).

Rank, B. & Wakenhut, R. (1998). *Sicherung des Praxistransfers im Führungskräftetraining*. Mering: Hampp.

Reiners, A. (1995). *Erlebnis und Pädagogik*. München: Sandemann.

Stäudel, T. (2004). Heuristische Kompetenz - eine Schlüsselkompetenz in Zeiten der Ungewissheit. In S. A. v.d. Eichen, H. H. Hinterhuber, K. Matzler & H. K. Stahl (Hrsg.), *Entwicklungslinien des Kompetenzmanagements* (S. 21-40). Wiesbaden: Deutscher Universitätsverlag.

Stäudel, T. (2008). *Handlungskompetenz für Auszubildende. Anforderungen, Bedarf und Maßnahmen für Schlüsselqualifikationen im gewerblich-technischen Bereich*. Lengerich: Pabst Science Publishers.

Stäudel, T. (2013). *Azubis erfolgreich trainieren. Ein vollständiges Trainingskonzept auf CD*. Bonn: managerSeminare Verlags GmbH.

Verch, D. & Stäudel, T. (2014). *Evaluation eines bedarfsorientierten Trainings für Auszubildende im gewerblich-technischen Bereich*. Vortrag auf der 18. Fachtagung der Gesellschaft für angewandte Wirtschaftspsychologie (GWPs), Köln.

4 Interkulturelle Aspekte der Arbeits- und Organisationspsychologie

Wie wirken sich kulturelle Besonderheiten auf das Führungsverhalten aus? Ein deutsch-spanischer Vergleich

Susanne Geister, Mandy Isabell Hornig

Ausgewählte Kulturdimensionen nach Hofstede und das Führungsverhalten anhand der Mitarbeiter- und Aufgabenorientierung werden für einen deutsch-spanischen Vergleich herangezogen. Es wird deutlich, dass je eine der beiden Facetten der Mitarbeiterorientierung („Freundliche Zuwendung" und „Mitbestimmung") in jeweils einem Land hoch ausgeprägt ist.

Keywords: interkulturelles Führungsverhalten, Mitarbeiterorientierung, Partizipation

1 Einleitung

Im Zuge der Globalisierung und Internationalisierung stehen viele Unternehmen vor der Herausforderung, Tochtergesellschaften im Ausland zu gründen oder sich mit ausländischen Firmen zusammenzuschließen. Damit dies gelingt, müssen sich Führungskräfte der Erwartungen ihrer Mitarbeiter bewusst sein und ihr eigenes Führungsverhalten reflektieren. Interkulturelle Zusammenarbeit wird durch die Kulturen verschiedener Länder geprägt. Zudem wirken sich die kulturellen Besonderheiten auf das Führungsverhalten aus. In der vorliegenden Arbeit werden ausgewählte Kulturdimensionen nach Hofstede gemeinsam mit dem Führungsverhalten („Mitarbeiter- und Aufgabenorientierung") betrachtet. Anhand praktischer Beispiele und unter Rückgriff auf empirische Studien wird ein Vergleich zwischen Spanien und Deutschland gezogen. Dabei ist vor allem auffällig, dass die beiden Facetten der Mitarbeiterorientierung „Freundliche Zuwendung" und „Mitbestimmung" in jedem Land in unterschiedlicher Ausprägung anzutreffen sind. Deutsche mitarbeiterorientierte Führungskräfte weisen zumeist ein eher geringes Ausmaß an „Freundlicher Zuwendung" und ein höheres Ausmaß an „Mitbestimmung" auf. Spanische Führungskräfte hingegen zeigen zwar ein hohes Ausmaß an „Freundlicher Zuwendung", aber ein geringeres Ausmaß an „Mitbestimmung". Die Implikationen für den Einsatz von führungsbezogenen Fragebögen zur Förderung interkultureller Zusammenarbeit werden diskutiert.

2   Kulturdimensionen nach Hofstede

Hofstede bezeichnet Kultur als „[...] kollektive Programmierung des Geistes, die die Mitglieder einer Gruppe oder Kategorie von Menschen einer anderen unterscheidet" (Hofstede, 2001, S. 4). Die Untersuchungen von Hofstede und seine daraus abgeleiteten Kulturdimensionen haben die interkulturelle Forschung maßgeblich geprägt. Im Verlauf seiner Forschung entwickelte Hofstede fünf Kulturdimensionen: (1) Maskulinität – Feminität, (2) Machtdistanz, (3), Kollektivismus – Individualismus, (4) Unsicherheitsvermeidung und (5) Langzeit- vs. Kurzzeitorientierung.

Für den deutsch-spanischen Vergleich werden im Folgenden die zwei Dimensionen betrachtet, bei denen Deutschland und Spanien die größten Unterschiede aufweisen. Dies ist zum einen die Dimension *„Maskulinität – Feminität"*. Deutschland ist mit 66 Punkten ein deutlich maskulines Land, während Spanien mit nur 42 Punkten eher feminine Züge trägt (s. Abb. 1). In maskulinen Kulturen werden die beiden Geschlechter klar gegeneinander abgegrenzt. Männer streben nach beruflichem Aufstieg und agieren selbstbewusst, hart und wettbewerbsorientiert. Die Rolle der Frauen hingegen sieht eine hohe Familienorientierung sowie ein fürsorgliches, kooperatives und bescheidenes Verhalten vor. In femininen Kulturen verschwimmen die Grenzen zwischen den Geschlechtern. Sowohl Männer als auch Frauen sollten bescheiden und feinfühlig sein und Lebensqualität schätzen (Hofstede, 2001).

Zum anderen unterscheiden sich Deutschland und Spanien stark hinsichtlich der Dimension *„Machtdistanz"*. Deutschland weist mit 35 Punkten eine geringe

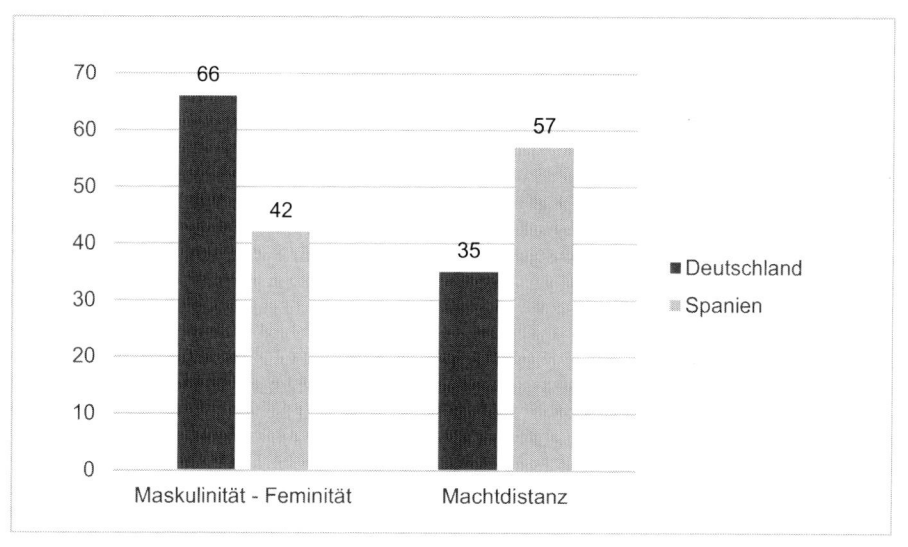

Abb. 1: Werte für die Kulturdimensionen „Maskulinität – Feminität" und „Machtdistanz" für Deutschland und Spanien (nach Hofstede, 2001)

Machtdistanz auf, während Spanien mit 57 Punkten eine relativ hohe Machtdistanz besitzt (s. Abb. 1). Machtdistanz beschreibt, wie eine Kultur mit der Ungleichheit der Macht innerhalb der Gesellschaft umgeht und welches Maß an Ungleichheit als normal erwartet und akzeptiert wird. In Ländern mit einer geringen Machtdistanz wird die Abhängigkeit vom Vorgesetzten als begrenzt beurteilt, das Verhältnis wird als interdependent begriffen. Mitarbeiter wissen, dass sie ihren Vorgesetzten immer ansprechen und auch widersprechen können. Eine hohe Machtdistanz hingegen bedeutet, dass sich die Mitarbeiter als sehr abhängig vom Vorgesetzten begreifen. Die Mitarbeiter verlassen sich auf den Vorgesetzten, sie erwarten Anweisung zu erhalten und üben kaum Widerspruch (Hofstede, 2001).

3   Praktische Beispiele für die Auswirkungen der Kulturdimensionen auf den Unternehmensalltag in Spanien und Deutschland

Die Übertragung der Kulturdimensionen auf den Alltag führt zu vielfältigen Implikationen. Die abstrakten Konstrukte spiegeln sich nicht nur in Beziehungen zwischen Führungskräften und Mitarbeitern wider, sondern beeinflussen auch die Beziehungen zwischen Eltern und Kindern, Ehegatten, Geschwistern, Freunden, Bekannten oder Lehrern und Schülern. In welchem konkreten Verhalten sich die Dimensionen äußern, lässt sich empirisch nur schwer überprüfen. Für Spanien scheint es besonders schwierig zu sein, einen spanischen Führungsstil abzuleiten (Aram & Walochik, 1997). Zum einen weil Spanien auf keiner Dimension extreme Werte aufweist. Zum anderen weil noch nicht geklärt ist, welches Verhaltensmuster sich aus den verschiedenen Kulturdimensionen ergibt. Um die Auswirkungen der Kulturdimensionen auf den Unternehmensalltag näher zu beleuchten, werden im Folgen praktische Beispiele aufgeführt. Diese stammen aus der Literatur und aus den persönlichen Erfahrungen der Zweitautorin, die sie im Rahmen eines Praktikums gewonnen hat. Im Anschluss daran werden empirische Ergebnisse aufgeführt.

„Maskulinität – Feminität": Im femininen Spanien wird der Arbeitsplatz auch zur gegenseitigen Hilfe und zum Ausbau sozialer Kontakte genutzt. Spanische Führungspersonen schätzen die Beziehungspflege zu ihren Mitarbeitern. Es herrscht ein sehr freundlicher Umgangston und es ist üblich, dass sich Vorgesetzte bei einem gemeinsamen Kaffee mit ihren Mitarbeitern über deren Familie und andere private Dinge erkundigen (Rehbein, Steinhuber & Thomas, 2009). In maskulinen Kulturen, also auch in Deutschland, ist in Bezug auf den Arbeitsplatz vor allem von Bedeutung, ob er Möglichkeiten für berufliche Anerkennung, Beförderung und Herausforderung bietet (Hofstede, 2001).

Es gehört zur spanischen Beziehungspflege auch außerhalb des beruflichen Umfelds etwas mit den Kollegen zu unternehmen, denn eine gute Zusammenarbeit setzt für sie ein hohes Maß an Vertrautheit voraus (Hornig, 2013).

Dadurch ist es nicht unüblich auch außerhalb der Arbeitszeit mit spanischen Kollegen in Restaurants und Bars zu gehen und gemütlich beisammen zu sitzen. Ganz anders sieht es hier in Deutschland aus. Deutsche trennen ihr Berufs- und Privatleben sehr strikt voneinander. In Deutschland wird weitaus weniger Zeit in die Pflege beruflicher Kontakte investiert. Der deutsche Angestellte ist in erster Linie sachorientiert. Es gilt, die Aufgaben mit Perfektion zu erledigen, die Beziehungsorientierung wird auf den Feierabend oder den Urlaub verlegt (Rehbein et al., 2009). Zusammenfassend kann spanischen Führungskräften eine hohe Beziehungsorientierung zugeschrieben werden, während deutsche Führungskräfte vor allem sachorientiert agieren.

Machtdistanz: In Spanien wird davon ausgegangen, dass Vorgesetzte und Mitarbeiter von Natur aus mit unterschiedlichen Rechten ausgestattet sind und somit klare Machtverhältnisse im Unternehmensalltag herrschen müssen (Hofstede, 2001). Für Deutsche ist es verwirrend dieses Konstrukt zu beleuchten, beggnen sich doch spanische Vorgesetzte und Mitarbeiter auf dem Korridor meist per „tú". Doch dieser beziehungspflegende lockere Umgangston steht mit einem autoritären Führungsstil spanischer Führungskräfte nicht im Widerspruch (Rehbein et al., 2009). Im Gegensatz zu ihrer extrovertierten Art am Kaffeeautomaten zu plaudern, zeigen sich Spanier in einem formellen Rahmen wie Besprechungen oder Meetings eher zurückhaltend. Es obliegt dem spanischen Geschäftsführer bzw. der ranghöchsten Person die Ergebnisse und Ideen zu präsentieren. Dies ist ein Zeichen der Verantwortungsübernahme. Spanische Mitarbeiter sehen sich durch den autoritären Führungsstil ihres Vorgesetzten keinesfalls degradiert, sondern erwarten dieses Verhalten sogar. Dies wird auch im folgenden Praxisbeispiel deutlich:

„Als Praktikantin arbeitete ich einige Wochen mit meinem Tutor zusammen an der Ausarbeitung eines Infotainment-Konzepts. In diesem Aufgabenbereich fiel mir immer wieder auf, dass mein Tutor, auch in für mich relativ geringfügigen Entscheidungen, die Meinung seines Vorgesetzten einholte. Als es schließlich zur Präsentation unserer Ausarbeitungen vor der gesamten Abteilung kommen sollte, übergab mein Tutor unsere Präsentation und das Manuskript seinem Vorgesetzten und wir setzten uns zu den anderen Zuhörern, während der Abteilungsleiter unsere Ideen präsentierte. Da wir, resp. mein Tutor, der Experte auf dem Gebiet des Infotainments war, war diese Situation für mich recht befremdlich. Ich hatte angenommen, dass mein Tutor unsere Ergebnisse der Gruppe vortragen würde."

Spanische Führungskräfte erteilen Arbeitsanweisungen nach dem Top-Down Prinzip beruhend auf einseitiger Kommunikation. Selbst bei Entscheidungen, die das unmittelbare Arbeitsumfeld der Mitarbeiter betreffen, werden diese häufig lediglich informiert, ohne sie vorher in den Entscheidungsprozess mit einzubeziehen oder um Rat zu fragen. Die deutsche Sichtweise, dass dies durch fehlende Meinungsergänzung ineffektiv wäre, teilen Spanier nicht. Die ideale spanische Führungsperson ist ein wohlwollender Autokrat, der sich durch Fachkompetenz auszeichnet und eine charismatische Persönlichkeit ist (Aneas

& Mena O'meara, 2011). Die ideale deutsche Führungskraft versucht hingegen, durch demokratisch-partizipative Einbeziehung die Mitarbeiter zu motivieren und die Verantwortungsübernahme der Mitarbeiter für ihren Bereich zu stärken.

4 Empirische Belege für die Auswirkungen der Kulturdimensionen auf das Führungsverhalten in Spanien und Deutschland

Die Implikationen aus der Dimension „Maskulinität – Feminität" für das Führungsverhalten in Deutschland und Spanien sind sehr wenig erforscht. Eine der wenigen Studien stammt von Boldy, Jain und Northey (1993). Die Autoren befragten Studenten aus Deutschland, Spanien, Schweden und Belgien: Was zeichnet eine erfolgreiche europäische Führungskraft aus? Nach Ansicht der deutschen Studenten sind erfolgreiche Führungskräfte weniger an sozialem Austausch interessiert. Sie wurden als „rational-ökonomisch" sowie „selbstbewusst", „tatkräftig" und „wettbewerbsorientiert" beschrieben. Der erbrachten Leistung würde ein höheres Gewicht als den Gefühlen der Mitarbeiter eingeräumt, was sich in einer scheinbaren Kälte den Mitarbeitern gegenüber äußere. Spanische Studenten weisen erfolgreichen Führungskräften vor allem die Eigenschaften „praktisch", „geschäftsmäßig" und „unterstützend" zu. Sie betrachteten die Aspekte „rücksichtsvoll, fürsorglich und freundlich" als deutlich positiver als Studenten aus den anderen Ländern. Die Wettbewerbsorientierung würde in Spanien zugunsten einer Berücksichtigung der Gefühle der Mitarbeiter reduziert.

Die Auswirkungen der Dimension „Machtdistanz" auf das Führungsverhalten wurden sehr viel stärker erforscht. Wichtig sei die Passung der Kulturen zum Führungsverhalten. Newman und Nollen (1996) belegen empirisch, dass partizipative Führung nur in Kulturen mit geringer Machtdistanz zu hoher Leistung führt, währen in Kulturen mit hoher Machtdistanz autokratische Führung erfolgreich sei (s. Abb. 2). Die Passung der Kulturen zum Führungsverhalten wirkt sich auch auf die Zufriedenheit der Mitarbeiter aus. So zeigten Dorfman, Howell, Hibino, Lee, Tate und Bautista (1997), dass direktive Führung nur dann zu zufriedenen Mitarbeitern führt, wenn eine hohe Machtdistanz vorliegt (Mexiko, Taiwan). Partizipative Führung wiederum wies positive Effekte nur in Kulturen mit geringer Machtdistanz auf (USA, Südkorea). Zu ähnlichen Ergebnissen gelangen auch Bochner und Hesketh (1994) und Swierczek (1991). Zentrales Ergebnis der Studien ist, dass Mitarbeiter in Ländern mit hoher Machtdistanz einen autokratischen Führungsstil bevorzugen, während geringe Machtdistanz mit einem eher demokratischen Führungsstil einhergehen sollte (Dickson, Den Hartog & Mitchelson, 2003; Gelfand, Erez & Aycan, 2007; Glick, 2001; Hofstede, 2001).

		Partizipation	
		niedrig	hoch
Machtdistanz	niedrig		✔ Hohe Passung
	hoch	✔ Hohe Passung	

Abb. 2: Passung verschiedener Ausprägungen von Partizipation und Machtdistanz

Diese Befunde wurden in der umfassenden GLOBE-Studie vertieft. Hier wurde neben kulturellen Werten und Praktiken auch das Führungsverhalten untersucht. In einem schrittweisen Vorgehen wurden aus 112 Führungsmerkmalen sechs Dimensionen extrahiert, anhand derer die Culturally Endorsed Leadership Theory (CLT) entwickelt wurde (Javidan, House, Dorfman, Hanges & Sully de Luque, 2006). Es zeigte sich, dass charismatische/wertorientierte Führung weltweit positiv beurteilt wird. Im Gegensatz dazu gibt es jedoch Unterschiede in der Akzeptanz von Partizipation aus Sicht der 62 befragten Länder (Den Hartog, House, Hanges, Ruiz-Quintanilla, Dorfman, 1999). Als eine der wenigen empirischen Studien zum Führungsverhalten in Deutschland und Spanien zeigt sie, dass partizipative Führung in Deutschland wesentlich positiver als in Spanien beurteilt wird (Den Hartog et al., 1999).

Darüber hinaus wurden in der GLOBE-Studie empirisch Ländercluster ermittelt. Diese trennen klar zwischen Ländern in denen partizipativ bzw. autokratisch geführt wird (Dickson et al., 2003). Im Germanic Cluster (u. a. Deutschland) wird non-autokratische und partizipative Führung als *sehr* wichtig für erfolgreiche Führung bezeichnet. Im Latin Cluster (u. a. Spanien) wird non-autokratischer und partizipativer Führung nur eine leicht positive Wirkung auf erfolgreiche Führung zugeschrieben (Brodbeck, et al., 2000, europäischer Ausschnitt der GLOBE-Daten). Die partizipative Führung wird signifikant vorhergesagt durch den Grad an Machtdistanz (Dickson et al., 2003). Im Folgenden soll beleuchtet werden, wie sich die Kulturdimensionen auf die „Mitarbeiter- und Aufgabenorientierung" übertragen lassen und welche Aussagen sich für einen deutsch-spanischen Vergleich ergeben.

5 Führungsverhalten (Mitarbeiter- und Aufgabenorientierung)

Theorien des Führungsverhaltens stellen in den Vordergrund, dass Führung nicht durch stabile, genetische Dispositionen (sog. Eigenschaftsansatz oder Trait-Theorien), sondern durch variable, erlernbare Verhaltensweisen beeinflusst wird. Wegweisend waren die *Ohio-Studien* in den 50er Jahren, in denen beobachtbares Führungsverhalten beschrieben, erstmalig gemessen und die Wirkung auf den Erfolg untersucht wurde (Schriesheim & Stogdill, 1975). Zentrales Ergebnis der Ohio-Studien war die Erkenntnis, dass sich Führungsverhalten umfassend durch die zwei Bereiche der „Consideration" (Mitarbeiterorientierung) und „Initiating structure" (Aufgabenorientierung) beschreiben lässt.

Eine hohe Ausprägung einer *mitarbeiterorientierten Führung* zeigt sich in einem hohen Interesse an und einer Fokussierung der Führungskraft auf die Mitarbeiter. Den Mitarbeitern wird ein hoher Stellenwert eingeräumt, wenn Aufgaben verteilt oder Entscheidungen gefällt werden. Sie werden in der Zusammenarbeit als gleichberechtigte Partner anerkannt und es werden Freiräume geschaffen, um Stimmungen und Meinungen der Mitarbeiter anzuhören und einzubeziehen.

Im Rahmen der *aufgabenorientierten Führung* wird eine Führungskraft als sehr aufgabenorientiert und fokussiert auf die Erledigung der Aufgabe beschrieben. Primäre Kommunikationsinhalte stellen die Definition der Aufgabe und die Klärung auf welchem Wege die Aufgabe zu bewältigen sei, dar. Eine solche Führungskraft wird als kühl, sachlich und eher kritisch beschrieben. Fleiß und Ehrgeiz sowie die Einhaltung von Terminen und Anweisungen stehen im Vordergrund und werden gefördert.

Im Rahmen der Ohio-Studien wurde ein Fragebogen zur Erfassung des Führungsverhaltens konstruiert: der „Leader Behavior Description Questionnaire" (LBDQ). Faktorenanalysen belegen, dass der LBDQ im Wesentlichen die zwei Hauptdimensionen des Führungsverhaltens misst, die als „Consideration" und „Initiating structure" bezeichnet wurden (vgl. Neuberger, 2002). Die deutsche Version des LBDQ ist der FVVB (Fragebogen zur Vorgesetzte-Verhaltens-Beschreibung), der von Fittkau-Garthe und Fittkau (1971) entwickelt wurde. Ähnlich wie beim LBDQ wurde auch beim FVVB ein großer Itempool durch Item- und Faktorenanalysen reduziert. In der endgültigen Form resultierten in der Faktorenanalyse vier Faktoren. Durch Zuordnung der Faktoren „Freundliche Zuwendung" und „Mitbestimmung" zum Hauptfaktor „Mitarbeiterorientierung" (Consideration) und Zuordnung der Skalen „Mitreißende Aktivität" und „Kontrolle vs. Laissez-faire" zum Hauptfaktor „Aufgabenorientierung" (Initiating structure) wurde die Zwei-Faktoren-Struktur erneut bestätigt. In Abbildung 3 wird die Faktorenstruktur sowie zwei Beispielitems pro Skala aufgeführt (Neuberger, 2002).

Die Wirkung der beiden grundlegenden Dimensionen des Führungsverhaltens wurde in vielen empirischen Untersuchungen überprüft. Eine vielbeachtete Metaanalyse wurde von Judge, Piccolo und Ilies (2004) durchgeführt. Demnach hängt die Mitarbeiterorientierung des Vorgesetzten am stärksten mit der Zufriedenheit der Mitarbeiter ($r = 0{,}46$) und weniger mit der Leistung ($r = 0{,}28$) zusammen. Für die Aufgabenorientierung fand sich ein engerer Zusammenhang zur Leistung ($r = 0{,}30$) und ein schwächerer Zusammenhang zur Mitarbeiterzufriedenheit ($r = 0{,}22$). Kritisiert wurde, dass sich in empirischen Überprüfungen deutliche Zusammenhänge zwischen den beiden Dimensionen ergeben, obwohl die beiden Faktoren Mitarbeiter- und Aufgabenorientierung als unabhängig voneinander konzipiert wurden. In einer Metaanalyse ergab sich ein

Mitarbeiterorientierung	Aufgabenorientierung
Freundliche Zuwendung	**Mitreißende Aktivität**
- Er ist freundlich, und man hat leicht Zugang zu ihm. - Auch wenn er Fehler entdeckt, bleibt er freundlich.	- Er reißt durch seine Aktivität seine unterstellten Mitarbeiter mit. - Er passt die Arbeitsgebiete genau den Fähigkeiten und Leistungsmöglichkeiten seiner unterstellten Mitarbeiter an.
Mitbestimmung	**Kontrolle vs. Laissez faire**
- Bei wichtigen Entscheidungen holt er erst die Zustimmung seiner unterstellten Mitarbeiter ein. - Er ändert Arbeitsgebiete und Aufgaben seiner unterstellten Mitarbeiter, ohne es mit ihnen vorher besprochen zu haben. (umpolen)	- Er überlässt seine unterstellten Mitarbeiter sich selbst, ohne sich nach dem Stand ihrer Arbeit zu erkundigen. - Er wartet, bis seine unterstellten Mitarbeiter neue Ideen vorantreiben, bevor er es tut.

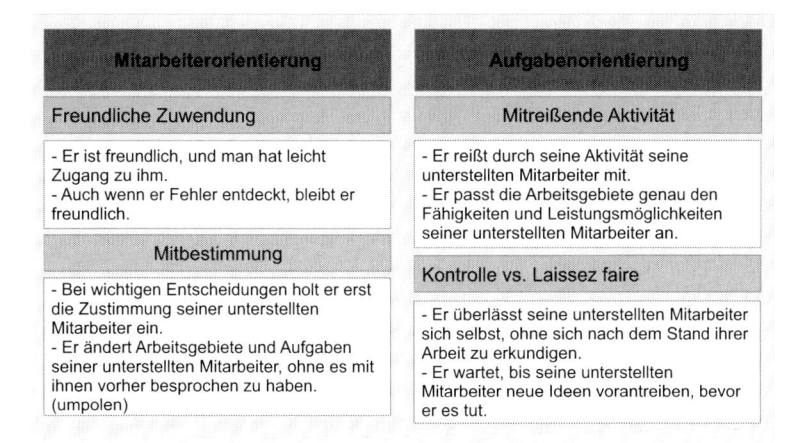

Abb. 3: Faktorenstruktur des FVVB und zwei Beispielitems pro Skala

Zusammenhang von r = 0,45 zwischen den beiden Faktoren (Schriesheim, House & Kerr, 1976).

Es gibt nur wenige Studien, die die Ausprägung der Mitarbeiter- und Aufgabenorientierung in Deutschland und Spanien untersuchen. Dabei zeigt sich für deutsche Führungskräfte sowohl eine stärkere Präferenz der „Mitarbeiterorientierung" (Rowold & Kersting, 2007), als auch eine Bevorzugung der „Aufgabenorientierung" (Littrell & Lapadus, 2005). Ein Vergleich fällt schwer, da teilweise abgewandelte Fragebögen eingesetzt werden, sowie Einflüsse durch die Branche, die Stichprobe und das Setting der Befragung entstehen. Für Spanien ist den Autorinnen keine Studie bekannt, in der der LBDQ eingesetzt wurde.

6 Partizipation – aus kultureller Sicht und aus mitarbeiterorientierter Sicht

Wird das Konstrukt Mitarbeiterorientierung für Deutschland und Spanien betrachtet, fällt ein Aspekt ins Auge: Trotz sehr unterschiedlichen Führungsverhaltens sind vermutlich beide Länder in etwa gleichem Maße mitarbeiterorientiert. Ursache dafür sind die beiden Facetten der Mitarbeiterorientierung: „Freundliche Zuwendung" und „Mitbestimmung". Deutschen Führungskräften wird zwar eine eher sachlich, kühle Beziehung zu ihren Mitarbeitern zugeschrieben, sie zeichnen sich jedoch durch eine hohe Mitbestimmung und Partizipation der Mitarbeiter aus. Spanischen Führungskräften wird hingegen eine freundliche, persönliche und enge Beziehung zu ihren Mitarbeitern zugeschrieben, auf der anderen Seite sind sie jedoch sehr direktiv und wenig partizipativ (s. Abb. 4). Überspitzt gesagt: Beide Länder erfüllen somit jeweils genau einen Aspekt des Konstrukts Mitarbeiterorientierung.

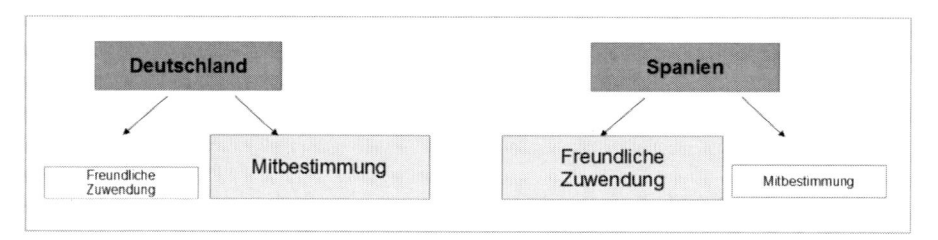

Abb. 4: Vermutete Ausprägung der beiden Facetten der „Mitarbeiterorientierung" für Deutschland und Spanien

Wird Deutschland und Spanien nur auf der übergeordneten Ebene „Mitarbeiterorientierung" verglichen, kann dies dazu führen, dass kaum Unterschiede gesehen werden. Wichtig erscheint, dass detailliert und konkret analysiert wird, durch welche Verhaltensweisen die Mitarbeiterorientierung zustande kommt.

7 Fazit

Welches Fazit lässt sich aus den Ausführungen ziehen? Der FVVB bzw. der LBDQ sollten nicht uneingeschränkt interkulturell verwendet werden. Vielmehr ist Vorsicht geboten, denn die zwei Skalen des Faktors „Mitarbeiterorientierung" können je nach Land zu unterschiedlichen Ergebnissen führen. Die anglo-amerikanisch geprägte Vorannahme, dass beide Skalen miteinander einhergehen, kann nicht für alle Kulturen gleichermaßen übernommen werden. Vielmehr lässt sich dies auf das Vorgehen bei der Fragebogenentwicklung zurückführen. Die Faktorenanalysen zeigten: „Freundliche Zuwendung" und „Mitbestimmung" sind zwei verschiedene Faktoren. Die Zusammenfassung zum übergeordneten Faktor „Mitarbeiterorientierung" erfolgte post-hoc und aufgrund der Erfahrungen und dem kulturellen Hintergrund der Wissenschaftler. Die Verdichtung der Daten und Vereinfachung des Konstrukts, so vorteilhaft sie auch sein mag, geht einher mit einem Verlust an Informationen. Eine ausführliche Diskussion und Kritik des faktorenanalytischen Vorgehens bei der Fragebogengestaltung gibt auch Neuberger (2002, S. 390 – 410).

Sollen Fragebögen zur Erfassung bestimmter Verhaltensweisen eingesetzt werden, sollte genau überprüft werden, ob die Inhalte auch die relevanten Aspekte in den jeweiligen Kulturen erfassen. Die Zwei-Faktoren-Struktur des LBDQ kann dazu führen, dass wichtige Dimensionen nicht erfasst werden. Auffällig ist, dass spätere Entwicklungen zur Erfassung des Führungsverhaltens erneut in einer stärkeren Differenzierung mündeten. Beispielsweise erschien einige Jahre nach dem LBDQ der LBDQ XII (Stogdill, 1963), der anhand von zwölf Skalen versucht, das Führungsverhalten zu erfassen. Interessant ist, dass in einer neuen Skala „Tolerance and Freedom" der Aspekt Partizipation erfasst werden soll. Hier geht es um den Freiraum, den die Mitarbeiter hinsichtlich ihrer Entscheidungen und Handlungen erhalten. Yukl (1971) stellte einen Drei-Faktoren-Ansatz zur Beschreibung des Führungsverhaltens vor, der aus den Faktoren „Consideration", „Initiation of structure" und „Centralization of decisions" besteht. Basierend auf aktuelleren Daten wurden in der GLOBE-Studie sechs Dimensionen ermittelt, anhand derer das Führungsverhalten in der Culturally Endorsed Leadership Theory (CLT) kulturell umfassend beschrieben werden soll (Javidan et al., 2006).

Interessant ist, dass sich einzelne Skalen als kulturell übergreifend herausgestellt haben. Hierzu zählen charismatische/transformationale Führung, die in allen teilnehmenden Kulturen positiv mit erfolgreicher Führung assoziiert wurde (Den Hartog et al., 1999). Im Unterschied dazu scheinen andere Skalen nur in bestimmten Kulturen, zu erfolgreicher Führung beizutragen. Darüber hinaus kann es sein, dass selbst dann das Führungsverhalten nicht umfassend beschrieben wird und noch weitere Aspekte berücksichtigt werden sollten. Beispielsweise ergab sich in einer Studie von Aram und Walochik (1997) „Improvisation" als zentrales Merkmal spanischer Führung.

Der Notwendigkeit kultureller Anpassung für die erfolgreiche Führung von Mitarbeitern kommt eine ständig wachsende Bedeutung zu. Um ihren Erfolg zu sichern, sollten Unternehmen darauf achten, dass Führungskräfte über interkulturelle Kompetenzen verfügen oder diese durch Trainings erwerben. Die Kulturdimensionen nach Hofstede, aber auch verschiedene Theorien zum Führungsverhalten bieten Ansatzpunkte zum Aufzeigen von Gemeinsamkeiten und Unterschieden zwischen verschiedenen Ländern. Dabei lohnt es sich, differenzierte Vergleiche vorzunehmen, denn auf einer übergeordneten Ebene können die Unterschiede wieder verschwimmen. Zentral ist es, aufzuzeigen, welche Erwartungen an Führungskräfte gestellt werden. Nur wenn Führungskräfte sich bewusst sind, welche Erwartungen Mitarbeiter hegen, können Sie kulturell kompetentes Verhalten erlernen. Dabei geht es nicht um „richtiges" oder „falsches" Verhalten, sondern um das Bewusstmachen von Unterschieden und um das Erkennen der Werte verschiedener Führungsinstrumente. Interkulturelle Zusammenarbeit kann so zu einem Lernprozess und zu erweiterten Handlungsmöglichkeiten der Führungskräfte führen (McCarthy, 2005).

Literatur

Aneas, A. & Mena O´meara, I. (2011). Das kommt mir spanisch vor - Tipps für das interkulturelle Zusammenleben und Arbeiten. In A. Rupp, A. Zelno & M. Dalipi (Hrsg.), *Spanien von innen und außen. Eine interkulturelle Perspektive* (S. 13-31). Berlin: LIT Verlag.

Aram, J. D. & Walochik, K. (1997). Improvisation and the Spanish manager. *International Studies of Management & Organization, 26*(4), 73-89.

Bochner, S. & Hesketh, B. (1994). Power distance, individualism/collectivism in a culturally diverse work group. *Journal of Cross-Cultural Psychology, 25*(2), 233-257.

Boldy, D., Jain, S. & Northey, K. (1993). What makes an effective European manager? *Management International Review, 33*(2), 157-169.

Brodbeck, F. C. et al. (2000). Cultural variation of leadership prototypes across 22 European countries. *Journal of Occupational and Organizational Psychology, 73*, 1-29.

Den Hartog, D. N., House, R. J., Hanges, P. J., Ruiz-Quintanilla, S. A. & Dorfman, P. W. (1999). Culture specific and cross-culturally generalizable implicit leadership theories: are attributes of charismatic/transformational leadership universally endorsed? *The Leadership Quarterly, 10*(2), 219-256.

Dickson, M. W., Den Hartog, D. N. & Mitchelson, J. K. (2003). Research on leadership in a cross-cultural context: Making progress, and raising new questions. *The Leadership Quarterly, 14*, 729-768.

Dorfman, P. W., Howell, J. P., Hibino, S., Lee, J. K., Tate, U. & Bautista, A. (1997). Leadership in Western and Asian countries: Commonalities and differences in effective leadership processes across cultures. *The Leadership Quarterly, 8*(3), 233-274.

Fittkau, B. & Fittkau-Garthe, H. (1971). *Fragebogen zur Vorgesetzten-Verhaltens-Beschreibung (FVVB)*. Göttingen: Hogrefe.

Gelfand, M. J., Erez, M. & Aycan, Z. (2007). Cross-Cultural Organizational Behavior. *Annual Review of Psychology, 58*, 479-514.

Glick, N. D. (2001). *Situational leadership in cross-cultural environments: The relationship between cross-cultural experience, culture training, leadership style, and leader-effectiveness in the U.S. foreign service.* Unpublished dissertation. Retrieved from AbiINFORM.

Hofstede, G. (2001). *Culture's Consequences: Comparing Values, Behaviors, Institutions, and Organizations Across Nations* (2. Aufl.). Thousand Oaks, CA: Sage.

Hornig, M. I. (2013). *Die Notwendigkeit kultureller Anpassung für die erfolgreiche Führung von Mitarbeitern - ein deutsch-spanischer Vergleich.* Unveröffentlichte Bachelorarbeit. EBC Hochschule Berlin.

Javidan, M., House, R. J., Dorfman, P. W., Hanges, P. J. & Sully de Luque, M. (2006). Conceptualizing and measuring cultures and their consequences: a comparative review of GLOBE's and Hofstede's approaches. *Journal of International Business Studies, 37*, 897-914.

Judge, T. A., Piccolo, R. F. & Ilies, R. (2004). The forgotten one? The validity of consideration and initiating structure in leadership research. *Journal of Applied Psychology, 89*, 36-51.

Littrell, R. F. & Lapadus, N. V. (2005). Preferred leadership behaviours: Exploratory results from romania, germany, and the UK. *The Journal of Management Development, 24*(5), 421-442.

McCarthy, G. (2005). Leadership practices in German and UK organisations. *Journal of European Industrial Training, 29*, 217-234.

Neuberger, O. (2002). *Führen und führen lassen* (6. Aufl.). Stuttgart: Lucius & Lucius.

Newman, K. L. & Nollen, S. D. (1996). Culture and congruence: The fit between management practices and national culture. *Journal of International Business Studies, 27*(4), 753-779.

Rehbein, R., Steinhuber, S. & Thomas, A. (2009). *Beruflich in Spanien. Trainingsprogramm für Manager, Fach- und Führungskräfte.* Göttingen: Vandenhoeck & Ruprecht.

Rowold, J. & Kersting, M. (2007). The Assessment of Charismatic Leadership Validity of a German Version of the Conger-Kanungo Scale (CKS). *European Journal of Psychological Assessment, 24*(2), 124-130.

Schriesheim, C. A., House, R. J. & Kerr, S. (1976). Leader initiating structure: A reconciliation o f discrepant research results and some empirical tests. *Organizational Behavior and Human Performance, 15,* 297-321.

Schriesheim, C. A. & Stogdill, R. M. (1975). Differences in factor structure across three versions of the ohio state leadership scales. *Personnel Psychology, 28*(2), 189-206.

Stogdill, R. M. (1963). *Manual for the leader behavior description questionnaire-form XII.* Columbus: Ohio State University, Bureau of Business Research.

Swierczek, F. W. (1991). Leadership and culture: Comparing Asian managers. *Leadership and Organization Development Journal, 12*(7), 3-10.

Yukl, G. A. (1971). Toward a behavioral theory o f leadership. *Organization Behavior and Human Performance, 6,* 414-440.

Einflussfaktoren für die interkulturelle Zusammenarbeit zwischen Kollegen eines internationalen Unternehmens

Annekathrin Richter, Petia Genkova

In der vorliegenden Studie werden landes- und unternehmenskulturelle Einflussfaktoren auf die interkulturelle Zusammenarbeit zwischen Kollegen in einem international agierenden Unternehmen empirisch untersucht. Dabei zeigt sich, dass trotz größerer landes- und unternehmenskultureller Differenzen die Zusammenarbeit zwischen deutschen und singapurischen Mitarbeitern erfolgreicher verläuft als die Zusammenarbeit zwischen deutschen und US-amerikanischen Kollegen. Als Indikatoren dafür können ein höher ausgeprägter Kollektivismus, eine höhere Ergebnis- und Karriereorientierung sowie eine höhere Internalisierungskraft der Unternehmenskultur am singapurischen Standort identifiziert werden.

Keywords: Landeskultur, Unternehmenskultur, Interkulturelle Zusammenarbeit

1 Einführung und Problemstellung

Im Zuge der voranschreitenden Globalisierung ist mit steigender Tendenz zu beobachten, dass deutsche Unternehmen Niederlassungen im Ausland aufbauen oder andere Formen der Kooperation eingehen. Als Folge davon gehören Fremdheitserfahrungen für Mitarbeiter in international agierenden Unternehmen zum Arbeitsalltag, da täglich gemeinsame, standortübergreifende Projekte und Aufgaben bewerkstelligt werden. Kollegen mit unterschiedlichsten Hintergründen werden nun mit andersartigen Orientierungsmustern konfrontiert und müssen sich den Herausforderungen interkultureller Situationen stellen (Pant & Singh 2001, S. 563). Die Mehrzahl von Studien konzentriert sich auf Expatriates, allerdings berührt dieses Thema nicht nur dieses Berufsfeld. Mindestens ebenso häufig sind Mitarbeiter davon betroffen, denen internationale Projekte übertragen werden, ohne dass eine Auslandsentsendung durchgeführt wird (Graf 2004, S. 3).

Zahlreiche Studien zu diesem Thema beschränken die Analyse dieser Interaktionsprozesse auf landeskulturelle Differenzen und ziehen daraus Schlussfolgerungen für den Erfolg der interkulturellen Zusammenarbeit, ohne dafür statistische Beweise anzuführen. Desweiteren wird häufig nur ein einzelner Aspekt erforscht, der Ausschließlichkeitscharakter besitzt. Derartige Studien, die Interaktionsprobleme anhand monokausaler Erklärungsansätze erforschen, bleiben zwangsläufig unvollständig, da sie weder weitere Einflussfaktoren berücksichtigen, noch deren Wirkungszusammenhang untersuchen. In der vorliegenden Untersuchung besteht die Auffassung eines erweiterten Kulturbegriffs, der einen multiplen Erklärungsansatz von Einflussfaktoren außerhalb landeskultureller Grenzen legitimiert (Welsch 1999, Hansen 2000, Bolten 2004, Lösch 2005, Bhabha 2011). Im Zuge dessen werden zwei kulturelle Einflussfaktoren auf den Erfolg interkultureller Zusammenarbeit herausgegriffen und eingehend untersucht: die Landeskultur (LK) und die Unternehmenskultur (UK).

In der interkulturellen Zusammenarbeit zwischen Mitarbeitern eines internationalen Unternehmens sind insbesondere die nationale und die organisationale Ebene voneinander zu unterscheiden (Kumbruck & Derboven 2009, S. 25). So erlernt jeder Mitarbeiter von Geburt an ein landeskulturelles Orientierungssystem, das er im Zuge eines lebenslangen Sozialisationsprozesses ständig weiterentwickelt. Die darin vermittelten Werte und Normen kennzeichnen sein Denken, seine Einstellungen und sein Verhalten und unterliegen in der Interaktion mit Anderen einem dynamischen Veränderungsprozess. Nach Eintritt in ein Unternehmen wird ein Mitarbeiter zusätzlich Teil einer ganz bestimmten Unternehmenskultur, sodass das Zusammenspiel von Einflussfaktoren an Komplexität gewinnt. Im Zentrum der Studie steht die Frage danach, wie sich landeskulturelle und unternehmenskulturelle Aspekte auf den Erfolg interkultureller Zusammenarbeit zwischen Mitarbeitern eines international agierenden Unternehmens mit Sitz in Deutschland und deren Kollegen an den Standorten in Singapur und den USA auswirken und wie sich das Interdependenzverhältnis der einzelnen Einflussfaktoren gestaltet.

Die für die Untersuchung relevanten Konstrukte werden wie folgt definiert:

Interkulturelle Zusammenarbeit: Interaktion und Kommunikation zwischen sozialen Systemen, die entweder via face-to-face oder über andere Kommunikationskanäle miteinander interagieren (König & Schattenhofer 2007, S. 15 und Krentzel 2001, S. 35). Im vorliegenden Fall bezieht sich dies auf Kollegen eines deutschen Unternehmens an den drei Standorten Deutschland (Mutterzentrale), Singapur und den USA (jeweils Tochtergesellschaft).

Landeskultur: „Kultur, die eine große Anzahl von Menschen, die einer Nation per Geburt angehören oder sich ihr zugehörig fühlen, im Verlauf ihrer Geschichte entwickelt haben und als für sie verbindlich und daseinsbestimmend definieren" (Cramer 2007, S. 14).

Unternehmenskultur: „Muster gemeinsamer Grundprämissen, das die Gruppe bei der Bewältigung ihrer Probleme externer Anpassung und interner Integration erlernt hat, das sich bewährt hat und somit als bindend gilt; und das daher an neue Mitglieder als rational und emotional korrekter Ansatz für den Umgang mit diesen Problemen weitergegeben wird" (Schein 1995, S. 25).

Arbeitszufriedenheit als Erfolgsmaß der interkulturellen Zusammenarbeit: Die Arbeitszufriedenheit als Erfolgsmaß der interkulturellen Zusammenarbeit einzusetzen findet in Anlehnung an u.a. Stahl (1998), Brüch (2001), Krentzel (2001), Podsiadlowksi (2002) und Cramer (2007) statt. Die Arbeitszufriedenheit gibt an, „inwieweit individuelle Bedürfnisse, Erwartungen und Hoffnungen durch die individuelle Erfahrung am Arbeitsplatz erfüllt werden" (Krentzel 2001, S. 94).

2 Fragestellung und methodisches Vorgehen

Die vorliegende Studie legt ihren Fokus auf die interkulturelle Zusammenarbeit. Diese erweist sich dabei als hochgradig komplexes und vielschichtiges Phänomen, in dem eine Vielzahl an unterschiedlichen Einflussfaktoren auf den Erfolg interkultureller Zusammenarbeit wirken.

Die Untersuchung von Einflussfaktoren auf den Erfolg interkultureller Zusammenarbeit und deren Wirkungszusammenhang erfolgte insgesamt in drei Schritten. Schritt 1 stellt eine detaillierte Literaturrecherche dar, um mögliche Einflüsse zu ermitteln, die von der Landeskultur und der Unternehmenskultur auf die interkulturelle Zusammenarbeit ausgehen. Ein Vergleich unterschiedlicher Studien zeigt jedoch, dass sich die einzelnen Einflussfaktoren je nach Kontext sehr unterschiedlich auf die interkulturelle Interaktion auswirken.

Aufgrund dieser aus wissenschaftstheoretischer Sicht lückenhaften Kenntnisse im Bezug auf den vorliegenden Untersuchungsgegenstand wurden in Schritt 2 mit 26 Probanden problemzentrierte Interviews durchgeführt, um die Relevanz der recherchierten Einflussfaktoren für den vorliegenden Kontext zu überprüfen und gegebenenfalls noch weitere bisher unberücksichtigte Faktoren zu ermitteln. Dieses Vorgehen lehnt sich an Kelle (2007, S. 54) an, der sich klar für eine sinnvolle Einschränkung der Hypothesen im Vorfeld ausspricht, um eine beliebige Hypothesenbildung zu vermeiden, die eine Falsifikation eines Großteils der zuvor aufgestellten Hypothesen mit sich bringen würde. In Bezug auf landes- und unternehmenskulturelle Dimensionen wurden folgende Hypothesen generiert:

H1: Zwischen den Standorten in Deutschland und Singapur gibt es größere kulturelle Differenzen als zwischen den Standorten in Deutschland und den USA. Folgende signifikante Unterschiede sind zu erwarten:
- H1a (LK): Zwischen den Standorten in Deutschland und Singapur gibt es größere landeskulturelle Differenzen als zwischen den Standorten in Deutschland und den USA.
- H1b (UK): Die Unternehmenskulturen unterscheiden sich an den drei Standorten in Deutschland, Singapur und den USA nicht signifikant voneinander.

H2: Die interkulturelle Zusammenarbeit zwischen der Tochtergesellschaft in Singapur und der Mutterzentrale in Deutschland wird als erfolgreicher als die interkulturelle Zusammenarbeit zwischen der Tochterzentrale in den USA und der Mutterzentrale in Deutschland eingeschätzt.

H3: Es gibt landes- und unternehmenskulturelle Einflussfaktoren, die sich positiv auf den Erfolg der interkulturellen Zusammenarbeit auswirken.
- H3a (LK): Je höher der Kollektivismus ausgeprägt ist, desto erfolgreicher ist die interkulturelle Zusammenarbeit.
- H3b (UK): Je höher die drei unternehmenskulturellen Dimensionen Ergebnis- und Karriereorientierung, Mitarbeiterorientierung und Arbeitsklima jeweils in der Tochtergesellschaft ausgeprägt sind, desto erfolgreicher ist die interkulturelle Zusammenarbeit.

H4: Die landes- und unternehmenskulturellen Dimensionen, die eine positive Wirkung auf das Erfolgspotenzial haben, sind am singapurischen Standort signifikant höher ausgeprägt als am US-amerikanischen Standort.

H5: Zwischen der Landes- und Unternehmenskultur besteht ein signifikanter Mediationseffekt, wobei die Landeskultur als Prädiktorvariable, die Unternehmenskultur als Mediatorvariable und die Arbeitszufriedenheit als Kriteriumsvariable fungiert.

In Schritt 3 wurden die Hypothesen mittels eines quantitativen Messinstruments (standardisierter Online-Fragebogen) überprüft. Für die Landeskultur wurde das bereits validierte Messinstrument von Triandis und Gelfand (1998) verwendet, in dem die beiden Skalen Individualismus (IND) und Kollektivismus (KOL) mit jeweils 8 Items operationalisiert sind. Für die Operationalisierung der Unternehmenskultur wurden die drei Dimensionen Ergebnis- und Karriereorientierung (EKO, 7 Items), Mitarbeiterorientierung (MAO, 7 Items) und Arbeitsklima (AK, 11 Items) von Unterreitmeier (2004) herangezogen, deren Validität in einer Replikationsstudie bestätigt wurde (Unterreitmeier & Schwinghammer 2004, S.27-36). Als Erfolgsmaß der interkulturellen Zusammenarbeit wurde die Arbeitszufriedenheit (Z) gewählt. Die 8 Items wurden von Podsiadlowksi (2002) für die englische und von Cramer (2007) für die deutsche Fragebogenversion übernommen. In beiden Fällen wird von einer hohen Reliabilität der Skala berichtet (Podsiadlowski 2002, S.213 und Cramer 2007, S.196).

Insgesamt betrachtet liegt folglich eine Methodenkombination aus qualitativen und quantitativen Forschungsschritten vor, wobei die qualitative Befragung zur Hyopthesengenerierung und die quantitative Befragung zur Hypothesenprüfung dient. Um eine möglichst hohe Konstruktäquivalenz des quantitativen Messinstruments zu erreichen, wurden in einer Vorstudie der back-translation- und der committee-approach-Ansatz von Brislin angewandt (Krentzel 2001, S.

Tab. 1: Reliabilität des quantitativen Messinstruments der vorliegenden Studie

Skala	N Items	Cronbachs Alpha		
		D	SIN	USA
Arbeitszufriedenheit	8	.82	.93	.92
Individualismus	8	.73	.80	.67
Kollektivismus	8	.67	.83	.83
Ergebnis und Karriereorientierung	7	.70	.78	.78
Mitarbeiterorientierung	7	.86	.92	.92
Arbeitsklima	11	.88	.80	.83

55). In einer Hauptkomponentenanalyse konnte darüber hinaus die Faktorenstruktur der 6 Dimensionen für alle 3 Stichproben ausreichend bestätigt werden. Mithilfe Cronbachs Alpha als Maßzahl der internen Konsistenz wurden stichprobenübergreifend für alle 6 Skalen angemessene Reliabilitätswerte ($\alpha \geq$ .65) erzielt (s. Tab. 1)

Durch weitere Tests (Test auf Normalverteilung, Test auf Homoskedastizität der Varianzen und Kovarianzen) konnten für die 6 Skalen alle relevanten Voraussetzungen für statistische Verfahren sichergestellt werden.

3 Stichprobe

Die Stichprobe der vorliegenden Studie setzt sich aus insgesamt 282 Mitarbeitern eines international agierenden Unternehmens mit Sitz in Deutschland zusammen. Die Stichprobe am deutschen Standort beträgt 97, am singapurischen Standort 77 und am US-amerikanischen Standort 108 Personen. Die soziodemografische Verteilung der Untersuchungsteilnehmer gestaltet sich nach Abzug fehlender Werte wie folgt: 92 Teilnehmer sind weiblich (33%), 187 Teilnehmer sind männlich (67%). Das Durchschnittsalter der Gesamtstichprobe beträgt 43,6 Jahre. Mit 40,2 Jahren sind die Testpersonen am Standort in Singapur am jüngsten, gefolgt von Deutschland (42,1 Jahre) und den USA (47,4 Jahre). Bezüglich der Hierarchieebene haben 133 Mitarbeiter (47%) und 148 Führungskräfte (53%) den Fragebogen vollständig ausgefüllt. Die Stichprobe ist im Hinblick auf die soziodemografischen Daten somit relativ ausgeglichen. Eine große Stärke auf konzeptioneller Ebene des empirischen Untersuchungsvorgehens liegt darin, dass die Erhebung der Daten nicht als konstruierter Fall im Labor erfolgte, was in der Wissenschaft zu interkulturellen Themen häufig der Fall ist, sondern es wurden reale Interaktionen aus der Praxis analysiert.

4 Ergebnisse

4.1 Hypothese 1

Um Hypothese 1 zu testen, wurde zunächst anhand einer kulturvergleichenden Analyse untersucht, zwischen welchen Stichproben signifikante Mittelwertunterschiede bestehen. Dazu wurde jeweils eine einfaktorielle ANOVA durchgeführt sowie ein Post-hoc-Test nach der Scheffé-Prozedur angefordert. Da die Skala Mitarbeiterorientierung Heteroskedastizität aufweist, wurde hierfür ein Welch-Test mit angefordert. Für die Skala Arbeitsklima wurde lediglich eine annähernde Normalverteilung festgestellt, sodass an dieser Stelle ein H-Test nach Kruskal und Wallis angewandt wurde.

Aus Tabelle 2 ist abzulesen, dass mit $p < .05$ nur bei den beiden Skalen Kollektivismus und Ergebnis- und Karriereorientierung signifikante Mittelwertunterschiede zwischen den drei Gruppen bestehen. Die Post-hoc-Tests nach der Scheffé-Prozedur geben Aufschluss darüber, dass sich die Mittelwertunterschiede lediglich zwischen der deutschen und singapurischen Stichprobe ergeben (KOL: $p = .00$; M_D = 5.33; M_SIN = 5.90 / EKO: $p = .03$; M_D = 4.40; M_SIN = 4.81). Hypothese 1a wird somit bestätigt. Hypothese 1b wird falsifiziert. Folglich bestehen zwischen deutschen und singapurischen Mitarbeitern nicht nur auf landeskultureller Ebene größere signifikante Mittelwertunterschiede als zwischen deutschen und amerikanischen Kollegen (H1a), sondern auch auf unternehmenskultureller Ebene (H1b).

Tab. 2: Varianzanalysen mit landes- und unternehmenskulturellen Dimensionen

Dimension	Standort		M	SD	df	F	p
IND	D		4.70	0.81	2; 268	1.52	.99
		SIN	4.70	0.97			
		USA	4.51	0.81			.32
KOL	D		5.33	0.73	2; 263	10.34	.00*
		SIN	5.90	0.71			
		USA	5.60	0.86			.06
EKO	D		4.40	0.88	2; 261	3.97	.03*
		SIN	4.81	0.95			
		USA	4.48	1.03			.86
MAO	D		4.89	1.00	2; 255	1.92	1.00
		SIN	4.88	1.20			
		USA	4.58	1.37			.23
AK	D		4.96	0.87	2	-	.26
		SIN	4.77	0.79			
		USA	4.96	0.95			

* signifikant auf einem 5%-Level

4.2 Hypothese 2

Hypothese 2, in der die interkulturelle Zusammenarbeit zwischen deutschen und singapurischen Mitarbeitern trotz größerer landeskultureller Differenzen als erfolgreicher eingeschätzt wird, wurde anhand eines T-Tests überprüft. Die Skala Arbeitszufriedenheit wird hierbei als Erfolgsmaß für die interkulturelle Zusammenarbeit verwendet.

Hypothese 2 wird bestätigt. Obwohl zwischen deutschen Mitarbeitern und ihren Kollegen in Singapur größere kulturelle Differenzen bestehen (siehe Tabelle 2), wird die interkulturelle Zusammenarbeit mit diesen als erfolgreicher eingeschätzt als mit Kollegen am US-amerikanischen Standort (Tabelle 3: M_D-SIN = 5.24; M_D-USA = 5.20; p = .00). Die Ansicht aus der kulturvergleichenden Forschung, dass größere kulturelle Differenzen zu mehr Interaktionsproblemen führen (z.B. Stahl 1998, S.39 und Ward et al. 2001, S.9), kann folglich nicht bestätigt werden. Die Analyse weiterer Faktoren ist deshalb unerlässlich, um mögliche Synergiepotenziale aufzudecken.

4.3 Hypothese 3

Zur Überprüfung von Hypothese 3 wurden Regressionen durchgeführt, mit landes- und unternehmenskulturellen Dimensionen als unabhängige Variablen und der Arbeitszufriedenheit als Erfolgsmaß der interkulturellen Zusammenar-

Tab. 3: T-Test mit der Skala Arbeitszufriedenheit als Erfolgsmaß der interkulturellen Zusammenarbeit

Dimension	M	SD	df	T	p
Arbeitszufriedenheit D-SIN	5.24	0.80	95	2.95	.00*
Arbeitszufriedenheit D-USA	5.20	0.79			

* signifikant auf einem 5%-Level

Tab. 4: Regressionsanalysen mit landes- und unternehmenskulturellen Dimensionen

Dimension	Arbeitszufriedenheit als Erfolgsmaß der interkulturellen Zusammenarbeit			
	R^2	β	SE	p
IND	0.06	-0.04	1.01	.50
KOL		0.23		.00*
EKO	0.19	0.44	0.93	.00*
MAO	0.37	0.61	0.81	.00*
AK	0.43	0.66	0.78	.00*

* signifikant auf einem 5%-Level

beit als abhängige Variable. Aufgrund von Multikollinearität zwischen den drei unternehmenskulturellen Dimensionen wurden diese einzeln in ein Modell aufgenommen.

Tabelle 4 verdeutlicht, dass bei den landeskulturellen Skalen lediglich die Dimension Kollektivismus (β = 0.23; p = .00) die Arbeitszufriedenheit erklärt, nicht aber die Dimension Individualismus (p = .50). In Bezug auf die Unternehmenskultur können alle drei Dimensionen in Zusammenhang mit der Arbeitszufriedenheit als Erfolgsmaß der interkulturellen Zusammenarbeit gestellt werden. Sowohl die Ergebnis- und Karriereorientierung, als auch die Mitarbeiterorientierung und das Arbeitsklima sind somit als Einflussfaktoren zu verstehen, die bei hoher Ausprägung positiv auf die Interaktion zwischen fremdkulturellen Kollegen wirken (EKO: β = 0.44; p = .00 / MAO: β = 0.61; p = .00 / AK: β = 0.66; p = .00). Folglich kann die Annahme aus der qualitativen Befragung (H3), dass landes- und unternehmenskulturelle Faktoren positiv auf den Erfolg interkultureller Zusammenarbeit wirken, bestätigt werden.

4.4 Hypothese 4

Um Hypothese 4 und damit zugleich den größeren Erfolg der interkulturellen Zusammenarbeit, der mit der Skala Arbeitszufriedenheit gemessen wird, zwischen deutschen und singapurischen Kollegen weiter zu untersuchen, wurden mit allen Skalen mit erfolgsförderndem Potenzial (siehe Tabelle 4: KOL, EKO, MAO, AK) Mittelwertvergleiche zwischen der singapurischen und amerikanischen Stichprobe gezogen:

Aus Tabelle 5 kann die Schlussfolgerung gezogen werden, dass lediglich zwischen den beiden Dimensionen Kollektivismus (p = .02) und Ergebnis- und Karriereorientierung (p = .03) signifikante Mittelwertunterschiede bestehen. Bei Betrachtung der Mittelwerte fällt auf, dass die Werte am singapurischen Standort jeweils höher ausgeprägt sind als am amerikanischen Standort (KOL: M_SIN = 5.90; M_USA = 5.60 / EKO: M_SIN = 4.81; M_USA = 4.48). Diese entsprechen in beiden Fällen den hohen Ausprägungen der Dimensionen, für

Tab. 5: Mittelwerte der singapurischen und amerikanischen Stichprobe zu den Skalen mit erfolgsförderndem Potenzial

Dimension	M		SD		df	T	p
	SIN	USA	SIN	USA			
KOL	5.90	5.60	0.71	0.86	172	2.39	.02*
EKO	4.81	4.48	0.95	1.03	172	2.18	.03*
MAO	4.88	4.58	1.20	1.37	168	1.45	.15
AK	4.77	4.96	0.79	0.95	170	-1.32	.19

* signifikant auf einem 5%-Level

die laut Tabelle 4 ein erfolgsförderndes Potenzial analysiert werden konnte. Folglich liefern diese beiden Dimensionen einen Hinweis darauf, dass ein am Standort Singapur höher ausgeprägter Kollektivismus und eine höher ausgeprägte Ergebnis- und Karriereorientierung den größeren Erfolg der interkulturellen Zusammenarbeit beeinflussen. Da nur 2 der 4 kulturellen Dimensionen einen signifikanten Mittelwertunterschied aufweisen, wird Hypothese 4 nur teilweise bestätigt.

4.5 Hypothese 5

Um das Interdependenzverhältnis der beiden Dimensionen im Bezug auf den Erfolg der interkulturellen Zusammenarbeit untersuchen zu können (H5), wurden jeweils für die deutsch-singapurische und die deutsch-amerikanische Stichprobe Mediatoranalysen durchgeführt. Auf Grundlage theoretischer Überlegungen (u.a. Kremmel 1996) und den Ergebnissen aus der qualitativen Studie wurde die Dimension Kollektivismus als Prädiktorvariable, die Ergebnis- und Karriereorientierung als Mediatorvariable und die Arbeitszufriedenheit als Erfolgsmaß der interkulturellen Zusammenarbeit als Kriteriumsvariable in das Mediatormodell eingesetzt. Bei einer partiellen Mediation übt die Prädiktorvariable einen direkten Effekt auf die Kriteriumsvariable aus (c), der durch die Mediatorvariable nicht vollständig aufgehoben, sondern lediglich reduziert wird (c'). Wenn der direkte Effekt (c) unter statistischer Kontrolle des Mediators interveniert wird (c'), d.h. gänzlich nicht-signifikant wird, liegt ein totaler Mediator-Effekt vor (Urban & Mayerl 2007, S. 10). Die Signifikanz des indirekten Effekts wird über den Sobel-Test berechnet (Urban & Mayerl 2007, S. 6ff.).

Aus den Ergebnissen des Sobel-Tests in Tabelle 6 wird ersichtlich, dass von der Unternehmenskultur in beiden Fällen ein signifikanter indirekter Effekt ausgeht (D-SIN: p = .01 / D-USA: p = .00) und somit Hypothese 5 verifiziert wird. Während in der deutsch-singapurischen Stichprobe ein totaler Mediatoreffekt

Tab. 6: Mediatoranalyse zur Messung des indirekten Einflusses der Unternehmenskultur

Pfad (Dimension)	Deutschland-Singapur			Deutschland-USA		
	β	SE	p	β	SE	p
a (KOL-Z)	0.21	0.90	.01*	0.29	0.97	.00*
b (KOL-EKO)	0.23	0.91	.00*	0.24	0.94	.00*
c (EKO-Z)	0.38	0.84	.00*	0.50	0.89	.00*
c' (KOL-Z)	0.12	0.84	.11	0.18	0.87	.00*
Sobel-Test		.01*			.00*	

* signifikant auf einem 5%-Level

vorliegt, ist in der deutsch-amerikanischen Stichprobe nur ein partieller indirekter Effekt zu beobachten. Folglich geht in der Interaktion mit singapurischen Kollegen der direkte Effekt von der Landeskultur auf den Erfolg (Pfad c: β = 0.21; p = .01) der interkulturellen Zusammenarbeit verloren, sodass landeskulturelle Differenzen zugunsten einer gemeinsam gelebten Unternehmenskultur in den Hintergrund treten (Pfad c´: β = 0.12; p = .11). Hieraus lässt sich ein weiterer Grund für den größeren Erfolg der deutsch-singapurischen Zusammenarbeit ableiten. In der deutsch-amerikanischen Interaktion behält die landeskulturelle Dimension (Pfad c: β = 0.29; p = .00) hingegen unter Kontrolle des Mediators ihren signifikanten Einfluss bei (Pfad c´: β = 0.18; p = .00).

Folglich stellt die Unternehmenskultur in der deutsch-amerikanischen Zusammenarbeit kein effektives Managementtool dar, um den Erfolg interkultureller Zusammenarbeit gezielt verbessern zu können. Demzufolge gewinnen hier Maßnahmen an Bedeutung, mittels derer das gegenseitige Verständnis erhöht und das fremdkulturelle Orientierungssystem erlernt wird. Offensichtlich hängt der signifikant geringere Kollektivismus in den USA (Tabelle 5) damit zusammen, dass eine geringe Bereitschaft zur Übernahme unternehmenskultureller Werte vorherrscht. Demzufolge müsste in der deutschen Mutterzentrale ein stärkeres Augenmerk darauf gelegt werden, die Internalisierungskraft der Unternehmenskultur am US-amerikanischen Standort zu erhöhen.

5 Diskussion

Als zentrales Ergebnis konnte festgestellt werden, dass die kulturellen Unterschiede auf landes- und unternehmenskultureller Ebene zwischen deutschen und singapurischen Kollegen zwar größer sind als zwischen deutschen und amerikanischen Mitarbeitern (H1), dass diese entgegen der allgemeinen Meinung der kulturvergleichenden Managementforschung aber nicht zu einer schlechteren interkulturellen Zusammenarbeit führen (H2). Positive Effekte für die interkulturelle Zusammenarbeit insgesamt konnten für die Skalen Kollektivismus, Ergebnis- und Karriereorientierung, Mitarbeiterorientierung und Arbeitsklima nachgewiesen werden (H3). Nach weiterer Auswertung der Daten können insbesondere ein am Standort Singapur höher ausgeprägter Kollektivismus (Landeskultur) sowie eine höhere Erfolgs- und Karriereorientierung (Unternehmenskultur) als Indikatoren für den größeren Erfolg der deutsch-singapurischen Zusammenarbeit geltend gemacht werden (H4).

Die Mediatoranalysen, in denen die Unternehmenskultur als Mediatorvariable eingesetzt wurde, konnten weiter Aufschluss über den Wirkungszusammenhang der einzelnen Variablen geben (H5). Die totale Mediation in der der deutsch-singapurischen Stichprobe durch die Unternehmenskultur deutet darauf hin, dass das Erfüllen unternehmenskultureller Funktionen einen besonders hohen Stellenwert besitzt. Somit steigt die Relevanz der Unternehmenskultur, die als effektives Managementtool verstanden werden kann. Als praktische

Implikation für die deutsch-amerikanische Zusammenarbeit muss hingegen die Bedeutung der landeskulturellen Ebene hervorgehoben werden. Hier wäre es sinnvoll, die Internalisierungskraft der Unternehmenskultur zu erhöhen, was beispielsweise in Form von interkulturellen Projekten realisiert werden könnte. Gleichzeitig wird hierdurch das gegenseitige Verständnis verbessert und die Motivation zur Übernahme unternehmenskultureller Werte erhöht.

Abschließend kann festgehalten werden, dass ein monokausaler Ansatz zur Erforschung interkultureller Zusammenarbeit zu kurz greift. Anhand detaillierter Untersuchungen zu diversen landes- und unternehmenskulturellen Dimensionen konnte aufgezeigt werden, wie vielschichtig und hoch komplex sich die interkulturelle Zusammenarbeit gestaltet. Landes- und unternehmenskulturelle Differenzen stellen nur dann ein Problem dar, wenn ein fehlendes Verständnis über den Wirkungszusammenhang der Einflussfaktoren vorliegt. Ist dieses vorhanden, kann ein Unternehmen gezielt Maßnahmen einsetzen, um die interkulturelle Zusammenarbeit zu verbessern und kontextspezifische Lösungsansätze zu ergreifen.

Literatur

Bhabha, H. K. (2011). *Die Verortung der Kultur*. Tübingen: Stauffenburg-Verlag.

Bolten, J. (2004). *Interkulturelles Handeln in der Wirtschaft. Positionen, Modelle, Perspektiven, Projekte*. Sternenfels: Verlag Wissenschaft & Praxis.

Brüch, A. (1998). Individualismus-Kollektivismus als Einflussfaktor in interkulturellen Kooperationen. In E. Spieß (Hrsg.), *Formen der Kooperation. Bedingungen und Perspektiven* (S. 177-192). Göttingen: Hogrefe-Verlag.

Cramer, T. (2007). *Interkulturelle Zusammenarbeit in multinationalen Teams*. München: GRIN Verlag.

Graf, A, (2004). *Interkulturelle Kompetenzen im Human Resource Management. Empirische Analyse konzeptioneller Grundfragen und der betrieblichen Relevanz*. Wiesbaden: Deutscher Universitäts-Verlag.

Hansen, K. P. (2000). *Kultur und Kulturwissenschaft. Eine Einführung* (2. Auflage). Tübingen: Francke Verlag.

Kelle, U. (2007). Integration qualitativer und quantitativer Methoden. In U. Kuckartz & H. Dresing Thorsten Grunenberg (Hrsg.), *Qualitative Datenanalyse: computergestützt. Methodische Hintergründe und Beispiele aus der Forschungspraxis* (S. 50-64). 2. Auflage. Wiesbaden: VS Verlag für Sozialwissenschaften.

König, O. & Schattenhofer, K. (2007). *Einführung in die Gruppendynamik* (2. Auflage). Heidelberg: Carl-Auer-Systeme.

Krentzel, G. A. (2001). *Multinationale Arbeitsgruppen. Implikationen für die Führung*. Wiesbaden: Deutscher Universitäts-Verlag.

Kumbruck, C. & Derboven, W. (2009): *Interkulturelles Training. Trainingsmanual zur Förderung interkultureller Kompetenzen in der Arbeit* (2. Auflage). Heidelberg: Springer-Verlag.

Kremmel, D. (1996). *Das Verhältnis zwischen Unternehmensstrategie und Unternehmenskultur unter besonderer Berücksichtigung des organisationalen Lernens*. Hallstadt: Rosch-Buch.

Lösch, K. (2005). Begriff und Phänomen der Transdifferenz. Zur Infragestellung binärer Differenzkonstrukte. In L. Allolio-Näcke (Hrsg.), *Differenzen anders denken. Bausteine zu einer Kulturtheorie der Transdifferenz* (S. 26-52). Frankfurt: Campus-Verlag.

Pant, N. & Singh, K. (2001). In Diversity is There Strength? Ruminations on Changing Faces in Business. In C. L. Cooper et al. (Hrsg.), *The International Handbook of Organizational Culture and Climate* (S. 557-572). Chichester: John Wiley & Sons.

Podsiadlowski, A. (2002). *Multikulturelle Arbeitsgruppen in Unternehmen. Bedingungen* für erfolgreiche Zusammenarbeit am Beispiel deutscher Unternehmen in Südostasien. Münster: Waxmann Verlag.

Schein, Edgar H. (1995). *Unternehmenskultur. Ein Handbuch für Führungskräfte*. Frankfurt: Campus-Verlag.

Stahl, G. K. (1998). *Internationaler Einsatz von Führungskräften*. München: Oldenbourg Verlag.

Triandis, H. C. & Gelfand, M. J. (1998). Converging Measurement of Horizontal and Vertical Individualism and Collectivism. *Journal of Personality and Social Psychology*, 74 (1), 118-128.

Unterreitmeier, A. (2004). *Unternehmenskultur bei Mergers & Acquisitions. Ansätze zu Konzeptualisierung und Operationalisierung*. München. Wiesbaden: Deutscher Universitäts-Verlag.

Unterreitmeier, A. & Schwinghammer, F. (2004). *Die Operationalisierung von Unternehmenskultur - Validierung eines Messinstruments*. München: Ludwig-Maximilians-Universität.

Urban, D. & Mayerl, J. (2007). *Mediator-Effekte in der Regressionsanalyse*. Universität Stuttgart. Verfügbar unter: http://www.uni-stuttgart.de/soz/soziologie/regression/Mediator-Effekte_v1-3.pdf [22.11.2013].

Ward, C. A. et al. (2001). *The Psychology of Culture Shock* (2. Auflage). Hove: Routledge.

Welsch, W. (1999). Transculturality. The Puzzling form of Cultures Today. In M. Featherstone (Hrsg.), *Spaces of Culture* (pp. 194-213). London: Sage Publications.

Recruiting in mongolischen Unternehmen zwischen Loyalitätssicherung und Leistungsorientierung

Ullrich Günther, Sina Heers

20 Personalmanager wurden über HRM, speziell Recruiting, in mongolischen Unternehmen interviewt. Die vorherrschende Personalauswahl nach persönlicher Begünstigung bewirkt oft Fehlbesetzungen, aber auch hohe Loyalität zum Chef. Als Folge konkurrieren im Unternehmen persönliche Netzwerkgruppen und treffen klientelverpflichtete Entscheidungen.

Keywords: Recruiting, HRM, Mongolei, Loyalität

1 Die Mongolei im Umbruch

1.1 Wirtschaft und Gesellschaft

Unternehmen in der Mongolei bewegen sich in einem ökonomischen, politischen und gesellschaftlichen Umfeld, das sich in den letzten Jahren stark verändert hat: Seit den 1990er Jahren wurde die ehemals sozialistische zentralgelenkte Wirtschaft zu einer marktwirtschaftlich-kapitalistischen Ökonomie in einem parlamentarisch-demokratischen System umgestaltet. Seitdem schreitet die Urbanisierung mit Ulaanbaatar als dominierender Metropole voran. Der industrielle Sektor, insbesondere der Bergbau, und die internationale Zusammenarbeit weiten sich aus. Die zukünftige ökonomische Bedeutung des Landes wird aufgrund neu entdeckter riesiger Bodenschätze stark anwachsen. Für 2016 sagt die Weltbank vorher, dass der Bergbau mehr als Hälfte des Bruttosozialprodukts und 95% des Exports ausmachen wird (Haznain et al., 2013). Diese Entwicklungen schlagen sich in steigenden Erwartungen internationaler Geschäftspartner und Investoren an die Professionalität, Effizienz und Wettbewerbsfähigkeit mongolischer Unternehmen nieder und haben somit eine weitreichende Bedeutung für deren interne Organisationsentwicklung.

Im Einzelnen: Die mongolische Landwirtschaft, die weitgehend aus der Viehwirtschaft der Nomaden besteht, verliert an Bedeutung gegenüber dem wachsenden Dienstleistungs- und Industriesektor der Mongolei. Dennoch beschäftigt der Agrarbereich noch ein Drittel der Erwerbstätigen, trägt allerdings nur 15 % zum Bruttosozialprodukt bei (vgl. World Fact Book, Mongolia, 2013). Dies zeigt die für Entwicklungsländer typische geringe Produktivität des traditionellen Agrarsektors. Im weltweiten Vergleich gehört die Mongolei noch zu den armen Volkswirtschaften des Globus. Das Bruttonationaleinkommen pro Kopf beträgt kaufkraftbereinigt 4290 US-Dollar (für 2011) (Deutschland zum Vergleich 40.000 USD) (World Bank, 2013). Dies schließt aber wie in anderen Entwicklungsgesellschaften nicht die Existenz einer Mittelschicht aus, die relativ gut ausgebildet ist und in ihrem Lebensstil den Mittelschichten westlicher Länder ähnelt (Dashtseren, 2012).

Um kurz- und mittelfristig die Wirtschaft der Mongolei voranzubringen, müssen zusammengefasst drei Transformationsprozesse zu Ende gebracht werden: 1. auf der Produktebene von der nomadischen Viehwirtschaft zur industriellen und Dienstleistungswirtschaft, 2. auf der Ebene der Wirtschaftsstruktur von der sozialistisch-zentralwirtschaftlichen zu einer marktwirtschaftlichen Struktur, 3. auf der individuellen und organisationalen Ebene von einer familienzentrierten zu einer leistungsbezogenen und meritokratischen Orientierung.

1.2 Human Resources Management in mongolischen Unternehmen und seine Herausforderungen

Die wirtschaftlichen und gesellschaftlichen Transformationsprozesse schlagen sich auch im Human Resource Management in mongolischen Unternehmen nieder. Konkret müssen sich Personalabteilungen mit unterschiedlichen Arbeitserfahrungen und Wertorientierungen zwischen den Generationen auseinandersetzen, Bildungs- und Qualifikationslücken ausbalancieren und neue arbeitsrechtliche Regelungen umsetzen. Die Human-Resource-Abteilungen (synonym mit Personalabteilungen verwendet) übernehmen hier die Funktion von Sammelbecken, in denen die neuen Anforderungen einer Gesellschaft und Wirtschaft im Modernisierungsprozess in die Mikroperspektive der Unternehmensebene verdichtet wiederfinden. Eine Überforderung durch die Menge der Veränderungen und die Kürze der Zeit erscheint offensichtlich.

2 Ziele und methodisches Vorgehen der Interviewstudie

2.1 Ziele

Die vorliegende Studie hat folgende Ziele:
a) Darstellung des Human Resource Managements mongolischer Unternehmen und ihrer Probleme im Modernisierungs- und Transformationsprozess aus der Sicht von Personalmanagern und -beratern

b) Analyse der gesellschaftlichen, psychologischen, wirtschaftlichen und organisatorischen Ursachen der Probleme und der Fortschritte
c) Vorschläge für mögliche Problemlösungen und Entwicklungsrichtungen.

Ein besonderer Bedarf an Kenntnissen über arbeitsbezogene Werthaltungen und wirtschaftspsychologische Bedingungen in der Mongolei (siehe b) bestehen auch deshalb, weil 1. die großen internationalen Studien über kultur- und arbeitsspezifische Werthaltungen (etwa Hofstede et al., 2010; House et al., 2004; Inglehart & Welzel, 2006) die Mongolei – vermutlich wegen ihrer relativ geringen Bevölkerungsgröße - nicht in ihre Erhebungen einbezogen haben und weil 2. die Mongolei wegen ihrer immens großen Rohstoffvorkommen an wirtschaftlicher Bedeutung gewinnen wird (s. o.).

2.2 Methodisches Vorgehen

Die ersten Kenntnisse und verallgemeinernde Mutmaßungen gewannen die Autoren durch die Durchführung von Seminaren mit mongolischen HR-Managern und –Beratern in Ulaanbaatar. In den Seminaren, die sich auf Strategisches Performance Management und andere wirtschaftspsychologische Themen bezogen, stellten die mongolischen Personalverantwortlichen u. a. in Form von SWOT-Analysen die wahrgenommenen Probleme und Chancen des HRM in den Unternehmen systematisch dar. Das methodische Vorgehen der Untersuchung kombiniert im ersten Schritt eine Dokumentenanalyse mit einer anschließenden Interviewstudie. Um aus einer systematischeren Perspektive einen Überblick über die typischen HR-Probleme und die darauf bezogenen Lösungsstrategien zu gewinnen, wurde zunächst eine Dokumentenanalyse durchgeführt. Zu diesem Zweck wurden Projektberichte (alle in englischer Sprache) von drei Beratungsorganisationen herangezogen, die für mongolische Unternehmen im HR-Bereich in Beratung und Weiterbildung/Training tätig sind: a) Die Berater des "Guide to Development Management Training Center" (GDMTC) sind fast ausschließlich Mongolen; die Finanzierung der Organisation und zum Teil auch inhaltliche Unterstützung erfolgt überwiegend durch die Asian Development Bank. b) Die abschließenden Projektberichte von zwei Beratungsprojekten der Gesellschaft für technische Zusammenarbeit (GTZ) wurden herangezogen. c) Schließlich standen Berichte zu Projekten der European Bank for Reconstruction and Development (EBRD) bei der Staatsbank der Mongolei zur Verfügung.

Die Auswertung der Dokumentenanalyse ergab eine Liste von sog. HR-Concerns (s. u. Abschnitt 3), die wiederum als thematische Anregung für die anschließende Interviewstudie verwendet wurde. Diese Liste rückt die genannten Themen in das Aufmerksamkeitsfeld der Befragten und soll die thematische Vollständigkeit der Antworten erhöhen.

Die Interviews wurden in Anlehnung an die qualitative Inhaltsanalyse von Mayring (2010) durchgeführt und ausgewertet. Sie zielten auf ein tieferes Eingehen, Erklären und auf begründende Kognitionen der beschriebenen HR-Concern ab. Der Anfangspunkt eines Gesprächs ist ein HR-Problem, das gegenwärtig im Zentrum einer Rekonstruierung steht und an dem der Interviewte beteiligt ist. Die Interviewees erläutern den Status und die Mängel des Restrukturierungprojektes und gehen dann auf die Gründe und Wechselwirkungen ein. Als Ergebnis dieses deduktiven Vorgehens wird die Forschungsfrage beantwortet, welches HR-Feld gegenwärtig strategisch im Mittelpunkt steht.

Für die Auswahl der Interviewpartner aus der mongolischen Wirtschaft wurden folgende Merkmale festgelegt: (1) mindestens ein Jahr Berufserfahrung auf dem Gebiet des HRM in Unternehmen in der Mongolei; (2) HR-Verantwortlichkeit in einem Unternehmen mit mindestens 50 Beschäftigten (oder alternativ: Personalberatung im HR-Bereich in Unternehmen dieser Größe.); (3) Beteiligung an der Bewältigung strategischer HR-Themen und (4) Fähigkeit, sich zum Implementierungsprozess zu äußern. Die Interviews wurden 2011 von Sina Heers in der Firma des Befragten durchgeführt und dauerten 45 bis 60 Minuten. 10 Interviews fanden in englischer Sprache statt, in den anderen 10 Fällen wurden die Interviews simultan von Mongolisch in Englisch übersetzt. Die Übersetzerin war im Bereich HR beruflich tätig. Sie überprüfte später anhand der Transskripte die Korrektheit und Angemessenheit der eigenen Übersetzung.

Zusammensetzung der Stichprobe: Alle 20 Interviewpartner besaßen eine Berufserfahrung von mindestens einem Jahr (Merkmal 1). 16 Interviewees waren in HR-Abteilungen in Unternehmen mit über 50 Arbeitnehmern beschäftigt; vier Gesprächspartner waren als Berater im HR-Bereich tätig und in Beratungsfirmen mit weniger als 50 Beschäftigten oder selbständig tätig (Merkmal 2). Die Merkmale 3 und 4 waren in allen Fällen gegeben.

19 der 20 Interviewten sind Frauen. Der geringe Anteil von Männern im HR-Bereich entspricht unserer Beobachtung in Unternehmen, deckt sich mit der Zusammensetzung in unseren Seminaren für mongolische HR-Manager und wird durch die Berichte mongolischer Gesprächspartner bestätigt.

3 Allgemeine Ergebnisse

Die folgenden aus der Dokumentenanalyse gewonnenen Kategorien repräsentieren die Wahrnehmung der Probleme erstens aus der Sicht der Unternehmen und zweitens aus der Sicht der Beratungsorganisationen. Die hier genannten HR-Concerns lassen sich als veränderungsbedürftige Zustandsbeschreibungen verstehen: *Flexibility in job descriptions; Linkage between qualification and salary; Personal relations. in personnel selection; Fluctuation/ Turnover of staff.*

Bei den 20 transkribierten Interviews wurden 68 zuordnungsrelevante Texteinheiten identifiziert und den folgenden Kategorien (HR-Issues oder HR-Concerns) zugeordnet. Die Kategorien sind nach abnehmender Häufigkeit sortiert. Sie stellen die von den Autoren rekonstruierte und kategorisierte (Problem-)Wahrnehmung der HRM in mongolischen Unternehmen durch die interviewten Personalmanager dar: *Motivation; Low job satisfaction; Personnel development plans; Lacking human resources policy; Non-existence of organizational charts; Non-existence of standardized performance evaluation; Compensation packages and Incentives*. Die Übereinstimmung der Autoren in der Zuordnung der 68 Texteinheiten zu den eben genannten Kategorien beträgt 89,7% (Interraterreliabilität) und ist ausreichend hoch (vgl. Rössler 2010).

4 Loyalitätssicherung und Leistungsorientierung

Loyalitätssicherung innerhalb des Unternehmens spielt eine hervorgehobene Rolle, insbesondere für Führungspositionen und Positionen mit erhöhter Entscheidungsmacht. Dieses Kredo macht sich in unterschiedlichen HR-Aufgaben als ein unterschwelliges Muster bemerkbar, das Veränderungsprozesse innerhalb der Organisation erschwert, beispielsweise in den Aufgabenbereichen Personalauswahl, Personalentwicklung und Leistungsbeurteilung und Führungsverhalten. Die Auswahl für die Aufnahme in die Organisation, das Recruiting, steht dabei im Vordergrund. Auf dieses Thema wollen wir wegen seiner Zentralität und kulturellen Prägung den Schwerpunkt legen.

Beim Übergang zu einer modernen Personalbeschaffung, die sich an den relevanten Qualifikationen für den Arbeitsplatz und nicht an Verwandtschaftsbeziehungen orientiert, scheint folgende kulturelle Erfahrung und Grundüberzeugung das Haupthindernis dazustellen: Persönliche Beziehungen und wechselseitige Unterstützung in der Verwandtschaft, Nachbarschaft, Freundeskreis (oder in politischen, religiösen und anderen Organisationen) haben sich als hilfreich erwiesen und sind auf das Unternehmen übertragen. Entsprechend beruht der traditionelle Rekrutierungsprozess in Unternehmen maßgeblich auf persönlichen Verbindungen und Begünstigung. Er führt in sich modernisierenden Unternehmen zu einer Reihe von Problemen. Der althergebrachte Auswahlprozess differenziert unzureichend zwischen geeigneten und ungeeigneten Kandidaten (Interviews 10, 17). Dies führt er zu einer hohen Anzahl an Einstellungen von ungeeigneten Bewerbern (Interview 10). Auf der anderen Seite sind die auf Basis von Beziehungen ausgewählten Bewerber häufig sehr loyal. Die Betonung der Loyalität ist der Hauptgrund, weshalb das alte System als sinnvoll angesehen wird. Ein Bewerber, der beispielsweise von einem Familienmitglied empfohlen wurde, wird die Organisation nicht so schnell wieder verlassen. Im alten System sind Loyalität und Vertrauen wichtiger als Qualifikationen und eine objektiven Auswahl (Interviews 1, 4, 10, 18, 20). Auch beim neuen Auswahlsystem spielt Loyalität eine Rolle. Loyalität soll allerdings gegenüber dem gesamten Unternehmen entwickelt werden und nicht gegenüber einzelnen Gruppen innerhalb der Organisation. Der traditionelle Auswahlprozess wird als Hauptgrund für die schlechten Leistungen einzelner Mitarbeiter gesehen. Bewerber, die über den klassischen Weg rekrutiert werden, zeigen oft weniger Einsatz und Motivation (Interviews 1, 2, 4, 12, 16). Sie müssen nicht befürchten, aufgrund schlechter Leistungen entlassen zu werden, weil Qualifikation und Leistung bei ihrer Einstellung ohnehin kein Auswahlkriterium darstellten. Sie nehmen ihren Job einfach als gegeben hin (Interview 4). Kandidaten, die durch einen systematischen und objektiven Auswahlprozess ausgewählt werden, müssen sich dagegen erst beweisen; oft werden sie zunächst auch nur für eine Probezeit angestellt (Interviews 1, 12, 16). Die Arbeitsatmosphäre ist häufig von Befangenheit geprägt, wenn Mitarbeiter, die auf unterschiedliche Art und Weise rekrutiert wurden, zusammenarbeiten müssen. Feedback und Kritik zwischen den Mitarbeitern sind nicht objektiv sondern haben eine starke soziale Komponente (Interviews 1, 4, 12, 16).

Die Unterstützung von Menschen im eigenen Umfeld ist sowohl Pflicht als auch nützlich. In vormodernen Gesellschaften, die durch Armut gekennzeichnet waren, konnte diese wechselseitige, auf die Binnengruppe begrenzte Unterstützung, überlebenswichtig sein. Diese fehlende oder unscharfe (diffuse) Abgrenzung zwischen der privaten und der Arbeitswelt bezeichnet der Organisationstheoretiker und interkulturelle Management-Berater Trompenaars (Trompenaars & Hampden-Turner, 2012) mit seiner Dimension Diffuse vs. specific („How separate we keep our private and working lives"). Sie ist typisch für eine vorindustrielle oder Schwellengesellschaft, in der in den traditionellen bäuerlichen, aber auch Händler- und handwerklichen Existenzformen eine scharfe Abgrenzung zwischen privat und geschäftlich nicht existierte. – Hinzu kommt ein machtpolitischer Aspekt, der auch in modernen Organisationen zu beobachten ist. Das Netzwerk (auf dem Weg nach oben auch „Seilschaft" genannt) befördert die eigene Macht und stellt über Koalitionen auch eine Schutzfunktion dar. Konkret kann dies dazu führen, dass das Top-management einerseits die Notwendigkeit zum Systemwechsel versteht und diese Idee auch aktiv bewirbt, aber andererseits nicht bereit ist, seine eigenen persönlichen Netzwerke aus dem gleichen Blickwinkel zu betrachten (Interviews 4, 12, 16). Konkret manifestiert sich dies im Aufgabenfeld der Personalauswahl in der zeitgleichen Existenz zweier verschiedener Rekrutierungssysteme: ein strukturiertes objektives Auswahlverfahren, das nach außen kommuniziert wird, sowie ein inoffizielles System, das auf persönlichen Empfehlungen basiert und insbesondere für die Managementebene und andere wichtige Positionen zur Anwendung kommt. Die Anteile der beiden Systeme liegen zwischen 70/30 (neu/alt) und 60/40 (Interviews 2, 4, 9, 16, 17) und unterstreichen die nach wie vor starke Relevanz persönlicher Beziehungen. HR-Manager, die eine Modernisierung des Rekrutierungssystems vorantreiben wollen, setzen sich oft starker Kritik höherer Führungskräfte aus, die das große Ganze und die Notwendigkeit für Veränderungen nicht wahrnehmen (Interviews 1, 2, 5, 12, 16).

Ein ähnliches Bild zeichnet sich in dem Aufgabenfeld der innerbetrieblichen Weiterbildung ab. Der Begriff „Betriebliche *Weiter*bildung" macht im Unterschied zu PE und HRD deutlich, dass zwischen dem Wissen und Können, das im allgemeinbildenden Bereich erworben wurde, und den Qualifikationsanforderungen im Unternehmen, eine Lücke besteht, die es durch die betriebliche Weiterbildung (und Training) zu schließen gilt. Typischerweise wird diese Lücke als besonders groß in postsozialistischen Gesellschaften beschrieben: Im Bildungssystem (Schulen und Hochschulen) sind noch zum Teil, gerade in der älteren Generation, Lehrer und Professoren tätig, die ihre eigene Ausbildung noch im alten System erhalten haben. Aber auch für Entwicklungsländer gilt generell, dass die Akademia (und nicht nur dort) wenig Kontakt zur Wirtschaftswelt unterhält und die Ausbildung sich wenig auf die in Unternehmen gefragten Fähigkeiten ausrichtet.

In der Praxis gelten allerdings zum Teil andere Regeln. PE ist teuer und stellt eine Investition dar. Das Unternehmen möchte nicht in Mitarbeiter „fehlinvestieren", die eventuell bald zu einem anderen Arbeitgeber wechseln. Vielleicht verbessert erfolgreiche PE gerade die Arbeitsmarktchancen von Mitarbeitern und verlockt zum Arbeitgeberwechsel. Ein Unternehmen würde sich dadurch mit PE selbst bestrafen. Als Konsequenz wird PE als „verdiente" Leistung an die vergeben, deren Loyalität hoch eingeschätzt wird (Interviews 1, 7, 11, 14, 16), nicht unbedingt an diejenigen, deren Qualifikationszuwachs für den Erfolg des Unternehmens besonders wichtig wäre.

Die wenig ausgeprägte Fokussierung auf Leistungsorientierung wird aus einer historischen Perspektive verständlich: Vor der Wende zur Marktwirtschaft bestand in der Mongolei keine Notwendigkeit, Leistung zu definieren, weil weder Gehalt noch berufliche Entwicklungsmöglichkeiten in einem direkten Zusammenhang mit der individuellen Leistung standen.

Während die strukturelle Einordnung verschiedener Positionen in ein Tarifsystem eine einmalige Aufgabe darstellt, ist die Leistungsevaluation durch Führungskräfte eine ständige Herausforderung (Interviews 5, 6, 12). Dieses Problem wird dadurch verstärkt, dass sich die Führungskräfte häufig nicht an die Richtlinien zur Leistungsbeurteilung halten oder diese ignorieren. Die Führungskräfte sollen die Leistung anhand genau definierter Kriterien bewerten, die oft mit dem Grad der Aufgabenerfüllung zusammenhängen (Interviews 1, 12). In der Praxis finden Linienmanager aber kaum die Zeit dafür, um ihre Angestellten regelmäßig zu bewerten. In einigen Unternehmen werden die Abteilungsleiter aufgefordert, ihre Angestellten monatlich zu bewerten, was zu sehr kurzfristigen Entscheidungen über die erbrachte Leistung führt. Diese Entscheidungen werden häufig übereilt und ohne Überprüfung von Arbeitsdokumentationen gefällt (Interviews 1, 8, 12). Eine der Hauptursachen dafür ist, dass Linienmanager die Wichtigkeit der Beurteilung nicht verstehen. Sie nehmen diese eher als ärgerliche, bürokratische Aufgabe wahr, die abgearbeitet werden muss. Neben der Tatsache, dass die Leistung nicht genau dokumentiert wird, werden die festgelegten Kriterien zur Leistungsbeurteilung ignoriert und durch andere Kriterien ersetzt, unter anderem durch die Qualität der Beziehung zu den Untergebenen (Interviews 1, 2, 5, 12).

5 Interkulturelle Übertragbarkeit und Ausblick

Können westliche Autoren mongolischen Unternehmen und HR-Managern sagen, was die „richtigen" HR-Strategien in ihren Unternehmen sind? Diese Frage haben wir uns im Laufe dieses Beitrags immer wieder gestellt. Eine Ja-Antwort könnte auf folgender Argumentation beruhen: Westliche Unternehmen sind im Durchschnitt erfolgreicher als Unternehmen in Entwicklungsländern. Zu diesem Erfolg leisten HR-Strategien einen Beitrag. Wenn Unternehmen in Entwicklungsländern diese erfolgreichen HR-Strategien (analog zu neuen Technologien und Produkten) aus dem Westen übernehmen, werden auch ihre Unternehmen erfolgreicher werden. Diese Argumentation ist aus unserer Sicht stark vereinfacht und daher nur zum Teil richtig. Die Antwort setzt voraus, dass es regelhafte Zusammenhänge zwischen HR-Strategien und (einem spezifizierten) Erfolg gibt. Es könnte auch sein, dass diese Zusammenhänge nicht generell gelten, sondern von der kulturellen Tradition, dem Bildungsniveau der Beschäftigten, der Unternehmensgröße und der Branche usw. abhängen. Dem ist zum Teil auch so (für den Bereich des Führungsverhaltens zeigt dies z. B. der interkulturelle Überblick von Dorfman & House, 2004).

Kulturelle Veränderungen sind in bestimmten Bereichen für wirtschaftliches Wachstum und Wohlstand offensichtlich notwendig und unabdingbar (z. B. Erhöhung des durchschnittlichen Bildungsniveaus). Andererseits bestehen in anderen Bereichen Entscheidungsfreiräume, in denen man der eigenen kulturellen Tradition folgen kann, und auch unter dieser Konstellation ist unternehmerischer und gesamtwirtschaftlicher Erfolg möglich. Die Unterschiedlichkeit erfolgreicher Unternehmen und Kulturen gibt davon Zeugnis (vgl. Hofstede et al., 2010).

Wir glauben, dass sich im HR-Bereich bestimmte Vorgehensweisen empfehlen. Aber das Ausmaß und die Priorität der angestrebten Ziele bedeuten einen Spielraum. Beispiel: Je komplexer und größer eine Organisation, desto wichtiger sind Stellenbeschreibungen, die Festlegung von Einstellungsvoraussetzungen. Aber der Umfang, in dem dies in reichen Ländern geschieht, ist unterschiedlich. So sind z. B. deutsche Unternehmen stärker regelorientiert als angelsächsische.

Die Analysen in der Interviewstudie legen die geeigneten Änderungsmaßnahmen aus unserer westlichen Sicht nahe. Unter Berücksichtigung ihrer Entscheidungskompetenzen und der Machtverhältnisse müssen sowohl die mongolischen Personalmanager als auch die höheren Führungskräfte versuchen die Balance zu finden zwischen dem aus dem westlichen Unternehmen übertragbarem HR-Wissen (einschließlich unserer Empfehlungen auf der Grundlage der Interviewstudie) und den möglichen kulturellen Freiräumen.

Literatur

Dashtseren, A. (2012). *The Changing Nature of Work in Mongolia (1989-2003): Potential, Informal and Migrant Workers*. Doctoral Dissertation at the Erasmus University of Rotterdam. Verfügbar unter: http://repub.eur.nl/res/pub/37928/DashtserenThesis%5B1%5D.pdf (06.05.2013)

Dorfman, P. W. & House, R. J. (2004). Cultural Influences on Organizational Leadership: Literature Review, Theoretical Rationale, and Globe Project Goals. In R. J. House et al. (eds.), *Culture, Leadership, and Organizations: The GLOBE Study of 62 Societies*. Newbury Park, CA: Sage, S. 51-75.

EBRD (European Bank for Reconstruction and Development) (2009). *Mongolia Country Strategy*. Verfügbar unter: http://www.ebrd.com/downloads/country/strategy/mongolia.pdf (06.05.2013)

Haznain, Z. et al. (2013). *Mongolia: Improving Public Investments to Meet the Challenge of Scaling up Infrastructure*. World Bank, Washington DC, USA. http://documents.worldbank.org/curated/en/2013/01/17282494/mongolia-improving-public-investments-meet-challenge-scaling-up-infrastructure (06.05.2013)

Hofstede, G., Hofstede, G. J. & Minkov, M. (2010). *Cultures and Organizations: Software of the Mind* (3rd ed.). New York: McGraw-Hill.

House, R. J. et al. (eds.) (2004). *Culture, Leadership, and Organizations: The GLOBE Study of 62 Societies*. Newbury Park, Calif.: Sage.

Inglehart, R. & Welzel, C. (2005). *Modernization, Cultural Change, and Democracy: The Human Development Sequence*. Cambridge: Cambridge University Press.

Mayring, P. (2010). Qualitative *Inhaltsanalyse: Grundlagen und Techniken* (11. Aufl.). Weinheim: Beltz.

National Statistical Office of Mongolia (NSO) (2012). *Bulletin 2012.1*. Verfügbar unter: http://www.nso.mn/v3/index2.php?page=free_access (17.03.2012)

Rössler, P. (2010). *Inhaltsanalyse* (2. Aufl.). UTB: Stuttgart.

Erfolg bei Auslandsentsendungen – eine Frage der Persönlichkeit?

Katharina Kaune, Petia Genkova

Der vorliegende Beitrag beschäftigt sich mit dem Erfolg beruflicher Auslandsentsendungen und legt einen Fokus auf die kontextabhängige Bedeutung von Persönlichkeitsmerkmalen. Die Ergebnisse einer quantitativen Studie zeigen, dass sowohl die Offenheit des Expatriates als auch seine arbeitsbezogenen Verhaltens- und Erlebensmuster für eine Auslandsentsendung erfolgsrelevant sind. Der Einfluss auf Erfolg variiert allerdings teilweise mit den Rahmenbedingungen der Entsendung. Er nimmt tendenziell mit der Komplexität der Anforderungssituation zu.

Keywords: Auslandsentsendung, Erfolg, Interkulturelle Kompetenz, Persönlichkeit, Stress

1 Einleitung und theoretischer Hintergrund

Das Phänomen Globalisierung kann unbestritten als eines der zentralen Entwicklungsmerkmale unserer Gesellschaft im 21. Jahrhundert bezeichnet werden. Die heutige Arbeits- und Lebenswelt zeichnet sich durch transnationale Kultur- und Wirtschaftsräume und das Aufeinandertreffen unterschiedlich kulturell geprägter Individuen aus (Herbolzheimer, 2009; Thomas, 2003). Besonders intensiv erfolgt eine Konfrontation mit kultureller Unterschiedlichkeit im Kontext beruflicher Auslandsentsendungen. Diese sind für Unternehmen sehr kostenintensiv und gehen, angesichts der hohen Investitionen, mit großen Erwartungen an Erfolg einher. Zugleich sind die Anforderungen, die mit einer Auslandsentsendung verbunden sind, ausgesprochen vielschichtig. Die Expatriates stehen vor der Herausforderung, sich privat und beruflich in ein neues, komplexes Kultursystem einzugliedern und gleichzeitig eine häufig sehr verantwortungsvolle fachliche Aufgabe erfolgreich zu bewältigen. (Festing et al., 2011). In welcher Kombination und mit welcher Intensität sich die persönlichen Anforderungen bemerkbar machen und inwiefern die Expatriates auf die Anforderungen reagieren und sie erfolgreich meistern können, ist von zahlreichen personen- und situationsbezogenen Faktoren abhängig. Durch eine Berücksichtigung des Zusammenwirkens von persönlichen Merkmalen und spezifischen Anforderungen einer Auslandsentsendung kann die Effizienz von internationaler Personalauswahl und Personalentwicklung voraussichtlich erheblich gesteigert werden.

Zu relevanten Strukturen, Prozessen und Merkmalen einer erfolgreichen Auslandsentsendung existieren differenzierte theoretische Grundlagen. So liefern beispielsweise Theorien zu kultureller Anpassung und interkultureller Kompetenz zentrale Ansatzpunkte für die Konzeption der im Folgenden erläuterten Untersuchung. Angesichts des Umfangs der empirischen Ergebnisse wird an dieser Stelle allerdings bewusst auf eine weitergehende Ausführung theoretischer Hintergründe verzichtet.

2 Fragestellung und Hypothesen

Ziel der hier vorgestellten Untersuchung ist es, Wechselwirkungen und Zusammenhänge zwischen ausgewählten Erfolgsprädiktoren und Erfolgsgrößen von Auslandsentsendungen in der Zielgruppe deutscher Expatriates zu untersuchen. Als Persönlichkeitsmerkmale werden neben den, in der Forschungsliteratur als bedeutsam befundenen, Merkmalen Offenheit und Flexibilität (Bhawuk & Brislin, 1992; Mertesacker, 2009) auch persönlichkeitsspezifische Muster im Erleben und im Umgang mit beruflichen Anforderungen berücksichtigt. Diese weisen auf die psychische Belastbarkeit der jeweiligen Mitarbeiter hin und sind aus stresstheoretischen Überlegungen heraus zentrale Indikatoren dafür, dass der Expatriate sich im Entsendungsland anpassen und die vielfältigen Anforderungen im Rahmen einer Auslandsentsendung erfolgreich bewältigen kann.

Als Kontextfaktoren werden, in Anlehnung an das Modell kultureller Anpassung nach Black, Mendenhall und Oddou (1991), verschiedene Tätigkeitsmerkmale (Rollenklarheit, Rollenkonflikte, Handlungsspielraum, soziale Unterstützung bei der Arbeit) sowie kulturelle und soziale Rahmenbedingungen (Kulturdistanz zu Deutschland, kulturelle Anpassung des Lebenspartners im Entsendungsland) berücksichtigt. Den Erfolg eines Expatriates im Entsendungsland zu bestimmen, konfrontiert die Forschung und die Praxis gleichermaßen mit der Problematik, dass sich harte Kriterien hierfür nur bedingt eignen. So können theoretisch zwar Kriterien, wie beispielsweise die Führungsspanne, das Gehalt oder die Leistungsbeurteilung des Expatriates, herangezogen werden, inwiefern sie allerdings tatsächlich den Erfolg des Mitarbeiters im Ausland widerspiegeln, ist fraglich. Hinzu kommt, dass sich eine unabhängige Erhebung dieser Merkmale als sehr schwierig gestaltet. Im hiesigen Forschungsprojekt wird der Erfolg der Expatriates mittels Selbsteinschätzung und auf Basis von verschiedenen Erfolgskriterien berücksichtigt, die sich in der Forschungsliteratur in den vergangenen 20 Jahren bewährt haben: die kulturelle Anpassung des Expatriates im Entsendungsland, seine Arbeitszufriedenheit und seine persönliche Leistungseinschätzung.

Die Zusammenhänge und Wechselwirkungen der dargelegten untersuchten Merkmale wurden auf Basis der folgenden Hypothesen spezifiziert und genauer untersucht.

- *Hypothese 1*:
  Expatriates mit gesundheitsförderlichen Bewältigungsmustern weisen höhere Werte in den Erfolgskriterien auf als Expatriates mit risikoreichen Bewältigungsmustern.
- *Hypothese 2*:
  Die Merkmale Offenheit und Flexibilität wirken sich positiv auf die Ausprägung der Erfolgskriterien einer Auslandsentsendung aus.
- *Hypothese 3*:
  Der Zusammenhang zwischen den betrachteten Persönlichkeitsmerkmalen und den Erfolgskriterien einer Auslandsentsendung wird durch kulturelle, soziale und tätigkeitsbezogene Moderatoren beeinflusst.

3 Methode und Stichprobenbeschreibung

Zur Überprüfung der forschungsleitenden Hypothesen kommt ein quantitatives Untersuchungsdesign zum Einsatz.

Der verwendete Fragebogen setzt sich weitgehend aus bestehenden reliablen und validen Instrumenten, die sich in relevanten Untersuchungskontexten bereits bewährt haben, zusammen. Die Messung soziokultureller Anpassung erfolgt mittels der Skala *Expatriate Adjustment* von Black und Stephens (1989). Erfasst werden die Dimensionen General Adjustment (Anpassung an die Lebensbedingungen), Interaction Adjustment (Anpassung an die soziale Interaktion) und Work Adjustment (Anpassung an die Arbeitsbedingungen). Ergänzend wird zur Erfassung der psychologischen Anpassung (speziell Lebenszufriedenheit) die *Satisfaction With Life Scale (SWLS)* von Diener, Emmons, Larsen und Griffin (1985) eingesetzt. Für die Messung von Arbeitszufriedenheit wird auf eine Kurzform der *Skala zur Messung allgemeiner Arbeitszufriedenheit (SAZ)* von Fischer und Lück (1972) zurückgegriffen. Sie misst Arbeitszufriedenheit als ein eindimensionales Konstrukt. Zur Erfassung der subjektiven Leistungseinschätzung werden insgesamt sieben Items eigenständig formuliert, wobei diese weitgehend auf bestehenden Untersuchungen und Messinstrumenten aufbauen und auf die Zielgruppe der Untersuchung zugeschnitten sind.

Die Tätigkeitsmerkmale Rollenkonflikt und Rollenklarheit werden mittels der gleichnamigen Skalen von Rizzo, House und Lirtzman (1970) gemessen und für die Operationalisierung von Handlungsspielraum und soziale Unterstützung bei der Arbeit kommen die zugehörigen Items aus dem *Kurzfragebogen zur Arbeitsanalyse (KFZA)* von Prümper, Hartmannsgruber und Frese (1995) zum Einsatz.

Mit vergleichsweise umfassenden Messinstrumenten werden die Persönlichkeitsmerkmale erfasst. Zur Messung von Offenheit und Flexibilität dienen die entsprechenden Subskalen aus dem *Multicultural Personality Questionnaire* von Van der Zee und Van Oudenhoven (2000). Das Instrument *Arbeitsbezogene Verhaltens- und Erlebensmuster (AVEM)* von Schaarschmidt und Fischer (1996) findet zur Erfassung der beruflichen Bewältigungsmuster Verwendung. Der AVEM-Fragebogen gliedert sich in insgesamt elf Skalen, die wiederum den drei großen inhaltlichen Bereichen Arbeitsengagement, Widerstandskraft und Emotionen zuzuordnen sind (Schaarschmidt & Fischer, 2008). Je nachdem wie diese ausgeprägt sind und in Kombination zueinander stehen, ist eine Zuordnung zu einem Muster bzw. Profil möglich. Unterschieden werden das Muster Gesundheit (G), das Muster Schonung (S), das Muster Anstrengung (A) und das Muster Burnout (B).

Ergänzend zu den beschriebenen Messinstrumenten werden verschiedene soziodemographische Variablen abgefragt. Bedeutsam für weitergehende Analysen sind hierbei vor allem auch globale Items zur kulturellen Anpassung des Lebenspartners (wenn vorhanden) und die Angabe des Entsendungslandes. Letztere dient der Berechnung eines kulturellen Distanzmaßes zwischen Deutschland und dem jeweiligen Entsendungsland.

Die Stichprobe setzt sich aus insgesamt 328 deutschen Expatriates in unterschiedlichen Entsendungsländern zusammen. Alle Untersuchungsteilnehmer befanden sich zum Befragungszeitpunkt seit mindestens drei Monaten im Ausland und ihr Aufenthalt ist für insgesamt mindestens ein Jahr vorgesehen. Mit 92,4% (n = 303) ist der weitaus größte Anteil der befragten Expatriates männlichen Geschlechts. Die Altersverteilung ist wiederum sehr ausgeglichen, wobei Entsendungen vor dem 30. Lebensjahr ausgesprochen selten vorkommen. 41,5% (n = 136) der Expatriates sind jünger als 40 Jahre, 42,7% bewegen sich zwischen 40 und 50 Jahren (n = 140) und 15,9% (n = 52) sind über 50 Jahre alt.

4 Ergebnisse und Diskussion

Im Folgenden werden zentrale Ergebnisse der Untersuchung zusammengefasst und, auf die formulierten Hypothesen bezogen, dargestellt. Zunächst wird der Zusammenhang zwischen den identifizierten Stressbewältigungsmustern und Erfolg näher betrachtet.

4.1 Zusammenhang zwischen arbeitsbezogenen Verhaltens- und Erlebensmustern und den Erfolgskriterien (H1)

Zur Überprüfung der ersten Hypothese werden die Befragungsteilnehmer auf Basis ihrer Merkmalsausprägungen im AVEM-Fragebogen zunächst einem der Muster des arbeitsbezogenen Verhaltens- und Erlebens zugeordnet. Dies geschieht unter Zuhilfenahme des dem Messinstrument zugehörigen Analyseprogramms. Da das Muster Burnout in der betrachteten Stichprobe sehr stark unterrepräsentiert ist (n = 14), bleibt es für weitere Berechnungen unberücksichtigt.

Die Ergebnisse einer einfaktoriellen ANOVA zeigen, dass Expatriates in Abhängigkeit von ihrem arbeitsbezogenen Bewältigungsmuster unterschiedlich erfolgreich sind. Es bestehen Unterschiede in den Ausprägungen von fast allen betrachteten Erfolgsgrößen. Lediglich für die Anpassung an die soziale Interaktion im Entsendungsland (Interaction Adjustment) ist das Bewältigungsmuster nicht bedeutsam (s. Tab. 1).

Es ist hervorzuheben, dass Expatriates mit dem Muster Gesundheit (G), welches sich durch ein recht hohes Arbeitsengagement, eine ausgeprägte Widerstandskraft gegen Belastungen und ein positives Lebensgefühl auszeichnet, in allen Erfolgsdimensionen die höchsten Werte erzielen. Das Muster Schonung (S), das entsprechend der Bezeichnung eine Schonungstendenz gegenüber der Arbeit beschreibt, ermöglicht eine nahezu ebenso gute Anpassung an die Lebensbedingungen, für die weiteren Erfolgsgrößen wird der Erfolg durch ein Schonungsverhalten allerdings eindeutig eingeschränkt. Am ungünstigsten erweist sich das Muster Anstrengung (A). Engagiert sich ein Expatriate sehr stark beruflich, ohne zugleich eine ausgesprochen hohe Widerstandskraft und ein positives Lebensgefühl zu besitzen, spiegelt sich das große Engagement nicht in Erfolg wider und die Potenziale der Auslandsentsendung werden für Unternehmen und Mitarbeiter nicht ausgeschöpft.

Dass eine hohe Widerstandskraft und positive begleitende Emotionen von zentraler Bedeutung dafür sind, dass die privaten und beruflichen Herausforderungen einer Auslandsentsendung erfolgreich bewältigt werden können, bestätigen auch ergänzende Analysen.

Mit Ausnahme der Erfolgsgröße Interaction Adjustment kann Hypothese 1 entsprechend bestätigt werden.

In einem nächsten Schritt soll nun auch der Einfluss der Variablen Offenheit und Flexibilität berücksichtigt werden, um ein umfassenderes Bild der Zusammenhangsstrukturen zwischen Persönlichkeitsvariablen und Erfolg zu erhalten.

Tab.1: Mittelwertvergleiche für die betrachteten Erfolgsgrößen bei unterschiedlichen arbeitsbezogenen Bewältigungsmustern

	AVEM_Muster						Signifikanzniveau
	A		G		S		
	M	SD	M	SD	M	SD	
General Adjustment	5,0	1,0	5,3	1,0	5,3	1,0	F = 3.39, df = 303, p*<.05
Interaction Adjustment	4,3	1,4	4,8	1,6	4,5	1,5	n.s.
Work Adjustment	5,4	1,1	6,0	0,9	5,8	0,9	F = 9.50, df = 303, p*<.001
Lebenszufriedenheit	5,1	0,9	5,7	0,9	5,5	1,0	F = 15.64, df = 303, p*<.001
Arbeitszufriedenheit	5,4	0,9	5,8	0,7	5,5	0,8	F = 8.25, df = 303, p*<.001
Leistung	5,6	0,7	6,0	0,6	5,7	0,6	F = 9.08, df =303, p*<.001

5.2 Zusammenhang zwischen den Merkmalen Offenheit und Flexibilität den Erfolgskriterien (H2)

Die Merkmale Offenheit und Flexibilität haben sich in bisherigen Studien zu kultureller Anpassung bzw. Auslandserfolg als bedeutende Erfolgsfaktoren erwiesen (z.B. Bhawuk & Brislin 1992; Van Oudenhoven et al. 2003). Die Analyse der Daten zeigt allerdings, dass dies im betrachteten Expatriate-Kontext nicht uneingeschränkt gilt.

Zunächst einmal ist herauszustellen, dass eine große Offenheit eine außerordentlich bedeutsame Kompetenz erfolgreicher Expatriates darstellt. Sie macht sich in einem vorurteilsfreien und offenen Verhalten gegenüber anderen Gruppen und sich unterscheidenden Wertesystemen bemerkbar. Die Regressionsanalyse zeigt einen signifikanten Einfluss auf alle betrachteten Erfolgskriterien. Am stärksten ist der Einfluss von Offenheit auf die subjektive Leistungseinschätzung des Expatriates ($\beta = .52***$; $p < .001$).

Flexibilität übt allerdings keinerlei Einfluss auf die Ausprägung der Erfolgsgrößen aus (s. Tab. 2).

Die aufgestellte Hypothese (2) kann entsprechend nur teilweise bestätigt werden.

Nachdem der direkte Einfluss von Persönlichkeitsmerkmalen auf Erfolg größtenteils nachgewiesen werden konnte, ist interessant, und für zukünftige Forschungsvorhaben wegweisend, inwiefern die beobachteten Zusammenhänge mit den situativen Rahmenbedingungen variieren. An diesem Punkt setzt die dritte Hypothese der Untersuchung an.

Tab. 2: Einfluss der Merkmale Offenheit und Flexibilität auf die betrachteten Erfolgsgrößen

	Work Adjustment	General Adjustment	Interaction Adjustment	Lebenszufriedenheit	Arbeitszufriedenheit	Leistungseinschätzung
Interkulturelle Persönlichkeit	R^2 korr. = .10 F = 19.43 f^2 = .11	R^2 korr. = .06 F = 11.17 f^2 = .06	R^2 korr. = .13 F = 25.99 f^2 = .15	R^2 korr. = .05 F = 8.99 f^2 = .05	R^2 korr. = .08 F = 14.63 f^2 = .08	R^2 korr. = .24 F = 51.44 f^2 = .31
Offenheit	.34***	.24***	.39***	.25***	.31***	.52***
Flexibilität	n.s.	n.s.	n.s.	n.s.	n.s.	n.s.

5.3 Beeinflussung des Zusammenhang zwischen den Persönlichkeitsmerkmalen und den Erfolgskriterien durch kulturelle, soziale und tätigkeitsbezogene Moderatoren (H3)

Es soll geprüft werden, inwiefern die bestehenden Zusammenhänge zwischen den Persönlichkeitsmerkmalen und Auslandserfolg mit dem Kontext der Entsendung variieren.

Hierzu wurden zunächst moderierte Regressionsanalysen zu allen Zusammenhängen zwischen Offenheit und den Erfolgsgrößen durchgeführt. Als

Moderatoren wurden nacheinander die Tätigkeitsmerkmale Rollenklarheit, Rollenkonflikte, Handlungsspielraum und soziale Unterstützung am Arbeitsplatz sowie die kulturelle Anpassung des Lebenspartners (falls vorhanden) und die Kulturdistanz geprüft.

Es zeigt sich, dass zwar ein Großteil der betrachteten Moderatorvariablen den Zusammenhang zwischen Offenheit und den Erfolgsgrößen beeinflusst, die einzelnen Moderatoren jedoch unterschiedliche Erfolgsgrößen und Einzelzusammenhänge betreffen. Es ist zunächst festzuhalten, dass der Einfluss von Offenheit auf die Anpassung an die Lebensbedingungen im Entsendungsland (General Adjustment) durch die Rollenklarheit beeinflusst wird. Besteht kein klar definiertes Aufgabenprofils des Expatriates im Entsendungsland, so ist eine geringe Offenheit umso problematischer für eine erfolgreiche Anpassung an die Lebensbedingungen im fremden Land. Diese Beobachtung spricht für enge Wechselwirkungen zwischen privaten und beruflichen Aspekten bei Auslandsentsendungen. Der Moderatoreffekt ist allerdings vergleichsweise gering (β = -.11*, p = .039).

Darüber hinaus zeigt sich, dass der Einfluss von Offenheit auf die persönliche Leistungseinschätzung durch die erlebten Rollenkonflikte und den wahrgenommenen Handlungsspielraum beeinflusst wird. Bei großen Rollenkonflikten (β = .12**, p = .009) und einem geringen Handlungsspielraum (β = -.14**, p = .003) schätzen Expatriates mit geringer Offenheit ihre Leistung noch negativer ein.

Ein weiterer Moderatoreffekt betrifft den Einfluss von Offenheit auf die Lebenszufriedenheit. Bei Expatriates, die von ihrem Partner ins Entsendungsland begleitet werden, ist eine große Offenheit umso wichtiger für Lebenszufriedenheit, wenn der Partner große Schwierigkeiten besitzt, sich an die soziale Interaktion im Entsendungsland anzupassen. Die Variable Interaction Adjustment Partner nimmt hier also eine Moderatorfunktion ein (β = -.13*, p = .049).

Der Einfluss von Offenheit auf die Anpassung des Expatriates an die Arbeitsbedingungen und die soziale Interaktion sowie auf die Arbeitszufriedenheit wird durch die betrachteten Moderatorvariablen nicht beeinflusst.

Um oben genannte Moderatoreffekte bei den Zusammenhängen zwischen dem AVEM-Muster und Auslandserfolg zu untersuchen, werden Regressionsanalysen durchgeführt, die das AVEM-Muster G als Prädiktor und die verschiedenen Erfolgsgrößen als Kriterien bezeichnen. Bestätigt werden konnten folgende Moderatoreffekte.

Der positive Einfluss des AVEM-Musters G auf die Lebenszufriedenheit wird durch vorhandene Rollenkonflikte bei der Arbeit moderiert. Das AVEM-Muster G ist vor allem dann besonders wichtig, wenn große Rollenkonflikte vorliegen. Bei geringen Rollenkonflikten besteht nur ein sehr geringer positiver Zusammenhang zwischen Bewältigungsmuster G und Auslandserfolg (β = .19**; p = .003).

Die Moderatorvariable Handlungsspielraum beeinflusst den Zusammenhang zwischen AVEM-Muster G und der persönlichen Leistungseinschätzung. Bei geringem Handlungsspielraum ist das Muster G bedeutsamer für eine positive Leistungseinschätzung (ß = - .19**; p = .001).

Sofern der Expatriate von einem Lebenspartner ins Entsendungsland begleitet wird, wird der Einfluss des Musters G auf die Anpassung an die Arbeitsbedingungen im Entsendungsland (Work Adjustment) durch die Anpassung des Partners an die dortigen Lebensbedingungen und die soziale Interaktion beeinflusst. Je schlechter der Partner an die Lebensbedingungen (ß = -.16*; p = .017) und an die soziale Interaktion (ß = -.19*; p = .017) angepasst ist, umso positiver wirkt sich Muster G auf Work Adjustment aus.

Da die Zusammenhänge zwischen Persönlichkeit und Erfolg zwar nicht durchgehend, aber doch in mehreren Fällen durch die betrachteten situationsbezogenen Moderatorvariablen beeinflusst werden, kann Hypothese 3 teilweise bestätigt werden.

5.4 Zusammenfassung und Fazit

Zusammenfassend lässt sich festhalten, dass die betrachteten Persönlichkeitsmerkmale für eine erfolgreiche Auslandsentsendung größtenteils von zentraler Bedeutung sind. Sowohl die persönliche Offenheit als auch der Umgang mit und das Erleben von beruflichen Anforderungen wirken sich auf die Erfolgsgrößen aus. Während der Einfluss von Offenheit auf Auslandserfolg bereits in einigen Studien mit Expatriates bestätigt werden konnte (z. B. Caligiuri, 2000; Mol et al., 2005), sind die bestehenden Zusammenhänge zwischen den arbeitsbezogenen Bewältigungsmustern und Auslandserfolg besonders interessant für die zukünftige Forschung. Sie stärken theoretische Überlegungen zur Relevanz von erfolgreicher Stressbewältigung und Gesundheit in interkulturellen Settings (z. B. Berry et al, 2002; Ward et al., 2003).

Überraschend ist, dass Flexibilität keinerlei Einfluss auf die Erfolgsgrößen ausübt. Zwar bietet der organisatorische Rahmen von Auslandsentsendungen, der den Expatriates gerade zu Beginn viel administrativen Aufwand abnimmt und grundsätzlich häufig dazu führt, dass sich der Kontakt im Arbeits- und im Privatleben auf ein Netzwerk mit anderen Expatriates beschränkt, eine klare Struktur, so dass man von einer etwas geringeren Bedeutung von Flexibilität ausgehen kann, dass diese Rahmenbedingungen allerdings alle positiven Auswirkungen aufheben, ist eher unwahrscheinlich. Nicht auszuschließen ist, dass methodische Ursachen ausschlaggebend für das Ergebnis sind. So ist die Reliabilität der Skala Flexibilität mit $\alpha = .72$ vergleichsweise eher gering und teilweise liegen geringe Trennschärfen der Items vor. Eine vergleichbare Vermutung stellen auch Van Oudenhoven, Mol und Van der Zee (2003) an. In ihrer Studie, die, unter anderem, den Zusammenhang zwischen Flexibilität (identisches Messinstrument) und verschiedenen Erfolgsgrößen in einer Stichprobe von Expatriates untersucht, konnten ebenfalls eine niedrige Reliabilität und geringe Effektstärken festgestellt werden.

Einhergehend mit der aufgestellten Hypothese ist die Bedeutung der Persönlichkeitsmerkmale teilweise abhängig von den situativen Rahmenbedingungen. Mit zunehmenden Anforderungen der beruflichen Tätigkeit im Ausland und des sozialen Umfelds steigt die Bedeutung von Persönlichkeitsmerkmalen für einige Erfolgsgrößen. Mit Ausnahme der Kulturdistanz und der sozialen Unterstützung am Arbeitsplatz erwiesen sich alle Moderatoren als bedeutsam - allerdings für jeweils unterschiedliche Einzelzusammenhänge. Interessant ist, dass Zusammenhänge mit bestimmten Erfolgsgrößen stärker situationsabhängig sind, als andere. Keinerlei Moderatoreffekte konnten beispielsweise für den Zusammenhang zwischen Persönlichkeit und Arbeitszufriedenheit nachgewiesen werden.

Aus den Ergebnissen lässt sich schließen, dass die Wechselwirkungen zwischen personalen und situativen Merkmalen bei Auslandsentsendungen zwar sehr spezifisch sind, die betrachteten Persönlichkeitsmerkmale unabhängig vom Kontext der Entsendung aber bereits grundlegende Erfolgsprädiktoren darstellen, die in der internationalen Personalauswahl Berücksichtigung finden sollten. In der hierauf aufbauenden internationalen Personalentwicklung erscheint es sinnvoll, personifizierte Maßnahmen, die die Möglichkeit haben, die individuelle Bedeutung von Situation und Persönlichkeit in ihren Wechselwirkungen aufzufangen, stärker zu berücksichtigen. Eine besondere Bedeutung kommt in diesem Zusammenhang interkulturellem Coaching zu. Diese Personalentwicklungsmaßnahme kann durch ihren individualisierten und prozesshaften Charakter die arbeits- und personenbezogene Selbstreflexion des Expatriates besser als ein punktuelles, inhaltsorientiertes Training auffangen (Barmeyer & Haupt, 2007). Entsprechend stellt interkulturelles Coaching sowohl im Rahmen der Entsendungsvorbereitung, als auch während und nach dem Auslandseinsatz, eine wertvolle, erfolgsrelevante Hilfestellung dar.

Literatur

Berry, J. W., Poortinga, Y. H., Segall, M. H. & Dasen, P. R. (2002). *Cross-Cultural Psychology. Research and Applications* (2. Auflage). Cambridge: University Press.

Black, S. J., Mendenhall, M. & Oddou, G. (1991). Toward a comprehensive model of international adjustment: An integration of multiple theoretical perspectives. *Academy of Management Review,* 16 (2), 291-317.

Barmeyer, C. & Haupt, U. (2007). *Interkulturelles Coaching.* In J. Straub, A. Weidemann & D. Weidemann (Hrsg.), *Handbuch interkulturelle Kommunikation und Kompetenz. Grundbegriffe, Theorien, Anwendungsfelder* (S. 784-793). Stuttgart [u.a.]: Metzler.

Black, J. S. & Stephens, G. K. (1989). The Influence of the Spouse on American Expatriate Adjustment and Intent to Stay in Pacific Rim Overseas Assignments. *Journal of Management,* 15 (4), 529-544.

Bhawuk, D. P. S. & Brislin, R. W. (1992). The measurement of intercultural sensitivity using the concepts of individualism and collectivism. *International Journal of Intercultural Relations,* 16, 413-436.

Caligiuri, P. M. (2000). Selecting Expatriates for Personality Characteristics: A Moderating Effect of Personality on the Relationship between Host National Contact and Cross-cultural Adjustment. *Management International Review, 40* (1), 61-80.

Diener, E., Emmons, R. A., Larsen, R. J. & Griffin, S. (1985). The Satisfaction With Life Scale. *Journal of Personality Assessment, 49* (1), 71-75.

Festing, M., Dowling, P. J., Weber, W. & Engle, A. D. (2011). *Internationales Personalmanagement* (3. Auflage). Wiesbaden: Gabler.

Fischer, L. & Lück, H. E. (1972). Entwicklung einer Skala zur Messung von Arbeitszufriedenheit (SAZ). *Zeitschrift für Arbeits- und Organisationspsychologie, 16* (2), 64-76.

Herbolzheimer, A. M. (2009). Interkulturelle Arbeitswelt. Herausforderungen und Unterstützungsmaßnahmen. *Organisationsbeatung Supervision Coaching, 16,* 261-276.

Kogut, B. & Singh, H. (1988). The Effect of National Culture on the Choice of Entry Mode. *Journal of International Business Studies, 19* (3), 411-432.

Mertesacker, M. (2010). *Die Interkulturelle Kompetenz im Internationalen Human Resource Management. Eine konfirmatorische Evaluation*. Lohmar, Köln: Eul.

Mol, S. T., Born, M. P., Willemsen, M. E. & Van der Molen, H. T. (2005). Predicting Expatriate Job Performance for Selection Purposes: A Quantitative Review. *Journal of Cross-Cultural Psychology, 36* (5), 590-620.

Prümper, J., Hartmannsgruber, K. & Frese, M.(1995). KFZA. Kurzfragebogen zur Arbeitsanalyse. *Zeitschrift für Arbeits- und Organisationspsychologie, 39* (3), 125-132.

Rizzo, J. R., House, R. J. & Lirtzman, S. I. (1970). Role Conflict and Ambiguity in Complex Organizations. *Administrative Science Quaterly, 15,* 150-163.

Schaarschmidt, U. & Fischer, A. W. (2008). *AVEM. Arbeitsbezogenes Verhaltens- und Erlebensmuster. Manual*. (3. überarbeitete und erweiterte Auflage). Frankfurt a. M.: Pearson.

Thomas, A. (2003). *Einleitung*. In A. Thomas (Hrsg.), *Psychologie interkulturellen Handelns* (S. 15-32). 2. Aufl. Göttingen [u.a.]: Hogrefe.

Van der Zee, K. I. & Van Oudenhoven, J. P. (2000). The Multicultural Personality Questionnaire: A Multidimensional Instrument of Multicultural Effectiveness. *European Journal of Psychology, 14,* 291-309.

Van Oudenhoven, J. P., Mol, S. T. & Van der Zee, K. I. (2003). Study of the adjustment of Western expatriates in Taiwan ROC with the Multicultural Personality Questionnaire. *Asian Journal of Social Psychology, 6,* 159-170.

Ward, C., Bochner, S. & Furnham, A. (2003). *The Psychology of Culture Shock* (2. Auflage). East Sussex: Routlege.

Diversity-Sensibilisierung für Personalverantwortliche zur Schaffung interkultureller Synergien

Doris Schuster, Petia Genkova

Die sich verändernde Bevölkerungsstruktur führt dazu, dass die Auseinandersetzung mit Diversity unabdinglich ist. Zur Analyse der Sichtweise von Personalverantwortlichen bzgl. Diversity wurden 30 Telefoninterviews durchgeführt. Die Ergebnisse zeigen die Notwendigkeit der Implementierung von Maßnahmen zur Diversity-Sensibilisierung auf.

Keywords: Diversity, Personalentwicklung, interkulturelle Kompetenz, Stress

1 Einleitung

Die Globalisierung führt dazu, dass das Personalauswahlverfahren und die Auswahlkriterien verändert werden müssen. Die Bedeutung von Diversity für Unternehmen steigt aus verschiedenen Gründen weiter an. Hierzu zählen unter anderem die steigende Globalisierung, die stetige Rationalisierung von Fertigungs- und Dienstleistungsprozessen, die Folgen des demografischen Wandels und die Dynamik des gesellschaftlichen Individualisierungsprozesses (Jensen-Dämmerich, 2011).

Eine erfolgreiche Integrierung von Diversity in Unternehmen liegt erst dann vor, wenn die Mehrheit der sozialen Beziehungen und Handlungen in einem Unternehmen frei von Vorurteilen sind und gegenseitige Wertschätzung vorherrscht. Die Auswahl des geeigneten Personals sollte weitestgehend unabhängig von ethnischer, kultureller und sozialer Zugehörigkeit folgen (Jensen-Dämmerich, 2011). Allerdings befinden sich die Unternehmen in Deutschland, auch nach einer langjährigen intensiven Beschäftigung mit dem Thema, immer noch auf der Suche nach entsprechenden Umsetzungsmöglichkeiten (Jensen-Dämmerich, 2011). Eine Studie von Köppel, Yan und Lüdicke (2007) verdeutlicht dies ebenfalls. Mithilfe der Studie sollten u.a. die Relevanz kultureller Diversität und die laufenden Maßnahmen analysiert werden. Im Vergleich zwischen Deutschland und ausgewählten Regionen (Europa, britisch-amerikanisch/ US-amerikanische Region und übrige Länder) konnte festgestellt werden, dass die Bedeutung von Kulturzugehörigkeit in deutschen Unternehmen geringer eingeschätzt wird als in den restlichen Regionen. Dies zeigt, dass das Thema kulturelle

Diversität noch nicht entsprechend in den Köpfen der Mitarbeiter angekommen ist. Darüber hinaus konnte festgestellt werden, dass in deutschen Unternehmen weniger *cultural diversity management* betrieben wird. Lediglich 44% der Unternehmen gaben an, dass sie *cultural diversity management* durchführen. In Europa liegt der Wert hingegen bei 75% und in US-amerikanischen/ britischen Unternehmen sogar bei 92% (Köppel, Yan und Lüdicke, 2007). Der Umgang mit der vorherrschenden Vielfalt in Unternehmen ist eine tägliche Herausforderung der Personalverantwortlichen in Unternehmen und wird in Zukunft einen immer größeren Stellenwert einnehmen. Deshalb müssen vor allem im Bereich des klassischen Organisationsverständnisses und Führungsverständnisses Revisionen stattfinden, da eine höhere Sensibilität für die Komplexität der unternehmerischen und zwischenmenschlichen Prozesse gefordert werden wird. Nach Jensen-Dämmerich (2011) sollte demnach der Umgang mit Verschiedenheit ein Normalfall und kein Sonderfall von Führung sein.

Es besteht eine Vielzahl von Gründen, weshalb man sich mit dem Thema Diversity Management auseinandersetzen sollte. Pullen (2010) beschränkt sich bei der Darstellung der Gründe für eine gezielte Beschäftigung mit Diversity Management auf sechs Argumente: Kostenargument, Marketingargument, Personalmarketingargument, Flexibilitätsargument, Kreativitätsargument und Problemlösungsargument. Aus Unternehmenssicht spielt der Aspekt Kosten eine zentrale Rolle. Es konnte festgestellt werden, dass bei Personengruppen, die sich nicht ausreichend wertgeschätzt fühlen, oder im schlimmsten Fall Diskriminierung verspüren, negative Auswirkungen auf die Motivation und Arbeitszufriedenheit folgen. Durch Diversity Management soll die Leistungsfähigkeit auf einem hohen Niveau gehalten werden bzw. im Idealfall gesteigert werden (Pullen, 2010).

2 Theoretischer Hintergrund

In der Wissenschaft und in der Praxis gewinnt Diversity Management immer mehr an Bedeutung. Der Fokus von Diversity Management liegt auf der Vielfalt der Mitglieder einer Organisation, wobei sich die Vielfalt auf verschiedene Aspekte beziehen kann. Plummer (2003) nannte in dem Kontext die so genannten Big 8. Dies sind nach Plummer (2003) die am häufigsten berücksichtigten Dimensionen (Krell, 2008; Plummer, 2003). Hierzu zählen ethnische Gruppe, Nationalität, Geschlecht, organisationale Rolle beziehungsweise Funktion, Alter, sexuelle Orientierung, mentale oder physische Fähigkeiten und Religion (Plummer, 2003).

Nach Angaben des statistischen Bundesamtes (2013) wurden für das Jahr 2012 16.3 Millionen Menschen mit einen Migrationshintergrund verzeichnet. Zukunftsprognosen besagen, dass die Anzahl dieser Personengruppen weiter ansteigen wird und dass das bereits vorhandene Arbeitskräftepotential gestärkt werden muss, um auch aus Unternehmenssicht positive wirtschaftliche Effekte zu erzielen (Badura et al., 2010). Die Zahlen machen deutlich, dass die Auseinandersetzung mit dem Gesichtspunkt Migration auch in deutschen Unternehmen nicht außer Acht gelassen werden sollte und eine systematische Intervention unumgänglich ist. Die erfolgreiche Integrierung der Migranten in die Gesellschaft und in die Arbeitswelt ist notwendig, um die Rahmenbedingungen für ein gesichertes Leben in Deutschland auch in Zukunft aufrechtzuhalten, denn nur so kann die Wettbewerbsfähigkeit der Unternehmen innerhalb von Deutschland, aber auch im internationalen Vergleich, gewährleistet werden.

Nach Tjitra (2001) sollte das Ziel eines Unternehmens darin bestehen *interkulturelle Synergien* zu schaffen. Dieser Begriff wurde von Adler (1986 und 1997) und Harris und Moran (1979 und 1996) geprägt und in diesem Zusammenhang wurde das so genannte *Input-Prozess-Output-Modell* entwickelt. Dabei wird das Zusammenwirken von unterschiedlichen Kulturen als Ursache für eine Synergie gesehen (*Input*). Die interkulturelle Synergie ist nach Adler (1997) ein automatischer Effekt, der auf der Heterogenität der Kulturen beruht, mit der eine Organisation konfrontiert wird und welche sie effektiv meistern muss. Daher ist die interkulturelle Synergie als effektive Methode im Umgang mit der kulturellen Heterogenität zu verstehen (*Prozess*). Dabei müssen die kulturellen Unterschiede als positive Aspekte und Potenziale betrachtet werden und die Kombination des Besten aus der jeweiligen Kultur führt schließlich zur Synergie. Diese Synergie führt dem Modell zufolge zu einem besonderen bzw. besseren Ergebnis und stärkt das Unternehmen im Wettbewerb (*Output*) (Tjitra, 2001).

Zur Erreichung interkultureller Synergien spielen sowohl *soziale Kompetenzen* als auch *interkulturelle Kompetenzen* eine zentrale Rolle. Für den Fachbegriff soziale Kompetenz gibt es momentan diverse Definitionen, wobei in der vorliegenden Studie die Definition von Kanning (2003) als Grundlage gewählt wurde. Kanning (2003) bezeichnet als soziale Kompetenz die Gesamtheit des Wissens, der Fähigkeiten und Fertigkeiten, welche die Qualität eigenen Sozialverhaltens fördert (Kanning, 2003). Bei dem Konstrukt soziale Kompetenz handelt es sich um ein komplexes Fähigkeitskonstrukt, da es die Komponenten Durchsetzungsfähigkeit und Beziehungsfähigkeit beinhaltet. Als sozial kompetent wird diejenige Person bezeichnet, die sowohl über die Durchsetzungsfähigkeit als auch über die Beziehungsfähigkeit verfügt und zwischen den eigenen Interessen und den Interessen seiner Mitmenschen ein ausgeglichenes Verhältnis herstellen kann (Asendorpf, 2007). Die Beschreibung von interkultureller Kompetenz ist in der Forschungsliteratur sehr heterogen (Deardorff, 2006). Die Definition von Alexander Thomas (2003) besagt, dass interkulturelle Kompetenz die Fähigkeit ist, kulturelle Bedingungen und Einflussfaktoren im Wahrnehmen, Urteilen, Empfinden und Handeln bei sich selbst und bei anderen Personen zu erfassen, zu respektieren, zu würdigen und produktiv zu nutzen (Thomas, 2003). Ein Mangel an interkultureller Kompetenz erschwert einerseits den Arbeitseinstieg für Migranten und andererseits können Führungskräfte mit geringen interkulturellen Kompetenzen die Leistungen der Personen mit Migrationshintergrund häufig nicht korrekt beurteilen. Dies führt dazu, dass sie kulturell bedingtes unterschiedliches Verhalten als Defizit oder Nicht-Profilerfüllung deuten.

3 Fragestellung, methodisches Vorgehen und Stichprobenbeschreibung

Aufgrund der sich verändernden Bevölkerungsstruktur liegt das Hauptaugenmerk dieser Untersuchung auf der Auseinandersetzung mit den Problemfeldern der Personalauswahl und -entwicklung, die die demografischen Veränderungen mit sich bringen. Im Zentrum stehen die Personalverantwortlichen aus den Unternehmen, da sie als Multiplikatoren für Diversity dienen und die Normen, Werte und Verhaltensweisen, die damit zusammenhängen, an die Mitarbeiter weitergeben sollen.

In der vorliegenden Untersuchung sollen drei Forschungsfragen beantwortet werden: *1. Forschungsfrage*: Welche Kompetenzförderungen sind notwendig, um das Potential der Personen mit Migrationshintergrund richtig zu erkennen und schließlich auch zu fördern? *2. Forschungsfrage:* Müssen die Multiplikatoren diversity-sensibler werden und bestimmte Kompetenzen entwickeln, um den Einstieg und die Förderung von Personen mit Migrationshintergrund zu ermöglichen und so das System für sie durchlässiger machen? *3. Forschungsfrage*: Welche Kompetenzen sollen bei den Multiplikatoren gefördert werden, um diversity-sensibler zu werden?

Zur Beantwortung der Forschungsfragen wurde eine qualitative Untersuchungsmethode ausgewählt. Diese Methode wurde gewählt, da so neue Kategorien herausgearbeitet werden können und im Anschluss zur Hypothesengenerierung bzgl. der Identifizierung von Problemfeldern eingesetzt werden sollen. Zu einem späteren Zeitpunkt sollen die aufgestellten Hypothesen mittels quantitativer Methoden überprüft werden.

Es wurde ein standardisiertes Telefoninterview konstruiert, welches mit Führungskräften und HR-Zuständigen durchzuführen war. Die Dauer des Telefoninterviews betrug zwischen 20 und 30 Minuten. Das Interview wurde mithilfe eines Tonbandgerätes aufgezeichnet und im Anschluss wurde die Aufnahme transkribiert und in anonymisierter Form dargestellt. Die transkribierte Form wurde schließlich mittels quantitativer Inhaltsanalyse ausgewertet (Mayring, 2010). Mithilfe von qualitativen Analysen sollen einzelne Merkmale von Texten, bzw. im vorliegenden Fall von Telefoninterivews, in Kategorien eingeordnet werden, welche schließlich als Operationalisierungen für die interessierenden Merkmale dienen. Die Häufigkeiten in den jeweiligen Kategorien geben somit Auskunft über die Merkmalsausprägungen des untersuchten Interviews (Bortz & Döring, 2006).

Zur Beantwortung der Forschungsfragen kamen verschiedene bereits existierende sowie speziell zu diesem Forschungszweck angepasste Messinstrumente zum Einsatz. Der Interviewleitfaden beinhaltet insgesamt 47 Fragen und dabei wurde auf folgende Aspekte eingegangen: biografische Fragen (10 Fragen), Diversity (5 Fragen), soziale Kompetenz (7 Fragen), Führung (21 Fragen), Stress (5 Fragen) und Kompetenzen allgemein (6 Fragen). Das Telefoninterview umfasst sowohl geschlossene als auch offene Fragen. Für die Auswertung waren vor allem die Kategorien Kompetenzen, soziale Kompetenz und Führung von zentraler Bedeutung. Für die Kategorie Kompetenzen wurde u.a. die Frage gestellt, welche Kompetenzen Personalverantwortliche benötigen, um eine Chancengleichheit für Migranten zu gewährleisten und in der Kategorie soziale Kompetenz wurde bspw. gefragt, wie sozial kompetent sich die Personalverantwortlichen auf einer Skala von eins (überhaupt nicht) bis fünf (sehr) selbst einschätzen. Um einen Vergleich herstellen zu können, wurde ebenfalls die Frage aus Sicht der Mitarbeiter mit und ohne Migrationshintergrund an die Personalverantwortlichen gestellt. In der Kategorie Führung wurde die Frage, ob es für Personalverantwortliche leichter ist, sich in einen Mitarbeiter ohne Migrationshintergrund hineinzuversetzen, ausgewertet.

Die Stichprobe setzte sich aus insgesamt 30 Personen zusammen (17 Führungskräfte und 13 Personalreferenten; ♀ = 13; ♂ = 17). 25 der befragten Personen wiesen keinen Migrationshintergrund auf. Als Voraussetzung für die Teilnahme an dem Interview mussten zwei Bedingungen erfüllt sein: erstens mussten die Personen mindestens im mittleren Management tätig sein und zweitens mussten sie im Bereich Personalauswahl arbeiten. Insgesamt waren 17 Personalverantwortliche im mittleren Management tätig und sechs Personalverantwortliche waren im oberen Management beschäftigt. Sieben Personalverantwortliche wollten diesbezüglich keine genaue Angabe machen. Die Unternehmen wiesen sehr unterschiedliche Mitarbeiterzahlen auf (Spannweite: 54 bis 170 000, MW = 20 168). Hinsichtlich der Berufserfahrung wurde eine Gesamtberufserfahrung von 16.95 Jahren verzeichnet (SD = 10.83) und die Berufserfahrung speziell als Personalverantwortlicher betrug im Durchschnitt 9.47 (SD = 7.31). Die Altersspanne reichte von 26 Jahren bis hin zu 52 Jahren und betrug im Mittel 40.83 (SD = 9.31).

4   Ergebnisse und Diskussion

Die erste Forschungsfrage bezieht sich auf die notwendigen Kompetenzförderungen, um das Potential der Personen mit Migrationshintergrund richtig zu erkennen und schließlich auch zu fördern. Zur Beantwortung dieser Forschungsfrage wurde in der Kategorie Kompetenzen allgemein eine offene Frage an die Interviewpartner gestellt. Die Frage dabei lautete, welche Kompetenzen Führungskräfte bzw. Personalreferenten benötigen, um eine Chancengleichheit in der Personalauswahl zu gewährleisten.

Im Folgenden werden einige Rückmeldungen aus den durchgeführten Interviews vorgestellt. Die Rückmeldung einer Führungskraft (FK09) war „Sie müssen halbwegs gebildet sein und sie müssen halbwegs offen sein. Ja, es ist ein bisschen kompliziert die Frage." und eine weitere Führungskraft (FK13) tätigte folgende Aussage auf diese Frage „(...) Gute Kommunikationsfähigkeiten, eine gewisse Bereitschaft unter Umständen in der Einarbeitungszeit in manche Dinge mehr Zeit zu investieren und eine offene und tolerante Grundeinstellung.". Auch bei den Personalreferenten konnte ein ähnliches Bild verzeichnet werden. PR04 sagte „Eine gewisse interkulturelle Sensibilität, Toleranz, Unvoreingenommenheit, vielleicht auch ein Stück weit Risikobereitschaft, Offenheit, ja.". PR05 nannte folgende Aspekte „Welche Kompetenzen? Vorurteilsfrei. Eine Grundoffenheit, die grundsätzliche quasi Fähigkeit, wenn es dann um Interviews geht, die Unterscheidung zwischen Beobachtung von Kompetenzen und dann auch Bewertung von Kompetenzen.". Schließlich war PR09 der Auffassung, dass Personalverantwortliche im Umgang mit Chancengleichheit für Migranten keine anderen Kompetenzen benötigen, als im Umgang mit Nicht-Migranten („Ich glaube nicht, dass ich andere Kompetenzen benötige, als ein Personaler ohnehin braucht."). Insgesamt machen die Antworten auf die Frage deutlich, dass die Personalverantwortlichen die Ernsthaftigkeit und die Dringlichkeit der Diversity-Sensibilisierung bisher noch nicht erkannt haben.

Nachdem die Teilnehmer die Möglichkeit hatten offen auf die Frage zu antworten, wurde die Frage eingegrenzt indem die Interviewpartner gefragt wurden, was Personalverantwortliche meinen, welche der folgenden Kompetenzen den größten Einfluss auf die Chancengleichheit in der Personalauswahl hat. Es wurden folgende Antwortmöglichkeiten vorgegeben: Sozialkompetenz, Medienkompetenz, Team- und Führungskompetenz, Verhandlungs- und Konfliktlösungskompetenz und interkulturelle Kompetenz. 16 Personalverantwortliche gaben an, dass die Sozialkompetenz den größten Einfluss hat, neun Personen nannten die interkulturelle Kompetenz, drei Personen nannten die Verhandlungs- und Konfliktlösungskompetenz als größten Einflussfaktor und eine Person gab an, dass es die Team- und Führungskompetenz ist. Eine weitere Person wollte bzgl. dieser Frage keine Aussage treffen. Betrachtet man die Ergebnisse getrennt für Führungskräfte und Personalreferenten, stellt man fest, dass die Häufigkeitsverteilungen sehr ähnlich sind. Für Führungskräfte gilt folgende Verteilung: Sozialkompetenz (7), Team- und Führungskompetenz (1), Verhandlungs- und Konfliktlösungskompetenz (2) und Interkulturelle Kompetenz (6). Für Personalreferenten konnte folgende Verteilung verzeichnet werden: Sozialkompetenz (9), Verhandlungs- und Konfliktlösungskompetenz (1) und Interkulturelle Kompetenz (3).

Hinsichtlich der zweiten Fragestellung, ob die Multiplikatoren diversity-sensibler werden müssen und bestimmte Kompetenzen entwickeln sollten, um den Einstieg und die Förderung von Personen mit Migrationshintergrund zu ermöglichen und so das System für sie durchlässiger machen, wurden zwei Fragen aus dem Interviewleitfaden ausgewertet. Zunächst wurde den Teilnehmern eine geschlossene Frage gestellt. Sie sollten beurteilen, ob kulturelle Stereotype und Vorurteile einen Einfluss auf die Personalauswahl und die Mitarbeiterbeurteilungen haben. Die statistischen Auswertungen ergaben, dass die Hälfte der Teilnehmer (15 Personen; 9 Führungskräfte, 6 Personalreferenten) der Auffassung waren, dass kulturelle Stereotype und Vorurteile keinen Einfluss auf die Personalauswahl und die Mitarbeiterbeurteilungen haben und die andere Hälfte der Teilnehmer (15 Personen; 8 Führungskräfte, 7 Personalreferenten) war der Meinung, dass sie einen Einfluss haben. Zusätzlich wurde überprüft, ob es signifikante Unterschiede zwischen den Aussagen der Führungskräfte und den Aussagen der Personalreferenten gibt. Hierzu wurde der X^2-Test eingesetzt. Die Auswertungen zeigten, dass der X^2-Wert nach Pearson nicht signifikant wurde (X^2 (1, N = 30) = .136, p > .05).

Überdies hinaus wurden die Teilnehmer gefragt, ob soziale Kategorisierung und Diskriminierung bei der Personalauswahl und den Mitarbeiterbeurteilungen auch eine wichtige Rolle spielen. Auch hier hatten die Interviewpartner die Möglichkeit mit ja und nein zu antworten. Insgesamt konnten 29 Antworten ausgewertet werden. 21 Personalverantwortliche vertraten die Meinung, dass soziale Diskriminierung und Kategorisierung keinen Einfluss hat (11 Führungskräfte, 10 Personalreferenten) und lediglich 8 Personalverantwortliche (6 Führungskräfte, 2 Personalreferenten) gaben an, dass die Phänomene einen Einfluss auf die Personalauswahl und Mitarbeiterbeurteilung haben. Ebenso wie bei der Frage zuvor wurde hier ein X^2-Test durchgeführt, um zu testen, ob es signifikante Gruppenunterschiede gibt. Allerdings wurde, wie auch bei der zuvor ausgewerteten Frage, der Test nicht signifikant (X^2 (1, N = 29) = 1.222, p > .05).

Schließlich sollte mit der dritten Forschungsfragestellung analysiert werden, welche Kompetenzen bei den Multiplikatoren gefördert werden müssen, um diversity-sensibler zu werden. Zur Beantwortung dieser Frage wurden ebenfalls mehrere Fragen aus dem Interview ausgewertet. Da die Hälfte der Führungskräfte und Personalreferenten angaben, dass die Sozialkompetenz den größten Einfluss auf die Chancengleichheit in der Personalauswahl hat, beziehen sich die folgenden Auswertungen auf den Aspekt Sozialkompetenz. Hier werden drei Sichtweisen unterschieden: Sichtweise der Mitarbeiter mit Migrationshintergrund, Sichtweise der Mitarbeiter ohne Migrationshintergrund und Selbsteinschätzung. Auf die Frage, was Personalverantwortliche denken, wie sozial kompetent die Mitarbeiter mit Migrationshintergrund sie auf einer Skala von eins (überhaupt nicht) bis fünf (sehr) einschätzen, konnte ein Mittelwert von 4 ermittelt werden (SD = .71). Dieselbe Frage wurde ebenfalls für die Sichtweise der Personen ohne Migrationshintergrund gestellt. Die Auswertung ergab einen Mittelwert von 3.76 und eine Standardabweichung von .74. Bei der Selbsteinschätzung der Personalverantwortlichen wurde ein Mittelwert von 4.23 verzeichnet und die Standardabweichung lag bei .63. Schließlich wurde mit einem X^2-Test überprüft, ob es signifikante Unterschiede zwischen den drei Kategorien gibt. Der X^2-Test wurde nicht signifikant (X^2 (6, N = 88) = 6.95, p > .05), was unter anderem an der geringen Stichprobengröße liegen kann. Auf die Frage, ob Personalverantwortliche denken, dass ihre sozialen Kompetenzen den Umgang mit Personen mit Migrationshintergrund erleichtern, konnte ein einheitliches Antwortbild verzeichnet werden. Alle Interviewpartner (30) stimmten der Aussage zu. Allerdings sollte man die Antwort auf die Fragestellung unter Berücksichtigung des Phänomens der sozialen Erwünschtheit betrachten, da dieses Phänomen vermutlich einen Einfluss auf die Antwort der Teilnehmer hatte.

In der Kategorie Führung wurde u.a. die Frage gestellt, ob es für Personalverantwortliche leichter ist, sich in einen Mitarbeiter ohne Migrationshintergrund hineinzuversetzen. Fast zwei Drittel der Teilnehmer gaben an, dass es leichter ist (18 Personalverantwortliche) und circa ein Drittel (12 Personalverantwortliche) waren der Meinung, dass es keinen Unterschied macht. Eine Führungskraft tätigte beispielsweise die Aussage „Mensch ist Mensch!". Dies zeigt, dass Personalverantwortliche derzeit noch nicht die notwendige Diversity-Sensibilität besitzen.

5 Fazit

Zusammenfassend kann festgehalten werden, dass aus Sicht der Personalverantwortlichen vor allem die sozialen und interkulturellen Kompetenzen einen hohen Stellwert besitzen, um eine Chancengleichheit für Migranten in der Personalauswahl in Deutschland zu gewährleisten. Obwohl sie den Einfluss sozialer Kompetenzen als hoch einschätzten, lassen die Ergebnisse vermuten, dass Personalverantwortliche noch nicht dazu in der Lage sind, den zusätzlichen Stress von Migranten korrekt einzuschätzen und in ihrem Führungsalltag zu berücksichtigen. Gröschke (2013) beschreibt in dem Kontext die Notwendigkeit der Entwicklung von stressreduzierenden Fähigkeiten und Eigenschaften in interkulturellen Settings. Zu den wichtigen Fähigkeiten und Eigenschaften, die den interkulturellen Erfolg unterstützen, zählen Selbstwirksamkeitserwartung, Fähigkeit zur Reflexion, sowie Flexibilität im Denken und Handeln (Gröschke, 2013).

Somit weisen die Ergebnisse insgesamt auf einen Mangel von Diversity-Sensibilität hin und verdeutlichen den Bedarf einer Kompetenzförderung, insbesondere bzgl. der interkulturellen Kompetenz. Es ist Fakt, dass Menschen sich hinsichtlich vieler verschiedener Aspekte unterscheiden, d.h. ein und derselbe Aspekt kann bei einem Menschen zu Abneigung und bei einem anderen Menschen wiederum zu Zuneigung führen. Diversity zielt auf die Anerkennung der individuellen Potenziale und die Einbeziehung der Potenziale zur bestmöglichen Nutzung für den Erfolg des Unternehmens. Dabei geht es nicht darum einen Mangelzustand zu reduzieren, sondern das Hauptaugenmerk ist auf die Offenheit und die Neugierde gegenüber der andersartigen Situation gerichtet. Die Diversity-Sensibilisierung spielt eine zentrale Rolle, da Unternehmen künftig als so genannte *global employer* auf dem Arbeitsmarkt tätig sein werden, um qualifiziertes Personal zu rekrutieren. Zudem sind multikulturelle Organisationen, aufgrund der Heterogenität, besser in der Lage sich an veränderte Umweltbedingungen anzupassen und können auf Herausforderungen leichter reagieren (Berninghausen & Hecht-El Mishawi, 2010).

Die Ergebnisse verdeutlichen, dass die Diversity-Prinzipien noch stärker in die Unternehmens- und Führungsleitlinien integriert werden müssen, so dass im Idealfall die Mitarbeiter die vorgelebten Werte verinnerlichen und in ihr Handeln integrieren. Dies ist die effektivste Strategie, um mit den Veränderungen des demografischen Wandels erfolgreich umzugehen. Diversity Management zielt demnach auf die Schaffung einer Unternehmenskultur, in der personelle Vielfalt als Ressource wahrgenommen wird und diese als strategische Ressource für den Unternehmenserfolg eingesetzt werden soll (Wondrak, 2011). Jedoch gibt es bisher noch kein Standardmodell zur Implementierung von Diversity Management. Nach ausführlicher Recherche soll an dieser Stelle ein Modell erwähnt werden, welches auf einem ganzheitlichen und systemtheoretischen Verständnis von Organisationen beruht und vor allem Personalverantwortliche bei der Einführung von Diversity Management unterstützen soll. Das Modell unterscheidet fünf Basisprozesse: Business-Kontext, Ist-Analyse, Business Case & Strategie, Umsetzung von Diversity Management (Wondrak & Pauser, 2011). Abschließend sollte man berücksichtigen, dass Veränderungen in Unternehmen dynamisch sind und es kein Patentrezept für die erfolgreiche Umsetzung gibt (Wondrak, 2011). Das vorgestellte Modell ist somit eine Möglichkeit der Umsetzung, jedoch sollte jedes Unternehmen für sich selbst die optimale Lösung bzgl. der Umsetzung von Diversity Management finden.

Für die zukünftige Forschung könnte es interessant sein, die aus dem Interview erhaltenen Ergebnisse mit einem Fragebogen zu überprüfen. Dabei sollten Personalverantwortliche aus dem Bereich Personalauswahl als Zielgruppe gewählt werden. Ziel dabei sollte die Überprüfung der Hypothesen sein, die auf den Auswertungen dieser Interviews basieren.

Literatur

Adler, N. J. (1997). *International Dimensions of Organizational Behavior* (3. ed). Cincinnati: South-Western College Publishing.

Asendorpf, J. B. (2007). *Psychologie der Persönlichkeit*. Berlin, Heidelberg: Springer Medizin.

Badura, B., Schröder, H., Klose, J. & Macco, K. (2010). Fehlzeiten-Report 2010. Vielfalt managen: Gesundheit fördern – Potenziale nutzen. Berlin, Heidelberg: Springer Medizin.

Bendl, R., Hanappi-Egger, E. & Hofmann, R. (2012). *Diversität und Diversitätsmanagement*. Wien: Facultas.wuv.

Berninghausen, J. & Hecht-El Mishawi, B. (2010). *Interkulturelle Kompetenz. Managing cultural diversity* (Interkulturelle Studien, Bd. 2, 3. Auflage). Bremen: Kellner.

Bortz, J. & Döring, N. (2006). *Forschungsmethoden und Evaluation für Human- und Sozialwissenschaftler* (4. Auflage). Berlin, Heidelberg: Springer Medizin Verlag.

Deardorff, D. (2006). Identification and Assessment of Intercultural Competence as a Student Outcome of Internationalization. *Journal of Studies in International Education, 10* (3), 241-266.

Gröschke, D. (2013). Kompetenzen im Umgang mit Stress in interkulturellen Settings. In P. Genkova, T. Ringeisen & F. T. L. L. (Hrsg.), *Handbuch Stress und Kultur. Interkulturelle und kulturvergleichende Perspektiven* (S. 473-488). Wiesbaden: Springer VS.

Jensen-Dämmerich, K. (2011). *Diversity-Management. Ein Ansatz zur Gleichbehandlung von Menschen im Spannungsfeld zwischen Globalisierung und Rationalisierung?* (Weiterbildung – Personalentwicklung – Organisationales Lernen, Bd. 7). Mering: Rainer Hampp Verlag.

Kanning, U. P. (2003). *Diagnostik sozialer Kompetenzen*. Göttingen: Hogrefe.

Köppel, P., Yan, J. & Lüdicke, J. (2007). *Cultural Diversity Management in Deutschland hinkt hinterher*. Zugriff am 30.12.2013. Verfügbar unter http://www.bertelsmann-stiftung.de/bst/de/media/xcms_bst_dms_21374__2.pdf

Harris, P. R. & Moran, R. T. (1991). *Managing Cultural Differences: High-Performance Strategies for Today´s Global Manager* (3. ed). Houston: Gulf Publishing Co.

Krell, G. (2008). *Chancengleichheit durch Personalpolitik. Gleichstellung von Frauen und Männern in Unternehmen und Verwaltungen. Rechtliche Regelungen – Problemanalysen – Lösungen*. Cham: SpringerLink.

Mayring, P. (2010). *Qualitative Inhaltsanalyse. Grundlagen und Techniken* (11. aktualisierte und überarbeitete Auflage). Weinheim und Basel: Beltz GmbH.

Plummer, D. L. (2003). *Handbook of diversity management*. Lanham: University Press of America.

Pullen, J. (2010). *Diversity Management in kleineren und mittleren Unternehmen. Erfolgreiche Umsetzungsbeispiele*. Zugriff am 22.12.2013. Verfügbar unter http://www.charta-der-vielfalt.de/fileadmin/user_upload/beispieldateien/ Downloads/Studien/studie_diversity_management_in_kmu_erfolgreiche_umsetzungsbeispiele.pdf

Reineke, R.-D. & Fussinger, C. (2001). *Interkulturelles Management. Konzeption - Beratung - Training*. Wiesbaden: Gabler.

Thomas, A. (2003). *Kulturvergleichende Psychologie* (2. überarbeitete und erweiterte Auflage). Göttingen: Hogrefe-Verlag.

Statistisches Bundesamt (2013). *2012: 16,3 Millionen Menschen mit Migrationshintergrund*. Zugriff am 30.12.2013. Verfügbar unter https://www.destatis.de/DE/ZahlenFakten/GesellschaftStaat/Bevoelkerung/MigrationIntegration/Migrationshintergrund/Aktuell2012Migranten.html

Tjitra, H. (2001). Interkulturelle Synergie – Eine asiatische Perspektive. In R.-D. Reineke & C. Fussinger (Hrsg.), *Interkulturelles Management. Konzeption - Beratung – Training* (S. 147-167). Wiesbaden: Gabler.

Wondrak, M. J. (2011). Implementierung von Diversity Management. In M. J. Wondrak & N. Pauser (Hrsg.), *Praxisbuch Diversity Management* (S. 193-217). Wien: Facultas Verlags- und Buchhandels AG.

Wondrak & N. Pauser (2011). *Praxisbuch Diversity Management*. Wien: Facultas Verlags- und Buchhandels AG.

Kritische Ereignisse bei Tätigkeiten deutscher Manager im Ausland und ausländischer Führungs- und Fachkräfte in Deutschland – Erste Ergebnisse aus Interviewstudien in 27 Ländern

Suzan Reibold, Ronald Franke, Ullrich Günther

Deutsche Führungs- und Fachkräfte wurden in 27 Ländern in Interviews befragt, welche kulturell bedingten, kritischen Ereignisse sie im Ausland bei ihrer beruflichen Tätigkeit erlebten. Spiegelbildlich wurden in Deutschland arbeitende, ausländische Manager interviewt. Die Ergebnisse wurden länderübergreifend zusammengefasst und verglichen.

Keywords: Critical incidents, kulturelle Missverständnisse, Expatriates

1 Projekt „SmartGlobalizing"

In dem Projekt „Smart Globalizing" werden aus der Perspektive der interkulturellen Psychologie wirtschaftliche Interaktionen zwischen Menschen unterschiedlicher kultureller Herkunft analysiert. Auf dieser Wissensgrundlage soll durch Beratung, Coaching und Training die interkulturelle Kommunikation in Unternehmen verbessert werden (vgl. Franke & Günther, 2012). Die vorliegende Interviewstudie stammt aus diesem Projekt. Deutsche Führungs- und Fachkräfte wurden in 27 Ländern in halbstrukturierten Interviews befragt, welche kulturell bedingten, kritischen Ereignisse sie in der Zusammenarbeit mit örtlichen Kollegen, Mitarbeitern, Vorgesetzten, Lieferanten, Kunden usw. erlebt haben. Spiegelbildlich wurden Führungs- und Fachkräfte aus diesen Ländern, die in Deutschland arbeiten, über ihre Erfahrungen interviewt (pro Land ca. 20 Interviews). Das methodische Vorgehen orientiert sich an Flanagans Critical Incidents (1954). Zurzeit werden Interviews in weiteren Ländern durchgeführt. Typische Konfliktfelder, die generell auftauchen, sind z. B. Zeitverständnis und Aktivitätenplanung, Führung und Fürsorge, Regelorientierung und Flexibilität, Qualitätsverständnis und schnelle Aufgabenerledigung, schriftliche und mündliche Kommunikation. Durch empirische Forschung sollen typische Problemfelder analysiert werden, um schließlich in der Anwendung für die kulturellen

Unterschiede zu sensibilisieren und einen produktiven Umgang miteinander zu ermöglichen. Im Alltag von Menschen, die mit Partnern aus anderen Kulturen kooperieren, entscheiden diese interkulturellen Kompetenzen mitunter über Erfolg und Misserfolg internationaler Partnerschaften.

Wir stellen hier die Daten einer Metaanalyse vor, welche die im Rahmen der eigenen Interviewstudie gewonnenen Daten länderübergreifend betrachtet. Metaanalyse versteht sich hier allgemein als Methode, die empirische Einzelstudien zu einer übergreifenden Gesamtperspektive zusammenfasst. Das Begriffsverständnis unterscheidet sich partiell vom üblichen. Das konkrete Ziel besteht darin, erstmalig einen Überblick über die Datenfülle zu bekommen, die die 27 Länderstudien im Projekt „Smart Globalizing" bereits geliefert hat und diese Daten so aufzubereiten und zu systematisieren, dass weitere Untersuchungen darauf aufbauen können. Hierbei geht es im Kern um die Frage, worin die im Business-Kontext auftretenden Probleme der Deutschen mit Menschen anderen Ländern bestehen – und umgekehrt. In den 27 Ländern sind die größeren Länder enthalten und damit die wichtigsten Wirtschaftspartner Deutschlands.

2   Methodisches Vorgehen

Zunächst wurden alle Studien nach einem identischen Kategoriensystem ausgewertet. Dieser Datenpool ist so aufgebaut, dass er im weiteren Verlauf des Projekts ergänzt werden kann, falls weitere Länderstudien hinzukommen.

Im nächsten Schritt wurden die ehemals qualitativen Daten, die in Form von Fallstudien vorlagen und im Datenpool die quantitative Basis der Studie bilden, ausgewertet: Mittels Korrelationen und einer Faktorenanalyse wurde das Kategoriensystem aus statistischer Perspektive betrachtet. Die These, dass sich die Kategorien in zwei Gruppen splitten lassen, die als intra- und interpersonelle Kategorie bezeichnet werden können, konnte (teilweise) bestätigt werden.

Basierend auf diesen statistischen Ergebnissen wurde in der Folge eine Form der Visualisierung entwickelt, die es erlaubt, die Daten auf verschiedenen Abstraktionsebenen zu betrachten (Land – Region – Kontinent – Welt). Diese Darstellungsform, Interaktionsprofile genannt, wird anhand einiger Beispiele illustriert (s. die Grafiken im Text).

3   Datenbasis der Metaanalyse

Das Projekt „Smart Globalizing" basiert zur Zeit auf qualitativen Daten aus 30 Studien zu 27 verschiedenen Ländern (zur Liste der untersuchten Länder vgl. Abb. 2). Im Zuge halbstrukturierter Leitfadeninterviews wurden jeweils Deutsche und Angehöriger anderer Kulturen gebeten, problematische Situationen aus ihrem Alltag zu schildern, die aus der Interaktion zwischen Deutschen und den ausländischen Partnern resultieren. Diese Fälle, im Folgenden Critical Incidents (CIs) genannt (vgl. Flanagan, 1954), werden von den Autoren kategorisiert und landesspezifisch ausgewertet. Diese 30 Einzelstudien bilden die Datenbasis der vorliegenden Studie.

4 Datenpool

Im Rahmen der Metaanalyse suchten wir nach allgemeinen Aussagen zu den Beziehungen zwischen Deutschen und ihren ausländischen Geschäftspartnern, in dem wir die vorhandenen landesspezifischen Daten länderübergreifend betrachteten und analysierten. Hierzu war es zunächst notwendig, die Ergebnisse der Einzelstudien in einem gemeinsamen Kategoriensystem auszuwerten, um Vergleichbarkeit herzustellen.

Um einen Datenpool zu generieren, der die Informationen zu den CIs aus allen Ländern beinhaltet, wurden zunächst sämtliche Arbeiten neu ausgezählt. Auf diese Weise wurde zunächst die Anzahl der CIs pro Kategorie und Land ermittelt, darüber hinaus die wichtigen Informationen zur Zahl der Interviewteilnehmer und Zahl der genannten CIs. Alle diese Informationen wurden für Deutsche und Ausländer getrennt erfasst. Somit stellt diese Auswertung bereits einen ersten Analyseschritt dar, denn bisher lagen keine länderübergreifenden Informationen vor, die einen Überblick über das Gesamtprojekt Smart Globalizing geben.

Insgesamt wurden für die vorliegende Metaanalyse 3746 CIs neu kategorisiert und ausgewertet. Tabelle 1 zeigt das auf diese Weise erzeugte Kategoriensystem beispielhaft anhand eines Ausschnitts aus der „Datenpool" genannten Tabelle, die das erste Resultat der länderübergreifenden Betrachtung darstellt. Sie ist die Basis aller weiteren Berechnungen und Analyseschritte und enthält ausschließlich absolute Zahlen, keine Prozentwerte.

Die Kategorisierung der CIs erfolgt nicht zwingend eindeutig. Oftmals ist ein CI gleichsam mehreren unterschiedlichen Kategorien zuzuordnen, wie folgen-

Tab. 1: Ausschnitt aus dem Datenpool

Kontinent	Region	Land	Kat. Nr.	Kategorie	CI Deutsche	CI Ausländer	Zeilensumme
Afrika	Südliches Afrika	Südafrika	1	Führungsstil/Motivation	26	1	27
Afrika	Südliches Afrika	Südafrika	2	Planung	25	7	32
Afrika	Südliches Afrika	Südafrika	3	Zeitkonzepte	26	5	31
Afrika	Südliches Afrika	Südafrika	4	Interpretation von Informationen	15	1	16
Afrika	Südliches Afrika	Südafrika	5	Priorisierung	12	5	17
Afrika	Südliches Afrika	Südafrika	6	Bevorzugter Arbeitsstil	27	1	28
Afrika	Südliches Afrika	Südafrika	7	Qualitätsverständnis	9	4	13
Afrika	Südliches Afrika	Südafrika	8	Hierarchische Orientierung	25	5	30
Afrika	Südliches Afrika	Südafrika	9	Verhandlungsführung	5	5	10
Afrika	Südliches Afrika	Südafrika	10	Vertrauensaufbau	6	5	11
Afrika	Südliches Afrika	Südafrika	11	Konfliktstil	50	7	57
Afrika	Südliches Afrika	Südafrika	12	Kommunikationsstil	19	10	29
Afrika	Südliches Afrika	Südafrika	13	Innovationsorientierung	1	1	2
Afrika	Südliches Afrika	Südafrika	14	Objektivität	11	0	11
Afrika	Südliches Afrika	Südafrika	15	Gesamtsumme CIs	201	51	252
Afrika	Südliches Afrika	Südafrika	16	Zahl Interviewpartner	36	12	48

des Beispiel eines deutschen Personaldirektors, der seit 3 Jahren in China tätig ist, illustriert. Die Fallstudie wurde sowohl Kategorie 1 (Führungsstil/Motivation) als auch Kategorie 6 (Bevorzugter Arbeitsstil) zugeordnet.

Der deutsche Manager möchte seine Mitarbeiter zu mehr Eigenverantwortung erziehen, damit sie nicht mehr wegen jeder Frage zu ihm kommen. Um dieses Ziel zu erreichen, räumt er ihnen mehr Freiraum ein und akzeptiert auch Fehlentscheidungen. Ein Beispiel dafür ist der Umgang mit einem Recruiter. Das Unternehmen sucht einen neuen Abteilungsleiter und dieser hat die Aufgabe, die Stelle zu besetzen. Der Manager überlässt die Entscheidung, wo er die Stelle ausschreibt etc. völlig ihm. Der Recruiter findet einen geeigneten Abteilungsleiter und gewinnt dadurch mehr Selbstvertrauen. Bei größeren Entscheidungen findet zwar immer Rücksprache mit dem Manager statt, aber bei alltäglichen Problemen sind die Mitarbeiter nun viel eigenständiger und arbeiten so deutlich effizienter (Ehrenbrand,2011)).

5 Stichprobe

Wie oben bereits dargelegt, besteht der Datenpool, der die Basis der vorliegenden Metaanalyse bildet, aus 30 Studien zu 27 Ländern. *693 Befragte lieferten insgesamt 3746 CIs, wobei 2429 CIs von deutschen Interviewpartnern* stammen. Das entspricht rund 65%. Der Anteil der deutschen Befragten an der Gesamtzahl der Interviewteilnehmer beträgt 60%. Die Zahl der Interviewpartner und CIs ist im Vergleich der Länderstudien relativ heterogen, was Auswirkungen auf Qualität und Aussagekraft der einzelnen Studien hat (die Vergleichbarkeit ist eingeschränkt, die Meinung der Gruppen ist nicht gleich stark repräsentiert, was bedeutsam für die Repräsentativität sein kann). Um möglichst transparent die Unterschiede zwischen den einzelnen Studien darzustellen, sind die beiden wichtigsten Kennzahlen „Zahl der Interviewpartner" und „Zahl der CIs" in den folgenden Darstellungen grafisch aufbereitet.

In einer ideal ausgewogenen Befragung würde man eine gleiche Zahl von Deutschen und Ausländern interviewen, was sich aber bei der Gewinnung der Manager für die Interviews nicht völlig realisieren ließ. Zunächst einmal wäre eine annähernd gleich große Zahl CIs zu erwarten, die von Deutschen bzw. Ausländern geliefert werden. Eine Analyse des Datenmaterials zeigt jedoch, dass auch die Zahl der CIs pro Interviewteilnehmer zwischen den Studien stark schwankt. In den meisten Fällen lieferten die deutschen Teilnehmer der Befragungen deutlich mehr CIs als die ausländischen Interviewpartner. Lediglich im Falle von Schweden, Spanien und der Schweiz zeigt sich ein anderes Bild. Für die Studie zu Polen sind die Werte exakt gleich, beide Gruppen lieferten im Schnitt je 5,6 CIs pro Interviewpartner.

Zahl der Interviewpartner

Land	Deutsche-CIs/Interview	Ausländer-CIs/Interview
Südafrika	5,6	4,3
Ghana	5,8	5,1
USA	5,5	4,5
Argentinien	3,9	3,4
Brasilien	6,3	4,6
Chile	5,7	4,4
Emirate	6,1	4
Israel	9,2	7,9
Russland	6,7	5,3
China	6,0	2,7
Japan	4,4	3,2
Indonesien	5,1	3,1
Malaysia	5,2	5,8
Singapur	6,5	4,5
Thailand	5,2	3,9
Vietnam	5,9	3,8
Türkei	9,7	7,3
Australien	8,8	5,8
Dänemark	5,2	5
Schweden	5,5	6,4
Polen	5,6	5,6
Rumänien	6	4,8
Italien	6,6	3,6
Spanien	4,7	5,8
Frankreich	5,9	4,6
Niederlande	5,8	5,9
Schweiz	3,6	6,9
⌀	6	4,8

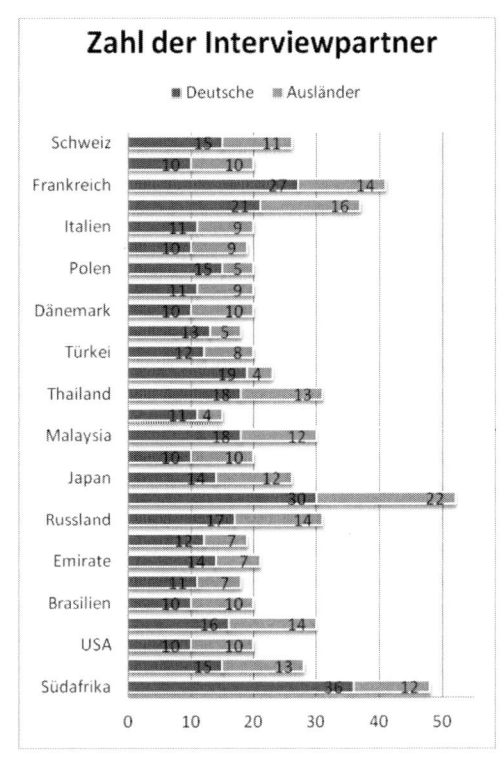

Abb. 1: Zahl der Interviewpartner

Tab. 2: Zahl der CIs pro Interview nach Ländern

6 Graphische Auswertung des Datenpools

Sicherlich gibt es multiple Ansätze, um die Daten aus den Interviewstudien aufzubereiten und zu analysieren. Die vorliegende Analyse zielt insbesondere darauf ab, einen möglichst umfassenden Überblick zu geben und die Vielzahl der Daten zu systematisieren. Vor diesem Hintergrund scheint eine graphische Aufbereitung der Datensammlung besonders sinnvoll. Auf diese Weise werden Vergleiche ermöglicht und Unterschiede erkennbar.

Wie bereits angedeutet scheint eine graphische Aufbereitung vielversprechend. Im Rahmen der Metaanalyse wurden deshalb Diagramme entwickelt, die es ermöglichen, sowohl individuelle, landesspezifische als auch länderübergreifende Problemfelder zu visualisieren. Die Diagramme basieren auf dem Gedanken, dass Kooperationsbeziehungen je nach kultureller Konstellation verschieden starke Ausprägungen im Vergleich der einzelnen Problemfelder (hier Kategorien) haben. Die Betitelung der Diagramme als „Interaktionsprofile" beschreibt den Inhalt treffend: Es handelt sich um ein Netzdiagramm, das Kategorien (statt wie im Persönlichkeitsprofil Eigenschaften) um einen Mittelpunkt gruppiert. Dann werden die Ausprägungen je Kategorie (der prozentuale Anteil der CIs an der Gesamtzahl der CIs, die für diese Interaktion erhoben wurden) abgetragen und ergeben durch Verbinden der einzelnen Punkte ein individuelles Bild. Zum Einen ist dieses Profil gut mit anderen Profilen vergleichbar, zum Anderen stellt es die Daten in einer anschaulichen Weise dar. Die Gruppierung der Kategorien in einen interpersonalen und einen intrapersonalen Faktor spielt insofern eine Rolle, als die Kategorien so angeordnet werden, dass die obere Hälfte des Netzdiagramms die intrapersonalen Kategorien enthält, die untere die interpersonalen (s. Abb. 2).

Auch wenn dies nicht der einzige Aspekt ist, der durch die Interaktionsprofile veranschaulicht wird, so ist die Bedeutung interpersonaler bzw. intrapersonaler Problemfelder in der spezifischen dargestellten Kooperationsbeziehung durch die Größe der Fläche über bzw. unter der gedachten Horizontalen deutlich erkennbar und soll an dieser Stelle hervorgehoben werden.

Neben diesen Netzdiagrammen wird pro landesspezifischem Interaktionsprofil noch ein weiteres Diagramm erstellt: Ein Balkendiagramm, das nicht wie das Netzdiagramm die Antworten der Deutschen und Ausländer splittet, sondern den prozentualen Anteil der Kategorien an der Gesamtzahl der CIs angibt. Diese Information ist wichtig, den Netzdiagrammen aber nur schwer zu entnehmen. Aus diesem Grunde wird sie gesondert dargestellt (s. Abb. 3).

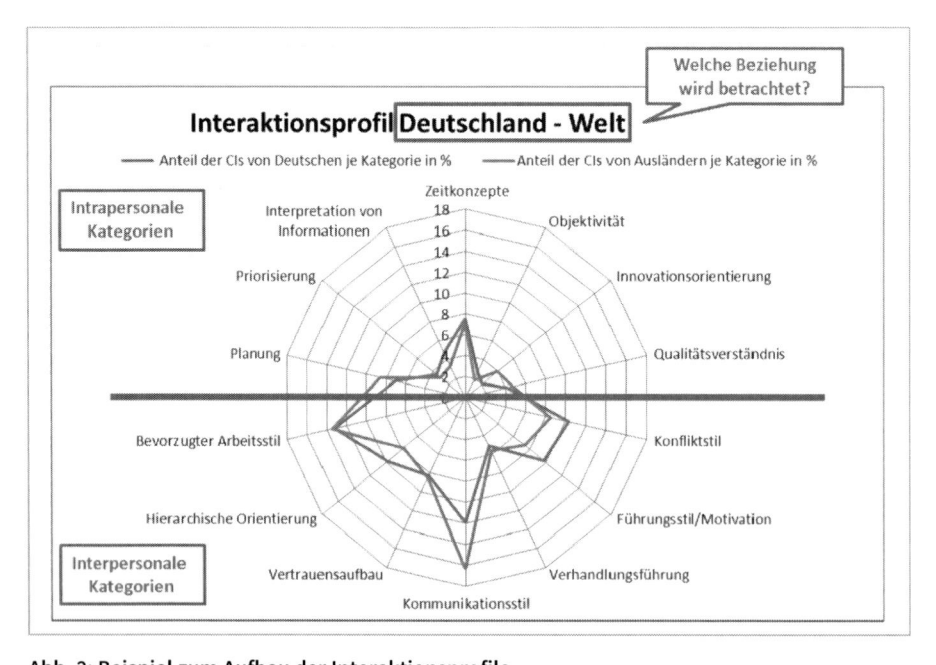

Abb. 2: Beispiel zum Aufbau der Interaktionsprofile

[Balkendiagramm: Anteil der CIs je Kategorie in % - Brasilien

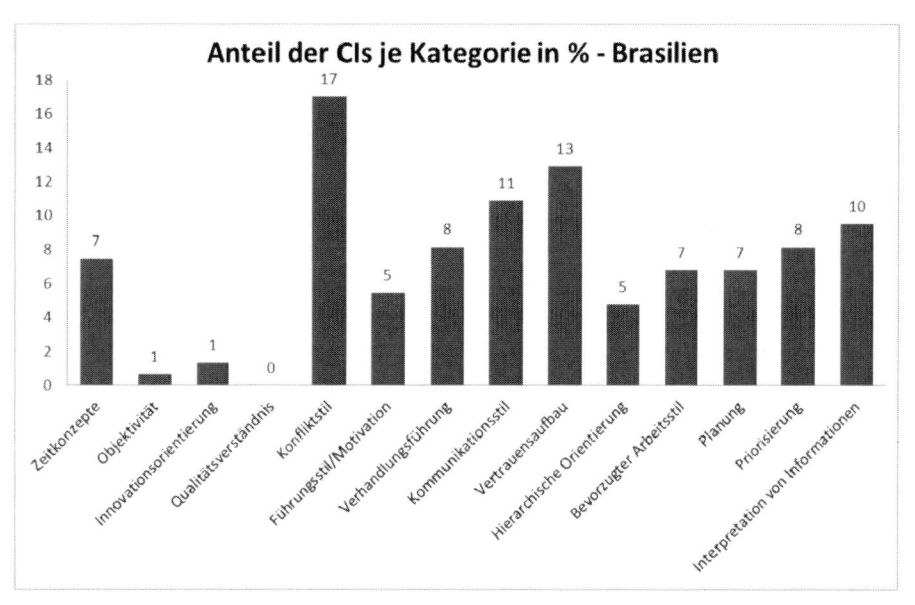

Zeitkonzepte: 7; Objektivität: 1; Innovationsorientierung: 1; Qualitätsverständnis: 0; Konfliktstil: 17; Führungsstil/Motivation: 5; Verhandlungsführung: 8; Kommunikationsstil: 11; Vertrauensaufbau: 13; Hierarchische Orientierung: 5; Bevorzugter Arbeitsstil: 7; Planung: 7; Priorisierung: 8; Interpretation von Informationen: 10]

Abb. 3: Balkendiagramm Brasilien

Die vorgestellte Darstellungsform erlaubt es, die erhobenen Daten auf verschiedenen Abstraktionsstufen zu betrachten - Es können Netzdiagramme pro Land generiert werden, aber auch pro Region, Kontinent, oder, wie im vorliegenden Beispiel, für die Welt (derzeit 30 Länder). Dieses flexible Prinzip erlaubt es, auch zukünftig Graphen für neue Fragestellungen zu generieren. Beispielsweise ist es möglich, spezifische Kategorien oder Länder zu gruppieren, die auf Basis anderer Kulturtheorien verglichen werden sollen (z.B. Individualistisch versus Kollektivistisch) (zur Erstellung der Graphen siehe Abschnitt 6). Anhand der Graphen können schnell und einfach Unterschiede in der Ausprägung der Kategorien dargestellt werden.

Da Daten für insgesamt 27 unterschiedliche Länder vorliegen, gibt es auch 27 Interaktionsprofile, die die Problemfelder in der Zusammenarbeit zwischen Deutschen und ihren ausländischen Partnern illustrieren.

Jedes beliebige Länderpaar kann theoretisch diskutiert werden. Um ein Beispiel zur Interpretation zu geben, soll an dieser Stelle zunächst das Interaktionsprofil Deutschland- Dänemark betrachtet werden (s. Abb. 4).

In der geschäftlichen Beziehung zwischen Deutschen und Dänen gibt es besonders viele problematische Situationen, die in die Kategorie Kommunikationsstil gehören – Die Form des Netzdiagramms verdeutlicht zudem sehr anschaulich, dass es besonders als „interpersonal" zu klassifizierende Situationen und Vorkommnisse sind, die im betrieblichen Alltag Probleme bereiten. In diesem Fall liegt der Anteil der „intrapersonalen" Kategorien zugeordneten CIs bei unter 20%. Aussagen dieser Art sind nach unseren Recherchen bisher in der interkulturellen Psychologie nicht zu finden. Sicherlich müssen die in dieser

Interaktionsprofil Deutschland - Dänemark

— Anteil der CIs von Deutschen je Kategorie in %
— Anteil der CIs von Ausländern je Kategorie in %

(Radar-/Netzdiagramm mit den Kategorien: Zeitkonzepte, Objektivität, Innovationsorientierung, Qualitätsverständnis, Konfliktstil, Führungsstil/Motivation, Verhandlungsführung, Kommunikationsstil, Vertrauensaufbau, Hierarchische Orientierung, Bevorzugter Arbeitsstil, Planung, Priorisierung, Interpretation von Informationen; Skala 0–30)

Abb. 4: Interaktionsprofil Deutschland-Dänemark

Analyse dargestellten Ergebnisse geprüft und repliziert werden, ehe man von einem allgemein gültigen Ansatz sprechen kann. Doch erlaubt es die statistisch zunächst bestätigte Gruppierung in Kombination mit der hier vorgestellten graphischen Darstellungsweise, Daten zur interkulturellen Zusammenarbeit in einer neuen Form aufzubereiten.

Literatur

Flanagan, J. C. (1954). The Critical Incident Technique. *Psychological Bulletin, 51* (4), 327-358.

Franke, R. & Günther, U. (2012). Analyse und Optimierung der interkulturellen Kooperation im Global Business. Das Lüneburger Forschungsprojekt „SmartGlobalizing" als Beitrag der interkulturellen Wirtschaftspsychologie. In R. Reinhardt (Hrsg.), *Wirtschaftspsychologie und Organisationserfolg. Tagungsband zur 16. Fachtagung der Gesellschaft für angewandte Wirtschaftspsychologie (GWPs) in Stuttgart* (S. 547-559). Lengerich: Pabst.

5 Mensch-System-Interaktion und Nachhaltigkeit

Programmierbare Heizungsthermostate – ein unklarer Nutzen

Verena Jähn, Sarah Hinz, Julia Malinka,
Michael Stolle, Monika Eigenstetter

Programmierbare Thermostate, so die Hersteller, versprechen eine optimierte Beheizung von Räumen und damit eine Kostenreduktion, da sie sich nach den Anwesenheitszeiten von Nutzern programmieren lassen. Die Gebrauchstauglichkeit und Nutzerfreundlichkeit dieser Geräte ist im deutschsprachigen Raum kaum untersucht, trotz vielfältiger Produkte auf dem Markt.

Keywords: Betriebsoptimierung, Umweltpsychologie, Nutzerintegration, Usability, Thermostate

1 Einleitung

Die Bedienung der Heizkörperthermostate in den Vorlesungsräumen und den Büroräumen des Gebäudes H am Campus Süd in Krefeld stellt möglicherweise für viele Nutzer ein Problem dar, da sich bei Begehungen zeigte, dass viele nicht richtig programmiert bzw. ohne Funktion waren. Die Bedienung der Geräte scheint wenig intuitiv. Bedienungsanleitungen liegen nicht vor. In den Büro- und Vorlesungsräumen ist es daher oftmals zu kalt oder zu warm. Ziel dieser Untersuchung ist es daher, die Unterschiede in der Gebrauchstauglichkeit dieser und ähnlicher Thermostate darzustellen und daraus Handlungsempfehlungen für den Einsatz und Umgang damit abzuleiten.

Die Usability-Untersuchung wurde im Rahmen des Forschungsprojekts REGENA an der Hochschule Niederrhein durchgeführt. Das Forschungsprojekt hat eine Laufzeit vom 01. Juni 2012 bis zum 31. Mai 2016 und wird im Rahmen des Förderprogramms „Energetische Betriebsoptimierung (EnBop)" vom Bundesministerium für Wirtschaft und Technologie unter dem Förderkennzeichen 03ET1070B gefördert.

2 Theoretischer Hintergrund

2.1 Definitionen

Usability beschreibt die Benutzerfreundlichkeit oder Gebrauchstauglichkeit von Produkten. Das Maß der Usability bzw. Gebrauchstauglichkeit setzt sich gemäß der DIN EN ISO 9241 (1998) aus drei Hauptkriterien zusammen: diese sind Effektivität, Effizienz und Zufriedenstellung in dem Nutzungskontext eines Produktes.

2.2 Usability von Heizkörper-Thermostaten

Usability-Probleme bei Thermostaten können zu falscher Nutzung und damit zu Energieverlusten führen. Nutzer weisen deutliche Probleme bei der Bedienung von Heizkörper-Thermostaten auf (Perry et al., 2011). Perry et al. (2011) nutzten zur Evaluation der Usability von Thermostaten verschiedene Instrumente, unter anderem Indices wie T&S, PATH, MASH und den NASA-TLX (Task Load Index) und fanden mittlere ($r= .74$) bis hohe ($r= .99$) Korrelationen zwischen den eingesetzten Usability-Instrumenten. Sie schlossen daraus, dass verschiedene Usability-Instrumente gleichermaßen zur Analyse der Usability verwendbar sind.

Meier et al. (2011) haben in einer Studie die Handhabbarkeit von Thermostaten getestet. Dabei wurden Videosequenzen analysiert. Die Autoren fanden in der Bedienung der Thermostate signifikante Unterschiede. Es wurde eine Formel entwickelt, die es ermöglicht, die Handhabbarkeit numerisch wiederzugeben. Die wesentlichen Variablen dieser Formel sind die dichotome Variable „Erfüllungsgrad (0= nein, 1= ja)", die Dauer bis zur Aufgabenerfüllung sowie eine Konstante.

Kenntnisse über den Umgang mit verschiedenen Heizkörperthermostaten können nicht nur für den Hersteller durch ableitbare Maßnahmen von Interesse sein, sondern auch für Hochschule und andere Organisationen. Eine gute Usability ermöglicht positive finanzielle Veränderungen, indem die Energiekosten gesenkt werden können.

3 Planung des Untersuchungsdesigns

3.1 Stichprobe

Bisher nahmen 28 Versuchspersonen an den Testungen teil. Sie rekrutierten sich aus technikaffinen Studierenden und Mitarbeitern am Fachbereich Wirtschaftsingenieurwesen, wobei lediglich zwei Personen über Erfahrung mit ähnlichen Geräten berichteten. Aus Gründen der Anonymität wurde das Alter der Versuchspersonen nicht erfragt.

3.2 Vorgehen

In Anlehnung an die Arbeit der Forschergruppe von Perry et al. (2011) wurden vier programmierbare Thermostate (A: Honeywell HR40, B: Honeywell HR30, C: Honeywell HR 25 und D: Funk-Heizkörper-Thermostat-Set FHT 8 von Conrad) getestet. Der Typ A befindet sich im aktuellen Gebrauch an der Hochschule Niederrhein. Den Versuchspersonen wurden im Test zwei nutzungstypische Usability-Aufgaben in Form einer Arbeitsanweisung vorgelegt. Die Aufgaben sind in einem vorher definierten Zeitrahmen jeweils an zwei verschiedenen Geräten zu bearbeiten. Insgesamt bearbeitet jede Versuchsperson vier Arbeitsaufträge. Die vorgelegten Geräte sollen dabei mit Hilfe der jeweiligen beiliegenden Bedienungsanleitung bedient werden.

Der Arbeitsauftrag lautet wie folgend dargestellt:
1. Das Thermostat ist in der Grundeinstellung im Automatik-Modus mit 20,0 Grad Celsius voreingestellt und soll auf manuellen Betrieb mit 25,5 Grad Celsius umgestellt werden.
2. Es soll ein Heizprogramm für die Werktage Montag bis Freitag erstellt werden, in dem die übliche Raumtemperatur bei 18 Grad Celsius liegt. In den Zeiten zwischen 06:00 Uhr bis 08:00 Uhr soll die Temperatur automatisch auf 21,0 Grad Celsius ansteigen.

Die Task Load wurde mit einem modifizierten Fragebogen NASA-TLX erhoben. Für die Erhebung wurde die Skala des NASA-TLX verkürzt. Auf einer verkürzten siebenstufigen Skala des NASA-TLX werden Kriterien wie geistige Anstrengung, Zeitdruck, Grad des Erfolges, Grad der Anstrengung zur Zielerfüllung und emotionale Verfassung bei der Zielerfüllung abgefragt (Hart & Staveland, 1988; NASA, 2003). Zudem wurden lautes Denken und Videosequenzen für weitere Analysen verwendet. Bei der Beobachtung durch einen Protokollanten wurden die Anzahl der Versuche die jeweilige Aufgabe zu erfüllen, die Aufgabenerfüllung (ja/nein) und die Zeitdauer zum Lösen der jeweiligen Aufgabe dokumentiert. Mit Hilfe eines lateinischen Quadrats wurde die Reihenfolge der Usability-Tests an den Thermostaten variiert, ein Lerneffekt der Versuchspersonen, der sich statistisch bemerkbar macht, sollte somit reduziert werden (Bortz & Döring 2001, S. 149ff). Die Auswertung wurde qualitativ mittels einer Inhaltsanalyse nach Mayring und quantitativ durch Zeitmessungen durchgeführt (Mayring, 2008).

4 Ergebnisse

Die beiden Thermostate A: Honeywell HR40 und C: Honeywell HR25 wurden bei zehn bzw. sieben Problemstellungen richtig bedient, das Thermostat B: Honeywell HR30 wurde elf mal richtig bedient. Das Thermostat-Set D von Conrad wurde bei 22 Arbeitsaufträgen korrekt bedient. Für die Bearbeitung des ersten Arbeitsauftrags wurden durchschnittlich 2:20 Minuten, für die Lösung des zweiten Arbeitsauftrags im Durchschnitt 7:05 Minuten benötigt. Sechs Versuchspersonen brachen die Bearbeitung der Arbeitsaufträge erfolglos vor Ablauf der Bearbeitungsdauer ab.

Bei der Auswertung des angepassten Fragebogens NASA-TLX fällt auf, dass sich die Probanden keinem Zeitdruck bei der Bearbeitung der Aufgaben ausgesetzt sehen. Die Testaufgaben werden bei allen Geräten auf mittlerem Niveau als „geistig anstrengend" bewertet und die Probanden sind nicht übermäßig „entmutigt, gestresst oder verärgert" durch die Bearbeitung. Die Testpersonen sind nach der Bearbeitung des ersten Arbeitsauftrags auf einer siebenstufigen Bewertungsskala mit den Ankerpunkten „1= in sehr geringem Maße" und „7= in sehr hohem Maße" „in hohem Maße" von der richtigen Durchführung überzeugt (MW= 5,98). Nach der Bearbeitung der zweiten Aufgabe sind die Probanden auf der siebenstufigen Bewertungsskala nur noch „in geringerem Maße" von der Richtigkeit ihrer Handlungen überzeugt (MW= 3,46).

Die Ergebnisse mittels Inhaltsanalyse und der Videoanalyse zeigen, dass die Thermostate trotz der vorliegenden Gebrauchsanweisungen nur in Ausnahmefällen richtig programmiert werden konnten. Dabei fiel den Nutzerinnen und Nutzern in vielen Fällen nicht auf, dass sie die Thermostate falsch bedienten.

Das Gerät von Conrad Typus FHT 8 wird unter den Gesichtspunkten Nutzungsinteresse und Kaufinteresse von den Versuchspersonen geringfügig besser bewertet als alle geprüften Geräte der Firma Honeywell, insgesamt sind die Werte aber ähnlich.

Bei der inhaltsanalytischen Prüfung fiel bei allen getesteten Geräten auf, dass der Nutzer erstens kein Feedback erhält, ob eine Installation erfolgreich war, zweitens, dass die Programmierung nicht intuitiv ohne Gebrauchsanleitung vorgenommen werden kann und drittens keine Rückmeldung erfolgt, ob ein Nutzer seine Eingaben sachgerecht vorgenommen hat.

5 Ausblick

Die Ergebnisse zeigen, dass die Heizköper-Thermostate optimiert werden sollten, um ihre Funktion, Energiekosten zu reduzieren, auch erfüllen zu können. Es ist geplant, den Herstellern der Geräte die Ergebnisse zur Verfügung zu stellen, damit diese Anpassungen vornehmen können.

Literatur

Bortz, J. & Döring, N. (2001). *Forschungsmethoden und Evaluation für Human- und Sozialwissenschaftler.* Heidelberg: Springer Verlag. S. 149 ff.

DIN EN ISO 9241 (1998). *Teil 11- Anforderung an die Gebrauchstauglichkeit – Leitsätze. Ergonomische Anforderungen für Bürotätigkeiten mit Bildschirmgeräten.*

Hart, S. & Staveland, L. (1988). Development of NASA-TLX (Task Load Index): Results of empirical and theoretical research. In P. Hancock & N. Meshkati (Eds.), *Human mental workload* (pp. 139-183). Amsterdam: North Holland.

Mayring, P. (2008). *Qualitative Inhaltsanalyse.* Weinheim: Beltz Verlag.

Meier, A., Aragon, C., Peffer, T., Perry, D. & Pritoni, M. (2011). Usability of residential thermostats: Preliminary investigations. *Building and Environment, 46,* 1891-1898.

NASA (2003). NASA Task Load Index (TLX): Computerized Version (Version 2.0) [Computer Software]. Moffett Field, CA: NASA-Ames Research Center, Aerospace Human Factors Research Division. [Online]. Verfügbar unter: http://humansystems.arc.nasa.gov/groups/TLX/ [zuletzt geprüft 08.01.2014]

Perry, D., Aragon, C., Meier, A., Peffer, A. & Pritoni, M. (2011). Making Energy Savings Easier: Usability Metrics for Thermostats. *Journal of Usability Studies, 6* (4), 226-244.

Entwicklung eines Fragebogens zu Wissen und Einstellungen zum energieeffizienten Verhalten an Hochschulen

Verena Jähn, Anno Herder, Carsten Küpper,
Stephan Pesch, Monika Eigenstetter

Im Forschungsprojekt REGENA sollen kostengünstige Maßnahmen entwickelt, verglichen und bewertet werden, um die Energieeffizienz im Hochschulbereich zu steigern. Es wird die Entwicklung von Fragebögen beschrieben, die umweltrelevantes Wissen und Einstellungen von Hochschulmitgliedern abfragen sollen.

Keywords: Betriebsoptimierung, Umweltpsychologie, Nutzerintegration, Energiemonitoring

1 Einleitung

1.1 Hinführung zum Thema

Ein Großteil des Bedarfs an Endenergie ist auf den Gebäudesektor für Raumbeheizung, Warmwasser, Beleuchtung und den Einsatz elektrischer Geräte zurückzuführen. Um eine nachhaltige Reduktion der CO_2-Emissionen in Deutschland zu erreichen, müssen vielseitige Maßnahmen ergriffen werden. Es liegt zwar ein großes Potenzial in technischen Lösungen zur effizienteren Nutzung von Energie bzw. in neuen Energiesystemen, dies verlangt jedoch teilweise hohe Investitionen, die vor allem in öffentlichen Liegenschaften häufig schwer zu realisieren sind. Dies hält daher manche Adressaten von größeren Investitionen in diesem Bereich ab (Matthies & Wagner, 2009).

Mit wesentlich geringeren Investitionen lassen sich über die Veränderungen im Nutzerverhalten bedeutende Einsparungen erreichen. Verschiedene Schätzungen benennen ein Einsparpotenzial und somit eine Möglichkeit zur Kostensenkung durch verändertes Nutzerverhalten in öffentlichen Gebäuden auf bis zu 15 Prozent (EnergieAgentur. NRW N.N., o. D.; Matthies & Hansmeier, 2010). Dabei ist die Nutzung von Heizenergiewärme wie auch die Benutzung elektrischer Geräte häufig in Alltagsroutinen eingebunden (Matthies & Wagner, 2011).

1.2 Das Forschungsprojekt REGENA

Das Forschungsprojekt REGENA legt daher seinen Fokus auf zwei wesentliche geringinvestive Steuerungsinstrumente zur Steigerung der Energie- und Ressourceneffizienz im Betrieb von Nicht-Wohngebäuden, insbesondere im Hochschulbereich: zum einen auf die Gebäudenutzerinnen und -nutzer und zum anderen auf die technischen Möglichkeiten zur Optimierung, Vereinfachung und Automation vorhandener Prozesse und Vorgehensweisen.

Zusammenfassende wissenschaftliche Fragestellung des Projektes ist, wie Nutzerintegration und Gebäudeautomation verbessert, austariert und verzahnt werden können, um unter unterschiedlichen Ausgangsbedingungen Steigerungen der Ressourceneffizienz im Gebäudebetrieb zu ermöglichen (Jähn et al., 2013).

Es sollen Messinstrumente entwickelt werden, mit denen u. a. energierelevante Einstellungen und Verhaltensabsichten erfasst werden können. Das Messinstrument in Form eines Fragebogens wurde psychometrisch auf seine Eignung zur Erfassung der theoriebasierten Konstrukte überprüft und bewertet. Die Untersuchung wurde im Rahmen des Forschungsprojekts REGENA an der Hochschule Niederrhein durchgeführt. Das Forschungsprojekt hat eine Laufzeit vom 01. Juni 2012 bis zum 31. Mai 2016 und wird im Rahmen des Förderprogramms „Energetische Betriebsoptimierung (EnBop)" vom Bundesministerium für Wirtschaft und Technologie unter dem Förderkennzeichen 03ET1070B gefördert.

2 Theoretischer Hintergrund

2.1 Energiekonsum an Hochschulen

Der Energieverbrauch eines Gebäudes und seiner verwendeten Techniken ist zu großen Teilen nutzerabhängig. In verschiedenen Veröffentlichungen wurde gezeigt, dass durch das Verhalten der Gebäudenutzer der Energieverbrauch des Gebäudes um bis zu 150% variieren kann (Casties, 1997), wobei das Verhalten Beschäftigter bislang kaum untersucht wurde (Schahn, 2007; Wortmann, 2004). Zur Planung und Umsetzung von Nutzungskonzepten und als Grundlage für die weiteren Schritte sind neben den technischen Gegebenheiten und Optionen zunächst die möglichen Nutzergruppen zu identifizieren. Hauptnutzergruppen sind Lehrende, Mitarbeiterinnen und Mitarbeiter sowie Studierende.

Am speziellen Schauplatz „Hochschule" lassen sich zahlreiche organisationsspezifische Rahmenbedingungen beschreiben, die ursächlich für Schwierigkeiten in der Umsetzung von Verhaltensänderung sind. Das sind: unterschiedliche Ansprüche an die Freiheit von Forschung und Lehre, die Arbeitsverdichtung in den Verwaltungsbereichen der Hochschulen sowie die Fluktuation bei den Studierenden und beim wissenschaftlichen Personal. Zudem ist die Fremdvergabe der Reinigungs- und Hausmeistertätigkeiten zu nennen (Jähn et al., 2013).

Im Weiteren bedeutet dies: die jeweiligen Hochschullehrer verbinden mit „Organisation" überwiegend die Organisation der notwendigen Infrastruktur zum Betrieb von Wissenschaft und Forschung und schreiben diese Aufgaben der Hochschulverwaltung zu. Aufgrund der Bologna-Reform hat sich die Fluktuation der Studierenden erhöht: die Verweildauer an den Hochschulen hat sich verkürzt, die Ansprache dieser Zielgruppe wird erschwert. Das Fachpersonal in der Hochschulverwaltung und das z. T. befristete Projektpersonal ist mit Routineaufgaben ausgelastet, sodass Zeit für Reflexionen über das eigene Verhalten und Energiesparaktionen fehlt. Auch hat sich das Personal an einen bestimmten Komfort während der Arbeitszeit gewöhnt – dies betrifft z. B. die Raumtemperatur oder das Betreiben privater Heißwassergeräte am Arbeitsplatz (Müller & Person, 2011).

2.2 Interventionsebenen für die Verringerung eines Energiekonsums

Es lassen sich drei wesentliche Ansatzpunkte für energetisches „Fehlverhalten", also für verschwenderischen Umgang mit Energie, beschreiben:

Zum Ersten basiert das Verhalten auf fehlendem Wissen bzw. falschen mentalen Modellen bezüglich der bauphysikalischen Grundlagen eines Gebäudes sowie der Steuerung und Abhängigkeiten der Gebäudetechnik. Dies führt häufig zu einem Mehrverbrauch an Energie (Jähn et al., 2013).

Zum Zweiten bestehen Schwierigkeiten, Umwelthandeln störungsfrei in Arbeitsabläufe zu integrieren. In Schahn (2007) werden bei umweltpsychologischen Interventionen im Arbeitsalltag die Dimensionen zentral/dezentral und einmal/wiederholt unterschieden und Konsequenzen daraus gefolgert. Einmalige, zentrale Aktivitäten für ein Energiesparverhalten erscheinen am effektivsten. Auch ist Usability, d. h. die Gebrauchstauglichkeit bzw. Nutzerfreundlichkeit, von Klimatechnik ein wichtiger Aspekt. Dieser wurde jedoch bislang kaum untersucht (Schahn, 2007).

Zum Dritten liegen die Ursachen von Fehlverhalten in unangemessenen Einstellungen und Verhaltensabsichten. Es gibt gerade für Umweltverhalten typische Motivationsprobleme wie z. B. keine verursachungsgerechte Abrechnung von Energiekosten und fehlende soziale Normen zum Energiesparen in Organisationen (Wortmann, 2004). Viele Erklärungsmodelle fokussieren individuelle Verpflichtungsgefühle und positive Einstellungen gegenüber der Umwelt, um Umweltverhalten zu erklären (Homburg & Matthies, 1998; Matthies 2005). Diese Modelle versagen aber, wenn man das Umweltverhalten Einzelner in verschiedenen Bereichen wie Alltag und Beruf untersucht.

Erste Untersuchungen in verschiedenen Unternehmen haben gezeigt, dass die Bereitschaft von Beschäftigten, Energie zu sparen, nicht sehr hoch ist (Kappert et al., 2007). Dieselben Personen, die im privaten Bereich sorgsam mit Energie umgehen, sehen im beruflichen Kontext keine Veranlassung zum Energiesparen. Da die Nebenkosten nicht selbst durch die Mitarbeiter getragen werden, sinkt deren Bereitschaft, diese zu reduzieren, nachdrücklich. Oft existieren in den jeweiligen Organisationen keine sozialen Normen für Energiesparen (z. B. bei einem Fehlen eines Umwelt-Management-Systems), und die Nutzer (d. h. die Einzelnen an einem Einzelarbeitsplatz; Gruppen an Gruppenarbeitsplätzen) erhalten nur unzureichend Feedback über ihre Verbrauchsdaten (Homburg & Matthies, 1998; Matthies, 2005).

2.3 Theoretische Fundierungen von Messinstrumenten zur Erhebung psychologischer Basisdaten

Vor den zu planenden psychologischen Interventionen sollen Daten zu eigenem energetischem Verhalten, Wissen um die technischen Möglichkeiten sowie Motivation zum Energiesparen erfragt werden, um nachfolgend die Akzeptanz und den Erfolg der psychologischen Schulungen abschätzen zu können. In der umweltbezogenen Forschung werden häufig handlungstheoretische Modelle wie die Theorie geplanten Verhaltens von Ajzen (1991) oder Norm-Aktivations-Modelle, die ursprünglich für die Erklärung altruistischen Handelns erstellt wurden, eingesetzt. Für die Fragebogenerstellung wird das Norm-Aktivationsmodell von Schwartz (1977) ausgewählt. Homburg (2004) stellte zudem ein heuristisches Modell moralischer Überzeugungen und umweltrelevanten Verhaltens dar, das „Strukturmodell umweltschonenden Handelns in Unternehmen" (Homburg & Matthies, 1998).

Fragebögen, die bislang zur Erhebung von umweltrelevanten Einstellungen und Verhaltensweisen eingesetzt werden, sind u. a. der Change-Fragebogen der Ruhr-Uni Bochum (Matthies & Wagner, 2011), der SEU-3 von Schahn (Schahn et al., 1999), die Hausumfeldstudien von Müller der RWTH Aachen, die NEP-Skala von Dunlap et al. (Dunlap et al., 2000) sowie der Grafstat-Skala der Bundeszentrale für politische Bildung ein. Alle diese Skalen sind jedoch nicht durch o. g. Modelle fundiert.

3 Methodik und Ergebnisse der ersten Erhebungen

3.1 Stichprobe

Der Fragebogen „Einstellungen und Verhaltensintentionen zum Energiesparen" wurde in einem Vortest an einer Stichprobe von 155 Studierenden getestet, das Durchschnittsalter betrug 23,12 Jahre.

Die daran anschließende Erhebung zur Feststellung einer Nulllinienmessung für mögliche Interventionen mit dem Fragebogen „Einstellungen und Verhaltensintentionen zum Energiesparen" fand an der Hochschule Niederrhein in Krefeld statt. Es nahmen 463 Personen an der Befragung teil, das Durchschnittsalter betrug 23,2 Jahre. Die Mehrzahl der befragten Personen (73%) war männlich. Die höhere Anzahl Männer in den Stichproben lässt sich damit erklären, dass technische Studien-Fächer bevorzugt von Männern gewählt werden. Am Standort Krefeld Süd werden überwiegend technische Studiengänge angeboten.

3.2 Ergebnisse

Nach einer Beschreibung der Stichprobe wurde eine Itemanalyse durchgeführt. In Tabelle 1 werden die wesentlichen Ergebnisse der Itemanalyse dargestellt. In den acht Skalen des untersuchten Fragebogens EVE sind zwischen drei und neun Items enthalten. Im Vergleich zu den Ergebnissen des Vortests zeigen sich in der Erhebung zur Nulllinienmessung Verbesserungen in der Reliabilität der einzelnen Skalen. Die einzige Ausnahme bildet hier die Skala „Wissen". Bei der Messung der Nulllinie der Einstellungen der Studierenden an der Hochschule Niederrhein mit insgesamt 463 Personen wurden ausreichende Reliabilitäten der geprüften Skalen erreicht. Das Cronbachs Alpha der Skalen mit Ausnahme der Skala „Wissen" liegt in einen Bereich von 0,64 bis 0,81, was für die vorliegende Fragestellung gut ist – in der Literatur werden Werte in diesem

Tab. 1: Gegenüberstellung Reliabilitäten der Skalen in den Befragungen an der Hochschule Niederrhein

Skala	Vortest N=155 Reliabilität 1 (Cronbachs Alpha)	Anzahl Items Vortest	Anzahl Items Erhebung	Erhebung Nulllinie N=463 Reliabilität 2 (Cronbachs Alpha)
Lüften	0,46	5	5	0,64
Wissen	0,44	4	4	0,28
Einfluss Hochschule	0,66	5	5	0,65
positive Einstellung	0,66	6	7	0,81
personale Norm	0,37	3	3	0,75
Relevant Others	0,74	5	5	0,72
Verantwortungsabwehr	0,56	9	8	0,76
Verhaltensintention	0,54	3	5	0,68

Bereich als ausreichend bezeichnet (Bortz & Döring, 2006, S. 199; Bühner, 2006, S. 148). Bei der Reliabilitätsanalyse der Skala „Wissen" wurde festgestellt, dass deren Fragen nicht für eine reliable Messung geeignet sind. Dennoch sollten diese Items im Gesamtfragebogen verbleiben, um das Wissen der Probanden abzufragen.

4 Beschreibung des entwickelten Fragebogens EVE

Ausgehend vom Norm-Aktivationsmodell und dem Strukturmodell von Homburg wurde ein für den Hochschul-Alltag angepasstes Modell entwickelt, welches für die Fragebogenentwicklung zum energiebezogenen Wissen und Handeln zugrunde gelegt wurde.
Es wurden acht Skalen erstellt:
- Wissen (W) 4 Items
- Lüften (L) 5 Items
- Einfluss der Hochschule (HN) 5 Items
- Positive Einstellung gegenüber Energiesparen (PA) 7 Items
- Personale Norm (PN) 3 Items
- Relevant Others – Einfluss Anderer (RO) 5 Items
- Verantwortungsabwehr (VA) 8 Items
- Verhaltensintention (VI) 5 Items

Es gingen in die Entwicklung der Skalen Items aus dem Change-Fragebogen der Ruhr-Uni Bochum (Matthies & Wagner, 2011), dem SEU-3 von Schahn (Schahn et al., 1999), Items zur Verantwortungsabwehr von Hunecke (2000), den Hausumfeldstudien von Müller der RWTH Aachen, der NEP-Skala von Dunlap et al. (Dunlap et al., 2000) sowie der Grafstat-Skala der Bundeszentrale für politische Bildung ein. Die restlichen Items wurden neu entwickelt.

5 Ausblick

In der zeitlichen Abfolge wird zunächst ein Fragebogen zu „Umgebungsbedingungen/tatsächliches Verhalten für Energiesparen" (UVE) an Professoren, Mitarbeiter und Studierende verteilt und ca. vier Wochen später folgt dann der voran erläuterte Fragebogen „Einstellungen und Verhaltensintentionen zum Energiesparen" (EVE). Der Fragebogen wurde theoretisch fundiert entwickelt und erreicht eine ausreichende Reliabilität für Erhebungen. Eine Überprüfung der theoretisch beschriebenen Zusammenhänge, so z. B. der Zusammenhang der Verantwortungsabwehr mit Verhaltensabsichten, oder der Zusammenhang zwischen Wissen und Verhalten steht noch aus. Dies wird Aufgabe der nächsten Erhebungen sein. Interventionen können nur erfolgreich sein, wenn sie das Vorwissen, die Akzeptanz und das individuelle klimatische Wohlbefinden der Nutzer berücksichtigen. Die Schulungen können das Wissen und die mentalen Modelle der Nutzer korrigieren. Die Schulungen müssen zielgruppenspezifisch und jahreszeitlich angepasst an die jeweilige Technik vorgenommen werden.

Akzeptanz durch positive Einstellungen und eine Entwicklung umweltrelevanter sozialer Normen können über ein partizipatives Vorgehen (z. B. Umweltzirkel, Einsatz von Umweltscouts) verändert werden. Zudem kann hierdurch auch vermieden werden, das Wohlbefinden durch Fremdbestimmung negativ zu beeinflussen.

Passend zu den Nulllinien-Daten werden nach den Interventionen erneut psychologische Daten zu eigenem energetischem Verhalten, Wissen um die technischen Möglichkeiten und Motivation zum Energiesparen erfragt. Nach dem Erheben einer Baseline über die Verbrauchsdaten und der Intervention sollte in die vierteljährlichen, wiederholten Erinnerungen an die Inhalte der Schulungen ein systematisches Feedback integriert werden. Die Verfestigung neuer Verhaltensweisen soll durch ein Feedback über bisherige Verbrauchsdaten und Verhaltensbeobachtungen erfolgen (Jähn et al., 2013).

Literatur

Ajzen, J. (1991). The Theory of Planned Behaviour. Some unresolved issues. *Organizational Behaviour and human decision processes, 50,* 179-211.

Bortz, J. & Döring, N. (2006). *Forschungsmethoden und Evaluation.* 4. Auflage ed. Heidelberg: Springer Verlag.

Bühner, M. (2006). *Einführung in die Test- und Fragebogenkonstruktion.* 2. Auflage ed. München: Pearson Studium.

Bundeszentrale für politische Bildung (2007). *Befragung und Evaluation mit Grafstat, Projekt Klimaschutz.*

Casties, M. (1997). *Untersuchungen zum Zusammenhang zwischen Nutzerverhalten und Heizenergieverbrauch/-bedarf von Wohngebäuden.* Berlin: VWF.

Dunlap, R. et al. (2000). Measuring Endorsement of the New Ecological Paradigm: A Revised NEP Scale. *Journal of Social Issues, 50,* 425-442

EnergieAgentur. NRW, o. D.. EnergieAgentur. NRW. [Online] Available at: http://www.nrw-spart-energie.de/nrw-spart-energie/kommunen-und-verwaltung-6067.asp [Accessed 10. November 2013].

Homburg, A. & Matthies, E. (1998). *Umweltkrise, Gesellschaft und Individuum.* Umweltpsychologie.

Homburg, A. (2004). Umweltschonendes Handeln in Unternehmen - Eine Übersicht zu Einflussfaktoren und Gestaltungsansätzen aus sozial- und umweltpsychologischer Perspektive. *Umweltpsychologie,* 56-78.

Jähn, V. et al., (2013). REGENA: „Ressourceneffizienz im Gebäudebetrieb durch Nutzerintegration und Automation". In T. Luschtinetz & J. Lehmann (Hrsg.), *Nutzung Regenerativer Energiequellen und Wasserstofftechnik 2013* (S. 88-95). Stralsund: FH Stralsund, 20. REGWA-Symposium

Kappert, M., Prechtl, C., Röther, U., Rabe, S. u. a., Fachhochschule Erfurt (2007). *Interdisziplinäre nutzerorientierte nachhaltige Optimierung von Stoff- und Energieströmen im Gebäude (INNOSEG), Schlussbericht Gesamtprojekt.* Erfurt.

Maroschek, N. (2006). *Diplomarbeit: Untersuchung potentieller Effekte von Emissionsausgleichszahlungen auf das Flugverhalten klimaschutzorientierter Menschen.* Lüneburg: s.n..

Matthies, E. & Hansmeier, N. (2010). Optimierung des Energienutzungsverhaltens in Organisationen - das Beispiel der Ruhr-Uni Bochum. *Umweltpsychologie*, 76-97.

Matthies, E. & Wagner, H.-J. (2011). Change – Veränderung nachhaltigkeitsrelevanter Routinen in Organisationen. Berlin: LIT Verlag (Fragebogen der Ruhr-Universität Bochum im Projekt „Change").

Matthies, E. & Wagner, H.-J. (2009). *Change - Veränderung nachhaltigkeitsrelevanter Routinen Teilvorhaben 1: Entwicklung eines Interventionsinstrumentes zur Förderung*. Bonn: DLR-Projektträger des BMBF; anlässlich des Vernetzungsseminars „Nachhaltiger Konsum".

Matthies, E. (2005). Wie können PsychologInnen ihr Wissen besser an die PraktikerInnen bringen? Vorschlag eines neuen integrativen Einflussschemas umweltgerechten Alltagshandelns. *Umweltpsychologie*, 9(1), 62-81.

Müller, D. Hausumfeldstudien RWTH Aachen.

Schahn, J. (2007). Projekt Energiemanagement am Psychologischen Institut der Universität Heidelberg: „Ein erfolgreicher Fehlschlag". *Umweltpsychologie*, 11(2), 138-163.

Schahn, J. et al. (1999). *Konstruktion und Evaluation der dritten Version des Skalensystems zur Erfassung des Umweltbewußtseins (SEU-3).* Psychologisches Institut der Universität Heidelberg.

Wortmann, K. (2004). Energie als Thema der Umweltpsychologie. *Umweltpsychologie*, 8(1), 2-1

6 Stress, Gesundheit und Wohlbefinden

Arbeitsfähig und Motivation trotz psychischer Belastungen – Prävention von Burnout und Depression bei organisationalen Änderungen und im Vertrieb in Banken

Norman Castendyck, Gregor Wittke

1 Einleitung

„Gesunde Führung" als Gegenmittel zu Stress und Burnout bekommt im Zusammenhang mit den Themen Betriebliches Gesundheitsmanagement und Demografischer Wandel in den letzten Jahren wachsende Aufmerksamkeit (Gregersen, 2010; Roscher, 2013).

Diese Themen sind nicht nur für vorausschauende Unternehmer, sondern auch für die Politik wichtig. Der vorliegende Beitrag beleuchtet mögliche präventive Maßnahmen, v.a. in Banken vor dem Hintergrund hoher psychischer Belastungen, d.h. u.a. Stress am Arbeitsplatz. Es werden Ursachen diskutiert und die Ausbildung von Führungskräften zum Umgang mit belasteten Mitarbeitern als strategisch sinnvolle Maßnahme erläutert und konzeptionell dargestellt.

1.1 Allgemeine Entwicklung „Gesundheit in Unternehmen und Burnout"

Große Unternehmen verpflichteten sich bereits 1997 in der „Luxemburger Deklaration" freiwillig, Gesundheitsmanagement zu etablieren. Die staatlichen Institutionen haben nachgezogen. So stand z.B. im letzten Regierungsprogramm (für die 17. Legislaturperiode), dass in allen Bundesbehörden Betriebliches Gesundheitsmanagement als Maßnahme moderner Gesundheitspolitik eingeführt werden soll.

Für Unternehmen und Behörden gilt: Gesunde Führung ist vor allem mit Blick auf zwei Ziele relevant.

- Aufrechterhaltung der Leistungsfähigkeit der Mitarbeiter und damit der Wettbewerbsfähigkeit bzw. Funktionsfähigkeit eines Unternehmens bzw. einer Behörde
- Kostenersparnis durch Verringerung von motivations- und krankheitsbedingter Fehlzeiten

Diese Entwicklung hat einen realen Hintergrund, wie der Stressreport 2012 des Bundesministeriums für Arbeit und Soziales (BMAS) zeigt. Er liefert folgende Daten und Fakten zur psychischen Gesundheit:
- 2011 wurden bundesweit 59,2 Mio. Arbeitsunfähigkeitstage aufgrund psychischer Erkrankungen registriert.
- Das ist ein Anstieg um mehr als 80 Prozent in den letzten 15 Jahren.
- Es führt zu einem Ausfall an Bruttowertschöpfung von 10,3 Mrd. Euro und Produktionsausfallkosten in Höhe von 5,9 Mrd. Euro.
- 41 Prozent aller Neuzugänge zur Rente wegen verminderter Erwerbsfähigkeit waren auf psychische Störungen zurückzuführen.
- Psychische Belastungen sind damit inzwischen Ursache Nummer eins für Frühverrentungen. Das Durchschnittsalter lag bei 48,3 Jahren.
- 2006 wurden knapp 27 Mrd. Euro für die Behandlung psychischer Erkrankungen ausgegeben. Das waren 3,3 Mrd. Euro mehr als noch 2002.
- Knapp 17 Prozent der Beschäftigten fühlten sich häufig während der Arbeit sowohl körperlich als auch emotional erschöpft.

Vor dem Hintergrund des prognostizierten demografischen Wandels mit einer immer älter werdenden Erwerbsbevölkerung und Fachkräftemangel, aber vor allem seit dem Stressreport des BMAS im Januar 2013 (BMAS 2013), gewinnt Stressreduktion und damit auch „Gesunde Führung" zusätzlich noch an Aufmerksamkeit. Dies sollte sich daher auch in Maßnahmen im Rahmen des Betrieblichen Gesundheitsmanagements niederschlagen. Im Folgenden wird eine solche Maßnahme konzeptionell entwickelt und praktische Erfahrungen der Autoren reflektiert.

1.2 Burnout-Situation im Bankensektor

Die Burnout-Situation in Banken ist alarmierend. Zwar sind Mitarbeiter in keiner Branche gegen Burnout immun, aber vor allem der Finanzbereich schneidet schlecht ab (Buchhorn, et al. 2012). Die Allianz AG weist bis zu 3400 Burnout-Fälle pro Jahr (bei rund 40.800 Mitarbeitern) auf und auch die Commerzbank (bis zu 3200 Fälle auf 44.500 Mitarbeiter) oder die Deutsche Bank (bis zu 1900 Fälle auf 24.800 Mitarbeiter) werden mit verhältnismäßig vielen Fällen im Vergleich zu Industrieunternehmen genannt (Buchorn et al. 2012).

2   Gesundheit im Unternehmen / in der Behörde

Führungsverhalten und Führungsstile korrelieren direkt mit der Gesundheit der Mitarbeiter (Gregersen, 2010; Nieder, 2000). Konflikte mit Vorgesetzten führen zu überdurchschnittlich hohen psychischen Belastungen (Stadler & Strobel, 2006). Finnische Längsschnitt-Studien weisen in der Altersgruppe zwischen dem 51. und 62. Lebensjahr Führungsverhalten sogar als den einzigen Faktor aus, der zu einer Verbesserung der Arbeitsfähigkeit führt (Ilmarinen & Tempel, 2002).

Ebenso identifiziert Gregersen (2010) in ihrem Überblicksartikel mitarbeiterorientierte Führung als Resilienzfaktor. Der kausale Zusammenhang erschließt sich bei näherer Betrachtung schnell: Gesundheit beeinflusst die Leistungsfähigkeit sowie die Produktivität und damit indirekt die Funktions- und Wettbewerbsfähigkeit. Gesundheit korreliert negativ mit der Anzahl der motivations- und krankheitsbedingten Fehltage, d.h. je gesünder die Mitarbeiter, desto weniger Fehltage treten auf. Dieser positive Einfluss auf die Kostenstruktur einer Organisation ist neben der Gesundheit und Leistungsfähigkeit ein wichtiges zusätzliches Argument, Führungskräfte mit dem Konzept „Gesunde Führung" vertraut zu machen und Sie anzuleiten, diese Erkenntnisse in ihrem Arbeitsalltag gewinnbringend einzusetzen.

3   Gesunde Führung ermöglicht es, den Trend umzukehren

Nach dem Stand der Forschung (Gregersen, 2010) lassen sich zwei Aussagen mit Sicherheit treffen:
1. Führungsverhalten wirkt als Ressource bzw. Stressor auf die Gesundheit der Mitarbeiter:
   - Soziale Unterstützung durch Vorgesetzte wirkt als schützender Faktor gegen schwierige und belastende Arbeitsbedingungen.
   - Mitbestimmungs- und Beteiligungsmöglichkeiten wirken sich positiv auf die Gesundheit am Arbeitsplatz aus.
   - Wertschätzende Kommunikation und Anerkennung wirken sich ebenso positiv auf die Gesundheit am Arbeitsplatz aus.
2. Bestimmte Führungsstile fördern, andere beeinträchtigen die Gesundheit:
   - Mitarbeiterorientierte Führungsstile wirken sich positiv auf die Gesundheit von Mitarbeitern aus. Manche wissenschaftliche Untersuchungen belegen sogar, dass eine Balance zwischen mitarbeiter- und aufgabenorientierter Führung die geringsten Stress- und Burn-Out-Belastungen nach sich zieht.
   - Mit belastenden Führungsstilen werden in erster Linie psychische (Fehl-)Belastungen (Stress) in Verbindung gebracht; daher hat ein balancierter Führungsstil, der die Mitarbeiter als Menschen berücksichtigt und aufga-

benorientiert auch in fachlicher Hinsicht Orientierung bietet, die besten Erfolgsaussichten.

Kriterien für mitarbeiterorientierte Führung (Mißler, 2010) – Führungskräfte sorgen für:
1. ausreichende Qualifikationen der Mitarbeiter
2. Möglichkeiten der Kommunikation und Kooperation undsozialen Unterstützung
3. berufliche Entwicklungsmöglichkeiten
4. vollständige Aufgaben
5. Vereinbarkeit zwischen Anforderungen der Arbeit und anderen Lebensbereichen
6. angemessene und ausreichende Handlungsspielräume sowie Verantwortungsbereiche
7. angemessene Arbeitsanforderungen

Die Ursache der sogenannten „ungesunden Führung" dagegen liegt in der Verwechslung von Management und Führung und einer damit verbundenen Vernachlässigung der Mitarbeiterorientierung.

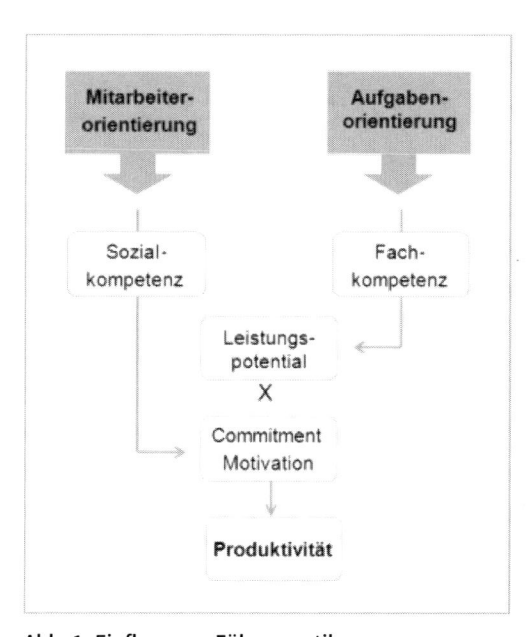

Abb. 1: Einfluss von Führungsstilen

4 Praxisgerechte Maßnahmen zur Prävention übermäßiger Stressbelastungen durch gesunde Führung

Vor dem Hintergrund dieser eindeutigen empirischen Ergebnisse liegt es auf der Hand, das Ziel zu formulieren, die direkten Führungskräfte von betroffenen oder gefährdeten Mitarbeitern zu schulen. Es erscheint zum einen ökonomisch, weil das geänderte Führungsverhalten einer Person sich in der Wirkung auf jeweils mehrere untergebene Mitarbeiter multipliziert und weil es die Personen in die Verantwortung nimmt, die auch gesetzlich (Arbeitsschutzgesetz 1996) für das Wohlergehen der Mitarbeiter verantwortlich sind (Fürsorgepflicht).

Nach der im Herbst 2013 getroffenen Präzisierung des §5 des Arbeitsschutzgesetzes, der nun auch ausdrücklich den Schutz der psychischen Gesundheit mit aufzählt, ist die Verantwortung der Arbeitgeberseite – dazu zählen wir hier die Führungskräfte – eindeutig festgelegt.

4.1 Erprobte Hilfsangebote von Vorgesetzten für belastete und psychisch auffällige Mitarbeiter

Bei Verhaltensauffälligkeiten und Belastungssymptomen eines Mitarbeiters, die z.B. die Leistungsfähigkeit des Betroffenen, das Teamklima oder die Arbeit von Kollegen stören, ist Führungskompetenz gefragt (Burisch 2013). Ein mehrstufiges eskalierendes Vorgehen hat sich bewährt. Eine Beratung durch den Betriebsarzt, eine psychosoziale Beratungsstelle, einen Arbeits-Psychologen oder - bei vertrauensvoller Zusammenarbeit auch durch den Betriebsrat – hat sich bewährt, um Führungskräften die Angst vor solchen Gesprächen zu nehmen.

Die Führungskraft sollte diese Anzeichen ernst nehmen und aktiv auf den Betroffenen zugehen. In der Praxis haben sich folgende Schritte bewährt, die Führungskräften eine Orientierung geben können:

Phase A: das Gespräch suchen

Als erstes sollte der Betroffene auf seine Verhaltensweisen angesprochen werden. In der Regel wird dieses erste Gespräch als Fürsorgegespräch bezeichnet. In diesem Gespräch drückt der Vorgesetzte seine Sorge aus und benennt zur Begründung ausschließlich konkrete Beobachtungen, die ihm aufgefallen sind oder zugetragen wurden. Er vermeidet in jedem Fall Interpretationen und Diagnosen, wie z.B. „Sie haben ein Alkoholproblem", bietet aber allgemein seine Hilfe an.

Falls das Gespräch keine Besserung bewirkt, folgt die zweite Phase.

Phase B: Unterstützer im Arbeitsumfeld suchen

Sollte der erste Schritt nicht zum gewünschten Erfolg führen, können Führungskräfte Unterstützer im sozialen Umfeld des Betroffenen am Arbeitsplatz suchen. Damit sind Vertrauenspersonen im Arbeitsumfeld des Betroffenen gemeint, die ggf. mit mehr Erfolg motivieren können, das bereits aufgezeigte Problem anzugehen.

Phase C1: Aufzeigen beruflicher Folgen und Aufforderung, professionelle Hilfe anzunehmen
Wenn keine Veränderung eintritt, hat es sich bewährt, das Gespräch zu wiederholen und dieses Mal ausdrücklich auf mögliche disziplinarische Folgen hinzuweisen und ausdrücklich darauf zu bestehen, dass der Betroffene externe Unterstützungsmöglichkeiten wahrnimmt, um die Störungen am Arbeitsplatz zu beenden und zu einer guten Leistungsfähigkeit zurückzukehren. Ggf. kann der Vorgesetzte z.B. Telefonnummern von Beratungsstellen und anderen professionellen Helfern zur Verfügung stellen. Dieses Gespräch wird i.d.R. als Personalgespräch bezeichnet und erfolgt in einigen Fällen bereits mit Unterstützung der Personalabteilung.

Phase C2: vorübergehend Entlastung am Arbeitsplatz anbieten
Um den Betroffenen zu unterstützen, der möglicherweise vorübergehend mit seiner Situation überfordert ist, ist es sinnvoll, Entlastung am Arbeitsplatz anzubieten. Das heißt, der Vorgesetzte und der Betroffene überlegen gemeinsam, wie die Arbeit für eine gewisse Zeit anders verteilt oder durchgeführt werden kann, um den Betroffenen zu entlasten und eine Erholung zu erleichtern.

Phase D: Formale Untersuchung bzw. disziplinarische Maßnahmen einleiten
Sollten diese Bemühungen weiterhin keine Ergebnisse bringen, ist der nächste Schritt, disziplinarische Maßnahmen zu ergreifen – dazu könnte eine Abmahnung gehören – und ggf. eine arbeitsmedizinische Untersuchung einzuleiten, um zu klären, ob der Betroffene arbeitsfähig ist oder krank. Die Führungskraft gibt einen Teil der Verantwortung damit in den Personalbereich – respektive den Gesundheitsbereich –weiter.

4.2 Konkretes Konzept für ein psychoedukatives Führungskräftetraining „Burnout in der Bank"

Dieser Absatz beschreibt die praktischen und wissenschaftlichen Grundlagen auf denen das zweiteilige Trainingskonzept aufbaut. Nach der Wissensvermittlung zu psychischen Auffälligkeiten am Arbeitsplatz –insbesondere zu Burnout – folgt im zweiten Teil des Trainings ein Best-Practice Ansatz (ein Standardprozess), wie Vorgesetzte mit psychisch belasteten, gestressten oder von Burnout Betroffenen umgehen können. Im dritten Teil des Trainings werden die Kompetenzen identifiziert und eingeübt, die die Führungskräfte zur erfolgreichen Umsetzung benötigen, z.B. Gesprächsführung.

Das Training richtet sich an
- Führungskräfte aller Ebenen sowie
- Mitarbeiter im Personalbereich,

die besser mit betroffenen Mitarbeitern umgehen möchten und dabei auch klarer erkennen, wo ihre Verantwortung und die Grenzen des eigenen Handelns liegen.

Lernziele des Trainings sind:
Führungskräfte lernen ihren Umgang mit psychisch stark belasteten Mitarbeitern zu verbessern, d.h. Sie erlangen
- mehr Verständnis für Symptome von Betroffenen und
- mehr Verständnis für Beeinträchtigung durch psychische Erkrankungen.
- Sie lernen mögliche Interventionen bei psychischen Auffälligkeiten und den Prozess des betrieblichen Eingliederungsmanagements kennen.

Die Inhalte werden auf 3 Ebenen vermittelt:
1. Faktenwissen,
2. innere Haltung zum Thema des Seminars,
3. konkrete Fähigkeiten im Umgang mit Betroffenen.

Im Training werden folgende Methoden eingesetzt:
- Vortrag,
- Diskussion,
- Verständnis für Symptome/Verhalten durch Video-Beispiele oder
  - Wenn möglich: Live-Interviews mit Betroffenen,
  - Gesprächsvorbereitung anhand von Flussdiagrammen oder vorgegebenen Handouts ,
- Übungen mit Gesprächssituationen / Rollenspiele.

Dauer 1-2 Tage.

Beispielablaufplan für ein eintägiges Seminar

9.00 – 9.15	Vorstellung Dozenten, Agenda, Seminarregeln etc.
9.15. – 9.45	Vorstellung der Teilnehmer, Erwartungsabfrage
9.45 – 10.30	Einführung „psychische Störungen am Arbeitsplatz."
10.30 – 10.45	PAUSE
10.45 – 11.30	Erfahrungsaustausch
11.30 – 12.00	Fall-Demonstration
12.00 – 12.45	Umgang mit psychisch kranken Mitarbeitern: Symptome erkennen, Gesprächsführung, Wann sollten Experten hinzugezogen werden?
12.45 – 13.45	Mittagspause

13.45 – 14.30	Gesprächsführung üben, d.h. die präsentierten Methoden einüben
14.30 – 15.00	Auswertung der Übung
15.00 – 15.15	PAUSE
15.15 – 15.45	Team-Integration von psychisch kranken Mitarbeitern
15.45 – 16.30	Beispielfälle für Integration im Team und am Arbeitsplatz
16.30 – 16.45	Abschlussrunde

4 Fazit

Das Phänomen gestiegener Erwartungen Arbeitsleistung sowohl von Arbeitgeberseite als auch bei Mitarbeitern führt insbesondere bei Unternehmen im Finanzdienstleitungsbereich bzw. Banken zu erhöhter Stresswahrnehmung und –belastung. Gesunde Führung ist deswegen nicht nur ein probates Mittel zu besseren Bewältigung dieses Phänomens sondern auch aus wirtschaftlicher Perspektive und gesellschaftlicher Verantwortung ein unternehmerisches Ziel. Der hierzu bewährte mitarbeiter- und aufgabenorientierte Führungsstil rückt die Führungskraft selbst in den Mittelpunkt der Betrachtung. Team-, Abteilungs- und Bereichsleiter in Banken sind ganz wesentlich für die Umsetzung einer gesunden Führung verantwortlich. Sie müssen daher nicht nur angemessene Führungsmethoden beherrschen, sondern zudem auch Stressbelastungssymptome und deren Auslöser erkennen, um gleichermaßen die Erfüllung unternehmerischer Ziele mit der Förderung psychischer Gesundheit am Arbeitsplatz zu verbinden. In Zeiten steigender Zielerwartungen in einem sehr schwierigen Marktumfeld ist dies eine sehr herausfordernde Aufgabe für jede Führungskraft, die eine Auseinandersetzung mit der Burnoutthematik unter Einbeziehung praxisrelevanter Aspekte erfordert.

Literatur

BMAS (2013). „Stark werden gegen Stress in der Arbeitswelt". Presserklärung vom 29.01.2013.

Buchhorn, E., Kröher, M. O. R. & Werle, K. (2012). „Burnout. Stilles Drama". *Manager Magazin* im Juni 2012. Online in Internet: URL: http://www.manager-magazin.de/magazin/artikel/a-843360.html.Abrufdatum 30.12.2013.

Burisch, M. (2013). *Das Burnout-Syndrom: Theorie der inneren Erschöpfung* (5., überarb. Aufl.) Berlin: Springer

Esslinger, A., Emmert, M. & Schöffski, O. (2010). *Betriebliches Gesundheitsmanagement. Mit gesunden Mitarbeitern zu unternehmerischem Erfolg.* Wiesbaden: Gabler Verlag.

Gregersen, S., Kuhnert, S., Zimber A. & Nienhaus, A. (2011). Führungsverhalten und Gesundheit – Zum Stand der Forschung. *Gesundheitswesen, 73*, 3-12.

Ilmarinen, J. & Tempel, J. (2002). *Arbeitsfähigkeit 2010. Was können wir tun, damit Sie gesund bleiben?* Hamburg: VSA-Verlag.

Mißler, M. (2010). *Psychische Gesundheit in der Arbeitswelt fördern - Was ist gute Praxis?* Vortrag auf dem 4. Kongress Deutsches Netzwerk für betriebliche Gesundheitsförderung, Bonn, 15. – 16. Juni 2010.

Nieder, P. (2000). Führung und Gesundheit. Die Rolle der Vorgesetzten im Gesundheitsmanagement. In U. Brandenburg, P. Nieder & B. Susan (Hrsg.), *Gesundheitsmanagement im Unternehmen*. Weinheim/München: Juventa Verlag.

Roscher, S. (2013). Gesund und erfolgreich führen. *Zeitschrift für betriebliche Prävention und Unfallversicherung, 125*, 228-230

Stadler, P. & Strobel, G. (2006). *Der Einfluss von Führungsverhalten auf die psychische Belastungssituation von Mitarbeitern.* Online in Internet: URLhttp://www.lgl.bayern.de/arbeitsschutz/arbeitspsychologie/doc/fuehrung.pdf. Abrufdatum 25.01.2011

Eine empirische Studie zur Identifizierung von Burnout-Prophylaxe-Maßnahmen im Betätigungsfeld Coaching

Mirijam Lorch

Das Ziel der Bachelorarbeit ist es, Burnout-Prophylaxe-Maßnahmen im Betätigungsfeld Coaching zu identifizieren und zu beschreiben. Es wird untersucht, was in der Arbeit zwischen Coach und Klient Anwendung findet. Dazu werden neun teilstrukturierte Interviews mit Coaches geführt, die anschließend mittels qualitativer Inhaltsanalyse ausgewertet werden.

Keywords: Burnout, Prophylaxe, Coaching

1 Zielsetzung, Forschungsfrage

Die Zielsetzung der Bachelorarbeit ist es, Coaching-Maßnahmen zur Burnout-Prophylaxe zu identifizieren und zu beschreiben. Es gilt die Frage zu klären, was in der Arbeit zwischen Coach und Klient Anwendung findet.

1.1 Vorgehen

Im Zuge einer Literaturrecherche werden zunächst Titel zu Burnout *im Allgemeinen* und *im Besonderen* zu Burnout-Prophylaxe-Coachings gesichtet. Über Mind-Mapping und Clustern ergibt sich daraus das *4-Dimensionen-Modell* (siehe Abb. 1). Auf der Grundlage dieses Modells wird ein Interviewleitfaden (ILF) entwickelt. Dieser folgt den 4 Dimensionen und stellt dazu jeweils eine offene Frage und beinhaltet zusätzlich 2 Ratings. Nach der ILF-Entwicklung werden die Kriterien für die Interviewpartner festgelegt und Coaches akquiriert. Anschließend werden die Interviews persönlich oder telefonisch durchgeführt. Diese dauern zwischen 60 und 90 Minuten. Darauf folgt die qualitative Auswertung der Interviews mithilfe induktiven Kodierens.

Abb. 1: Dimensionen eines Burnout-Prophylaxe-Coachings

Dimensionen eines Burnout-Prophylaxe-Coachings			
1. Ausgangspunkt/ Ausgangslage des Klienten	2. Mentale Befindlichkeit des Klienten	3. Aufbau von Strategien zur Burnout-Prophylaxe	4. Zukunft und Veränderung
IST-Analyse 1.1 Situation 1.2 Person 1.3 Umfeld	2.1 Gedanken und Gefühle 2.2 Werte und Ziele 2.3 Selbstfürsorge 2.4 Ressourcen	3.1 Ressourcen 3.2 Gesundheit 3.3 Konzepte	

1.2 Theoretische Grundlagen

Zur theoretischen Vorarbeit für die Interviews bzw. Entwicklung eines Leitfadens erfolgt, unter Berücksichtigung relevanter Literatur, ein genaues Festlegen des zu erfragenden Themenbereichs und dessen Ausdifferenzierung. Somit gehen aus der Literaturrecherche folgende Dimensionen hervor: 1. „Ausgangspunkt/Ausgangslage des Klienten", 2. „Mentale Befindlichkeit des Klienten", 3. „Aufbau von Strategien zur Burnout-Prophylaxe" und 4. „Zukunft und Veränderung". Zu den vier Dimensionen gehören jeweils Dimensionselemente. Zur ersten Dimension *Ausgangspunkt/Ausgangslage des Klienten* gehören: 1.1 Situation, 1.2 Person und 1.3 Umfeld. Zur zweiten Dimension *Mentale Befindlichkeit des Klienten* gehören: 2.1 Gedanken und Gefühle, 2.2 Werte und Ziele, 2.3 Selbstfürsorge und 2.4 Ressourcen. Zur dritten Dimension *Aufbau von Strategien zur Burnout-Prophylaxe* gehören: 3.1 Ressourcen, 3.2 Gesundheit und 3.3 Konzepte.

Die Dimensionselemente beschreiben mögliche Inhalte, Themen, Ansätze, Vorgehensweisen, Methoden und Techniken. Dabei sind die Elemente größtenteils prozessüber- und ineinandergreifend zu verstehen. Das „Element" Reflexion hat dabei eine Sonderstellung, da es nicht einem Element zugeordnet werden kann.

2 Ergebnisse

Als Ergebnisse der qualitativen Inhaltsanalyse ergeben sich zum einen *allgemeine Kategorien* und zum anderen *dimensionsspezifische Kategorien*.

Allgemeine Kategorien, die über alle Dimensionen hinweg bzw. im gesamten Coachingprozess Anwendung finden, werden im folgenden Abschnitt aufgelistet. Aus dem Interviewmaterial zeigt sich, dass es bestimmte *Anforderungen an Coach, Coaching und Coachingbeziehung* gibt. Das heißt, dass *Wertschätzung, Anerkennung und Verständnis* (z. B. für bisherige Problemlösestrategien, Entschluss, Coaching zu beginnen) eine hohe Relevanz haben, genauso wie das Vertrauensverhältnis zwischen Coach und Klient. Ebenso wichtig ist *Coaching von Therapie zu trennen* und ggf. eine *ärztliche Untersuchung* anzuraten und/oder eine *Therapieempfehlung* auszusprechen. Als weitere allgemeine Kategorie zeigt sich die *Herangehensweise bzw. Prozessgestaltung*, das meint bspw. eine ganzheitliche Herangehensweise, Metaperspektive, Hypothesen generieren und prüfen, sowie den Coachingprozess begleitend zu einem therapeutischen. Im Coachingprozess eingesetzte *Methoden und Tools* (z. B. Arbeit mit Stühlen, Imaginationen; Reflexion als „Methode") gehören ebenfalls zur allgemeinen Kategorie.

Im folgenden Abschnitt werden die sich aus dem Interviewmaterial zeigenden *dimensionsspezifischen Kategorien* gelistet.

In der ersten Dimension „Ausgangspunkt und Ausgangslage des Klienten" zeigt sich, dass als *Coachinganliegen* bspw. „Deckmantel-Themen" oder „Selbst-Optimierungs-Themen" eingebracht werden. Das heißt, es gilt zunächst die *dahinterliegenden Themen* herauszuarbeiten. Dazu wird die Situation und das Umfeld *analysiert*, sowie die Person näher beleuchtet. Ein großer Teil der anfänglichen Arbeit besteht aus *Sortieren, Klarheit und Entlastung schaffen*.

In der zweiten Dimension „Mentale Befindlichkeit des Klienten" zeigt sich, dass es bei den *Gedanken* gilt, schädigende Muster herauszuarbeiten, das heißt an Glaubenssätzen und Inneren Antreibern zu arbeiten. Im Bereich der *Gefühle* geht es darum, gesunde Emotionalität wieder aufzubauen und sich bspw. auch mit Ängsten auseinanderzusetzen. Als weiterer Bestandteil im Prozess gibt es die *Werte- und Zielarbeit*, wobei Werte und Ziele des Klienten analysiert und ggf. bearbeitet werden; genauso wie vorhandene oder „verschüttete" Ressourcen. Ein weiteres Element ist die *Selbstfürsorge*, das heißt die Entwicklung von Achtsamkeit für sich selbst und den eigenen Körper.

In der dritten Dimension „Aufbau von Strategien zur Burnout-Prophylaxe" ergeben sich aus dem Interviewmaterial zum Begriff „Strategie" zwei unterschiedliche Sichtweisen : Zum einen wird darunter etwas „Großes, Komplexes", zum anderen ein „Prozess der kleinen Schritte", verstanden.   Zu dieser Dimension gehört eine „Selbst-Standortbestimmung" bzw. Klarheit über die *eigene Person*. Es gilt die Frage nach den eigenen *Ressourcen* (emotional, kognitiv, sozial und spirituell) zu klären. Weiterhin sind im Strategieaufbau die *seelisch-geistige und körperliche Gesundheit* relevant, das heißt was kann der Klient tun um sich gesund zu erhalten? Hierbei kommen *Konzepte* wie z. B. Zeit- und Stressmanagement und/oder Entspannungstechniken zum Einsatz.

In der vierte Dimension „Zukunft und Veränderung" zeigt sich, wie bei der dritten Dimension, unterschiedliche Sichtweisen. Zum einen gibt es die Annahme, dass eine *Ausrichtung auf die Zukunft* unabdingbar ist, zum anderen, dass *Zukunftsdenken* zu diesem Zeitpunkt *nicht möglich ist* und weiterhin, dass das *Hier-und-Jetzt* Vorrang hat. Zu diesen Annahmen vertritt die Mehrheit der Coaches eine *Sowohl-als-auch-Haltung*, d. h. sowohl eine Ausrichtung auf die Zukunft, als auch auf das Hier-und-Jetzt. Weiterhin richtet sich der Fokus auf

Selbstkompetenz, das heißt Selbstwirksamkeit erleben und *Steuerungsfähigkeit* wieder erlangen.

Die Interviews beinhalten auch zwei *Ratings*. Zum einen ein Rating zur „Mentalen Befindlichkeit" und zum anderen ein Rating zum „Aufbau von Strategien zur Burnout-Prophylaxe". Die Daten zum zweiten Rating sind uneindeutig und daher nicht sinnvoll interpretierbar.

Im Folgenden werden die markantesten Ergebnisse des Ratings zur Mentalen Befindlichkeit vorgestellt. Dabei schätzen acht befragte Coaches ein, *wie wichtig* (Skala: gar nicht – kaum wichtig – mittelmäßig wichtig – ziemlich wichtig – außerordentlich wichtig und keine Angabe) die Items in ihrer Arbeit mit dem Klienten sind. Insgesamt gibt es 17 Items.

Alle befragten Coaches sagen, dass das *Lernen Grenzen zu setzen (Item 10)* außerordentlich wichtig ist. Fast genauso wichtig ist, dass der Klient seine *eigenen Erwartungen prüft (Item 8)*. Danach folgen mit jeweils sechs Angaben zu „außerordentlich wichtig" das *Bewusstmachen von Inneren Antreibern (Item 14)*, *Bewusstmachen fehlender Selbstachtsamkeit (Item 7)*, der *Aufbau von Selbstwirksamkeitsüberzeugung* (Item 11) und die *Entwicklung einer Zielvision (Item 2)*.

Im Zuge der Entwicklung der Bachelorarbeit ergibt sich die Möglichkeit, das Rating zur Mentalen Befindlichkeit mit vier ehemals Burnout-Betroffenen durchzuführen. Dabei entfallen drei Angaben mit „ziemlich wichtig" auf *Prüfen des eigenen hohen Anspruchsniveaus (Item 3)* und *Bearbeitung von hinderlichen Emotionen (Item 4)*. Zwei Angaben mit „außerordentlich wichtig" entfallen auf *Prüfen von eigenen Erwartungen (Item 8)* und drei auf *Lernen Grenzen zu setzen (Item 10)*.

Ein Abgleich der Angaben der Coaches mit den Angaben der ehemals Betroffenen legt den Schluss nahe, dass *Grenzen setzen (Item 10)* und *eigene Erwartungen prüfen (Item 8)* eine hohe Relevanz haben.

Abschließend kann festgehalten werden, dass die Zielsetzung Burnout-Prophylaxe-Maßnahmen zu identifizieren und zu beschreiben erreicht wurde. Dabei schließt sich die Frage an, was das nun für ein Prophylaxe-Coaching bedeutet? Die Autorin zieht zur Beantwortung folgendes Fazit:

Aus den Interviews geht hervor, dass es für einen Prophylaxe-Prozess der Abgrenzung von Coaching und Therapie bzw. einer ärztlichen Untersuchung/ Abklärung bedarf. Ein akuter Burnout gehört in medizinisch-therapeutische Hände.

Die zahlreichen dimensionsspezifischen Kategorien zeigen auf, dass ein Coachingprozess klientenbezogen angepasst sein soll. Es gibt kein „Baukasten-System", dem nach Bedarf Inhalte entnommen werden und bei jedem Klienten gleichermaßen zum Einsatz kommen.

Der Abgleich – Coach, ehemals Betroffene – im Rating zur Mentalen Befindlichkeit zeigt die hohe Relevanz der Themen „Grenzen setzen" und „eigene Erwartungen" prüfen.

Literatur

Antonovsky, A. (1997). *Salutogenese: Zur Entmystifizierung von Gesundheit.* Tübingen: dgvt.

Antonovsky, A. (1987). *Unraveling the mystery of health: How people manage stress and stay well.* San Francisco: Josey Bass Publishers.

AOK (Hrsg.). *AOK-Presseservice: Depressionen, Burnout und Co. auf dem Vormarsch.* https://www.aok.de/baden-wuerttemberg/presse/depressionen-burnout-und-co-auf-dem-vormarsch-173069.php (Stand 25.03.2011, Zugriff 12.12.2011)

Atkinson, J. W. (1957). Motivational determinants of risk-taking behavior. *Psychological Review,* 64 (6), 359-372.

Awa, W. L., Plaumann, M. & Walter, U. (2010). Burnout prevention: A review of intervention programs. *Patient Education and Counseling,* 78(2), 184-190.

Bandura, A. (1997). *Self-efficacy: The exercise of control.* New York: Freeman.

Bandura, A. (1977). Self-efficacy. *Psychological Review,* 82, 191-215.

Bartholdt, L. & Schütz, A. (2010). *Stress im Arbeitskontext: Ursachen, Bewältigung und Prävention.* Weinheim: Beltz.

BDP (Hrsg.) (o. J.). www.coachingportal.de/was-ist-coaching (Zugriff 20.12.2011).

Bensch, N. & Stetter, M. (2007). *Mein Deutschbuch: Futur II.* http://www.mein-deutschbuch.de/lernen.php?menu_id=34#futur2 (Zugriff 14.03.2012)

Bergner, T. M. H. (2010). *Burnout-Prävention: Sich selbst helfen – das 12-Stufen-Programm* (2. Auflage). Stuttgart: Schattauer.

Berne, E. (1970). *Spiele der Erwachsenen: Psychologie der menschlichen Beziehungen.* Reinbek: Rowohlt.

Bernhard, H. & Wermuth, J. (2011). *Stressprävention und Stressabbau: Praxishandbuch für Beratung, Coaching und Psychotherapie.* Weinheim: Beltz.

Böning, U. & Fritschle, B. (2005). *Coaching fürs Business: Was Coaches, Personaler und Manager über Coaching wissen müssen.* Bonn: managerSeminare.

Bortz, J. & Döring, N. (2009). *Forschungsmethoden und Evaluation für Human- und Sozialwissenschaftler* (4. Auflage). Heidelberg: Springer.

Braun, B. & Marstedt, G. (2010). *Prävention von Burnout: Interventionen sind erfolgreich, wirken aber nur begrenzt.* http://www.bvpraevention.de/cms/index.asp?inst=bvpg&snr=7756 (Stand: 04.03.2010, Zugriff 14.11.2011)

Bundesministerium für Gesundheit (o. J.). *Gesundheitsdefinition der WHO 1948.* http://www.bmg.gv.at/home/Schwerpunkte/Praevention/Gesundheit_und_Gesundheitsfoerderung (Zugriff 21.02.2012)

Burisch, M. (2010). *Das Burnout-Syndrom* (4. Auflage). Berlin: Springer.

Buzan, T. & Buzan, B. (2002). *Das Mind-Map Buch: Die beste Methode zur Steigerung Ihres geistigen Potenzials* (5. Auflage). Heidelberg: mvg.

Cherniss, C. (1980a). *Professional Burnout in the human service organization.* New York: Praeger.

Cherniss, C. (1980b). *Staff Burnout. Job stress in the human services.* Beverly Hills, CA: Sage.

DBVC (Hrsg.) (2010). *Leitlinien und Empfehlungen für die Entwicklung von Coaching als Profession.* Frankfurt: DBVC.

De Shazer, S. & Dolan, Y. (2008). *Mehr als ein Wunder: Lösungsfokussierte Kurztherapie heute.* Heidelberg: Carl-Auer.

Dettmer, M. & Tietz, J. (2011). Jetzt mal langsam!. *Der Spiegel, 30,* 58-68.

Deutsches Ärzteblatt (Hrsg.) (2011). *Burn-Out-Syndrom: Kodier-Ratgeber.* http://www.aerzteblatt.de/v4/archiv/artikel.asp?src=&id=88243&p (Zugriff 12.12.2011)

Dolbier, C. L., Smith, S. E. & Steinhardt, M. A. (2007). Relationships of protective factors to stress and symptoms of illness. *American Journal of Health Behavior, 31,* 423-433.

Edelwich, J. & Brodsky, A. (1980). *Burn-Out: Stages of Disillusionment in the Helping Professions.* New York: Human Sciences Press.

Ellis, A. (2008). *Grundlagen und Methoden der Rational-Emotiven Verhaltenstherapie* (2. Auflage). Stuttgart: Klett-Cotta.

Eysenck, H. (1998). *Dimensions of Personality.* New Jersey: Transaction Publishers. (Original: 1947).

Fengler, J. (1998). *Helfen macht müde: Zur Analyse und Bewältigung von Burnout und beruflicher Deformation* (5. Auflage). München: Pfeiffer Verlag.

Fischer-Epe, M. (2011). *Coaching: Miteinander Ziele erreichen.* Reinbek: Rowohlt.

Fisseni, H.-J. (1990). *Lehrbuch der psychologischen Diagnostik.* Göttingen: Hogrefe.

Fleischer, B. (2010). *Das Burnout-Syndrom.* http://magazin.cultura21.de/kultur/wissen/das-burnout-syndrom.html (Stand 05.09.2010, Zugriff 14.12.2011)

Flick, U. (2000). *Qualitative Forschung: Theorie, Methoden, Anwendung in Psychologie und Sozialwissenschaften* (5. Auflage). Reinbek: Rowohlt.

Freud, S. (1915). Instincts and their vicissitudes. In S. Freud, *The collected papers.* New York: Collier.

Freudenberger, H. (1974). Staff Burn-Out. *Journal of Social Issues, 30*(1), 159-165.

Freudenberger, H. & North, G. (1992). *Burn-out bei Frauen: Über das Gefühl des Ausgebranntseins.* Frankfurt: Fischer.

Freudenberger, H. & Richelson, G. (1983). *Mit dem Erfolg leben.* München: Heyne.

Frey, D., Havemann, D. & Rogner, O. (1985). *Kognitive und psychosoziale Determinanten des Genesungsprozesses von Unfallpatienten.* Abschlussberichte, Universität Kiel.

Froehlich, A. (2009). *Das Burnout-Syndrom: Eine szientometrische Analyse.* Dissertation, Medizinische Fakultät Charité - Universitätsmedizin Berlin.

Fröhlich, W. D. (2005). *Wörterbuch Psychologie* (25. Auflage). München: dtv.

Hedderich, I. (2009). *Burnout: Ursache, Formen, Auswege.* München: C. H. Beck.

Hillert, A. & Marwitz, M. (2006). *Die Burnout Epidemie oder Brennt die Leistungsgesellschaft aus?* München: C. H. Beck.

Hoss-Leistner, H. & Balk, M. (2008). *Gesprächsführung für Physiotherapeuten: Theorie – Techniken – Fallbeispiele.* Stuttgart: Thieme.

House, J. S. (1981). *Work stress and social support.* Reading: Addison-Wesley.

Hussy, W., Schreier, M. & Echterhoff, G. (2010). *Forschungsmethoden in Psychologie und Sozialwissenschaften.* Heidelberg: Springer.

Kabat-Zinn, J. (2006). *Zur Besinnung kommen: Die Weisheit der Sinne und der Sinn der Achtsamkeit in einer aus den Fugen geratenen Welt.* Freiamt: Arbor.

Kabat-Zinn, J. (2005). *Gesund durch Meditation: Das große Buch der Selbstheilung.* Frankfurt a. M.: O. W. Barth.

Kahler, T. (2008). *Process Therapy Model.* Weilheim: Verlag Kahler Communication – KCG.

Karsten, C. (2011). *Den Burnout besiegen: Das 30-Tage-Programm* (3. Auflage). Freiburg: Herder

Kaspar, B. (2008). Sinn. Macht. Echt. In R. Schlieper-Damrich & P. Kipfelsberger (Hrsg.), *Wertecoaching: Beruflich brisante Situationen sinnvoll meistern* (S. 136-152). Bonn: managerSeminare.

Klein, S. (2005). *Trainingstools: 19 Methoden aus der Psychotherapie für die Anwendung im Training und Coaching* (2. Auflage). Offenbach: GABAL.

Klinkhammer, M. (2004). *Supervision und Coaching für Wissenschaftlerinnen: Theoretische, empirische und handlungsspezifische Aspekte.* Wiesbaden: VS Verlag für Sozialwissenschaften.

Kobasa, S. C. (1982). The hardy personality: Toward a social psychology of stress and health. In G. S. Sanders & J. Suls (Eds.), *Social psychology of health and illness* (pp. 3-32). Hillsdale, New York: L. Erlbaum.

Kobasa, S. C. (1979a). Stressful life events, personality and health. *Journal of Personality and Social Psychology, 42,* 707-717.

Kobasa, S. C. (1979b). Stressful life events, personality, and health: An inquiry into hardiness. *Journal of Personality and Social Psychology, 37,* 1-11.

Koch, A. & Kühn, S. (2000). *Ausgepowert? Hilfen bei Burnout, Stress, innerer Kündigung.* Offenbach: GABAL.

Kolitzus, H. (2008). *Das Anti-Burnout Erfolgsprogramm* (6. Auflage). München: dtv.

Korczak, D., Kister, C. & Huber, B. (2010). *Differentialdiagnostik des Burnout-Syndroms.* http://portal.dimdi.de/de/hta/hta_berichte/hta278_kurzfassung_de.pdf (Zugriff 07.12.2011)

Krohne, H. W. & Hock, M. (2007). *Psychologische Diagnostik: Grundlagen und Anwendungsfelder.* Stuttgart: Kohlhammer.

Kutschera, S. (2007). *Burnout Syndrom: Ursachen und Bewältigungsstrategien unter Berücksichtigung von persönlichkeits- und strukturzentrierten Ansätzen.* http://www.kutscheracommunication.com/pdf-dokumente/artikel-texte/DiplomarbeitBurnout_1_081107.pdf (Zugriff 07.12.2011)

Lalouschek, W. (2010). *Raus aus der Stressfalle: Die besten Strategien gegen Burnout & Co.* Wien: Kneipp.

Lambert, V. A., Lambert, C. E., Petrini, M., Li, X. M. & Zhang, Y. J. (2007). Predictors of physical and mental health in hospital nurses within the People's Republic of China. *International Nursing Review, 54,* 85-91.

Langer, L. & Schulz von Thun, F. (2007). Messung komplexer Merkmale in Psychologie und Pädagogik: Ratingverfahren. In D. H. Rost (Hrsg.), *Standardwerke aus Psychologie und Pädagogik, Reprints* (Band 4). Münster: Waxmann.

Lauderdale, M. (1981). *Burnout.* Austin, TX: Learning Concepts.

Lauterbach, M. (2005). *Gesundheitscoaching: Strategien und Methoden für Fitness und Lebensbalance im Beruf.* Heidelberg: Carl-Auer.

Lazarus, R. S. (1974). Cognitive and coping processes in emotion. In B. Weiner (ed.), *Cognitive Views of Human Emotion.* New York: Academic Press.

Lehrhaupt, L. (2011). Schulung der Achtsamkeit – eine Einführung in die Stressbewältigung durch Achtsamkeit nach Kabat-Zinn. In U. Anderssen-Reuster, *Achtsamkeit in Psychotherapie und Psychosomatik: Haltung und Methode* (S. 210-216). Stuttgart: Schattauer.

Lemonick, M. D. (2005). The Biology of Joy. *Time, Febr. 7*, 46-49.

Litzcke, S. & Schuh, H. (2007). *Stress, Mobbing und Burn-out am Arbeitsplatz* (4. Auflage). Heidelberg: Springer.

Looss, W. (2006). *Unter vier Augen: Coaching für Manager*. Bergisch Gladbach: EHP Verlag Andreas Kohlhage.

Lorenzen, A. (2009). *Burnout: Erläuterung und Entstehung*. http://www.burnout-stop.de/burnout_syndrom/ (Zugriff: 16.01.2012)

Margraf, J. (2011). Testen Sie Ihre psychische Gesundheit. *GEO, 48*, 123-130.

Maslach, C. & Leiter, M. P. (2007). *Burnout erfolgreich vermeiden: Sechs Strategien, wie Sie Ihr Verhältnis zur Arbeit verbessern*. Wien: Springer.

Maslach, C. & Leiter, M. P. (2001). *Die Wahrheit über Burnout*. Wien: Springer.

Maslach, C. & Jackson, S. E. (1986). *Maslach Burnout Inventory: Manual* (2nd ed.). Palo Alto, CA: Consulting Psychologists Press.

Maslow, A. H. (1970). *Motivation and personality* (rev. ed.). New York: Harper & Row.

Mayring, P. (2010a). *Qualitative Inhaltsanalyse: Grundlagen und Techniken* (11. Auflage). Weinheim: Beltz.

Mayring, P. (2010b). Methodologische Ziellinien und Designs qualitativ-psychologischer Studien: Design. In G. Mey K. & Mruck (Hrsg.), *Handbuch Qualitative Forschung in der Psychologie* (S. 225-237). Wiesbaden: VS Verlag für Sozialwissenschaften.

Meier, R. & Engelmeyer, E. (2009). *Zeitmanagement: Grundlagen, Methoden und Techniken* (2. Auflage). Offenbach: GABAL.

Mey, G. & Mruck, K. (Hrsg.) (2010). *Handbuch Qualitative Forschung in der Psychologie*. Wiesbaden: VS Verlag für Sozialwissenschaften.

Middendorf, V. & Stulle, K. (2011). Die Ausgebrannten rücken in den Fokus. *Personalwirtschaft, 01*, 26-27.

Mohl, A. (2010). *Der Zauberlehrling: Das NLP Lern- und Übungsbuch* (9. Auflage). Paderborn: Junfermann.

Müller, E. H. (1994). *Ausgebrannt – Wege aus der Burnout-Krise*. Freiburg: Herder.

Nelting, M. (2010). *Burnout: Wenn die Maske zerbricht*. München: Goldmann.

Ng, T. W. H., Sorensen, K. L. & Eby, L. T. (2006). Locus of control at work: A meta-analysis. *Journal of Organizational Behavior, 27*, 1057-1087.

o. V. (2011). *ICD-10-WHO Version 2011*. http://www.dimdi.de/static/de/klassi/diagnosen/icd10/htmlamtl2011/block-z70-z76.htm (Stand 22.11.11, Zugriff 06.12.2011)

o. V. (2011). *ICD-10-GM Version 2011*. http://www.dimdi.de/static/de/klassi/diagnosen/icd10/htmlgm2011/block-z70-z76.htm (Stand 22.11.2011, Zugriff 06.12.0211)

Ostermann, D. (2010). *Gesundheitscoaching*. Wiesbaden: VS Verlag für Sozialwissenschaften.

Pesso, A. (1999). *Dramaturgie des Unbewußten: Eine Einführung in die psychomotorische Therapie* (2. Auflage). Stuttgart: Klett-Cotta.

Petzold, H. G. (2003). *Integrative Therapie: Modelle, Theorien & Methoden einer schulenübergreifenden Psychotherapie - Band 3* (2. Auflage). Paderborn: Junfermann.

Pines, A. & Maslach, C. (1978). Characteristics of staff burnout in mental health settings. *Hospital and Community Psychiatry, 29*, 233-237.

Rauen, C. (2011). *Coaching-Tools: Erfolgreiche Coaches präsentieren 60 Interventionstechniken aus ihrer Coaching-Praxis* (7. Auflage). Bonn: managerSeminare.

Rauen, C. (2008). *Coaching* (2. Auflage). Göttingen: Hogrefe.

Rentzsch, K. & Schütz, A. (2009). *Psychologische Diagnostik: Grundlagen und Anwendungsperspektiven.* Stuttgart: Kohlhammer.

Rice, V. H. (ed.) (2000). *Handbook of Stress, Coping and Health: Implications for Nursing Research, Theory, and Practice.* Thousand Oaks: Sage.

Rippegather, J. (2010). *Vom Leben verbrannt.* http://www.fr-online.de/rhein-main/burnout-vom-leben-verbrannt,1472796,4455616.html. (Stand: 17.05.2010, Zugriff 23.11.2011)

Rösing, I. (2003). *Ist die Burnout-Forschung ausgebrannt? Analyse und Kritik der internationalen Burnout-Forschung.* Heidelberg: Asanger Verlag.

Rössner-Fischer, A. (2007). *Burnout – Ursachen, Prävention, die besondere Rolle der Entlastungsfaktoren und der Führungskräfte.* München: GRIN.

Rogers, C. R. (1987). *Der neue Mensch.* Stuttgart: Klett-Cotta.

Rohrmann, B. (1978). Empirische Studien zur Entwicklung von Antwortskalen für die sozialwissenschaftliche Forschung. *Zeitschrift für Sozialpsychologie, 9*, 222-245.

Rook, M. (1998). *Theorie und Empirie in der Burnout-Forschung: Eine wissenschaftstheoretische und inhaltliche Standortbestimmung.* Hamburg: Verlag Dr. Kovac.

Rotter, J. B. (1954). *Social learning and clinical psychology.* New York: Prentice Hall.

Schaufeli, W. & Enzmann, D. (1998). *The burnout companion to study & practice: A critical analysis.* London: Taylor & Francis.

Schrenker, L. (2008). *Pesso-Therapie: Das Wissen zur Heilung liegt in uns.* Stuttgart: Klett-Cotta.

Schreyögg, A. (2007). Wie viele „Brillen" verwenden Berater? Zur Bedeutung von Mehrperspektivität in Supervision, Organisationsberatung und Coaching. In A. Schreyögg & C. Schmidt-Lellek (Hrsg.), *Konzepte des Coaching* (S. 91-116). Wiesbaden: VS Verlag für Sozialwissenschaften.

Schreyögg, A. (2003). *Coaching: Eine Einführung für Praxis und Ausbildung* (6. Auflage). Frankfurt: Campus.

Schütz, A. (2005). *Je selbstsicherer desto besser? Licht und Schatten positiver Selbstbewertung.* Weinheim: Beltz.

Schulz von Thun, F. (2001). *Miteinander Reden 3: Das innere Team und situationsgerechte Kommunikation.* Reinbek: Rowohlt.

Schulz von Thun, F. (1996). *Miteinander Reden 2: Stile, Werte und Persönlichkeitsentwicklung.* Reinbek: Rowohlt.

Seiwert, L. J. (2005). *30 Minuten für optimales Zeitmanagement* (6. Auflage). Offenbach: GABAL.

Sommer, G. & Fydrich, T. (1989). Soziale Unterstützung und Sozu-B. DGVT (Hrsg.). Materialien, Nr. 22, 1989.

Stoessinger, M. et al. (2011). Erschöpft und ausgebrannt. *Stern, 40,* 104-121.

Unger, H.-P. & Kleinschmidt, C. (2006) *Bevor der Job krank macht: Wie uns die heutige Arbeitswelt in die seelische Erschöpfung treibt und was man dagegen tun kann* (4. Auflage). München: Kösel

Wallis, C. (2005). The New Science of Happiness. *Time, Febr.* 7, 40-44.

WIdO (Hrsg.). (2011). *Pressemitteilung: Burnout auf dem Vormarsch.* http://www.wido.de/fileadmin/wido/downloads/pdf_pressemitteilungen/wido_pra_pm_krstd_0411.pdf (Stand: 19.04.2011, Zugriff 23.11.2011)

Wiech, K. & Heckmann, W. (2011). *BDP: Glossar Prävention.* http://www.bdp-verband.org/psychologie/glossar/praevention.shtml (Zugriff 17.12.11)

Time is Honey – Eine empirische Studie zum Wunsch nach Entschleunigung und seinen Bedingungsfaktoren

Laura Roschewitz, Claudia Gerhardt

Im letzten Jahrhundert hat sich die Produktivität ökonomischer Prozesse erhöht und das Leben hat sich in vielen Bereichen beschleunigt. Dennoch scheint es einen gesellschaftlichen Wunsch nach Entschleunigung zu geben. Diese empirische Studie befasst sich mit dem Wunsch nach Entschleunigung und untersucht demographische Einflussgrößen sowie die Rolle der Persönlichkeitsmerkmale Autonomie und Overcommitment bei N=588. Es zeigt sich, dass Autonomie mit einem geringeren, Overcommitment mit einem höheren Wunsch nach Entschleunigung einhergeht. Frauen weisen einen signifikant stärkeren Wunsch nach Entschleunigung auf als Männer. Entgegen den Erwartungen empfinden Studenten eine stärkere Belastung durch Zeitdruck als Berufstätige.

Keywords: Entschleunigung, Beschleunigung, Autonomie, Overcommitment

1 Einleitung

Dem modernen Menschen bieten sich ganz neue Dimensionen der Entfaltung, da er sich mithilfe von Maschinen, Technik und neuen Kommunikationswegen auf der ganzen Welt über seinen passenden Lebensweg informieren und entscheiden kann (Sennet, 2006). Zu erwarten wäre, dass dem Menschen durch diese Zeiteinsparung mehr Zeit für sich selbst, sein soziales Umfeld und die persönliche Entwicklung zur Verfügung steht. Ein Phänomen, welches in diesem Kontext jedoch zu erkennen ist, zeigt sich in Folgendem: Die *freie Zeit* des Menschen verknappt sich zusehends (Opitz, 2012): „Aber bei all dem Bemühen um Schnelligkeit, Pausenlosigkeit und Gleichzeitigkeit ist immer irgendwie unklar, wo die eingesparte Zeit eigentlich bleibt" (Reheis, 2012, S. 214). Seit einigen Jahren wächst das öffentliche Interesse am Thema Entschleunigung. Anhand vieler Zeitungsartikel, Veröffentlichungen und Vereinigungen wird dies deutlich (z. B. Schulz, 2012; Schnabel, 2012). Begriffe wie Burnout oder Zeitwohlstand rücken ins öffentliche Interesse (Geißler, 1999). Woran liegt es, dass immer mehr Menschen dem Druck nicht standhalten? Wie entsteht dieser Druck überhaupt? Was hat sich verändert, dass Arbeitgeber sich zwangsläufig mit Fragen wie der Work-Life-Balance und der Gesundheit ihrer Mitarbeiter auseinander setzen müssen?

Diese empirische Studie befasst sich daher mit dem Wunsch nach Entschleunigung und untersucht demographische Einflussgrößen wie das Alter, Geschlecht und die Berufstätigkeit sowie die Rolle von Persönlichkeitsmerkmalen der Befragten.

2 Be- und Entschleunigung der Gesellschaft

Die Beschleunigung der Gesellschaft der letzten Jahrhunderte stellt einen Grund für den Wunsch nach Entschleunigung dar. Diese Beschleunigung lässt sich nach Borscheid (2004) in drei elementare Phasen unterteilen: Die Startphase ist in dem Zeitraum von 1450 bis 1800 n. Chr. anzusiedeln. In der Agrargesellschaft des Mittelalters und der frühen Neuzeit war die Natur die Ernährerin der Menschen und diktierte das Leben. Die zweite Phase ist die Beschleunigungsphase, welche zwischen 1800 und 1950 auszumachen ist. Elementare Erfindungen, welche die Beschleunigung vorantrieben, waren die Dampfmaschine und später die Eisenbahn. Der Grundbaustein der *Nonstop-Gesellschaft* wurde gelegt (Borscheid, 2004) .

Seit 1950 befinden wir uns nach Borscheid (2004) im Zeitalter der *Tempophase*. Die einschneidensten und einflussreichsten technischen Erfindungen dieser Zeit sind unbestritten der Computer und das Internet. Neben den technischen Entwicklungen der letzten Jahrhunderte hat auch die Etablierung der Wirtschafts- und Gesellschaftsordnung des Kapitalismus einen enormen Einfluss auf die Beschleunigung der Gesellschaft und Prozessen, da er durch das ökonomische Prinzip der Steigerung und das Wettbewerbsprinzip gekennzeichnet ist. (Rosa, 2012)

Dass die Beschleunigung nicht ausschließlich positive Folgen hat, zeigt Rosa (2005) in dem zunächst paradox klingenden Trend auf, dass Menschen zeitgleich den Wunsch nach Beschleunigung und die Sehnsucht nach Langsamkeit verspüren (Rosa, 2005). Auch die unbeabsichtigten, negativen Konsequenzen der Beschleunigung steigen an (Rosa, 2012).

Daher rückt das Thema der Entschleunigung in den Fokus der Öffentlichkeit und dieser empirischen Arbeit. Entschleunigung meint in diesem Kontext, die negativen Folgen der Beschleunigung, nämlich die Zeitknappheit und den dadurch entstehenden Zeitdruck, zu vermindern (Rosa, 2012). Des Weiteren kann unter Entschleunigung verstanden werden, dass es ausreichend Zeit für die subjektiv wahrgenommenen wichtigen Dinge des Lebens gibt und der Alltag des Menschen nicht von Zeitdruck und Optimierungszwang geprägt ist (Rosa, 2005). Vielmehr sollten die Eigenzeiten der Natur, der Gesellschaft und des Individuums wieder in den Fokus des Lebensalltags rücken (Reheis, 1998). Reheis (1998, S.140) nennt dies *ein neues Wohlstandsmodell*, welches neue

Formen des Genießens ermöglichen und die „bisher blockierte soziale Phantasie beflügeln" (Reheis, 1998, S.140) könnte.

3 Forschungsstand und Hypothesen

Die Forschung zum Thema Entschleunigung ist noch jung. Von Interesse sind daher auch Forschungsergebnisse aus angrenzenden Fachgebieten. So geben in einer Umfrage des Forsa-Institutes im Auftrag der DAK-Gesundheit nach guten Vorsätzen für das Jahr 2014 rund 57% der Befragten an, Stress vermeiden oder abbauen zu wollen (Forsa, 2013). Diese Antwort ist damit die Meistgenannte. 47% möchten mehr Zeit für sich selbst (Forsa, 2013). Auch unter Studierenden sind ähnliche Entwicklungen zu erkennen. In einer weiteren Studie des Forsa-Institutes aus dem Jahr 2012 wurden die Stressursachen unter Studierenden erfragt. An erster Stelle mit rund 64% der Antworten steht Prüfungsstress, dicht gefolgt von Zeitdruck/Hektik mit rund 55% (Forsa, 2012). Somit ist das Thema Zeitdruck auch unter Studierenden präsent. In dem Gesundheitsreport der BKK aus dem Jahr 2012 wird der Anstieg psychischer Krankheiten von 1976 bis 2011 deutlich. Während die Anzahl der Fehltage aufgrund von Verletzungen oder Erkrankungen des Kreislaufsystems stetig zurückgeht, steigen die Fehltage aufgrund von psychischen Störungen an (1976 rund 1 Tag jährlich pro Mitglied, 2011 rund 3,5 Tage jährlich pro Mitglied) (BKK, 2012) .

1975 gründete der Europäische Rat die Europäische Stiftung zur Verbesserung der Lebens- und Arbeitsbedingungen (kurz: Eurofound). Diese machte es sich zum Ziel, die Lebens- und Arbeitsbedingungen in Europa zu erfassen, um diese langfristig und nachhaltig zu verbessern. Im Jahre 2002 veröffentlichten Bielenski, Bosch und Wagner im Auftrag des Eurofound eine Untersuchung mit dem Titel *Working time preferences in sixteen European Countries*. Dazu wurden 1998 über 30.000 Bürger aus fünfzehn europäischen Ländern zu ihren Arbeitsbedingungen und Präferenzen befragt. Die Untersuchung zeigt auf, dass die befragten Männer im Schnitt rund 12% weniger arbeiten möchten als sie es aktuell tun, die Frauen rund 6% weniger. Darüber hinaus gaben rund 57% an, Angebote wie Sabbatical-Phasen gerne in Anspruch nehmen zu wollen (Bielenski et al., 2002). In einer Studie des Eurofound (2005) wurden rund 30.000 Bürger aus 31 Ländern zu ihren Arbeitsbedingungen befragt. Ein Ergebnis ist, dass sich die Anzahl derjenigen Berufstätigen, die sich zunehmend unter Zeitdruck gesetzt fühlen, zunimmt. Von 48% im Jahr 1990, die das Arbeitstempo als zu hoch empfanden, ist ein Anstieg auf 56% im Jahr 2000 zu verzeichnen.

Für die vorliegende Studie fiel der Blick bzgl. der bedingenden Variablen auf das *Effort-Reward-Imbalance* (ERI)-Modell. Dieses wurde im Rahmen von Arbeitsstressforschungen entwickelt und eingesetzt und bietet diesbezüglich eine hilfreiche Heuristik. Im Zentrum des Modells steht das Verhältnis zwischen den am Arbeitsplatz erbrachten Bemühungen (Leistung) und den dafür erhaltenen Belohnungen (Gratifikationen) (Siegrist, 2012). Stehen diese beiden

Größen in einem langfristigen Ungleichgewicht zueinander, entsteht Unzufriedenheit bei der betroffenen Person und negative gesundheitliche Folgen können resultieren (Siegrist, 1996). Das Modell unterscheidet zwischen einer intrinsischen und einer extrinsischen Komponente. Als extrinsisch gilt das Verhältnis von Bemühungen zu den erhaltenen Belohnungen, intrinsisch meint die individuelle Disposition zu einer beruflichen Verausgabungsneigung (Overcommitment). So postuliert das Modell, dass Personen, die dauerhaft ein Ungleichgewicht der Bemühungen gegenüber den Belohnungen und/oder ein starkes Overcommitment aufweisen, ein erhöhtes Risiko haben, psychische oder körperliche Gesundheitseinschränkungen zu erfahren (Siegrist, 1996).

Beispielsweise durch die Whitehall-II-Studie wurde belegt, dass Zusammenhänge zwischen hohen beruflichen Anforderungen, einem Verausgabungs-Belohnungs-Ungleichgewicht und psychiatrischen Auffälligkeiten (u.a. mit Depressionen und Burnout) bestehen (Ferrie, 2004). In einer Metaanalyse von 45 empirischen Studien zum ERI-Modell arbeiteten Van Vegchel, de Jong, Bosma und Schaufeli (2005) heraus, dass es einen Zusammenhang zwischen der empfundenen Kontrolle im Beruf und dem Risiko, Herzkrankheiten zu entwickeln, gibt. In dieselbe Richtung zielt das Ergebnis zweier Studien, welche 2012 von verschiedenen Universitäten in den USA und Großbritannien durchgeführt wurden. Die Probanden wurden hinsichtlich des Kortisolspiegels und Ängstlichkeit/Besorgnis (per Selbstbeschreibung und Messung der Herzfrequenz/Schweiß) untersucht. Dies wurde in Zusammenhang mit der Verantwortung im Beruf und der empfundenen Kontrolle über diesen gebracht. Dabei wurde herausgefunden, dass die wahrgenommene Kontrolle im beruflichen Kontext als Mediator zwischen der Verantwortung im Beruf und dem Kortisolspiegel bzw. der Ängstlichkeit fungiert (Van Vegchel et al., 2005). Dies ist ein Indiz, dass Autonomie als Persönlichkeitsmerkmal oder Handlungsspielraum im Beruf einen Einfluss auf die seelische und/oder körperliche Gesundheit haben.

Vor dem Hintergrund des ausgeführten theoretischen Hintergrundes ergeben sich daher verschiedene Fragestellungen.

H1: *Berufstätige…*
    a. …belastet Zeitdruck stärker als Studenten.
    b. …verspüren einen stärkeren Wunsch nach Entschleunigung als Studenten.

H2: *Frauen empfinden Zeitdruck als belastender als Männer.*

H3: *Frauen empfinden einen stärkeren Wunsch nach Entschleunigung als Männer.*

H4: *Je höher die Autonomie, desto geringer der Wunsch nach Entschleunigung.*

H5: *Je höher der Wert in Overcommitment,…*
    a. …desto belastender wird der Zeitdruck wahrgenommen.
    b. …desto stärker ist der Wunsch nach Entschleunigung.

H6: *Je höher die wöchentliche Arbeitsstundenzahl,…*
    a. …desto belastender wird Zeitdruck empfinden.
    b. …desto stärker ist der Wunsch nach Entschleunigung.

4 Methode

Die Erhebung fand im Zeitraum vom 22.05. bis 07.06.2013 statt. Es konnten 588 gültige Datensätze gewonnen werden. Der Link zur Online-Befragung wurde über soziale Netzwerke sowie persönliche Kontakte via E-Mail, aber auch durch Hinweise in verschiedenen Internet-Foren (z.B. Kununu, ein Forum für Berufstätige) verteilt.

Der Online-Fragebogen wurde mittels EFS Survey erstellt und begann mit einem soziodemographischen Teil, im Anschluss wurden die Konstrukte Autonomie und Verhaltenskontrolle mittels 32 Items aus dem Trierer Persönlichkeitsfragebogen (TPF) erhoben. Im TPF werden die beiden Superfaktoren „Verhaltenskontrolle" und „seelische Gesundheit" abgefragt. In der vorliegenden Arbeit wurden lediglich zwei Konstrukte gewählt, zum einen der Superfaktor Verhaltenskontrolle sowie Autonomie, welches ein Unterfaktor der seelischen Gesundheit ist (Becker, 1995). Die Reliabilitäten für die beiden verwendeten Skalen Autonomie und Verhaltenskontrolle sind zufriedenstellend (je $\alpha = .78$; Becker, 1989). Im Anschluss folgten sechs Items zum *Overcommitment*. Sie entstammen dem ERI-Modell und weisen eine zufriedenstellende interne Konsistenz von $\alpha = .79$ auf (Siegrist, 2012). Im Anschluss an diesen Teil folgten selbst entwickelte Items zu den Themen Zeitdruck, Wunsch nach Entschleunigung, Hindernisse und Maßnahmen, welche dienlich wären, um das Leben zu entschleunigen sowie Zeitgestaltung im eigenen Leben.

5 Ergebnisse

An der Befragung nahmen $n = 350$ weibliche Personen (59,5%) und $n = 221$ männliche Personen (37,6%) teil. Die fehlenden 17 Datensätze (2,9%) erklären sich dadurch, dass der Fragebogen auch ohne die Beantwortung jeder Frage fortgesetzt werden konnte. Das Alter der Befragten lag zwischen 16 Jahren und 72 Jahren ($M = 27.95$, $SD = 9.96$). 301 Personen gaben an, aktuell Student oder Studentin zu sein. Mit 51,2% war dies die häufigste Nennung der aktuellen Tätigkeit. 24% der Befragten gaben an, in Vollzeit berufstätig zu sein. 8,8% gaben an, in Teilzeit berufstätig zu sein. Die restlichen Befragten teilten sich in Arbeitssuchende (2,9%), Auszubildende (2,7%), Praktikanten (2,0%) und Hausfrau/-mann (1,2%). 42 Personen (7,1%) haben „Sonstiges" angegeben.

Abbildung 1 zeigt, wie stark der Wunsch nach Entschleunigung vorhanden ist. Mit rund 30% gaben die meisten Befragten an, dass der Wunsch eher stark vorhanden ist.

Wunsch nach Entschleunigung

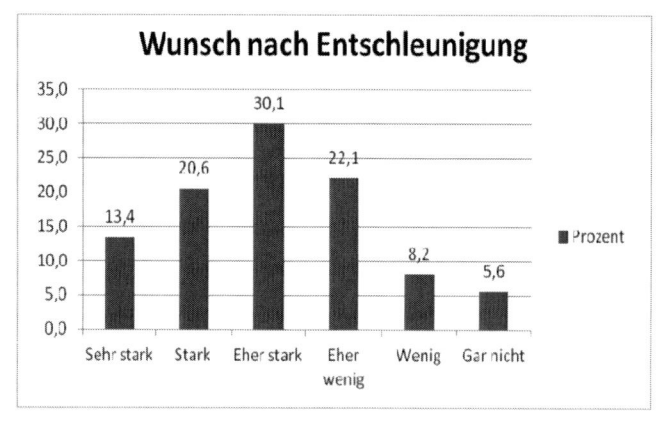

[Balkendiagramm: Sehr stark 13,4; Stark 20,6; Eher stark 30,1; Eher wenig 22,1; Wenig 8,2; Gar nicht 5,6 (Prozent)]

Abb. 1: Verteilung Wunsch nach Entschleunigung

5.1 Ergebnisse der Gruppenvergleiche

Die Hypothesen H1.a und H1.b gehen davon aus, dass der empfundene Zeitdruck und Wunsch nach Entschleunigung bei Berufstätigen stärker vorhanden ist als bei Studierenden. Tabelle 1 zeigt die Ergebnisse der *t*-Tests.

Die Hypothesen *Berufstätige belastet Zeitdruck stärker als Studenten* und *Berufstätige verspüren einen stärkeren Wunsch nach Entschleunigung als Studenten* wurden somit verworfen, da die Ergebnisse nicht signifikant sind beziehungsweise signifikant in unerwartete Richtung zeigen.

Tab. 1: Vergleich Belastung durch Zeitdruck und Wunsch nach Entschleunigung bei Berufstätigen und Studenten

Tätigkeit	Empfundener Zeitdruck	Signifikanz	Wunsch nach Entschleunigung	Signifikanz
Berufstätige	$M = 3.58$ $SD = 1.27$	$t(520) = 3.47$ $p < .01$	$M = 3.11$ $SD = 1.33$	$t(520) = 0.36$ $p > .05$
Studierende	$M = 3.18$ $SD = 1.31$		$M = 3.07$ $SD = 1.35$	

Tab. 2: Vergleich Belastung durch Zeitdruck und Wunsch nach Entschleunigung bei Männern und Frauen

Geschlecht	Empfundener Zeitdruck	Signifikanz	Wunsch nach Entschleunigung	Signifikanz
Männlich	$M = 3.62$ $SD = 1.41$	$t(425,91) = 3.92$ $p < .01$	$M = 3.30$ $SD = 1.43$	$t(429,52) = 3.14$ $p < .01$
Weiblich	$M = 3.16$ $SD = 1.25$		$M = 2.93$ $SD = 1.28$	

Anhand zweier Hypothesen (H2 und H3) wurde getestet, ob Männer und Frauen sich in der Belastung durch Zeitdruck und der Stärke des Wunsches nach Entschleunigung signifikant voneinander unterscheiden (s. Tab. 2).

Es konnte bestätigt werden, dass Frauen eine signifikant stärkere Belastung durch Zeitdruck und einen ebenfalls signifikant stärkeren Wunsch nach Entschleunigung empfinden. Somit wurden die beiden Hypothesen bestätigt.

5.2 Ergebnisse der Zusammenhangshypothesen

Hypothese H4 untersucht den Zusammenhang von Autonomie und dem Wunsch nach Entschleunigung. Die Hypothese geht von einem negativen Zusammenhang aus. Es konnte hypothesenkonform eine leichte, signifikant negative Korrelation der beiden Variablen festgestellt werden $r(566) = -.20, p < .01$. Für das Konstrukt der Verhaltenskontrolle konnten hingegen keine Zusammenhänge herausgefunden werden – weder in Bezug auf die Belastung durch Zeitdruck noch den Wunsch nach Entschleunigung.

Die Hypothesen 5.a und 5.b zielen auf den Zusammenhang zwischen Overcommitment und der Stärke der Belastung durch Zeitdruck einerseits sowie dem Wunsch nach Entschleunigung andererseits. Es ist zu beachten, dass Overcommitment anders skaliert ist als die Variablen Belastung durch Zeitdruck und Wunsch nach Entschleunigung. Bei Overcommitment steht ein niedriger Wert für eine niedrige Ausprägung, bei den anderen Variablen jeweils für eine hohe Ausprägung. Für Hypothese 5.a ergab sich ein Korrelationskoeffizient von $r(585) = -.49\ p < .01$. Diese negative Korrelation ist mittelstark und signifikant. Damit wird die bestätigt. Für die Hypothese 5.b ergibt sich $r(585) = -.35\ p < .01$. Auch diese negative Korrelation ist mittelstark und signifikant und somit wird auch Hypothese 5.b bestätigt.

Die Hypothesen 6.a und 6.b hinterfragen den Zusammenhang zwischen wöchentlicher Arbeitszeit und der empfundenen Belastung durch Zeitdruck (H6.a) und dem Wunsch nach Entschleunigung (H6.b). Es ergab sich für die Hypothese 6.a eine nicht signifikante Korrelation von $r(219) = -.10\ p > .05$. Auch Hypothese 6.b „*Je höher die wöchentliche Arbeitsstundenzahl, desto stärker ist der Wunsch nach Entschleunigung*" wird verworfen mit $r(219) = -.03\ p > .05$. Demnach besteht wider Erwarten kein Zusammenhang zwischen der wöchentlichen Arbeitszeit und der Belastung durch Zeitdruck beziehungsweise dem Wunsch nach Entschleunigung.

5.3 Explorative Datenauswertung – Ein Ausschnitt

Im Anschluss an die Hypothesenauswertung wurden explorativ weitere Zusammenhänge getestet, z. B. ob zwischen Alter und Autonomie respektive Overcommitment ein Zusammenhang besteht. Für den Zusammenhang zur Autonomie ergab sich eine negative, signifikante Korrelation von $r(566) = -.59\ p < .01$. Für Overcommitment ergab sich eine negative, nicht signifikante Korrelation von $r(585) = -.08\ p > .05$.

Abschließend wurde im Fragebogen folgende Frage gestellt: „*Haben Sie insgesamt in Ihrem Leben das Gefühl, Ihre Zeit frei gestalten zu können?*". 66% (im Folgenden Gruppe 1) beantworteten diese Frage mit „Ja". 33,7% (Gruppe 2) verneinen die Frage. Der Mittelwert für die empfundene Belastung durch Zeitdruck der Gruppe 1 ($M= 3.64, SD= 1.31$) ist höher als der Mittelwert der Gruppe 2 ($M = 2.75, SD = 1.16$). Die Mittelwertdifferenz erweist sich als signifikant $t(438,84) = 8.42,\ p < .01$. Da ein niedriger Wert für eine starke Belastung durch Zeitdruck steht, ist Gruppe 2 stärker belastet. Die Effektstärke erweist sich als mittelstark mit $d = .71$. Auch für den Wunsch nach Entschleunigung lässt sich eine signifikante Mittelwertsdifferenz belegen: Der Mittelwert der Gruppe 1 ($M= 3.39, SD=1.33$) ist höher als der Mittelwert der Gruppe 2 ($M = 2.47, SD = 1.14$) mit $t(453,06) = 8.66,\ p < .01$. Die Effektstärke erweist sich erneut als mittelstark mit $d = .73$. Abbildung 2 zeigt nochmals die Zusammenhänge zwischen den Variablen auf.

6 Diskussion

In der vorliegenden Studie zeigen sich signifikante Zusammenhänge zwischen den Konstrukten Autonomie und Overcommitment mit der Belastung durch Zeitdruck und dem empfundenen Wunsch nach Entschleunigung. Auch ergeben sich signifikante Unterschiede zwischen Männern und Frauen in Bezug auf die Belastung durch Zeitdruck und den Wunsch nach Entschleunigung. Demnach ergibt sich die Frage, welche Ursachen für die stärkere Belastung von Frauen und den ebenfalls stärkeren Wunsch nach Entschleunigung herangezogen werden können. Im explorativen Teil wurden die Erkenntnisse zusammengeführt und erneut getestet. Dabei dominierte die Frage, ob sich Männer und Frauen in den betrachteten Merkmalen signifikant voneinander unterscheiden und somit ein möglicher Erklärungsansatz für die Ergebnisse gefunden werden kann. In der vorliegenden Stichprobe ergibt sich ein signifikanter Unterschied. So weisen Männer ($M= 2.25, SD= .33$) ein höheres Maß an Autonomie auf als Frauen ($M = 2.38, SD = .31$). Diese Mittelwertdifferenz erweist sich als signifikant ($t(551) = -5.03,\ p < .01$). Overcommitment ist bei Frauen ($M = 2.55, SD = .52$) stärker ausgeprägt als bei Männern ($M= 2.31, SD= .55$). Auch diese Mittelwertdifferenz erweist sich als signifikant ($t(568) = -5.44,\ p < .01$).

Von besonderer Relevanz sind auch die Erkenntnisse über die Arbeitsbedingungen wie die wöchentliche Arbeitszeit und die Mitgestaltungsmöglichkeiten. So existiert kein Zusammenhang zwischen der wöchentlichen Arbeitszeit und dem Wunsch nach Entschleunigung. Von viel höherer Relevanz scheint zu sein, inwiefern ein Mensch das Gefühl hat, ob er seine Zeit frei gestalten kann. Kann ein Mensch sich beispielsweise freiwillig dazu entscheiden, eine hohe Anzahl an

Wochenstunden zu arbeiten, scheint dies sich weder auf den empfundenen Zeitdruck auszuwirken noch auf den Wunsch nach Entschleunigung. Dies spannt den Bogen zum Konstrukt der Autonomie und untermauert dessen Relevanz.

Dabei ist darauf hinzuweisen, dass Entschleunigung und deren Wahrnehmung im subjektiven Erleben der Befragten liegen. Dies birgt neben Subjektivität, welche sich auf die Vergleichbarkeit auswirkt, auch stets das Risiko der sozialen Erwünschtheit (Mummendey & Grau, 2008). Darüber hinaus stellt die Willkürlichkeit der Auswahl der Befragten einhergehend mit der freiwilligen Teilnahme und der Datengewinnung ausschließlich über das Internet eine Einschränkung der Aussagekraft und Generalisierbarkeit der Ergebnisse dar.

Für die Praxis – die Arbeitgeber, die Individuen selbst und die Gesellschaft – ergeben sich allerdings einige Anregungen. Für Arbeitgeber ist von Relevanz, dass die Befragten sich durchschnittlich eine 20% geringere Wochenarbeitszeit wünschen. Dies könnte ein Anlass für eine Reflexion der aktuellen Arbeitszeitmodelle in Deutschland sein. Darüber hinaus ist aus den Ergebnissen zu entnehmen, dass die Belastung durch Zeitdruck und der Wunsch nach Entschleunigung variieren, je nachdem, ob die betrachtete Person das Empfinden hat, die Zeit in ihrem Leben selbst kontrollieren zu können oder nicht. Dies spricht dafür, dass bei der Arbeitsgestaltung Rücksicht auf diesen Aspekt genommen werden sollte. So können flexible Arbeitszeiten, Gleitzeit, Sabbatical-Zeiten und Home-Office Ansätze darstellen, die eine eigene Zeiteinteilung zumindest teilweise ermöglichen.

Auch für Universitäten bietet sich ein ähnliches Bild. Dass Zeitdruck und der Wunsch nach Entschleunigung bei Studenten stärker ausgeprägt sind als bei den betrachteten Berufstätigen, gibt erneut Anlass zur kritischen Betrachtung des Studiensystems, gerade nach der Bologna-Reform. Betrachtet man die Ergebnisse dieser Arbeit gesellschaftlich, so liegt eine Empfehlung für jeden Einzelnen auf der Hand. Da Zeit in unserer Hochleistungsgesellschaft ein knappes Gut ist und dies vermutlich auch bleiben wird, sollten Eigenzeiten verstärkt berücksichtigt und so dazu beitragen, dass die verschiedenen Teile dieser Gesellschaft gesund sind und bleiben, denn nur dann kann langfristig Wohlstand erreicht werden.

Literatur

Becker, P. (1995). *Seelische Gesundheit und Verhaltenskontrolle: Eine integrative Persönlichkeitstheorie und ihre klinische Anwendung.* Göttingen: Hogrefe.

Becker, P. (1989). *Der Trierer Persönlichkeitsfragebogen TPF.* Göttingen: Hogrefe Verlag.

Bielenski, H., Bosch, G. & Wagner, A. (2002). *Working time preferences in sixteen European countries.* Verfügbar unter: http://www.eurofound.europa.eu/pubdocs/2002/07/en/1/ef0207en.pdf (02.01.2014).

BKK (2012). *Gesundheitsreport 2012.* Verfügbar unter: http://www.bkk-nordwest.de/pressecenter/publikationen/download/bkk_gesundheitsreport_2012.pdf (14.01.2014).

Borscheid, P. (2004). *Das Tempo-Virus. Eine Kulturgeschichte der Beschleunigung.* Frankfurt am Main: Campus.

Eurofound (2005). *Fourth European Working Conditions Survey.* Verfügbar unter: http://www.eurofound.europa.eu/pubdocs/2006/98/en/2/ef0698en.pdf (03.01.2014).

Ferrie, J. (2004). *WORK STRESS AND HEALTH: the Whitehall II study.* Verfügbar unter: http://www.ucl.ac.uk/whitehallII/pdf/Whitehallbooklet_1_.pdf (05.01.2013).

Forsa (2012). *TK-Stress-Studie NRW-Studenten 2012.* Verfügbar unter: https://www.tk.de/centaurus/servlet/contentblob/456454/Datei/60355/Forsa-Studie%20Studentenalltag%20in%20NRW.pdf (10.01.2014).

Forsa (2013). *Vorsätze für das Jahr 2014.* Verfügbar unter: http://www.dak.de/dak/download/Forsa-Umfrage_Gute_Vorsaetze_2014-1341626.pdf (14.01.2014).

Geißler, K. A. (1999). *Vom Tempo der Welt – und wie man es überlebt.* Freiburg im Breisgau: Herder .

Mummendey, H. D. & Grau, I. (2008). *Die Fragebogen-Methode.* 5., überarbeitete und erweiterte Auflage. Göttingen: Hogrefe.

Opitz, F. (2012). *Speed. Auf der Suche nach der verlorenen Zeit.* München: Wilhelm Goldmann Verlag.

Reheis, F. (1998*). Die Kreativität der Langsamkeit. Neuer Wohlstand durch Entschleunigung.* 2., überarbeitete und ergänzte Auflage. Darmstadt: Wissenschaftliche Buchgesellschaft.

Reheis, F. (2012). Entschleunigung. In E. P. Fischer & K. Wieglandt (Hrsg.), *Dimensionen der Zeit: Die Entschleunigung unseres Lebens* (S. 213-226). Frankfurt am Main: S. Fischer.

Rosa, H. (2005). *Beschleunigung. Die Veränderung der Zeitstrukturen in der Moderne.* Frankfurt am Main: Suhrkamp.

Rosa, H. (2012). Was heißt und zu welchem Ende sollen wir entschleunigen? In E. P. Fischer & K. Wieglandt (Hrsg.), *Dimensionen der Zeit: Die Entschleunigung unseres Lebens* (S. 35 - 67). Frankfurt am Main: S. Fischer.

Schnabel, U. (2012). *Einladung zur Langsamkeit. Über die Suche nach der richtigen Geschwindigkeit und die Rückeroberung der Muße.* Verfügbar unter: http://www.zeit.de/2012/50/Entschleunigung-Langsamkeit-Musse (15.01.2014).

Schulz, B. (2012). *Verein zur Verzögerung der Zeit: Lobbyisten der Langsamkeit.* Verfügbar unter: http://www.spiegel.de/panorama/gesellschaft/verein-zur-verzoegerung-der-zeit-martin-liebmann-ist-fuer-langsamkeit-a-854097.html (15.01.2014).

Sennet, R. (2006). *Der flexible Mensch. Die Kultur des neuen Kapitalismus.* Berlin: Berliner Taschenbuch.

Siegrist, J. (1996). *Soziale Krisen und Gesundheit.* Göttingen: Hogrefe & Co. KG.

Siegrist, J. (2012). *Effort-reward imbalance at work - theory, measurement and evidence.* Verfügbar unter: http://www.uniklinik-duesseldorf.de/fileadmin/Datenpool/einrichtungen/institut_fuer_medizinische_soziologie_id54/ERI/ERI-Website.pdf (03.01.2014).

Van Vegchel, N., Jonge, J. de, Bosma, H. & Schaufeli, W. (2005). Reviewing the effort reward imbalance model: Drawing up the balance of 45 empirical studies. *Social Science & Medicine, 60,* 1117-1131.

Stressbelastungen – ein Engpass für die Unternehmensentwicklung in der Landwirtschaft

Gregor Wittke, Thomas Sindelar

Eine Untersuchung unternehmerischer Engpässe von landwirtschaftlichen Betrieben in Deutschland und Österreich ergab Hinweise, dass man die obige Aussage zutrifft. Stressbelastungen sind demnach nicht nur aufgrund von damit verbundenen Fehlzeiten relevant, sondern auch, weil sie Landwirte behindern, in wichtigen Bereichen ihres Betriebs strategische Entscheidungen systematisch umzusetzen. Es wurde genauer untersucht, welche Stressauslöser besonders relevant sind.

1 Stress – ein Thema mit wachsender Bedeutung

Die Landwirtschaft ist ein Wirtschaftszweig mit besonders langer Tradition. Auch wenn er im Lauf der Jahrhunderte im Vergleich zur Industrie und später der Informationstechnologie an Bedeutung verlor, bleibt die Güte und Qualität landwirtschaftlicher Erzeugnisse eine Grundvoraussetzung für unsere Lebensqualität und behält so trotz sinkender Beschäftigtenzahlen seine große Bedeutung.

Zahlen von Krankenkassen, aus Unternehmen und aus wissenschaftlichen Untersuchungen deuten alle in die gleiche Richtung: Stress ist eine Belastung, die in der heutigen Gesellschaft für immer mehr Menschen bedrohliche Ausmaße annimmt. Das wird nicht nur durch die deutlich zugenommenen Berichterstattung zu Themen wie Stress und Burnout sichtbar, sondern auch anhand der Fehlzeitenstatistiken der gesetzlichen Krankenkassen.

1.1 Zahlen, Daten, Fakten …

Die Zahl der Krankschreibungen wegen Erschöpfungssymptomen hat sich zwischen 2004 und 2010 verneunfacht (Wido 2011). Die beiden Quadrate in der Zeichnung verdeutlichen den enormen Zuwachs.

Ca. 17% der arbeitenden Bevölkerung sind von einer schweren Erschöpfung betroffen. Das ist ungefähr jeder fünfte Erwerbstätige (BMAS 2013).

Die durchschnittliche Dauer einer psychischen Erkrankung ist 39 Tage (BKK Gesundheitsreport 2012). Die Kosten des Arbeitgebers dafür betragen pro feh-

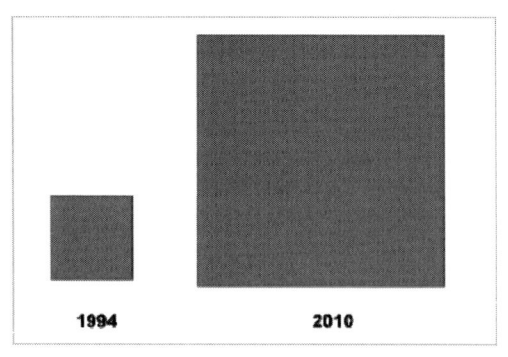

Abb. 1: Veränderung der Krankschreibung bis 2010

lendem Mitarbeiter und Tag nach Angaben der Bundesanstalt für Arbeitsschutz und Arbeitsmedizin (2013) im Sektor Landwirtschaft ca. 144 Euro – nur durch Produktionsverlust und Verlust der Bruttowertschöpfung. Noch nicht eingerechnet sind hierbei u.a. Qualitätsverluste und Kosten für Ersatzkräfte.

Die Zahlen des Bundesverbandes der Betriebskrankenkassen (BKK Gesundheitsreport 2012) geben im Durchschnitt über alle Branchen je 100 Versicherte 212 Fehltage im Jahr 2011 aufgrund psychischer Störungen an. Die Statistik nur für Landwirte zeigt für das Jahr 2011 nur 74 Fehltage je 100 Versicherter aus dem gleichen Grund an.

1.2 Sind Landwirte weniger von Stress und psychischen Erkrankungen betroffen?

Man könnte also annehmen, dass Landwirte weniger von Stress betroffen sind als die restliche Bevölkerung. Und tatsächlich verzeichnen die Statistiken für pflichtversicherte Landwirte weniger Fehlzeiten in der Kategorie „Psyche". Das mag damit zusammenhängen, dass viele Landwirte als Selbstständige hier nicht erfasst sind oder auch daran, dass Landwirte allgemein durch psychische Belastungen nicht so stark beansprucht werden, dass sie daran erkranken. Vielleicht verfügen sie über weniger Belastungen oder eine höhere Resilienz - also Widerstandsfähigkeit -gegen Stress.

1.3 Landwirte sind anders betroffen

Der landwirtschaftliche Sektor unterscheidet sich von anderen Wirtschaftsbereichen durch eine hohe Anzahl selbstständiger Unternehmer, weil viele Landwirte ihren eigenen Hof bewirtschaften. Die Folgen von Stress für selbstständige Landwirte sind, so ergab die weiter unten vorgestellte Studie, trotz der verhältnismäßig geringen Fehlzeiten beträchtlich.

Die verheerende Wirkung von Stress entsteht in der Landwirtschaft nicht so sehr auf der Kostenseite durch bezahlte, aber nicht geleistete Arbeitszeit, sondern dadurch, dass Stressthemen Landwirte daran hindern, ihren Betrieb strategisch und systematisch zu entwickeln. Dadurch gefährdet Stress die wirtschaftliche Existenz und den Fortbestand der Betriebe. Diese möglicherweise radikal klingende Aussage lässt sich nachvollziehen, wenn man die Studienergebnisse betrachtet.

1.4 Engpass-Studie und Voruntersuchung

Im Fokus der Untersuchung stehen die Engpässe, die Landwirte bzw. landwirtschaftliche Betriebe an der Erzeugung hoher Qualität hindern und auch daran, wirtschaftlich noch erfolgreicher zu sein. Als methodischer Rahmen für diese Überlegungen dient die Engpass-konzentrierte Strategie von Prof. Mewes aus St. Gallen (Friedrich et al. 2009). Dieser Strategieansatz zielt auf einen optimalen Kräfteeinsatz durch das Aufspüren von Engpässen, eine bestmögliche Ausrichtung auf eigene Stärken und die dazu passenden Zielgruppen im Markt ab.

2 Methodisches Vorgehen

Für die vorliegende Studie wurden Antworten von Landwirten aus drei Regionen in Niedersachsen ausgewertet, die im Jahr 2012 von den lokalen Landberatungen zu ihren Engpässen befragt wurden. Diese Befragung basierte auf einer empirischen Vorstudie der Land Uptodate AG, Hannover in Zusammenarbeit mit Dr. Gregor Wittke, Berlin, die die in einem mehrtägigen Beratungskontext entstandenen detaillierten Engpassanalysen von 50 Landwirten aus Deutschland und Österreich systematisch analysierte. Aus dieser Vorstudie entstand unter anderem der in der vorliegenden Untersuchung verwandte Fragebogen mit den 97 am häufigsten gefundenen Engpässen. Diese 97 Engpässe wurden nun von insgesamt 118 Landwirten aus drei Regionen in Niedersachsen: Hohe Geest, Verden und Sulingen hinsichtlich der erlebten täglichen Belastung / erlebten Engpässe auf einer Ratingskala von 1-7 bewertet. Alle Studienteilnehmer sind Kunden von regionalen Landberatungen, die diese Befragung jeweils in ihrer Region unabhängig voneinander durchführten. Die Rücklaufquote lag durchschnittlich bei 30%.

3 Ergebnisse

In der Befragung wurden 22 der insgesamt 97 Items über alle Teilnehmer mit einem Mittelwert oberhalb des Cut-Off Kriteriums (Skalenmittelwert) bewertet. Sie gelten damit als besonders kritische Engpässe für die gesamte Zielgrup-

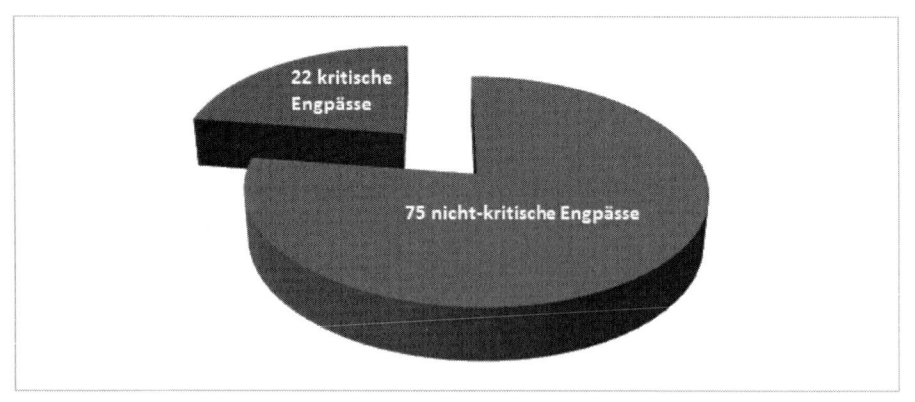

Abb. 2: 22 von 97 Engpässen kritisch

pe Landwirte. Einzelne Landwirte zeigen auch abweichende Belastungsprofile, so dass für eine betriebsindividuelle Rückmeldung immer Einzelergebnisse betrachtet werden müssten.

Ein Blick auf diese 22er Gruppe zeigt, dass dabei 64% der Items in die Kategorie „persönliche Faktoren" mit einem gemeinsamen Mittelwert von 4,4 fallen und 36% in „betriebliche Faktoren" mit einem Mittelwert von 4,3 (s. Abb. 3, Tab. 1, Tab. 2).

3.1 Zuordnung der 22 größten Engpässe zu den Denkstilen des HBDI

Weil die teilnehmenden Landberatungen i.d.R. den „Hermann Brain Dominance Test" (Hermann 1996) für eine Persönlichkeitsanalyse und ein Feedback an die Landwirte einsetzen, wurden die 22 als kritisch eingeschätzten Items für einen differenzierten Vergleich untereinander den vier Denkstil-Kategorien des HBDI-Modells zugeordnet. Dies geschah durch 3 unabhängige Rater. Das HBDI-Modell gruppiert Menschen entsprechend ihres dominanten Denkstils.

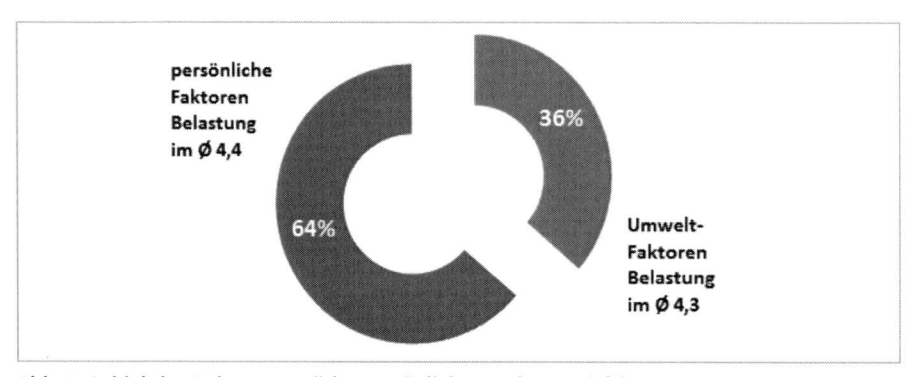

Abb. 3: Subjektive Belastungsstärke persönlicher und Umweltfaktoren

Tab. 1: wichtigste Engpässe aus dem Arbeitsumfeld

1	Auflagen Tierschutz
2	Schwierig neue Standorte zu erschließen
3	Zeit für Ideen fehlt
4	Finde schwierig Mitarbeiter
5	zu hohe Kosten f. mod. Technik
6	keine Zeit für Strategische Entwicklung
7	Finanzierung von weiteren Flächen
8	Motivation leidet im Büro

Tab. 2: wichtigste Engpässe aus dem Bereich persönliche Faktoren

1	Unsicherheit bzgl. ges. Entwicklung
2	Fehlende Zeit für Frau und Kinder
3	Fehlende Zeit für Freunde, Hobbies
4	Fehlende Zeit für sich persönlich
5	Gefühlter Druck durch Veränderungen am Markt
6	Gefühlter Druck wachsen zu müssen
7	Gefühlter Wettbewerbsdruck
8	Schwierigkeiten finanzielle Entscheidungen zu treffen
9	Zu hohes Arbeitspensum
10	Hoher eigener Erwartungsdruck
11	Fehlende innere Ruhe
12	Stressgefühl Flächen finden zu müssen
13	Fehlende Zeit für die Familie
14	Gefühlte Abhängigkeit von Verpächtern

Es handelt sich somit um eine moderne Typenlehre auf Grundlage der Neurowissenschaften. Den Denkstilen werden Farben zugeordnet: rational (blau), organisiert (grün), visionär (gelb) und zwischenmenschlich (rot).

In den Daten der vorliegenden Untersuchung zeigt sich ein Bild, das bereits in der Vorstudie gefunden wurde und zwar findet sich die Mehrzahl der gewichtigen Engpässe im roten (zwischenmenschlichen) Bereich (vgl. blaue, gelbe, rote und grüne Denkstile im HBDI).

Tab. 3: Auftretenshäufigkeit der Stress-Engpässe in den Typen des HBDI-Modells

Rot	8
Gelb	4
Grün	7
Blau	3

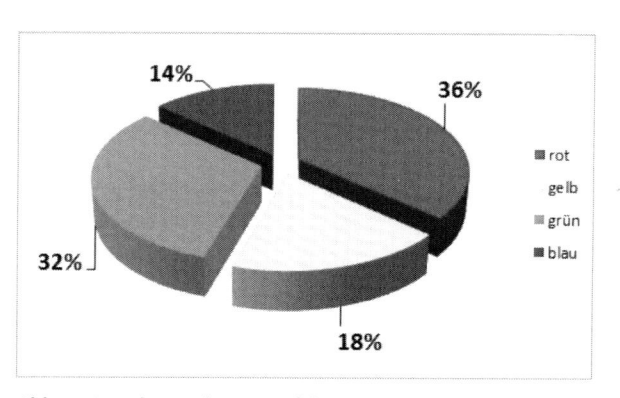

Abb. 4: Zuordnung der Stressfaktoren zum HBDI Modell

3.2 Rückschlüsse auf das Stresserleben

Die Auswertung der Antworten verdeutlicht zwei Dinge: Zum einen deuten die Daten darauf hin, dass Herausforderungen der Betriebsentwicklung auch immer gleichzeitig Herausforderungen der persönlichen Entwicklung der Landwirte (als Unternehmer) sind. Das wird dadurch besonders deutlich, dass die persönlichen Faktoren nicht nur häufiger, sondern auch als etwas stärker belastend angegeben werden. Zum zweiten zeigt die Zuordnung zu den Denkstil-Kategorien des HBDI, dass die Landwirte vor allem dort ihre Engpässe haben, wo sie typischerweise nicht ihre Denkstilpräferenzen haben. Die Landwirte haben typischerweise eine Dominanz im „blauen Bereich" (Wittke 2012) – dort finden sich die wenigsten Engpässe. Die meisten Engpässe finden sich im roten und grünen Bereich, wo die Berufsgruppe typischerweise schwächer im Denkstil ausgeprägt ist (s. Abb. 5).

Die Stärken der Landwirte liegen nach HBDI besonders im blauen (rationalen) Bereich. Die größte Gruppe der Engpässe liegt im genau gegenüberliegenden, roten (zwischenmenschlichen) Sektor

4 Empfehlung für Berater im landwirtschaftlichen Sektor

Die Untersuchungsergebnisse sind für mindestens zwei Berufsgruppen interessant. Das sind zum einen die Landwirte selbst, zum anderen sind es Berater im Landwirtschaftlichen Sektor, die die Landwirte zur Betriebsentwicklung beraten, was sie wie bereits erwähnt häufig nach der Engpass konzentrierten Strategie (Friedrich et al. 2009) tun. Die Ergebnisse der Untersuchung zeigen ganz klar solche Engpässe auf und dass diese vor allem auch im persönlichen Bereich liegen. Die Vermutung liegt also nahe, dass diese Engpässe die weitere positive betriebliche Entwicklung landwirtschaftlicher Betriebe ausbremsen. Für die Berater bedeutet dies, dass sie diese Engpässe mit in ihre Betrachtungen einbeziehen müssen, um mittel- und langfristig die richtige strategischen Entscheidungen herbeiführen zu können.

Vorschläge für das weitere Vorgehen der Landberatungen:

Dialog mit Kunden ausbauen
- Rückmeldung der Ergebnisse dieser Studie an die Kunden (Landwirte)
- Vertiefende Infoveranstaltung zu 2-3 wesentlichen Themen
- Public Relationarbeit: Artikel in der Regionalpresse schreiben
- Informationsangebote in Form von Texten und Vorträgen anbieten

Angebote auf Bedarf ausrichten
- Weitergehende Gespräche mit ausgewählten Landwirten, um z.B. auch Fortbildungs- und Beratungsangebote (neu) auf die Ergebnisse auszurichten

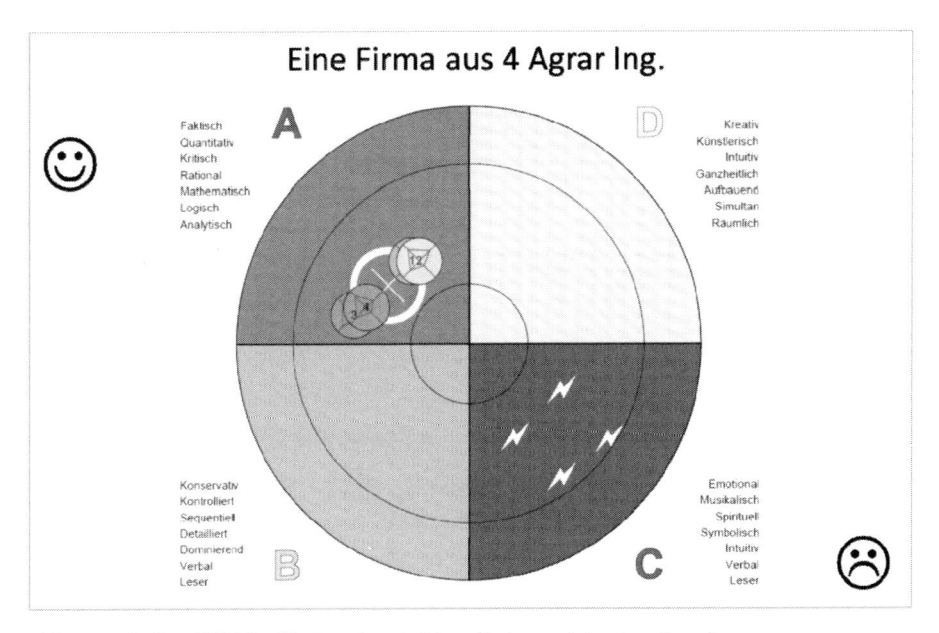

Abb. 5: typisches HBDI Profil eines Landwirts mit eingezeichneten Engpässen

- Einzelne Pilotangebote parallel zu Informationsangeboten anbieten / durchführen
- Betriebliche und persönliche Themen in der Beratung miteinander verbinden

Beratungsphilosophie
- Mehr „ganzheitliche" Betrachtungen in die Beratung einfließen lassen. Welchen Preis zahlt der Landwirt für das Wachstum? Welche persönlichen Kompetenzen, wie Wissen und Selbstkompetenzen (z.B. Umgang mit Unsicherheit) benötigt ein Landwirt als Mensch, um das Wachstum erfolgreich mitmachen zu können? Etc. ...

5 Empfehlung für Landwirte

Auch für die Landwirte selbst lassen sich Empfehlungen ableiten: Da die von den Landwirten genannten relevanten Engpässe in der Mehrzahl im persönlichen Bereich liegen, ist es notwendig, als Landwirt die eigene Situation zu analysieren, d.h. eine eigene Engpass-Analyse durchzuführen, die die bisher häufig tabuisierten persönlichen Aspekte mit einschließt. Entweder es gelingt den Landwirt-Unternehmern, ihre Engpässe selbst zu lösen, oder sie sollten professionelle arbeits- und wirtschaftspsychologische Beratung in Anspruch nehmen, genau wie die Mehrzahl vermutlich einen Steuerberater oder Anwalt für komplizierte steuerliche und rechtliche Fragen hinzuzieht.

Für eine eigene Engpass-Analyse im persönlichen Bereich kann man vier Betrachtungsebenen empfehlen, wie sie z.B. auch vom Stressreport 2012 des Bundesministeriums für Arbeit und Soziales berücksichtigt werden (BMAS 2013, Wittke 2013):
1. *Belastungen* (Stressursachen)
2. *Ressourcen* (Was hilft mir, mit Schwierigkeiten gut umzugehen, also eigene Kompetenzen, Unterstützung von Anderen, Arbeitsmittel, etc.)
3. *Kurzfristige Stressfolgen* (z.B. Konzentrationsmängel, Ungeduld, Kopfschmerzen, etc.)
4. *Langfristige Stressfolgen* (Leistungsabfall bei der Arbeit, sozialer Rückzug, Rückenschmerzen, Magenprobleme, etc.)

Wenn diese Punkte betriebsspezifisch und individuell für den betroffenen Landwirt analysiert werden, z.B. in Form einer Mindmap dargestellt und mit Kollegen oder der Familie diskutiert werden, ergeben sich wichtige Anhaltspunkte, wo ein Landwirt ansetzen kann, um Engpässe auszuräumen und die wirtschaftliche Entwicklung seines Betriebs voran zu bringen.

Literatur

BAUA (2013). *Volkswirtschaftliche Kosten durch Arbeitsunfähigkeit 2011*. Stand Juni 2013. Online verfügbar (Download am 29.12.2013) http://www.baua.de/de/Informationen-fuer-die-Praxis/Statistiken/Arbeitsunfaehigkeit/pdf/Kosten-2011.pdf

BMAS (2013). *Stark werden gegen Stress in der Arbeitswelt*. Presserklärung vom 29.01.2013

BKK (2012). *Gesundheitsreport 2012. Gesundheit fördern – Krankheit versorgen – mit Krankheit leben*. Essen: BKK Bundesverband

Friedrich, K., Malik, F. & Seiwert, L. (2009). *Das große 1x1 der Erfolgsstrategie*. Offenbach: GABAL Verlag.

Herrman N. (1996). *Whole Brain Business Book: Harnessing the Power of the Whole Brain Organization and the Whole Brain Individual*. New York: Mcgraw-Hill Professional.

Wido (2011). *Burnout auf dem Vormarsch*. Pressemitteilung des Wissenschaftlichen Instituts der AOK (Wido) vom 16.04.2011.

Wittke, G, (2012). *Unter Druck erfolgreich! Richtig mit Stress umgehen... Arbeit, Familie und Dorfleben*. Vortrag in Bomlitz vom 22.02.2012

Wittke, G. (2013). *Stress-Report 2012: Tipps für Freiberufler*. Online verfügbar [Download am 29.12.2013) http://www.freelancerwissen.de/gruendung_selbstaendigkeit/stress-report-2012-tipps-fur-freiberufler-16054.html

7 Lage der Wirtschaftspsychologie in Studium und Beruf

Perfect(ly) fit? – Eine empirische Analyse der aktuellen Anforderungen des Arbeitsmarktes an Wirtschaftspsychologen

Wera Aretz, Katja Mierke

Auf Basis einer empirischen Stellenmarktanalyse wurden erste Erkenntnisse darüber gewonnen, welche Anforderungen an Bewerber auf Positionen gestellt werden, die prinzipiell für Absolventen eines wirtschaftspsychologischen Studiengangs in Frage kommen. Von besonderem Interesse war, welche fachlichen und überfachlichen Kompetenzen erwartet werden, in welchen Branchen und Teildisziplinen besonders viele Stellen ausgeschrieben sind, und mit wem Wirtschaftspsychologen am Arbeitsmarkt konkurrieren.

Keywords: Arbeitsmarktlage, Schlüsselqualifikationen, Kompetenzprofil, Interdisziplinarität

1 Wirtschaftspsychologie im Spiegel der Arbeitsmarktanforderungen

Seit Hugo Münsterberg 1912 mit seinem Werk „Psychologie und Wirtschaftsleben" den damaligen drastischen Veränderungen der Arbeits- wie der Konsumbedingungen Rechnung trug und damit einen Meilenstein für die Etablierung des Faches Wirtschaftspsychologie legte, sind über 100 Jahre vergangen. Wirtschaftspsychologie bzw. Arbeits-, Betriebs- und Organisationspsychologie sowie Markt-, Werbe- und Medienpsychologie haben sich exponentiell weiterentwickelt, professionalisiert und ausdifferenziert (vgl. Klauk & Lück, 2007). Unternehmen und Verwaltungen haben längst den besonderen Wert erkannt, den psychologisches Knowhow bietet, um den Herausforderungen fortschreitender Globalisierung, steigender Qualitätsanforderungen an Produkte und Dienstleistungen sowie schneller Veränderungen auf unterschiedlichen Ebenen zu begegnen.

Die Spannbreite der Einsatzmöglichkeiten für Wirtschaftspsychologen ist dabei enorm und „reicht von Personalentwicklung über Marktforschung bis hin zu Coaching" (Agentur für Arbeit, 2014, S. 10). Personalpsychologie als eines der größten Arbeitsmarktsegmente beispielsweise umfasst in Zeiten von

Fach- und Führungskräftemangel bekanntlich nicht nur die gezielte Förderung und Entwicklung sowie Bindung der bestehenden Führungskräfte und Mitarbeiter, sondern auch die Neuakquise, also die Felder Employer Branding, Personalmarketing und Eignungsdiagnostik, sowie die wissenschaftlich fundierte Evaluation dieser Maßnahmen zum Wirksamkeitsnachweis gegenüber den Unternehmen (Mendius et al., 2014). Organisationspsychologen betätigen sich demgegenüber vor allem im wachsenden Feld der Veränderungsbegleitung: Sie entwickeln Aufbau- und Ablauforganisation weiter oder gestalten Change-Prozesse im Zuge von Fusionen, Neustrukturierungen oder Globalisierung so, dass die Qualität der internen Kommunikation, das Vertrauen der Mitarbeiter und ein positives, innovationsfreundliches Arbeitsklima erhalten bleiben oder verbessert werden. Spezielle Dienstleistungen aus beiden Anwendungsbereichen werden wiederum von Unternehmensberatern, Trainern und Coaches auch auf freiberuflicher Basis angeboten. Markt- und Meinungsforscher sowie Werbe- und Konsumpsychologen befassen sich mit der Erfassung von gesellschaftlichen Trends und Strömungen aller Art, mit der zielgruppengerechten Platzierung von Produkten sowie der Konzeption und Evaluation passender werblicher Kommunikationsmaßnahmen. Auch die arbeits- oder ingenieurspsychologische Optimierung von Mensch-Maschine-Interaktionen, Ergonomie in Arbeitsumgebungen und Produktionsabläufen oder Unterstützung bei der bedienungsfreundlichen Gestaltung von Software-Oberflächen (sog. Usability) bieten interessante Tätigkeitsfelder für Psychologen (Mendius et al., 2014; Reinhardt, 2013). Dieser kurze Abriss einiger der wichtigsten Berufsbilder soll lediglich deren Vielfalt und das damit verbundene Spektrum konkreter Tätigkeiten von Wirtschaftspsychologen illustrieren. Vertiefend sei auf Reinhardt (2013) sowie das umfassend recherchierte Herausgeberwerk von Mendius und Werther (2014) verwiesen, die einen fundierten und zugleich jeweils durch Interviews mit Praktikern in nahezu allen Bereichen der Psychologie sehr anschaulichen Überblick geben.

Dass wiederum ein klassisches universitäres Psychologiestudium kaum auf die praktische berufliche Tätigkeit in wirtschaftspsychologischen wie klinischen oder anderen Anwendungsfeldern vorbereitet hat, stellt ein seit vielen Jahren bekanntes Problem dar (z. B. Amelang & Schröder, 1979; Giesler, 2003). So haben Briedis und Minks (2003) Psychologieabsolventen ein bis anderthalb Jahre nach ihrem Diplom befragt und fanden, dass diese sich zwar überwiegend gut oder sehr gut auf wissenschaftliche Tätigkeiten vorbereitet fühlen, jedoch nur 17% berufspraktisches Handeln als im Studium gut oder sehr gut eingeübt einschätzen. Die Verknüpfung von Theorie und Praxis im Studium wurde ebenfalls als mittelmäßig bis schlecht beurteilt (s. a. Günther, 1998a, 1998b). Dies verwundert kaum, wenn man sich vor Augen führt, dass die Lehrenden an Universitäten selbst überwiegend oder ausschließlich über „praktische" Expertise in Forschung und Publikationen verfügen.

Unternehmen fordern neben mehr Praxisnähe vor allem eine Loslösung aus dem System streng getrennter Wissenschaftsdisziplinen hin zu stärkerer Interdisziplinarität, die die am Arbeitsmarkt gefragten Qualifikationskombinationen abbildet (Günther & Franke, 2007; s. a. Konegen-Grenier & List, 1993 aus Sicht der Betriebswirtschaftslehre). Auch der Wissenschaftsrat (2000) formuliert die Forderung nach mehr Anwendungsorientierung, Internationalität und Interdisziplinarität in der akademischen Ausbildung. Wünschenswert wäre es demnach, relevante Aspekte aus den jeweiligen Nachbardisziplinen in die Ausbildung zu integrieren. Eine solche Verzahnung wissenschaftlicher Fundierung mit Praxisorientierung und Interdisziplinarität ist im deutschen Bildungssystem wiederum traditionell kennzeichnend für Studiengänge an Fachhochschulen (Mendius & Werther, 2014), deren weitgehende formale Gleichstellung mit den Universitäten im Zuge der Bologna-Reform 1999 somit an dieser Stelle besondere Chancen bietet.

Nur wenige Arbeiten haben sich bislang direkt damit befasst, welche Anforderungen Arbeitgeber generell an (Diplom-)Psychologen stellen (Stock, 2006). Eine Befragung der Deutschen Gesellschaft für Psychologie ergab hierzu, dass Kenntnisse in Diagnostik (s.a. Bausch, 2001) sowie in der Durchführung von Trainings und wissenschaftlichen Studien von besonderer Bedeutung zu sein scheinen. Weiterhin wurden Kompetenzen in Datenanalyse und entsprechender Ergebnispräsentation, in wissenschaftlichen und wirtschaftlichen Kontexten zudem eine hohe Vortragskompetenz genannt (Schneider, 2005). Stock (2006) befragte 80 Verantwortliche aus DAX30- und NDAX- Unternehmen sowie aus großen öffentlichen Verwaltungen dazu, was sie – spezifisch für den arbeits- und organisationspsychologischen Arbeitsmarkt – von Psychologieabsolventen erwarten. Diese stuften spezifisches Fachwissen aus der Arbeits- und Organisationspsychologie, grundständiges psychologisches Wissen sowie Praktika in renommierten Unternehmen als wesentlich bedeutsamer ein als einen Auslandsaufenthalt, eine sehr gute Abschlussnote oder ein zügiges Studium. Im Vergleich zwischen Unternehmen und Verwaltungen war zudem auffällig, dass Unternehmen signifikant mehr Wert auf fachübergreifende Kenntnisse, konkret in Betriebswirtschaftslehre und Vergütungsmodellen legen. Über alle befragten Branchen hinweg wurden weiterhin Kenntnisse in der Konzeption und Durchführung von Trainings, Gesprächsführung und Beratung, projektbezogenem Arbeiten, in Arbeitskoordination und Gestaltung, Präsentationstechniken und im Umgang mit Office-Software für wichtig befunden (Stock, 2006).

Diese Fertigkeiten sind im weiteren Sinne dem zuzurechnen, was mittlerweile allgemein als „Skills-Bereich" bezeichnet wird, und dessen Integration in das Pflichtcurriculum eines jeden akademischen Studiums Teil der Bologna-Reform im europäischen Hochschulraum war (s. a. die entsprechenden Empfehlungen der Deutschen Gesellschaft für Psychologie DGPs, 2005). Sie konstituieren zudem die zentralen Bausteine beruflicher Handlungskompetenz nach Richter (1995). Die von ihr vorgeschlagene Untergliederung beruflicher Handlungskompetenz in Methoden-, Sozial- und Selbstkompetenz ist in Abbildung 1 illustriert und soll im Rahmen der hier vorgenommen Analyse von Stellenanforderungen als Strukturierungshilfe zugrunde gelegt werden.

Sozialkompetenz
Ermöglicht die Interaktion mit Kollegen, Vorgesetzten und Kunden

Selbstkompetenz
Beinhaltet den Umgang mit sich selbst, seinen kompetenten Fertigkeiten und Erwartungswerten

Handlungskompetenz

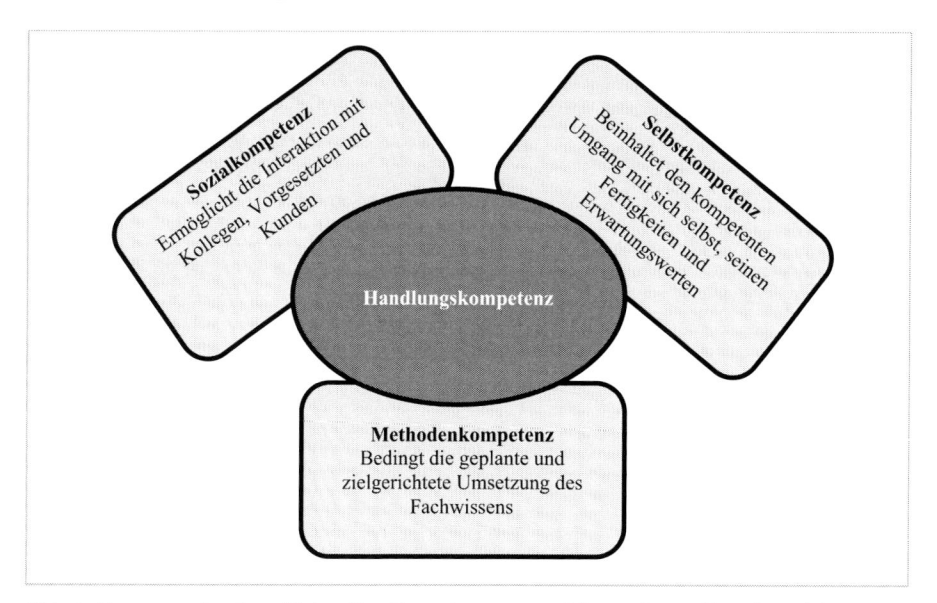

Methodenkompetenz
Bedingt die geplante und zielgerichtete Umsetzung des Fachwissens

Abb. 1: Komponenten beruflicher Handlungskompetenz (eigene Darstellung in Anlehnung an Richter, 1995)

Zusammen genommen waren also allgemeine Forderungen von Wirtschaft, Gesellschaft und Betroffenen an die jüngsten Hochschulreformen mehr Interdisziplinarität, mehr Praxisnähe, und eine stärkere Förderung überfachlicher Schlüsselqualifikationen. In wirtschaftspsychologischen Studiengangskonzepten wird versucht, dem Rechnung zu tragen , indem einerseits eine interdisziplinäre Verzahnung von psychologischen mit wirtschafts- und rechtswissenschaftlichen Inhalten erfolgt, andererseits eine Verzahnung wissenschaftlicher mit methodisch-praktischer, sozialer und Persönlichkeitsbildung hergestellt wird. Aber entspricht das resultierende Kompetenzprofil tatsächlich nach wie vor den aktuellen Anforderungen des Arbeitsmarktes? Welche Kompetenzen sind maßgeblich, in welchen Bereichen und Branchen werden Stellen ausgeschrieben, die für Wirtschaftspsychologieabsolventen in Frage kommen, und mit wem konkurrieren sie dabei?

Erste Antworten auf diese Fragen zu liefern, war Ziel der vorliegenden Analyse von Stellenausschreibungen im wirtschaftspsychologischen Bereich, die zugleich ein Bild der aktuellen Lage der Wirtschaftspsychologie am Arbeitsmarkt zu zeichnen erlaubt.

2 Fragestellung und Überblick

Vor dem Hintergrund der oben skizzierten dynamischen Entwicklung sowohl des Anwendungsportfolios des Studiums als auch der schnellen Ausbreitung wirtschaftspsychologischer Bildungsangebote in jüngster Zeit ist es umso erstaunlicher, dass derzeit noch keine systematischen Auswertungen dazu vorliegen, welche Stellen der Arbeitsmarkt für Wirtschaftspsychologen ausschreibt. Hierbei standen die folgenden Forschungsfragen im Vordergrund, nämlich

- wie viele Stellenprofile für Absolventen eines wirtschaftspsychologischen Studiengangs in Frage kommen,
- in welchen Teildisziplinen und
- Branchen sowie
- auf welcher Hierarchiestufe diese angesiedelt sind,
- mit welchen verwandten akademischen Abschlüssen die Absolventen des Studiengangs Wirtschaftspsychologie konkurrieren, und
- welche überfachlichen Schlüsselqualifikationen erwartet werden, sowie weiterhin
- in wie vielen Stellenausschreibungen Berufserfahrung erwartet wird.

Etwas mehr Klarheit über diese Fragen zu gewinnen, war das Ziel eines systematischen Stellenmarkt-Monitorings, das in 2012 und 2013 jeweils über mehrere Monate auf Basis einer Analyse gängiger Online-Jobbörsen erfolgte und in das N = 261 für Wirtschaftspsychologen relevante Ausschreibungen berücksichtigt wurden.

3 Der Arbeitsmarkt für Wirtschaftspsychologen – Ein Stellenmonitoring

Um einen Überblick darüber zu gewinnen, welche Anforderungen der Arbeitsmarkt an Bewerber auf Positionen in typischen wirtschaftspsychologischen Tätigkeitsfeldern stellt, wurde über insgesamt 13 Monate gängige Online-Jobbörsen (z. B. Stepstone, Monster, Jobware, Jobbörse der Arbeitsagentur, Careerbuilder) überwacht und die dort platzierten Ausschreibungen analysiert.

3.1 Methode

Das Monitoring erfolgte in den Zeiträumen Januar bis Oktober 2012 sowie Mai bis Juli 2013. Als Auswahlkriterium diente das im Text des Stellenangebots geforderte Abschluss- sowie Tätigkeitsprofil, konkret die Schlagworte Wirtschaftspsychologie, Markt-, Werbe-, Medienpsychologie, Arbeitspsychologie, Personalpsychologie und Organisationspsychologie. Zusätzlich wurden auch Stellengesuche in die Analyse integriert, die einen wirtschaftspsychologischen Tätigkeitsbereich umschrieben (z. B. Leiter Personalentwicklung, Marktforscher etc.). Insgesamt wurden im genannten Zeitraum N = 261 Stellenanzeigen als relevant erfasst und analysiert. Tabelle 1 zeigt, wie diese zunächst nach inhaltlichen Schlagworten in sechs Kategorien zusammengefasst wurden, die sich weitgehend mit der in der Wirtschaftspsychologieüblichen Struktur der Teildisziplinen decken, und dokumentiert sowohl Beispiele für Stellenbezeichnungen für jede Kategorie sowie die im Monitoringzeitraum beobachtete Anzahl von Ausschreibungen je Kategorie.

Diese Stellenanzeigen wurden den oben genannten Forschungsfragen folgend dahingehend analysiert, welche Abschlüsse gefordert werden, in welcher Branche und auf welcher Hierarchiestufe die Stelle angesiedelt ist, und welche Anforderungen über den akademischen Abschluss hinaus gestellt werden, beispielsweise hinsichtlich Schlüsselqualifikationen oder Berufserfahrung.

Tab. 1: Kategorisierung und Anzahl der Stellenbezeichnungen je Kategorie

Kategorie	Beispiele Stellenbezeichnungen	Anzahl Stellen
Personalpsychologie	(Senior) Personalberater; Berater Personaldiagnostik; Referent Personalentwicklung & Training; (Senior) Consultant; Junior HR Consultant; Assistenz Personalabteilung; HR Business Partner; HR Experte, HR Generalist; HR Manager, Personalentwickler; Teamleiter Personalbetreuung; Teamleiter Personalmarketing und HR Koordination	176
Organisationspsychologie	Berater für Organisationsentwicklung und Prozessmanagement; Berater Social Collaboration; Manager Learning & Organizational Development; Referenten für die Unternehmensentwicklung; Referent Change Management; Support Kundenkommunikation (Changemanagement)	35
Markt-, Werbe-, Medienpsychologie	Marktforscher; Spezialist Aftersales, CRM und Dialogkommunikation; Spezialist Digitales Kommunikationsmanagement User Experience; Specialist E-Commerce Consultants; Market Research Technology; Project Manager Research & Modelling; Professional Berater „Brand Management"	14
Arbeitspsychologie	ABO-Psychologen; Arbeits- und Gesundheitsschutz; Supply Chain (Arbeitspsychologie)	3
Sonstiger Bereich (nicht eindeutig den wirtschaftspsychologischen Disziplinen zuzuordnen)	Wissenschaftliche/r Mitarbeiter/in (80 %) Produktmanager für Studium und Weiterbildung	12
Praktikant	Praktikanten/ innen Public Relations; Praktikum im Bereich Sales; Praktikant Inhouse Consulting	33

3.2 Ergebnisse

Zunächst wurde betrachtet, welche akademischen Abschlüsse in den Stellenanzeigen genannt werden. Hierbei war zunächst die Frage von Interesse, wie häufig der Abschluss Wirtschaftspsychologe/Wirtschaftspsychologie explizit gefordert wurde und inwieweit in den Stellenanzeigen zwischen dem Bachelor- respektive Masterabschluss differenziert wird. Bei näherer Analyse der Stellenausschreibungen ergab sich, dass die Erfassung der verschiedenartigen Formulierung hinsichtlich der geforderten Abschlüsse in den Stellenausschreibung eine differenziertere Kategorisierung notwendig macht, wie in Tabelle 2 dargestellt.

Diese Darstellung macht zunächst deutlich, dass das Studium der Wirtschaftspsychologie in n = 142 Stellenausschreibungen explizit benannt wurde; eine Unterscheidung zwischen den Abschlüssen Bachelor oder Master allerdings zunächst ausbleibt. Ebenfalls wird gut illustriert, mit welchen anderen Studiengängen Absolventen des Studiengangs Wirtschaftspsychologie konkurrieren (siehe auch Tabelle 3). So werden - um zwei Beispiele zu nennen - für eine Position als Berater für Organisationsentwicklung und Prozessmanagement (w/m) „ein abgeschlossenes Studium vorzugsweise der Wirtschaftspsychologie, -pädagogik oder -informatik, Sozial- und Kommunikationswissenschaften oder Betriebswirtschaft mit Schwerpunkt Organisationsentwicklung" verlangt, für eine Stelle als Personalreferent heißt es in der Ausschreibung „Sie haben ein betriebswirtschaftliches Studium idealerweise mit den Schwerpunkten im Personalmanagement und/oder Arbeitsrecht oder ein Studium der Pädagogik bzw. ein Studium als Wirtschaftsjurist / Wirtschaftspsychologe mit einschlägigen Praktika". Die Tabellen 2 und 3 zeigen die Ergebnisse zu den geforderten Abschlüssen im Überblick. Stellenanzeigen, die nur „ein abgeschlossenes Hoch-

Tab. 2: In den Ausschreibungen geforderter Abschluss mit Bezug zur Wirtschaftspsychologie

Akademische Abschlüsse	Anzahl N = 209
Wirtschaftspsychologie als Studium benannt	142
Wirtschaftspsychologisches Studium; Abschluss nicht näher spezifiziert	133
Bachelorabschluss Wirtschaftspsychologie	2
Master- oder Diplomabschluss Wirtschafts-/Organisationspsychologie	7
Wirtschaftspsychologie als Studienschwerpunkt benannt	33
Schwerpunkt Wirtschaftspsychologie bei artverwandtem Studium	28
Schwerpunkt Wirtschaftspsychologie; Studium nicht näher benannt	5
Artverwandtes Studium als Abschluss	22
Hochschulstudium nicht näher spezifiziert	11
Promotion	1

schulstudium" voraussetzten, ohne die Fachrichtung zu benennen, wurden der Kategorie „Hochschulstudium nicht näher spezifiziert" zugeordnet. Stellenausschreibungen, die sich auf studentische Tätigkeiten bezogen, wurden nicht erfasst (z.B. „Sie haben bereits einige Semester in einem wirtschaftswissenschaftlichen Studium (BWL, Wirtschaftspsychologie, o.ä.) idealerweise mit Schwerpunkt Marketing absolviert").

Insgesamt n = 142 und somit 67% der von uns als in Frage kommend eingestuften Stellenanzeigen benennen Wirtschaftspsychologie explizit als einen möglichen Abschluss, weitere n = 33, also 16% einen Schwerpunkt in Wirtschaftspsychologie. Tabelle 3 zeigt, welche artverwandten Studienabschlüsse zusätzlich oder alternativ in den Stellenanzeigen benannt werden, was verdeutlicht, mit welchen Disziplinen Absolventen der Wirtschaftspsychologie am Arbeitsmarkt konkurrieren. Demnach konkurrieren Wirtschaftspsychologen am stärksten mit Absolventen der Psychologie, der Betriebswirtschaftslehre sowie der Wirtschaftswissenschaften.

Weiterhin war die Frage von Interesse, in welchen Branchen und auf welcher Hierarchiestufe die ausgeschriebenen Positionen angesiedelt sind. Tabelle 3 zeigt diejenigen Branchen, die innerhalb der ausgewerteten Anzeigen häufiger als drei Mal genannt waren.

Es wird deutlich, dass Personal- und Unternehmensberatungen sowie die unter Sonstige zusammengefasste Finanz- und Reisebranche den größten Anteil der Ausschreibungen stellen, während sich die übrigen Bereiche in etwa gleich verteilen. Hierzu ist allerdings zu sagen, dass natürlich gerade mittelständische und große Unternehmen jedweder Branche Bedarf beispielsweise an Human Ressource Verantwortlichen haben oder Fachleute für Unternehmenskommuni-

Tab. 3: Kategorisierung und Anzahl der in den Stellenbezeichnungen geforderten artverwandten Studienabschlüsse

Artverwandte Studienabschlüssen in Stellenausschreibungen	Anzahl (n)
Psychologie	99
Betriebswirtschaftslehre	68
Wirtschaftswissenschaften	57
Pädagogik	43
Wirtschaftspädagogik	17
Sozialwissenschaften	19
Soziologie	16
Kommunikationswissenschaften	10
Wirtschaftsingenieur	10
Volkswirtschaftslehre	4
Wirtschaftsjurist	3

Tab. 4: Häufigkeiten ausgeschriebener Positionen nach Branche

Branche	Anzahl *(n)*
Personal- und Unternehmensberatungen	80
Sonstiges (z.B. Banken, Reisebranche)	75
Elektrotechnik (z.B. Bosch)	17
Wissenschaft & Forschung (z.B. Hochschule Fresenius)	13
IT/Internet (z.B. Hetzer Online)	11
Dienstleistung (z.B. TÜV)	10
Energie & Wasserversorgung (z.B. Enercon)	10
Gesundheit und Soziales (z.B. Klinikum)	9
Versicherung (z.B. Arag)	6
Wirtschaftsprüfung (z.B. Deloitte)	5
Chemie (z.B. Bayer)	4
Kommunikation & Medien (z.B. Vodafone)	4

kation benötigen, die Branche an sich also letztlich für die Tätigkeit des Wirtschaftspsychologen nur von untergeordneter Relevanz ist.

In welcher Weise die Stellenbezeichnungen in verschiedene Hierarchieebenen kategorisiert wurden, und wie viele der hier berücksichtigten Ausschreibungen jeweils auf diese fünf Hierarchieebenen entfallen, ist in Tabelle 5 aufgeführt.

Ergänzend zu der hierarchischen Betrachtung der Stellenbezeichnungen interessierte uns ferner, welche inhaltlichen Schwerpunkte aus den Stellenbezeichnungen lesbar waren. Zu diesem Zwecke wurden die Stellenbezeichnungen in Form einer Schlagwortsuche analysiert. Die Ergebnisse sind in Tabelle 6 dargestellt.

Die inhaltliche Schlagwortsuche illustriert, dass im überwiegenden Anteil der Stellenausschreibungen Bewerber mit Kompetenzen im Bereich der Personalentwicklung gesucht werden. Ebenfalls werden für Wirtschaftspsychologen eine Vielzahl von Positionen als (Personal-)Referenten, Berater/Consultant oder Manager ausgeschrieben. Ein weiterer nicht unbeträchtlicher Anteil der Stellenausschreibungen umfasst organisationspsychologische Themen (Organisationentwicklung / Change Management), also die Veränderungsbegleitung in Unternehmen. Fasst man die Kategorien Organisation und Change zusammen, so entfallen auf diesen Bereich immerhin 32 Stellenausschreibungen. Es ist offensichtlich, dass die gewählten Kategorien nicht durchgängig klar voneinander abgrenzbar sind, was der Heterogenität der Stellenbeschreibungen bzw. -formulierungen geschuldet ist, die teils Positionen, teils Inhalte in den Vordergrund stellen. Dieses Problem wird in der Diskussion aufgegriffen.

Schließlich wurden die Anzeigen daraufhin betrachtet, welche überfachlichen oder Schlüsselqualifikationen von den Bewerbern erwartet werden und wie

Tab. 5: Klassifikation der Stellenbezeichnungen nach Hierarchieebene und jeweilige Anzahl

Hierarchie-ebene	Exemplarische Stellenbezeichnungen	Anzahl (n)
1	**Senior**	15
	Senior Consultant; Partner Manager; Senior Referent; Senior Referent; (Senior) Referent (m/w); Trainingskoordination; Senior-Personalreferent; Führungskräfteentwicklung und -betreuung; (Senior) Personalberater	15
2	**Manager/Berater/Consult**	70
	Consultant für Assessment- und Development Center; Personal-Manager; Manager Organisationsentwicklung; Manager Organizational Development; Personalleiter; Berater Recruiting Competence Center; Research Consult	70
3	**Junior Manager/Consult**	10
	Junior HR Consultant, Junior Trainer / Coach Qualitätsmanagement, Junior Recruiter, (Junior) Human Resources Manager, Nachwuchsführungskraft Personalwesen	10
4	**Ohne eindeutige Führungsverantwortung**	108
	Referenten: Personalreferent, Referent Personalmarketing, Referent Personalentwicklung	28
	Personalentwickler: Personalentwickler	9
	Mitarbeiter: Mitarbeiter Personalentwicklung, Mitarbeiter für den Bereich Personaldiagnostik, Mitarbeiter für das Internationale Recruiting	16
	Wissenschaftlicher Mitarbeiter: Wissenschaftliche/r Mitarbeiter/in Experimentelle Wirtschaftspsychologie	8
	Assistenz: Vorstandsassistent Human Resources, Assistent/-in Personalwesen, Projektassistent im Bereich Change Management	9
	Sonstiges: ABO-Psychologen, Organisations-Psychologin / -psychologe	38
5	**Werkstudent/Praktikum**	58
	Werkstudent: Werkstudent Personal mit Social Media Affinität, Werkstudent Change Management Kommunikation, Werkstudent Vertrieb/Onlinewerbung	9
	Praktikum: Praktikum im Bereich Human Resources, Praktikum im Bereich Organisations- und Führungskräfteentwicklung, Praktikum Sales	49

Tab. 6: Inhaltliche Schlagworte der Stellenbezeichnungen

Bezeichnung/ Schlagwort	Beispiele	Anzahl (n)
Personalentwicklung	Personalentwickler (m/w), Spezialist (m/w) Personalentwicklung und Rekrutierung, Leiter Personalentwicklung, Mitarbeiter/-in für den Bereich Personalentwicklung	43
Referent	Personalreferent (m/w) Personalmarketing / Personalentwicklung, Referent (m/w) Change Management, Personalreferent/Recruiter, -entwicklung und –betreuung, Referent Change Management (w/m)	40
Berater/ Consultant	Senior Consultant (m/w) Management-Assessment und -Audit, Consultant (m/w) Personalvertrieb, Berater (m/w) Bereich Personaldiagnostik, Professional Berater/in „Brand Management"	33
Manager	HR-Manager (m/w), Manager Learning & Organizational Development, Project Manager Research & Modelling (m/w), Strategische/-r Personalmanager/-in, Manager Organisationsentwicklung (m/w)	27
Recruiter	Recruiter (m/w), Talent Recruiter (m/w), Mitarbeiter für das Internationale Recruiting (m/w)	20
Organisation	Spezialist in Personal und Organisationsentwicklung, Manager Organisationsentwicklung (m/w), Projektleiter (m/w) mit Schwerpunkt Organisationsentwicklung, Senior Manager (m/w) Business Efficiency & Organisation Strategy	20
Change	Projektassistent (m/w) im Bereich Change Management, Support in der Kundenkommunikation (Changemanagement), Projektleiter (m/w) mit Schwerpunkt Organisationsentwicklung und Change (Voll- oder Teilzeit)	12
Leiter	Research Consultants / Projektleiter (m/w), Teamleiter Personalentwicklung / Personalmarketing und HR Koordination (m/w), Teamleiter Recruiting Competence Center (m/w)	15
Marktforscher/ Research	Consultants (m/w) Market Research Technology, Marktforscher	7
Wissenschaftliche Mitarbeiter	Wissenschaftlicher Mitarbeiter (w/m), Wissenschaftlicher Mitarbeiter/Assistenz der Geschäftsleitung (m/ w) in Unternehmensberatung	8
Coach	Fachexperte (m/w) Personal-/Organisationsentwicklung & Business Coaching, Junior Trainer / Coach Qualitätsmanagement (w/m)	3

häufig Berufserfahrung gefordert ist. Einem Modell von Richter (1995, vertiefend s. Aretz & Mierke, 2014, in diesem Band) folgend wurden die in den Anzeigentexten genannten überfachlichen Schlüsselqualifikationen dabei nach Methoden-, Sozial-, und Selbstkompetenzen klassifiziert. Tabelle 7 zeigt, welche Methodenkompetenzen in den einbezogenen Ausschreibungen mit welcher Häufigkeit genannt werden. Hierbei sind nur solche berücksichtigt, die über alle Stellenbeschreibungen hinweg mindestens zehn Mal genannt wurden.

Es fällt auf, dass mit weitem Abstand am häufigsten englische Sprachkenntnisse sowie ein sicherer Umgang mit den gängigen MS-Office-Anwendungen gefordert werden. Weitere wichtige Methodenkompetenzen umfassen Projekt- und Zeitmanagement, analytische, konzeptionelle und organisatorische Fähigkeiten, sowie Methoden der empirischen Sozialforschung. Welche Sozialkompetenzen in den Anzeigen gefordert sind und wie häufig diese jeweils genannt wurden, ist in Tabelle 8 veranschaulicht, wobei hier nur solche aufgeführt sind, die über alle Anzeigen hinweg häufiger als fünf Mal genannt waren.

Kommunikations- und Teamfähigkeit stellen demnach die wichtigsten sozialen Fertigkeiten dar, die von den Stellenbewerbern erwartet werden. Aber auch Einsatzbereitschaft und Motivation sowie Überzeugungsfähigkeit, Kreativität, Offenheit und Innovation gleichfalls Durchsetzungsvermögen und allgemeine Sozialkompetenz sind aus Arbeitgebersicht bedeutsam. Schließlich sind in Tabelle 9 diejenigen Schlüsselqualifikationen mit ihren Nennungshäufigkeiten dargestellt, die wir nach dem Modell von Richter (1995) dem Bereich der Selbstkompetenzen zugeordnet haben.

Tab. 7: Geforderte Methodenkompetenz und ihre Nennungshäufigkeit

Methodenkompetenzen	Anzahl (n)
Englisch	165
Sicherer Umgang mit den gängigen MS Office-Anwendungen	133
Analytische Fähigkeiten	53
Projekt- und/oder Zeitmanagement	43
Konzeptionelle Fähigkeiten	37
Organisationsfähigkeit	36
Methoden der empirischen Sozialforschung/SPSS/Statistik	31
Kundenorientierung	21
Unternehmerisches/betriebswirtschaftliches Denken und/oder Handeln	19
Berater-/ungskompetenz	17
Moderations- und/oder Präsentationfähigkeit	16
SAP-Anwenderkenntnisse/IT-gestützten Logistik- und Bestellprozessen	14
Wissenschaftliche Kompetenz	12

Hier stechen insbesondere eine selbstständige Arbeitsweise und Eigeninitiative /-verantwortung der Kandidaten als bedeutsam hervor, aber wie die Tabelle zeigt, werden auch Selbstkompetenzen wie Flexibilität, Verantwortungsbewusstsein, Ziel- und Lösungsorientierung und viele andere häufig als wünschenswerte Qualifikationen aufgeführt. Schließlich war für die vorliegende Studie von Interesse, wie viele der für Absolventen eines wirtschaftspsychologi-

Tab. 8: Geforderte Sozialkompetenz und ihre Nennungshäufigkeit

Sozialkompetenzen	Anzahl (n)
Kommunikationsfähigkeit	161
Teamfähigkeit	109
Einsatzbereitschaft/Motivation	54
Überzeugungsfähigkeit	35
Kreativität, Offenheit, Innovation	30
Durchsetzungsvermögen	28
Soziale Kompetenz	27
Begeisterungsfähigkeit	24
Interkulturelle Kompetenz	20
Integrität/Vertrauenswürdigkeit	12
Empathie/Gespür	10
Charisma/Ausstrahlung	5

Tab. 9: Geforderte Selbstkompetenzen und ihre Nennungshäufigkeit

Selbstkompetenzen	Anzahl (n)
Selbstständige Arbeitsweise	88
Eigeninitiative/-verantwortung	84
Flexibilität	46
Verantwortungsbewusstsein	41
Ziel-/Lösungsorientierung	41
Reisebereitschaft	39
Belastbarkeit	35
Vernetztes und/oder kritisches Denken	34
Zuverlässigkeit/Sorgfalt	31
Zielorientierung	18

schen Studiengangs in Frage kommenden Stellen explizit voraussetzen, dass Bewerber bereits über Berufserfahrung verfügen. Dies war bei n = 93, also rund 35% der einbezogenen Ausschreibungen der Fall.

4 Zusammenfassung und Diskussion

Zusammenfassend lässt sich sagen, dass die Stellenmarktanalyse ein ausgesprochen positives Bild ergibt: Wirtschaftspsychologen werden explizit gesucht, in einem Großteil der aufgrund eher klassischer Schlagworte selektierten Ausschreibungen wird ein Studium der Wirtschaftspsychologie als qualifizierend benannt. Die Ergebnisse zeigen, dass die Einsatzmöglichkeiten von Wirtschaftspsychologen vielfältig sind. In den analysierten Stellenausschreibungen wurde nach Mitarbeitern auf allen Hierarchieebenen gesucht, und die ausgeschriebenen Tätigkeiten lassen sich in die klassischen Teildisziplinen der Wirtschaftspsychologie einordnen: Sie reichen von Marktforschung, über E-Commerce und Produktmanagement, bis hin zu Change-Management bzw. Organisationsentwicklung und den klassischen Themen des Personalmanagements. Besonders gute Arbeitsmöglichkeiten bietet der Bereich Personalpsychologie. In HR-Abteilungen von Unternehmen unterschiedlichster Branchen sowie in Personal- und Unternehmensberatungen ist das Kompetenzprofil von Wirtschaftspsychologen gefragt. Eine Vielzahl von Stellen sind dabei im Bereich der Personalentwicklung angesiedelt, ebenso wie im Bereich der Referententätigkeit, Beratung/Consulting, Management, Recruiting oder Change Management. Die Ergebnisse zeigen zudem, dass insbesondere Zusatzqualifikationen im Bereich der sprachlichen, methodisch-diagnostischen wie sozialen und Selbstkompetenzen eine hohe Bedeutung zugemessen wird, was sich mit bisherigen Erhebungen deckt (vgl. Schneider, 2005; Stock, 2006). Die wichtigsten überfachlichen Fähigkeiten umfassen – in der Reihenfolge der Nennungshäufigkeit – sehr gute Englischkenntnisse, Kommunikationsfähigkeit, sicherer Umgang mit Office-Software, Teamfähigkeit, eine selbstständige Arbeitsweise, Eigeninitiative und Überzeugungsfähigkeit. Berufserfahrung ist zusätzlich von Vorteil, jedoch nur bei einem Drittel der Stellen obligatorisch.

Kritisch ist anzumerken, dass die hier vorgenommenen Kategorisierungen von Teildisziplinen und Branchen im Wesentlichen nach pragmatischen Gesichtspunkten und „Augenscheinvalidität" erfolgte, was stellenweise zu Überschneidungen führt. Diese sind nicht zuletzt den idiosynkratischen und heterogenen Formulierungen von Stellenausschreibungen geschuldet, die teils die Position (z. B. Manager, Leiter), teils das inhaltliche Tätigkeitsfeld (z. B. Personalentwicklung) in den Vordergrund stellen. Die vorgelegte Datensituation ist insofern grundsätzlich behutsam zu interpretieren und insgesamt eher explorativer Natur. Entsprechend erheben die vorgeschlagenen Klassifikationsversuche keinen Anspruch auf absolute Objektivität oder Alleingültigkeit. Ihren primären Zweck, nämlich einen ersten heuristischen Überblick über die aktuelle Nachfragesituation am Arbeitsmarkt zu geben, erfüllt die Stellenmarktanalyse unserer Auffassung nach dessen ungeachtet.

Wie lassen sich diese Ergebnisse vor dem Hintergrund der Bologna-Reform für die Ausbildung von Wirtschaftspsychologen an Hochschulen interpretieren? Zunächst gilt es, die Anforderungen des Arbeitsmarktes in den Curricula wirtschaftspsychologischer Bachelor- und Masterstudiengänge zu berücksichtigen. Neben der Hinwendung zur (Wirtschafts-)Psychologie sollten wirtschaftswissenschaftliche Kompetenzen und ein umfassendes Skills-Curriculum in das Studium integriert werden. Der Vorteil eines Studienangebots, welches auf Interdisziplinarität angelegt ist, liegt in der Erzielung einer größtmöglichen Passung der Absolventen für die Anforderungen des Arbeitsmarktes. Wirtschaftspsychologen konkurrieren auf dem Arbeitsmarkt mit Psychologen, Betriebswirten und Wirtschaftswissenschaftlern. Ein Kompetenzprofil, das beide Themenfelder integriert, erachten wir daher als ein überzeugend und attraktivitätssteigernd. Darüber hinaus erwarten Arbeitgeber vielfältige Schlüsselqualifikationen, die im Rahmen des Studiums in besonderer Weise gefördert werden müssen. Überzeugende Lehr- und Lernkonzepte zur Persönlichkeitsbildung, insbesondere zur Förderung von Schlüsselqualifikation wie Teamfähigkeit und selbstständiger Arbeitsweise beispielsweise durch Case Studies und Projektarbeiten mit Kooperationspartnern aus Wirtschaft und Gesellschaft können hier die überfachlichen Kompetenzen der Absolventen vertiefen (Klauk, 2007). Weiterhin kann so nachhaltige Arbeitsmarktpassung durch die von allen Seiten jenseits des Wissenschaftsbetriebs immer wieder geforderte Praxisnähe (Briedis & Minks, 2003) sichergestellt werden. Wirtschaftspsychologie als junges Fach und Studium an der Schnittstelle von grundständiger Psychologie, Wirtschafts- und Sozialwissenschaften erfordert von denen, die in ihren Teildisziplinen tätig sein wollen, neben Soft Skills und der Fähigkeit und Bereitschaft zum lebenslangen Lernen vor allem eines: interdisziplinäre Flexibilität. Diese zu gewährleisten ist Hauptziel und integraler Bestandteil der wirtschaftspsychologischen Studiengangskonzeptionen, wie sie mittlerweile an einigen Hochschulen umgesetzt wird, also der gezielten Kombination von psychologischem und ökonomischem Wissen sowie soliden Methodenkenntnissen im akademischen Profil. Daher bot es sich in einem zweiten Schritt an, die faktische Vermittelbarkeit von Absolventen eines solchen wirtschaftspsychologischen Studiums in den Arbeitsmarkt anhand ihres weiteren akademischen und beruflichen Werdegangs empirisch zu erfassen. Die Ergebnisse werden im Beitrag von Aretz und Mierke (2014, in diesem Band) berichtet.

Literatur

Agentur für Arbeit (2014). *Hintergrund Psychologen: Unterschiedliche Arbeitsfelder*. Verfügbar unter: http://www.abi.de/beruf-karriere/arbeitsmarkt/arbeitsmarktberichte/mug/psychologen-hintergrund011227.htm (15.10.2014).

Amelang, M. & Schröder, W. (1979). Psychologen im Beruf: Mitteilung über die Fortschreibung einer Erhebung. *Psychologische Rundschau, 30,* 83-87.

Backhausen, W. & Thommen, J.-P. (2003). *Coaching.* Wiesbaden: Gabler.

Bausch, M. (2001). Psychologe/Psychologin. Gesamtbetrachtung zum Beruf und zur allgemeinen Arbeitssituation. In Zentralstelle für Arbeitsvermittlung der Bundesanstalt für Arbeit (Hrsg.), *Informationen für Arbeits- und Vermittlungsdienste, 47,* 3569-3600.

Bloss, M. (2014). *Praktika als Karrieresprungbrett.* Konstanz: UTB.

Briedis, K. & Minks, K.-H. (2003). *Zwischen Hochschule und Arbeitsmarkt. Eine Befragung der Hochschulabsolventinnen und Hochschulabsolventen des Prüfungsjahres 2001.* Hannover: HIS GmbH.

Deutsche Gesellschaft für Psychologie (2005). *Empfehlungen der Deutschen Gesellschaft für Psychologie e.V. (DGPs) zur Einrichtung von Bachelor- und Masterstudiengängen in Psychologie an den Universitäten.* http://www.dgps.de/_download/2005/BMEmpfehlungDGPs.pdf.

Frensch, P. A. (2013). Zur Lage der Psychologie als Fach, Wissenschaft und Beruf. *Psychologische Rundschau, 64*(1), 1-15.

Giesler, J. M. (2003). *Merkmale der Studienmotivation von Studierenden des Fachs Psychologie.* Regensburg: Roderer.

Günther, U. (1998a). Fachhochschulstudiengang Wirtschaftspsychologie: Berufsperspektiven, hochschulpolitischer Standort, Theorie-Praxis-Verhältnis. *Psychologische Rundschau, 49,* 1.

Günther, U. (1998b). Über Praxisnähe, Arbeitsmarktchancen und Perspektiven. Zur Kritik an psychologischen Fachhochschulstudiengängen. *Psychologische Rundschau, 49,* 206-210.

Günther, U. & Franke, R. (2007). Was ist Wirtschaftspsychologie? Einführung in einen jungen Studiengang. In B. Klauk & T. Stäudel (Hrsg.), *Studienführer Wirtschaftspsychologie* (S. 11-16). Lengerich: Pabst.

Hasselhorn, M. (2009). Zur Lage der Psychologie als Fach, Beruf und Wissenschaft. *Psychologische Rundschau, 60*(1), 1-7.

Kanning, U. P., Thielsch, M. T., Traeumer, L. & Brandenburg, T. (2012). Gaudeamus igitur? Das Psychologiestudium aus Sicht von Berufspraktikern. *Report Psychologie, 10/12,* 390-398.

Klauk, B. (2007). Soft Skills. In B. Klauk & T. Stäudel (Hrsg.), *Studienführer Wirtschaftspsychologie* (S. 63-68). Lengerich: Pabst.

Klauk, B. & Lück, H. E. (2007). Sternstunden der Wirtschaftspsychologie. In B. Klauk & T. Stäudel (Hrsg.), *Studienführer Wirtschaftspsychologie* (S. 17-30). Lengerich: Pabst.

Klauk, U. & Stäudel, T. (2007). Vorwort. In B. Klauk & T. Stäudel (Hrsg.), *Studienführer Wirtschaftspsychologie* (S. 7-8). Lengerich: Pabst.

Konegen-Grenier, C. & List, J. (1993). *Die Anforderungen der Wirtschaft an das BWL-Studium: Ergebnisse einer Unternehmensbefragung. Beiträge zur Gesellschaft und Bildungspolitik des Instituts der Deutschen Wirtschaft, 188.* Köln: Deutscher Instituts-Verlag.

Mendius, K., Mendius, M., Olos, L., Stephan, B., Stephany, U. & Werther, S. (2014). Berufsfelder für Wirtschaftspsychologen. In M. Mendius & S. Werther (Hrsg.), *Faszination Psychologie – Berufsfelder und Karrierewege* (S. 57-124). Berlin, Heidelberg: Springer VS.

Mendius, M. & Werther, S. (2014). Studienabschlüsse. In M. Mendius & S. Werther (Hrsg.), *Faszination Psychologie – Berufsfelder und Karrierewege* (S. 5-10). Berlin, Heidelberg: Springer VS.

Müller-Böling, D. & Zürn, M. (2007). *Private Hochschulen in Deutschland - Reformmotor oder Randerscheinung?* Berlin: HSoG Publishing.

Reinhardt, S. (2013). *Psychologie als Beruf. Die faszinierende Welt einer Profession.* Weinheim: Beltz.

Richter, C. (1995). *Schlüsselqualifikationen.* Alling: Sandmann.

Schneider, W. (2005). Zur Lage der Psychologie in Zeiten hinreichender, knapper und immer knapperer finanzieller Ressourcen: Entwicklungstrends der letzten 35 Jahre. *Psychologische Rundschau, 56*(1), 2-19.

Schily, K. (2007). Die Rolle privater Hochschulen in Deutschlang. In D. Müller-Böling & M. Zürn (Hrsg.), *Private Hochschulen in Deutschland - Reformmotor oder Randerscheinung?* (S. 11-25). Berlin: HSoG Publishing.

Stock, A. (2006). Psychologie im Beruf. *Zeitschrift für Personalpsychologie, 5*(1), 23-30.

Wissenschaftsrat der Bundesrepublik Deutschland (2000). *Thesen zur künftigen Entwicklung des Wissenschaftssystems in Deutschland.* Köln.

Perfect(ly) fit! Eine empirische Analyse der akademischen und beruflichen Werdegänge von Absolventen der Wirtschaftspsychologie

Wera Aretz, Katja Mierke

Wirtschaftspsychologie als interdisziplinäres und praxisnahes Studiengangskonzept hat in den letzten Jahren am deutschen Bildungsmarkt extreme Verbreitung gefunden. Eine Analyse von N = 524 Absolventenprofilen auf einer beruflichen Networking-Plattform gibt Aufschluss über deren Arbeitsmarktpassung, also in welchen Unternehmen, Branchen und Positionen Bachelorabsolventen ihren Berufseinstieg meistern, wie viele von ihnen zusätzlich ein Masterprogramm absolvieren, und wie lange die Stellensuche im Schnitt gedauert hat.

Keywords: Berufseinstieg, Arbeitsmarktpassung, Employability, Interdisziplinarität

1 Wandel der deutschen Hochschullandschaft

Mit der Einführung des Bachelor- und Mastersystems im Zuge der Bologna-Reform 1999 wurde der Weg für zahlreiche neue, insbesondere interdisziplinär ausgerichtete Studiengänge geebnet, die eine Entwicklung weg von traditionellen Fachbereichsgrenzen hin zu mehr praktischer Berufsnähe widerspiegeln. Dies entsprach einer wichtigen Forderung des Wissenschaftsrats (2000). Zugleich wurden in der deutschen Hochschullandschaft Universitäten und ehemalige Fachhochschulen formal gleichgestellt, und der Privathochschulbereich hat mit zahlreichen Neugründungen einen wahren Boom erlebt (Müller-Böling & Zürn, 2005). Das Renommee von und die Nachfrage nach privaten Hochschulen basiert dabei vielfach auf qualitativ hochwertiger Lehre (Schily, 2005), international ausgerichteten Studiengängen, kleinen Studierendengruppen, und einem straff organisierten Studium. Weiterhin heben sich hier gerade Hochschulen in Tradition der früheren Fachhochschulen von Universitäten durch die geforderte berufspraktische Expertise der Lehrenden, ein umfangreiches Netzwerk an Kooperationspartnern in der Wirtschaft sowie durch vielfältige Zusatzangebote, Trainings oder Coachings ab, bei denen die Verbesserung der

Sozial- und Selbst(management)kompetenzen im Vordergrund steht (Backhaus & Thommen, 2006). So soll die akademische Qualifikation der Absolventen durch handlungsnahe Erfahrungen in Projektarbeiten und Praktika einerseits sowie durch eine Förderung der Persönlichkeitsentwicklung andererseits abgerundet und diese optimal für den Eintritt ins Erwerbsleben vorbereitet werden.

Gerade wirtschaftspsychologische Studiengänge haben im Zuge dieser Veränderungen und Neuausrichtungen eine besonders dynamische Entwicklung erlebt. Ziel des vorliegenden Beitrags ist es, eine erste Evaluation eines solchen Bildungsangebots auf seine Arbeitsmarktpassung hin vorzunehmen, indem die akademischen und beruflichen Werdegänge von 524 Bachelorabsolventen eines seit 2006 etablierten Studiengangs Wirtschaftspsychologie empirisch analysiert werden. Zunächst soll jedoch die Verbreitung und Ausrichtung wirtschaftspsychologischer Studiengänge näher beleuchtet werden.

2 Wirtschaftspsychologie am Bildungsmarkt

Während noch im Jahre 2007 die Studienrichtung Wirtschaftspsychologie bundesweit an insgesamt elf Hochschulen vertreten war (Klauk & Städel, 2007), bieten derzeit 30 Universitäten und Hochschulen an insgesamt 70 Standorten wirtschaftspsychologische Bachelorstudiengänge an. Ein wirtschaftspsychologisches Masterprogramm offerieren immerhin 15 Hochschulen und Universitäten an 38 Standorten (Stand Oktober 2014). Insgesamt kombinieren die Programme in der Regel ein grundständiges psychologisches Studium im interdisziplinären Paket mit Arbeitsrecht, Volks- und Betriebswirtschaftslehre sowie einer umfangreichen Vermittlung praxisnaher Schlüsselqualifikationen und Skills (vgl. Mendius et al., 2014; Reinhardt, 2013, s. a. die Empfehlungen der Deutschen Gesellschaft für Psychologie, 2005). Sie entsprechen damit in wesentlichen Punkten den Forderungen aus Wirtschaft und Gesellschaft nach mehr Interdisziplinarität und Praxisnähe (s.a. Aretz & Mierke, 2014, in diesem Band). Methodenkenntnisse (z. B. Statistik, Methodenlehre und Evaluation sowie Diagnostik) stellen darüber hinaus noch immer ein wertvolles Alleinstellungsmerkmal von Psychologen gegenüber beispielsweise anderen Sozial- und Wirtschaftswissenschaftlern dar (Mendius et al., 2014) und werden daher in den Curricula in aller Regel ebenfalls angemessen umfangreich berücksichtigt (Deutsche Gesellschaft für Psychologie, 2005).

Die rasante Ausweitung des Angebots wirtschaftspsychologischer Programme hat dabei mehrere Gründe. Zum einen stoßen die Studiengangskonzepte auf starkes Interesse seitens der Studierenden, die ein wissenschaftlich fundiertes Verständnis menschlichen Erlebens und Verhaltens im wirtschaftlichen Kontext intuitiv als beruflich erfolgversprechend einschätzen. Zum anderen hat die Expertise von Wirtschaftspsychologen mittlerweile auch in der Praxis überzeugt, wovon u. a. immer mehr auf wirtschaftspsychologische Kompetenzprofile abzielende Stellenausschreibungen zeugen (s. Aretz & Mierke, 2014, in diesem Band). Für Studierende, die bereits bei Aufnahme ihres Studiums wissen, dass sie in einen bestimmten Anwendungsbereich der Psychologie wie beispielsweise die Wirtschaftspsychologie gehen möchten, wird oft nachdrücklich ein entsprechend einschlägig ausgerichtetes Hochschul- anstelle eines universitären Studiums empfohlen (Mendius et al., 2014; Mendius & Werther, 2014; Reinhardt, 2013). Gerade die umfassende Praxiserfahrung, die hier üblicherweise im Rahmen des oder neben dem Studium erworben wurde, ist nach einer Studie von Kanning, Thielsch, Traeumer und Brandenburg (2012) aus Sicht der Unternehmen ein besonders geschätzter Vorteil bei Berufsanfängern.

3 Überfachliche Kompetenzen und Praxisnähe als Schlüssel zum Berufseinstieg?

Neben einer Vereinheitlichung und damit einer Erleichterung des Studienortwechsels war es ein wichtiges Ziel der Einführung des Bachelor- und Mastersystems, dass die erworbenen Abschlüsse nicht länger allein akademischer, sondern stärker berufsqualifizierender Natur sein sollen. Insbesondere sollte bereits der Bachelor explizit einen ersten berufsqualifizierenden Abschluss darstellen. Obwohl dies aus Sicht der an Universitäten Lehrenden und Studierenden weiterhin als schwierig gilt (Frensch, 2013), stellen Mendius und Werther (2014) ausdrücklich heraus, dass diese Einschätzung nicht auf sämtliche Anwendungsfelder übertragbar ist, da gerade beispielsweise in Beratungsstellen oder eben in der Wirtschaftspsychologie „durchaus ein erfolgreicher Berufseinstieg direkt nach dem Bachelor möglich ist" (Mendius & Werther, 2014, S. 9). Dies empirisch zu überprüfen, ist ein wesentliches Ziel der vorliegenden Studie.

Nicht nur Unternehmen, auch akademisch ausgerichtete Berufsverbände, wie die Deutsche Gesellschaft für Psychologie (2005), sowie nicht zuletzt die Studierenden selbst haben lange Jahre gefordert, dass im (Psychologie-)Studium stärker vermittelt werden muss, was später im Beruf an praktischen Fertigkeiten gefragt ist (Briedis & Minks; Giesler, 2003; s. a. Günther, 1998a, 1998b). Auch dieser Forderung wurde im Zuge der Bologna-Reform insofern entsprochen, als zahlreiche Curricula um verpflichtende sogenannte Skillsmodule, wie Moderation und Präsentation, Rhetorik, Projektmanagement oder Business English, ergänzt wurden. In Kombination mit praxisnaher Lehre sollten derart angereicherte Studiengänge das ideale Fundament für das liefern, was Richter (1995) als Handlungskompetenz bezeichnet, jene Schlüsselqualifikation also, die es erlaubt, erworbene Fachkenntnisse in effektives berufliches Handeln zu übersetzen. Diese umfassen methodische, soziale und Selbststeuerungskompetenzen wie z. B. Zeit- und Selbstmanagement (s. Aretz & Mierke, 2014 in diesem Band).

Sofern es im Zuge der neuen Hochschulausbildungskonzepte gelungen ist, die Vermittlung praxisrelevanter Methodenkenntnisse sowie eine Förderung von sozialen Kompetenzen wie Selbststeuerungskompetenzen effektiv umzusetzen, sollte die berufliche Handlungskompetenz der Absolventen deutlich gestärkt werden. Auch die Kombination von berufsrelevanten Kenntnissen und Fertigkeiten unterschiedlicher Disziplinen in einem Studiengang wie dem der Wirtschaftspsychologie zielt darauf ab, den Studierenden einen nahtloseren Berufseinstieg zu ermöglichen. Aber schlägt sich diese Idee einer Verzahnung von psychologischen mit wirtschafts- und rechtswissenschaftlichen Curricula einerseits sowie einer Verzahnung von wissenschaftlicher, methodisch-praktischer, sozialer und Persönlichkeitsbildung andererseits tatsächlich in einer guten Vermittelbarkeit der Absolventen in qualifizierte Positionen am Arbeitsmarkt nieder? Ist der Bachelor tatsächlich praktisch ein berufsqualifizierender Abschluss oder stehen attraktive Stellen in bestimmten Tätigkeitsbereichen, Branchen oder auf höherer Hierarchieebene letztlich doch nur Studierenden offen, die zusätzlich einen Masterabschluss erwerben?

4 Fragestellung und Überblick

Vor dem Hintergrund der oben skizzierten dynamischen Ausbreitung wirtschaftspsychologischer Bildungsangebote in jüngster Zeit überrascht, dass derzeit noch keine systematischen Auswertungen dazu vorliegen, welchen beruflichen und/oder akademischen Werdegang Absolventen der Wirtschaftspsychologie bestreiten. Ziel der vorliegenden Studie war zu überprüfen, wie es faktisch um die Arbeitsmarktchancen von Absolventen eines Wirtschaftspsychologischen Studiums bestellt ist. Hierzu wurde der akademische und berufliche Werdegang von N = 524 Absolventen des Bachelorstudiengangs Wirtschaftspsychologie der Hochschule Fresenius auf Grundlage der Profilangaben auf der professionellen Networking-Plattform XING analysiert. Die Analyse der Absolventenprofile soll – im Sinne einer Analyse des beruflichen Werdegangs – Aufschluss darüber geben,
- wie viel Zeit zwischen Studienabschluss und Antritt der ersten Stelle vergangen ist,
- in welchen Teildisziplinen der Wirtschaftspsychologie die Absolventen eine Stelle annehmen,
- welche Stellen mit welcher Bezeichnungen bekleidet werden,
- in welchen Branchen sie arbeiten,
- und wie groß die Arbeitgeber-Unternehmen sind, und
- auf welcher Hierarchieebene die Stellen angesiedelt sind.

Weiterhin waren bei der Profilanalyse Fragen nach dem weiteren akademischen Werdegang leitend, konkret wollten wir also auch Anhaltspunkte darüber gewinnen,
- wie viele Bachelorabsolventen ein Masterstudium aufnehmen und
- in welche Fachdisziplinen sich die Masterprogramme aufteilen lassen, weiterhin,

- wie viele Absolventen sich gegenwärtig in einem Promotionsprogramm befinden.

Hieraus lassen sich erste Erkenntnisse zur faktischen „Arbeitsmarktpassung" von Absolventen eines um interdisziplinäre Ausrichtung, Praxisnähe und Skills angereicherten wirtschaftspsychologischen Studiengangs ableiten. In der Diskussion werden Stärken und Grenzen der vorgelegten empirischen Daten sowie praktische Implikationen für den Bildungsmarkt und die strategische Positionierung unserer Disziplin erörtert.

5 Werdegänge von Absolventen eines Bachelorstudiengangs Wirtschaftspsychologie

Um eine gewisse Homogenität der Voraussetzungen innerhalb der untersuchten Stichprobe sicherzustellen, wurde die Profilanalyse auf Absolventen eines konkreten Studienprogramms, den Bachelorstudiengang Wirtschaftspsychologie der Hochschule Fresenius, beschränkt. Die Hochschule Fresenius hat – damals noch unter der Bezeichnung „Europa Fachhochschule Fresenius" – die ersten Studierenden im Studiengang Business Psychology mit dem staatlich anerkannten Abschluss Bachelor of Arts zum Wintersemester 2005/2006 am Standort Köln immatrikuliert und war seinerzeit gerade mal die fünfte Hochschule bundesweit, an der man Wirtschaftspsychologie als eigenständiges Studium studieren konnte. Mittlerweile wird der Studiengang im Fachbereich Wirtschaft und Medien auch an den Standorten Hamburg, München, Düsseldorf, und Berlin angeboten. Das in regelmäßigen Abständen reakkreditierte Curriculum zeichnet sich dadurch aus, dass die Studierenden zu etwa 60% psychologische Fächer aus dem Grundlagenbereich (Allgemeine, Sozial-, und Differenzielle Psychologie, Psychologische Diagnostik, Methodenlehre und Evaluation, etc.) und dem Anwendungsfeld Wirtschaftspsychologie (inklusive der einschlägigen Wahl-Schwerpunkte Personalpsychologie, Organisationspsychologie und Markt-, Werbe- und Medienpsychologie), aber auch den benachbarten Anwendungsfeldern Klinische und Pädagogische Psychologie belegen. Die restlichen etwa 40% der zu erbringenden Leistungen erfolgen in Modulen aus den Rechts- und Wirtschaftswissenschaften, Mathematik und Statistik, sowie einem umfassenden Bereich verpflichtender Skills-Fächer wie Präsentation und Moderation, Rhetorik, Englisch, Projektmanagement, und wissenschaftliches Arbeiten, sowie optionalen Zusatzkursen (z. B. weiteren Fremdsprachen, Software). Somit wurde von vorneherein das Ziel verfolgt, eine hohe Passung zu den Anforderungen am Arbeitsmarkt herzustellen und den Absolventen einen erfolgreichen Berufseinstieg zu ermöglichen. Ob dies faktisch gelingt, ist jedoch eine empirische Frage.

Eine Analyse von Absolventenprofilen auf der professionellen Netzwerkplattform XING soll erste Antworten dazu liefern, welchen beruflichen und/oder akademischen Werdegang die Absolventen des Studiengangs Wirtschaftspsychologie an der Hochschule Fresenius vollzogen haben. Dabei waren Fragen leitenden, wie viele Studierende ein Master- oder gar ein Promotionsstudium anschließen, und in welchen Teildisziplinen und Branchen unsere ehemaligen Studierenden eine Stelle annehmen, wie groß die Unternehmen sind, in denen sie arbeiten, weiterhin, welche Art von Stelle auf welcher Hierarchieebene bekleidet wird und wie lange der Berufseinstieg dauerte.

5.1 Methode

Auf Basis der Absolventenbücher aus den Jahren 2008 bis 2014 der Standorte Köln (seit 2008) sowie Hamburg und München (jeweils seit 2011) wurden die XING-Profile von Absolventen des Bachelor-Studiengangs Wirtschaftspsychologie (Vollzeit) recherchiert. Insgesamt konnten so N = 524 Profile für die Analyse ermittelt wurden; hierbei wurden die Profilangaben von n = 379 weiblichen (72%) sowie n = 145 männlichen Absolventen (28%) erfasst. Dies entspricht einer Ausschöpfungsquote von 78 Prozent. Dabei ist darauf hinzuweisen, dass die Profilangaben unterschiedlich ausführlich waren. Aus diesem Grunde variiert in den folgenden Auswertungen die Anzahl der analysierten Profile.

5.2 Ergebnisse

Zunächst war von Interesse, wie viele Absolventen anschließend an den Bachelorabschluss ein Masterstudium aufnehmen und an welcher Hochschule dies erfolgt. Von den insgesamt N = 524 Absolventen haben n = 252 Studierende zum Zeitpunkt der Analyse ihres XING-Profils ein Masterstudium aufgenommen oder bereits erfolgreich absolviert. Dies entspricht 48% der Stichprobe. Tabelle 1 zeigt die prozentuale Verteilung über Hochschultypen.

Insgesamt n = 98 (39%) Studierende haben sich für ein universitäres Masterstudium entschieden, wobei insgesamt 55 verschiedene Universitäten im In- und Ausland ermittelt werden konnten (u. a. Köln, Bonn, Hamburg, München, Chemnitz, Lüneburg, Dresden, Erlangen-Nürnberg, Amsterdam, Maastricht,

Tab. 1: Prozentuale Verteilung auf Hochschulformen für die n = 252 Bachelorabsolventen, die ein Masterstudium aufgenommen oder abgeschlossen haben

Hochschultyp	Gesamt n = 252	%
Masterstudium an einer Universität	98	39
Masterstudium an der Hochschule Fresenius	83	33
Masterstudium an einer anderen Hochschule	70	28

Twente, Edinburgh, London, Valencia, Tel Aviv, Port Elizabeth). Die übrigen n = 154 Absolventen haben sich für ein Masterstudium an einer Hochschule in Fachhochschultradition entschieden, hier konnten insgesamt 49 verschiedene Hochschulen ermittelt werden, n = 83 (33% der Gesamtstichprobe) verblieben an der Hochschule Fresenius.

Die gewählten Masterprogramme lassen sich unterschiedlichen Ausrichtungen zuordnen, die eine entsprechende Spezialisierung innerhalb des wirtschaftspsychologischen Berufsfelds ermöglichen. Tabelle 2 zeigt, in welcher Weise wir die einzelnen Studiengangsbezeichnungen kategorisiert haben und wie viele Bachelorabsolventen den jeweiligen Kategorien zugeordnet werden konnten.

Am beliebtesten sind demnach als konsekutiv einzuschätzende Masterprogramme im Kernbereich Wirtschaftspsychologie, gefolgt von eher betriebswirtschaftlich ausgerichteten Masterprogrammen z. B. in Business Administration oder Management. Weiterhin entscheidet sich ein nennenswerter Teil der Bacheloranden für einen einschlägigen Master im HR- oder Personalmanagement, aber auch grundständig psychologische Masterprogramme sowie Marketingprogramme stellen offenbar attraktive Weiterbildungsangebote für unsere Absolventen dar. Immerhin drei unserer Absolventen des Kölner Standorts befanden sich zum Zeitpunkt der Profilanalyse in einem Promotionsprogramm der Universitäten Mainz, Lüneburg und Darmstadt.

Im Zentrum des Interesses stand jedoch der berufliche Werdegang, wobei Studierende mit und ohne zusätzlichen Masterabschluss separat betrachtet werden sollen. Zunächst wollten wir herausfinden, wie lange (nach Abschluss des Bachelor- respektive Masterstudiums) die Absolventen eine Arbeitsstelle suchen. Im Durchschnitt dauert die Stellensuche, operationalisiert über den Zeitraum in

Tab. 2: Häufigkeiten gewählter Masterprogramme nach Kategorien

Masterprogramme (Kategorie)	Beispiele	n
Wirtschaftspsychologie	Business Psychology, Wirtschafts- und Organisationspsychologie	98
Wirtschaft	Business Administration, European Business, International Management, Management & Entrepreneurship, Betriebswirtschaftslehre	51
Human Resources	Human Ressource Management, Personalmanagement	37
Psychologie	Psychologie, Sozialpsychologie, Applied Psychology, Organisational Psychology	26
Marketing	Marketing, Sustainable Marketing & Leadership, Strategic Marketing Management	25
Sonstige	Wirtschaftspädagogik, Gesundheits- und Sozialmanagement, Interkulturelle Kommunikation und Bildung, Angewandte Ethik	15

Monaten vom Bachelorabschluss respektive Masterabschluss bis Berufseinstieg, bei Bachelorabsolventen 3.31 Monate (SD = 3.55) und bei Masterabsolventen 2.61 Monate (SD = 3.55). Aufgrund fehlender Angaben in einigen Profilen basieren diese Daten auf insgesamt n = 260 Profilen (n = 139 Absolventen mit Masterabschluss und n = 121 Absolventen mit Bachelorabschluss).

Ferner wurde ausgewertet, welchen Teildisziplinen der Wirtschaftspsychologie die von den Absolventen angetretenen Stellen zuzuordnen sind. Hierzu wurden die Tätigkeitsangaben („Derzeitige Tätigkeit") in den Xing-Profilen analysiert und den unten abgebildeten Kategorien zugeordnet (vgl. Tabelle 3). Sofern sich die Tätigkeitsangabe nicht eindeutig den Kategorien zuordnen ließ, wurde zusätzlich auf der Homepage des Unternehmens nach dem Dienstleitungs- bzw. Produktportfolio gesucht.

Der Kategorie *Personalpsychologie* wurden Tätigkeiten aus dem HR-Bereich zugewiesen, wie beispielsweise Referent/in Personalentwicklung, Senior Recruiter Talent Development Coordinator, Personalreferent/in, Lead Human Resources, Project Manager HR. In die Kategorie *Markt-, Werbe- und Medienpsychologie* fielen Stellenbezeichnungen wie Brand Managerin, Marketing Manager, Marketing Projekt Manager, E-Commerce Marketing Coordinator, Head of Test Factory, Research Manager, Projektleiter Mystery Analysen. Der Kategorie *Organisationspsychologie* wurden Bezeichnung wie Change Consulting, Systemische Unternehmens- und Organisationsberatung, Organisational Consulting oder Business Development Manager zugeordnet. Zwei zusätzliche Kategorien wurden gebildet, um nicht eindeutige Bezeichnungen berücksichtigen zu können. Der Kategorie *Personal- und Organisationspsychologie uneindeutig* wurden zwölf Profile zugeordnet, die nicht eindeutig *einer* Fachdisziplinen zugewiesen werden konnten, wie beispielsweise Personen, die in ihrem Tätigkeitsprofil angaben, als Referenten für Personal- und Organisationsentwicklung oder als selbstständiger Coach und Berater zu arbeiten. Die Kategorie *Sonstiges* umfasst Profilangaben, die nicht eindeutig den wirtschaftspsychologischen Fachdisziplinen zugeordnet werden konnten, wie beispielsweise Regionalverkaufsleiterin, PA to Head of Investor Relations, Promotionsstudentin, Vertriebsleiter Junior Account Management, Dozentin, Wissenschaftliche Mitarbeiterin, Senior Audit / Assurance, Assistenz der Geschäftsführung, Consultant Risk Assurance Solutions, Junior-Producerin, Geschäftsführer. Die Ergebnisse zeigt Tabelle 3.

Wie zu erwarten war, stellt die Personalpsychologie mit recht deutlichem Abstand das größte Arbeitsmarktsegment (47%), gefolgt von der Kategorie Markt-, Werbe- und Medienpsychologie (21%). Insgesamt 20 Prozent (n = 90) der Absolventen arbeiten in Bereichen, die nicht eindeutig wirtschaftspsychologischen Fachdisziplinen zuzuordnen sind. Offenbar profitieren die Absolventen von einem interdisziplinär aufgebauten Studium, welches auch auf Tätigkeiten aus dem Bereich der Wirtschaftswissenschaften vorbereitet. Interessanterweise sind den Fachdisziplinen jeweils in etwa gleich viele Wirtschaftspsychologen mit wie ohne zusätzlichen Masterabschluss zugeordnet. In den Berufsfeldern wird offenbar bislang nicht systematisch in den akademischen Anforderungen der Absolventen unterschieden (s. Aretz & Mierke, 2014 in diesem Band).

Ebenfalls getrennt für Bachelorabsolventen mit und ohne zusätzlichen Masterabschluss wurde analysiert, in welchen Branchen der Arbeitgeber unsere ehemaligen Studierenden angesiedelt werden kann. Tabelle 4 zeigt, dass auch hier kein systematischer Zusammenhang zum akademischen Grad zu erkennen ist. Die häufigsten Branchen, in die der Arbeitgeber klassifiziert werden konnte, stellen Beratung / Consulting, Personalwesen sowie Marketing, Werbung und Marktforschung dar.

Im Zusammenhang mit der Frage, welche Arbeitgeber Wirtschaftspsychologen einstellen, ist auch von Interesse, ob es sich dabei eher um kleine und mittelständische oder um große Unternehmen handelt. Zu diesem Zweck wurden die im XING-Profil der Absolventen genannten aktuellen Arbeitgeber nach Unternehmensgröße (Mitarbeiterzahl) kategorisiert. Abbildung 1 zeigt die entsprechenden Häufigkeiten innerhalb der Stichprobe von n = 337. Weitere 23 Absolventen haben sich bereits erfolgreich selbstständig gemacht.

Demnach stellen sowohl kleine als auch mittelständische Unternehmen ebenso wie Großunternehmen etwa gleichermaßen Wirtschaftspsychologen ein. Ein besonderer Trend zeichnet sich hier nicht ab.

Konsistent zu den Ergebnissen der Bereichs- und Branchenauswertung zeigt Abbildung 2, dass die bekleideten Positionen zum überwiegenden Teil durch

Tab. 3: Verteilung der von Absolventen mit und ohne zusätzlichen Masterabschluss angetretenen Stellen auf die Teildisziplinen der Wirtschaftspsychologie

Fachdisziplin	Gesamt N = 459		Bachelor n = 216		Master n = 243	
	n	%	n	%	n	%
Personalpsychologie (HR-Consultant, Personalreferent, Personalentwickler, HR-Manager, Consultant/Berater, Coach)	217	47	109	24	107	23
Markt-, Werbe-, Medienpsychologie (Product-Manager, Public-Relations-Manager, Market Researcher)	96	21	47	10	49	11
Sonstige (Vertriebler, Projekt-Manager, Analyst, Gesellschafter)	90	20	41	9	49	11
Organisationspsychologie (Consultant/Berater, Business Development-Manager, Project-Manager)	44	10	20	4	24	5
P/O uneindeutig (Consultant/Berater, Coach)	12	2	2	1	10	2

Tab. 4: Verteilung der von Absolventen mit und ohne zusätzlichen Masterabschluss angetretenen Stellen nach Branche

Branche	Gesamt N = 459		Bachelor n = 216		Master n = 243	
	n	%	n	%	n	%
Beratung/Consulting	60	13	29	13	41	17
Personalwesen	47	10	19	9	28	12
Marketing und Werbung	27	6	7	3	19	8
Marktforschung	19	4	10	5	9	4
Dienstleistungen	18	4	8	4	10	4
Informationstechnologie	17	4	6	3	11	5
Automobilindustrie	16	3	5	2	11	5
Hochschulen	16	3	3	2	13	5

Abb. 1: Verteilung der Absolventen nach Mitarbeiterzahl des aktuellen Arbeitgebers

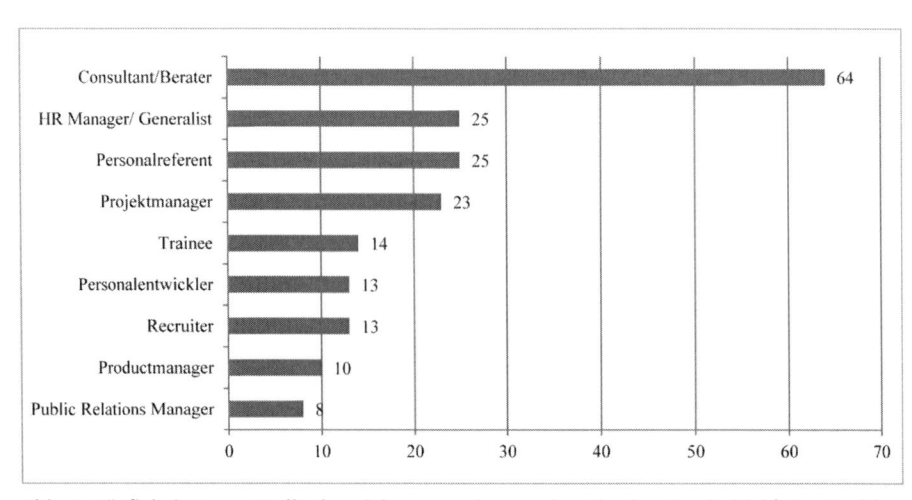

Abb. 2: Häufigkeiten von Stellenbezeichnungen der von den Absolventen bekleideten Position

die Stellenbezeichnungen Consultant / Berater, HR-Manager/Generalist und Personalreferent beschrieben werden.

Schließlich ist für Hochschulen, aber auch für derzeitige und künftige Studierende von Interesse, auf welcher Hierarchieebene Wirtschaftspsychologen beschäftigt werden. Selbstverständlich hängt dies wiederum von der Berufserfahrung (ggf. auch vor Studienbeginn) sowie zahlreichen anderen Faktoren ab und ist entsprechend Bestandteil der intraindividuellen Karriereentwicklung. Dennoch kann eine Bestandsaufnahme, auf welcher Hierarchieebene die aktuell bekleidete Position anzusiedeln ist, erste Anhaltspunkte für den „Marktwert" des Abschlusses liefern (s. Tabelle 5).

Zu diesem Zweck wurden die in den Profilen genannten Stellenbezeichnungen zunächst in vier Kategorien unterteilt, anschließend wurden die jeweiligen Häufigkeiten ermittelt. Demnach bekleidet immerhin etwa ein Drittel der analysierten Stichprobe eine Position, die der obersten ($n = 17$) oder zweitobersten ($n = 133$) Hierarchieebene zuzuordnen ist. Dies umfasst beispielsweise Stellenbezeichnungen wie Senior Consultant, Senior Referent Personalentwicklung oder

Tab. 5: Hierarchische Ebene der Stellenbezeichnungen

Hierarchieebene	Gesamt $N = 459$		Bachelor $n = 216$		Master $n = 243$	
	n	%	n	%	n	%
1. Senior Senior Consultant, Partner Manager, Senior Referent, Trainingskoordination, Senior-Personalreferent, Führungskräfteentwicklung und –betreuung, (Senior) Personalberater	21	5	8	4	13	5
2. Manager/ Teamleiter Assessment- und Developmentcenter, Personal-Manager, Manager Organisationsentwicklung, Projektmanager, Analyst/ Consultant, Personalentwicklung – Führungsfunktion, Teamleiter Recruiting Competence Center, Personalreferent/-in, Personalentwickler	148	32	76	35	72	30
3. Ohne eindeutige Führungsfunktion Wissenschaftliche/r Mitarbeiter/in, Experimentelle Wirtschaftspsychologie, Assistenz Personalabteilung, Wirtschaftspsychologie Hochschulabsolventen mit Schwerpunkt Personal	121	26	70	32	51	21
4. Praktikum oder studentische Mitarbeitertätigkeit	169	37	62	29	107	44

(Senior) Personalberater für die oberste Ebene 1. Auf Ebene 2 wurden Stellenbezeichnungen wie Personalmanager, Projektmanager oder Analyst / Consultant angesiedelt. Ebene 3 bilden Positionen wie Personalreferent, Personalentwickler oder Coach, hierunter fallen n = 117 der analysierten Profile. Die unterste Stufe 4 schließlich umfasst Assistenz- oder Praktikanten- sowie studentische Mitarbeitertätigkeiten, hier sind n = 169 der berücksichtigten Absolventen laut Profileintrag tätig. Hierbei ist zu berücksichtigen, dass gerade Stellen auf Ebene 4 von Bachelorabsolventen mutmaßlich häufig vor oder neben einem konsekutiven Masterstudium ausgeübt werden und daher nicht als berufliche Position im engeren Sinne zu interpretieren sind. Im Fall der immerhin 107 Masterabsolventen wäre im Einzelfall die Frage, welche Perspektiven diese Tätigkeit bildet und wie sie vergütet wird. So gelten Praktika vielfach als wertvolles „Sprungbrett" in eine feste erste Anstellung im gleichen Unternehmen (Bloss, 2014). In jedem Fall ist positiv zu verzeichnen, dass trotzdem der Studiengang sehr jung und damit auch die Absolventen der ersten Bachelor-Kohorte erst seit maximal sechs Jahren im Berufsleben stehen, bereits einige eine Senior Position bekleiden. Es ist davon auszugehen, dass dieser Anteil mit steigender Berufserfahrung deutlich wachsen wird.

6 Zusammenfassung und Einordung der Ergebnisse

Ziel des vorliegenden Beitrags war es, aufgrund einer empirischen Dokumentenanalyse Erkenntnisse darüber zu gewinnen, wie Bachelor-Absolventen des sehr jungen, aber am bundesdeutschen Bildungsmarkt überaus dynamisch wachsenden Studienfachs Wirtschaftspsychologie am Arbeitsmarkt aufgenommen werden. Im Zuge der Bologna-Reform 1999 wurde das fachliche Curriculum zahlreicher Programme an Hochschulen und Universitäten um überfachliche Skills-Module ergänzt und trägt damit den Anforderungen des Arbeitsmarkts (s. a. Aretz & Mierke, 2014, in diesem Band) zumindest formal Rechnung. In der Realität ist davon auszugehen, dass die Qualität dieser Module stark variiert und eine echte Vertiefung der zu erwerbenden Handlungskompetenzen nur durch Internationalisierung der Hochschulen und vor allem durch eine enge Praxisanbindung während des Studiums gewährleistet werden kann (s. a. Günther, 1998a und 1998b; Wissenschaftsrat, 2000). Diese Praxisanbindung wie auch interdisziplinäres Denken und entsprechende überfachliche Flexibilität zu gewährleisten ist integraler Bestandteil von Studiengangskonzepten, die an einigen Hochschulen in Fachhochschultradition umgesetzt werden. Ziel ist es hier durch Einbindung von Praxispartnern aus der Wirtschaft und die Etablierung von Case Studies einerseits zu einer akademisch profunden Handlungsorientierung und Professionalisierung der Studierenden beizutragen. Andererseits soll durch interdisziplinäre Module, also einer gezielte Kombination von psychologischem und ökonomischem Wissen sowie soliden Methodenkenntnissen im akademischen Profil, eine größtmögliche Passung der Absolventen für die Anforderungen des Arbeitsmarktes erzielt werden. Wie jedoch der tatsächliche weitere akademische und berufliche Werdegang von Absolventen eines solchen Studiengangs verläuft, war bislang kaum untersucht.

Die hier vorgelegte Analyse der 524 verfügbaren Absolventenprofile zeugt von einem erfreulich zügigen Berufseinstieg: So verstrichen im Durchschnitt nur etwas mehr als drei Monate zwischen Bachelorabschluss und Antritt der ersten berufspraktischen Tätigkeit; für die Absolventen eines Masterprogramms waren es im Mittel etwa zweieinhalb Monate. Der mit Abstand größte Teil der Stichprobe ist zum Zeitpunkt der Datenanalyse im Bereich Personalpsychologie und Human Resources tätig, also als Berater / Consultant, Personalmanager oder –referent in Beratungsfirmen, aber auch im Marketing und in den Feldern der Organisationspsychologie und des Change Management. Etwas über die Hälfte der Bachelorabsolventen haben ein Masterstudium im In- und Ausland begonnen oder bereits abgeschlossen, was jedoch in keinem systematischen Zusammenhang zu Branche oder Hierarchieebene der aktuellen Stelle stand. Somit kann der Bachelorabschluss im Fachgebiet Wirtschaftspsychologie offenbar tatsächlich – wie von den Initiatoren der Bologna-Reform intendiert – als adäquat berufsqualifizierend gelten (vgl. Mendius & Werther, 2014). Die Fachrichtungen der gewählten Masterstudiengänge repräsentieren dabei eine bemerkenswerte Vielfalt, in der jedoch stets ein Bezug zur Wirtschaftspsychologie erkennbar bleibt. Offenbar kann das wirtschaftspsychologische Bachelorstudium also zugleich als qualifizierende Grundlage für unterschiedlichste anschließende akademische Spezialisierungen auch in Richtung Marketing und andere Bereiche hinein angesehen werden. Ein nennenswerter Teil der Absolventen bekleidet bereits – trotz maximal sechsjähriger Berufserfahrung seit Erlangung des Bachelorgrades – eine Position auf vergleichsweise hoher Hierarchieebene. Unterschiedlichste Branchen sind dabei als Arbeitgeber ebenso repräsentiert wie Unternehmen unterschiedlichster Größe. Insgesamt ergibt sich aus unserer Sicht anhand der Profilanalysen ein ausgesprochen positives Bild des weiteren Werdegangs der Absolventen des Studiengangs Wirtschaftspsychologie.

Einschränkend für die Interpretierbarkeit der vorgelegten Analysen ist selbstverständlich anzumerken, dass diese einen kleinen und zwangsläufig selektiven Ausschnitt der Arbeitsmarktlage zeigen. Die Beschränkung der Profilanalysen auf Absolventen *einer* Hochschule schränken die Repräsentativität der zugrunde gelegten Daten und damit der Ergebnisse deutlich ein. Weiterhin ist kritisch anzumerken, dass jene 22% Absolventen, die nicht über ein XING-Profil verfügen, nicht in die Auswertung einbezogen wurden, was eine systematische Verzerrung in den Ausgangsdaten mit sich bringen dürfte. Auch ist die hier vorgenommene Gliederung der in laut Profil bekleideten Positionen in Bereiche und Hierarchieebenen kritisch diskutierbar. Entsprechend erheben die vorgeschlagenen Klassifikationsversuche keinen Anspruch auf absolute Objektivität oder Alleingültigkeit. Da jedoch bislang kaum Daten zu den beruflichen Werdegängen von Absolventen eines Bachelorstudiums der Wirtschaftspsychologie vorliegen, liefert die Analyse unserer Auffassung nach nichtsdestotrotz im Sinne einer Evaluation erste – und wie wir finden ermutigende – Erkenntnisse darüber, wie „fit" (im ursprünglichen Sinne des Wortes) diese für den aktuellen Arbeitsmarkt sind. Diese Schlussfolgerung stützt sich letztlich weniger auf Aspekte der Daten, für die die Exaktheit der vorgenommenen Klassifikationen zentral wären, als auf vergleichsweise harte Daten zur Dauer der Phase zwischen Studienabschluss und Berufseinstieg, sowie auf den Gesamteindruck, der sich auch aus der Zusammenschau mit der Stellenmarktanalyse (Aretz & Mierke, 2014, in diesem Band) ergibt. Insgesamt scheint uns eine hohe Passung zwischen den geforderten und den im Studium vermittelten fachlichen und überfachlichen Kompetenzen vorzuliegen, weiterhin eine hohe Passung mit Blick auf die Frage, welchen Subdisziplinen der Wirtschaftspsychologie die Ausschreibungen am Stellenmarkt wie die von den Absolventen ausgeübten Positionen überwiegend zuzuordnen sind.

7 Ausblick

Möchte man - in Zusammenschau mit den Resultaten der im vorigen Beitrag dokumentierten Stellenmarktanalyse (Aretz & Mierke, 2014, in diesem Band) - etwas wie eine Agenda für hochschul- und fachpolitische Maßnahmen in den kommenden Jahren aufstellen, so ergeben sich nach unserem Verständnis folgende zentralen Ansatzpunkte:

Zunächst gilt es, das eigenständige Kompetenzprofil von Wirtschaftspsychologen noch stärker an potenzielle Arbeitgeber und in die Gesellschaft hinein zu kommunizieren und so das Berufsbild zunehmend zu etablieren (für eine kritische Diskussion dieser Forderung s. Hasselhorn, 2009). Auch wenn eine Vielzahl von Stellen explizit für Wirtschaftspsychologen ausgeschrieben sind (Aretz & Mierke, 2014, in diesem Band) und die Absolventen der Wirtschaftspsychologie erfreuliche Werdegänge aufweisen, sollte künftig noch stärker deutlich werden, welche besonderen Alleinstellungsmerkmale einen Abschluss in Wirtschaftspsychologie kennzeichnen; insbesondere in Abgrenzung zu verwandten Abschlüssen wie Psychologie, Betriebswirtschaftslehre oder Pädagogik. Neben der spezifischen Kombination der Lehrinhalte, hoher Interdisziplinarität und Praxisnähe erscheinen uns vor allem umfassende methodische, soziale und selbststeuernde Handlungskompetenzen maßgeblich dafür zu sein, dass den Absolventen des Bachelorstudiengangs Wirtschaftspsychologie der Einstieg ins Berufsleben so zügig und gut gelingt. Ein substanzieller Anteil der Absolventen bekleidet dabei eine Stelle im HR-Bereich. Gerade für diese Positionen wird in den Stellenanzeigen häufig ein betriebswirtschaftlicher Abschluss als alternativ qualifizierend benannt. Die Integration von wirtschafts- und rechtswissenschaftlichen Modulen in ein grundständiges psychologisches Curriculum, wie im hier evaluierten Studiengangskonzept der Hochschule Fresenius umgesetzt, dürfte daher einen maßgeblichen Wettbewerbsvorteil für Wirtschaftspsychologen darstellen (s. a. Mendius et al., 2014).

Zweitens halten wir es für geboten, noch stärker über die vielfältigen Einsatzmöglichkeiten von Wirtschaftspsychologen jenseits der Personalpsychologie zu informieren. Auch wenn die Ergebnisse der beiden vorliegenden Studien gezeigt haben, dass auch Stellen fernab der Personalpsychologie ausgeschrieben sind und ebenfalls von unseren Absolventen bekleidet werden, gilt es aus unserer Sicht, mehr Transparenz für potenzielle Arbeitgeber zu schaffen, über welche Qualifikationen Wirtschaftspsychologen verfügen. Es sollte als unstrittig gelten, dass Wirtschaftspsychologen in Werbeagenturen, in PR-Agentur, in der Marktforschung und in Medienunternehmen (um nur einige zu nennen) ihre Kompetenzen umfangreich in Einsatz bringen können.

Drittens, und eng daran angelehnt, scheint es mittelfristig geboten, eine Rahmenstudienordnung Wirtschaftspsychologie auf den Weg zu bringen. Diese sollte - analog zur Rahmenprüfungsordnung der Deutschen Gesellschaft für Psychologie für die ehemaligen Diplom-Studiengänge - die Ausbildungsziele wirtschaftspsychologischer Studienprogramme explizit machen und zentrale Elemente der Curricula stärker vereinheitlichen. Auch wenn die im vorliegenden Beitrag berichteten Ergebnisse zeigen, dass die Absolventen bereits sehr gut am Arbeitsmarkt angenommen werden, könnte so die Transparenz sowohl auf Studierenden- wie auf Arbeitgeberseite erhöht und die Etablierung des „Wirtschaftspsychologen" als eigenständiges Berufsbild maßgeblich gefördert werden.

Literatur

Bausch, M. (2001). Psychologe/Psychologin. Gesamtbetrachtung zum Beruf und zur allgemeinen Arbeitssituation. In Zentralstelle für Arbeitsvermittlung der Bundesanstalt für Arbeit (Hrsg.), *Informationen für Arbeits- und Vermittlungsdienste, 47*, 3569-3600.

Bloss, M. (2014). *Praktika als Karrieresprungbrett.* Konstanz: UTB:

Briedis, K. & Minks, K.-H. (2003). *Zwischen Hochschule und Arbeitsmarkt. Eine Befragung der Hochschulabsolventinnen und Hochschulabsolventen des Prüfungsjahres 2001.* Hannover: HIS GmbH.

Deutsche Gesellschaft für Psychologie (2005). *Empfehlungen der Deutschen Gesellschaft für Psychologie e.V. (DGPs) zur Einrichtung von Bachelor- und Masterstudiengängen in Psychologie an den Universitäten.* http://www.dgps.de/_download/2005/BMEmpfehlungDGPs.pdf.

Frensch, P. A. (2013). Zur Lage der Psychologie als Fach, Wissenschaft und Beruf. *Psychologische Rundschau, 64*(1), 1-15.

Giesler, J. M. (2003). *Merkmale der Studienmotivation von Studierenden des Fachs Psychologie.* Regensburg: Roderer.

Günther, U. (1998a). Fachhochschulstudiengang Wirtschaftspsychologie: Berufsperspektiven, hochschulpolitischer Standort, Theorie-Praxis-Verhältnis. *Psychologische Rundschau, 49*, 1.

Günther, U. (1998b). Über Praxisnähe, Arbeitsmarktchancen und Perspektiven. Zur Kritik an psychologischen Fachhochschulstudiengängen. *Psychologische Rundschau, 49,* 206-210.

Hasselhorn, M. (2009). Zur Lage der Psychologie als Fach, Beruf und Wissenschaft. *Psychologische Rundschau, 60*(1), 1-7.

Kanning, U. P., Thielsch, M. T., Traeumer, L. & Brandenburg, T. (2012). Gaudeamus igitur? Das Psychologiestudium aus Sicht von Berufspraktikern. *Report Psychologie, 10/12,* 390-398.

Klauk, U. & Stäudel, T. (2007). Vorwort. In B. Klauk & T. Stäudel (Hrsg.), *Studienführer Wirtschaftspsychologie* (S. 7-8). Lengerich: Pabst.

Mendius, K., Mendius, M., Olos, L., Stephan, B., Stephany, U. & Werther, S. (2014). Berufsfelder für Wirtschaftspsychologen. In M. Mendius & S. Werther (Hrsg.), *Faszination Psychologie – Berufsfelder und Karrierewege* (S. 57-124). Berlin, Heidelberg: Springer VS.

Mendius, M. & Werther, S. (2014). Studienabschlüsse. In M. Mendius & S. Werther (Hrsg.), *Faszination Psychologie – Berufsfelder und Karrierewege* (S. 5-10). Berlin, Heidelberg: Springer VS.

Müller-Böling, D. & Zürn, M. (2007). *Private Hochschulen in Deutschland - Reformmotor oder Randerscheinung?* Berlin: HSoG Publishing.

Reinhardt, S. (2013). *Psychologie als Beruf. Die faszinierende Welt einer Profession.* Weinheim: Beltz.

Richter, C. (1995). *Schlüsselqualifikationen.* Alling: Sandmann.

Schily, K. (2007). Die Rolle privater Hochschulen in Deutschlang. In D. Müller-Böling & M. Zürn (Hrsg.), *Private Hochschulen in Deutschland - Reformmotor oder Randerscheinung?* (S. 11-25). Berlin: HSoG Publishing.

Wissenschaftsrat der Bundesrepublik Deutschland (2000). *Thesen zur künftigen Entwicklung des Wissenschaftssystems in Deutschland.* Köln.

Stulle, K. Steinweg, S. & Cornelissen, N. (2013). Weniger Technik, mehr Integration. *Personalwirtschaft extra, Sonderheft 06,* 18-20.